左右江革命根据地
法制建设史研究

主　编／潘凌宇
副主编／赖正直

法律出版社
LAW PRESS·CHINA
——北京——

图书在版编目（CIP）数据

左右江革命根据地法制建设史研究／潘凌宇主编；赖正直副主编. -- 北京：法律出版社，2024. -- ISBN 978-7-5197-9238-1

Ⅰ. D929.6

中国国家版本馆 CIP 数据核字第 2024WR3362 号

左右江革命根据地法制建设史研究
ZUOYOUJIANG GEMING GENJUDI FAZHI JIANSHESHI YANJIU

潘凌宇 主　编
赖正直 副主编

责任编辑 赵明霞　魏艳丽
装帧设计 汪奇峰

出版发行 法律出版社
编辑统筹 法商出版分社
责任校对 王　丰　郭艳萍
责任印制 胡晓雅
经　　销 新华书店

开本 787 毫米×1092 毫米　1/16
印张 31.75　**字数** 502 千
版本 2024 年 11 月第 1 版
印次 2024 年 11 月第 1 次印刷
印刷 三河市兴达印务有限公司

地址：北京市丰台区莲花池西里 7 号（100073）
网址：www.lawpress.com.cn
投稿邮箱：info@lawpress.com.cn
举报盗版邮箱：jbwq@lawpress.com.cn

销售电话：010-83938349
客服电话：010-83938350
咨询电话：010-63939796

书号：ISBN 978-7-5197-9238-1　**定价**：128.00 元

本书编委会

主　编

潘凌宇

副主编

赖王直

编委会成员

潘凌宇　蒋旭初　卢吉宁　张孝国　赖正直　班　华
杨顺杰　闭伟革　邓梅君　梁光辉　农卫忠　郑汉北
谭　勇　岑万旺　陆权诗

撰稿人员

（按撰写章节排序）

赖王直　罗家庆　帅清华　林　杰　林　兴　何明波
杨有荣　韦益万　梁海燕　岑　岭　周发平　农慧娴
梁龙晓　梁　涓　刘梦瑶　武　鑫　黄　潇　黄媛郡

粤东会馆（红七军军部旧址）

经正书院（右江苏维埃政府旧址）

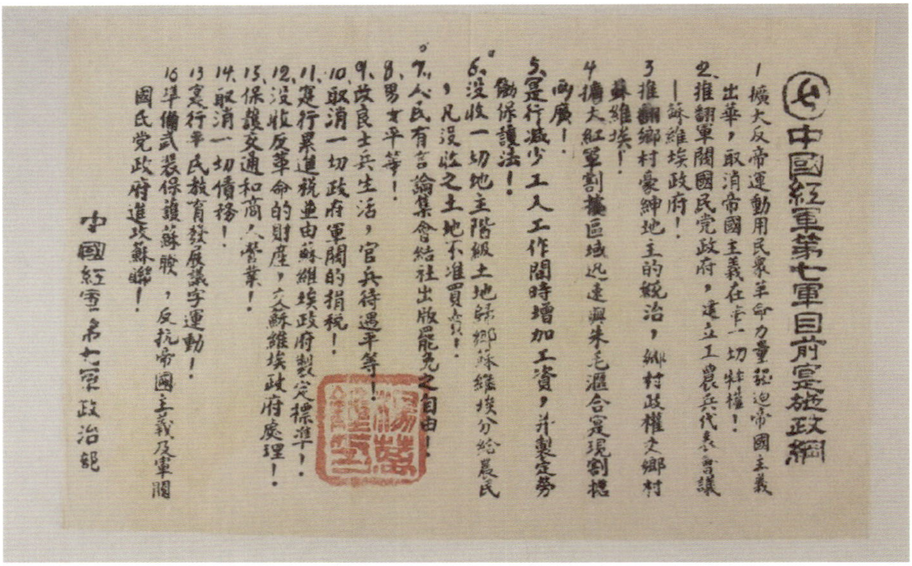
(七) 中國紅軍第七軍目前實施政綱

1 擴大反帝運動用民衆革命力量驅逐帝國主義出華，取消帝國主義在華一切特權！

2、推翻軍閥國民党政府，建立工農兵代表會議——蘇維埃政府！

3 推翻鄉村豪紳地主的統治，鄉村政權交鄉村蘇維埃！

4 擴大紅軍割據區域迅速與朱毛滙合實現割據兩廣！

5、實行減少工人工作時間增加工資，并製定勞動保護法！

6、沒收一切地主階級土地歸鄉蘇維埃分給農民，凡沒收之土地不准買賣！

7、人民有言論集會結社出版罷工之自由！

8、男女平等！

9、改良士兵生活，官兵待遇平等！

10、取消一切政府軍閥的捐稅！

11、實行累進稅並由蘇維埃政府製定標準！

12、沒收反革命的財產，交蘇維埃政府處理！

15、保護交通和商人營業！

14、取消一切債務！

13 實行平民教育發展識字運動！

16 準備武裝保護蘇聯，反抗帝國主義及軍閥國民党政府進攻蘇聯！

中國紅軍第七軍政治部

《中国红军第七军目前实施政纲》

土地法暫行條例

《土地法暂行条例》

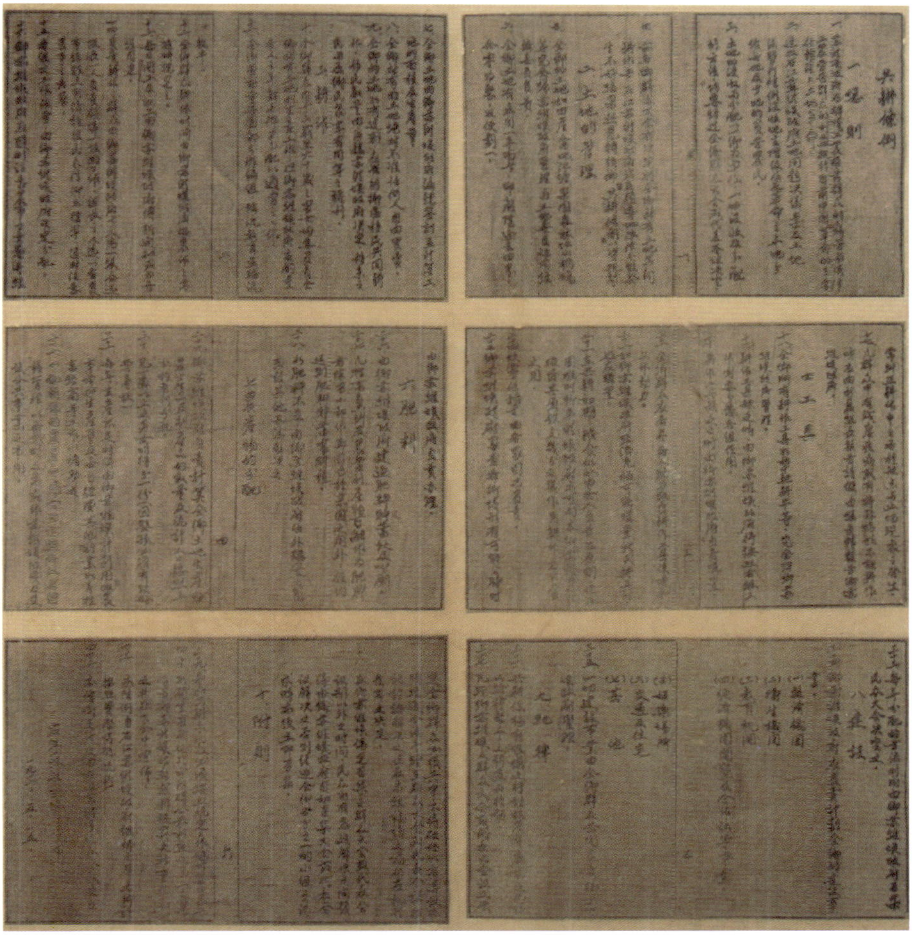

《共耕条例》

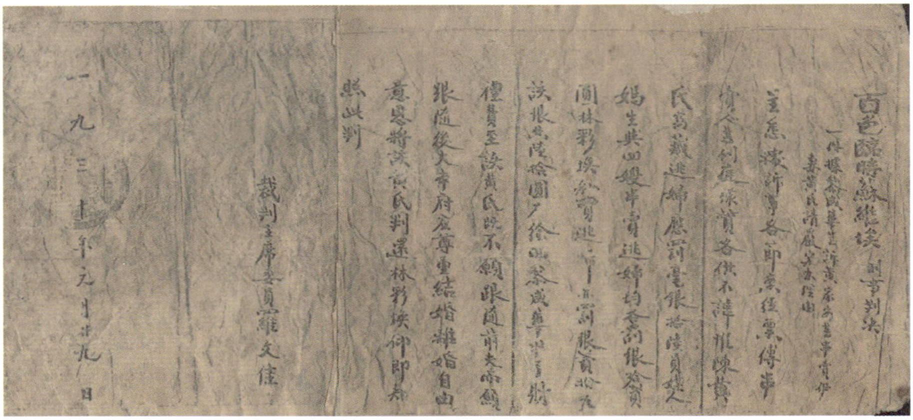

《百色临时苏维埃刑事判决》

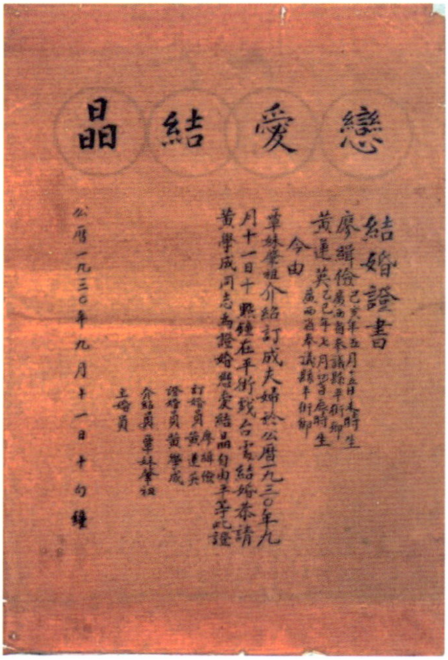

奉议县苏维埃政府颁发的结婚证

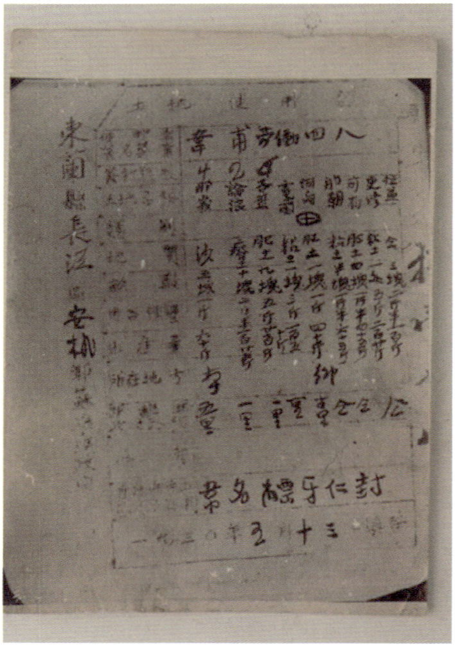

东兰县长江区安桃乡苏维埃政府颁发的土地证

序

1929年至1930年，邓小平、张云逸、韦拔群等领导广西左右江地区各族人民举行百色起义和龙州起义，建立了左右江革命根据地。左右江革命根据地是我们党在西南边疆民族地区建立的时间较早、规模较大的革命根据地，一开始就受到国民党反动军阀的围攻堵截。在极为复杂严峻的形势下，左右江革命根据地的红军和红色政权高度重视法制建设，弘扬不屈不挠、艰苦奋斗的革命精神，克服种种困难，颁布实施了《土地法暂行条例》《共耕条例》等革命法律法规，用以贯彻落实党中央的路线方针政策，推动土地革命、巩固新生的红色政权，实现反帝反封建的新民主主义革命纲领，取得了令人瞩目的历史成就。

左右江革命根据地的法制建设史，是中国共产党百年奋斗史上的精彩华章，其中提出的一系列具有革命性、开创性、前瞻性的理论和思想传承至今，是我们党在新民主主义革命时期探索法制建设留下的宝贵精神财富。研究左右江革命根据地的法制建设史，对于我们深刻领悟习近平法治思想的历史逻辑，传承和发展革命根据地优良司法传统和红色司法文化，转化为推动新时代人民法院审判工作现代化的实践力量，做实为大局服务、为人民司法，为建设中国式现代化贡献更大法治力量，具有重大的意义。

百色市中级人民法院坚持以习近平新时代中国特色社会主义思想为指导，深入学习贯彻习近平法治思想、习近平文化思想，找准左右江革命根据地法制建设史这个具有重大理论和实践意义的课题，深入开展研究，组织编写了《左右江革命根据地法制建设史研究》一书。在当前各级法院审判执行任务极为繁重的情况下，百色市中级人民法院的法官干警能够在院党组的领导下，努力克服困难，坚持开展研究，最终形成了这本颇有分量的研究成果，令人刮目相看。借此机会，我对本书的出版表示衷心祝贺，向付出艰辛劳动的撰稿人员致敬！

加强对中国新民主主义革命法制史特别是革命根据地法制史的研究，传承红色法治基因，赓续红色法治血脉，是一件很有意义的事。百色市中级人民法院的研究开了一个很好的头。希望全区法院都重视把司法理论研究和本地红色文化资源结合起来，推出更多的高质量研究成果，把红色法治基因和红色法治血脉深深融入司法审判工作当中，为新时代中国特色社会主义壮美广西建设提供强大的精神动力和理论支持。

是为序。

广西壮族自治区高级人民法院党组书记、院长　黄海龙

2024年10月10日

目　　录

导　论

广西左右江地区位于中国西南边陲，是一处具有悠久历史文化传承和光辉革命斗争传统的红色土地。1929 年，邓小平以中共中央代表的身分来到广西，与张云逸、李明瑞、韦拔群、雷经天等同志一起，共同领导左右江地区壮、汉、瑶等各族人民，举行了威震南疆的百色起义和龙州起义，组建红七军和红八军，成立右江苏维埃政府和左江革命委员会，开创了左右江革命根据地。左右江革命根据地下辖 20 多个县、100 多万人口、约 1 万红军，是土地革命战争时期中国共产党领导建立的规模较大的革命根据地之一，可以说是树立在南国大地上的“工农武装割据”的一面伟大旗帜，是书写在壮乡历史上的风雷激荡的一节胜利篇章。

尤其难能可贵的是，虽然左右江革命根据地始终处于国民党桂系军阀当局的围攻封锁之下，但却非常重视法制建设，曾制定、实施过诸如《土地法暂行条例》《共耕条例》等法律法规，用法制手段来推行土地革命、保卫新生的苏维埃政权。这是中国共产党人在新民主主义革命早期对法制建设的大胆、有益探索，是一段弥足珍贵的历史。鉴于此，百色市中级人民法院决定成立“左右江革命根据地法制建设史研究”课题组，从百色市两级法院中挑选一批法学理论功底扎实且熟悉中共党史和百色地方史的法官干警作为课题组成员，开展调查研究，深入挖掘总结左右江革命根据地法制建设的历史意义和实践价值，以史为鉴，宁静致远，以更加坚定的“四个自信”把左右江革命根据地的红色法制基因传承下去，内化为人民法院为大局服务、为人民司法服务的强大精神动力。现就课题研究中的几个问题作一些说明。

一、选题及其意义

2021 年是中国共产党成立 100 周年。按照中央统一部署，百色法院在市委领导下积极开展党史学习教育活动。因百色起义之故，左右江革命根据地的历史也是百色法院学习党史的重点内容之一。为了用好百色市及周边地市的红色文化资源，百色法院组织干警到百色起义纪念馆、韦拔群纪念馆、红七军红八军会师纪念馆、粤东会馆（红七军军部旧址）、清风楼（红七军政治部旧址）、经正书院（右江苏维埃政府旧址）、列宁岩（东兰农民运动讲习所旧址）参观学习。在学习过程中，不少同志发现，这些红色革命遗址中保留着许多的“法律元素”。例如，经正书院有右江苏维埃政府制定的《土地法暂行条例》《共耕条例》的照片；百色起义纪念馆保存有一份百色县（今百色市右江区）临时苏维埃政府的刑事判决书和各地苏维埃政权颁发给农民的土地证；韦拔群纪念馆保存着韦拔群在举办东兰农民运动讲习所时使用的教材照片，其中就有足以令法律人眼睛一亮的《法律常识》和《国际法草案》；韦拔群青年时期曾在广西政法学堂就读的经历，也令众多法院干警啧啧称奇；曾任右江苏维埃政府主席的雷经天，在长征到达陕北后担任陕甘宁边区高等法院院长，中华人民共和国成立后又担任最高人民法院中南分院院长、华东政法学院院长，雷经天与法制事业的不解之缘，更是中国近现代法制史上的一段佳话。

因此，有一些同志提出，我们能否重点围绕左右江革命根据地制定的法律法规文件和法制建设实践进行研究，从红色基因中深入发掘采集红色法制基因，并使之弘扬、传承下去。对于这个富有启发性的提议，百色市中级人民法院党组经过前期调研论证和慎重讨论研究，决定抽调骨干力量成立课题组，印发工作方案，对百色起义和左右江革命根据地红色历史特别是红色法制建设史开展进一步深入研究。在当前百色法院审判执行工作任务十分繁重的情况下，百色市中级人民法院党组依然决定投入人力、物力开展“左右江革命根据地法制建设史研究”课题研究，主要是考虑到这一课题所具有的重大意义，故而时不我待，当仁不让。

一是有助于我们深刻领悟习近平法治思想的历史逻辑。“习近平法治思想满怀深情、实事求是地总结了中国共产党成立100年来探索建设新民主主义法制和社会主义法治，开启社会主义法治新纪元、开辟依法治国新时期、开创全面依法治国新时代，矢志不渝推进法治建设的实践经验、历史成就和创新理论。”[①] 第二次国内革命战争时期左右江革命根据地对法制建设的探索，是中国共产党成立后探索建设新民主主义法制历史的组成部分。我们研究左右江革命根据地法制建设史，就是为了更加真切地理解我们党成立以来对法制建设孜孜矻矻的追求，更加深刻地领悟习近平法治思想的历史逻辑，更加自觉地理解习近平法治思想来自历史的淬炼，因而更好地贯彻、运用习近平法治思想，坚定全面依法治国、奉法强国的信念，从党的百年奋斗史中汲取中国特色社会主义法治体系建设的智慧和力量。

二是有助于我们深化对党的性质宗旨的认识，更加自觉地坚持党的领导。左右江革命根据地建立时，正是中国沦为半殖民地半封建社会，中国人民受“三座大山”压迫、苦难极为深重的历史时期。以邓小平为代表的中国共产党人在左右江地区高举反帝反封建的革命大旗，提出“用民众革命力量驱逐帝国主义出华”“推翻乡村豪绅地主的统治”“没收一切地主阶级土地归乡苏维埃，分给农民”“男女平等”“实行平民教育”等一系列政策。这些政策无不旨在解放受压迫的人民群众，为人民群众谋利益谋幸福。坚持人民至上，一切为了人民，全心全意为人民服务，这是中国共产党的根本宗旨，也是中国共产党能够凝聚人心、战胜强敌、夺取革命胜利的根本原因。只有这样的政党，才能担当领导中国特色社会主义一切事业的重要使命。我们深化对党的性质宗旨的认识，就会更加自觉地坚持党对政法工作的绝对领导，坚持党的领导与人民当家作主、全面依法治国有机统一，通过法治保障党的路线方针政策有效实施。

三是有助于我们深刻理解和把握中国共产党人建设和发展法治事业的初心。包括左右江革命根据地在内的新民主主义革命时期的根据地法制建设史表明，中国共产党一旦建立起红色政权，就立即着手制定法律、建设法制，运用法制思维和法制手段治国理政。因此，中国共产党人一开始就是要搞法制的，中华人民共和国成立后一段时期内我们对法制建设的重视不够，以致酿成反右扩大化、“大跃进”乃至“文化大革命”，这是我们党在探索执政方式和治国理政方略的历史道路上走过的弯路，绝非中国共产党人的初心。在

① 《习近平法治思想概论》编写组编：《习近平法治思想概论》，高等教育出版社2021年版，第8页。

当前全面依法治国的时代背景下，法治环境和法治氛围今非昔比，我们更要牢记左右江革命根据地革命先辈们的法制初心，弘扬我们党的优秀革命法制文化，严格贯彻落实全面依法治国的各项要求，推进中国特色社会主义法治体系建设。

四是有助于我们增强用党的创新理论武装头脑的政治自觉。左右江革命根据地是我们党在第二次国内革命战争时期开辟的较早的根据地，当时中华苏维埃共和国尚未成立，中央革命根据地的法制建设也处于探索阶段，左右江革命根据地要开展法制建设，很多事情没有先例可循。邓小平、韦拔群、雷经天等革命先辈积极作为，勇于探索，运用党的创新理论指导法制建设，坚持解放思想和实事求是相统一，培元固本和守正创新相统一，在法制建设中既贯彻落实党的路线方针政策，又有所创新，提出了一些新观点，形成了一些新做法，为马克思主义中国化和马克思主义法学理论创新作出了历史贡献，堪称活学活用党的创新理论的历史典范。我们要传承红色法治基因，赓续红色法治血脉，就应当从左右江革命根据地的法制建设历史经验中获取当下中国特色社会主义法治创新的启迪。

五是有助于我们发扬艰苦奋斗的革命精神。左右江地区位于我国西南边陲，经济社会发展落后，民族关系复杂，左右江革命根据地建立后，又始终处于反革命势力的围攻封锁之下，根据地得而复失、失而复得，局面很不稳定。面对如此复杂、严峻的形势和困难、艰苦的条件，左右江革命根据地的革命先驱们努力克服战争频仍、版图动荡、财政拮据、人才匮乏等困难，不屈不挠开展法制建设、推动土地革命，取得了令人瞩目的历史成效，产生了意义深远的历史影响。红七军能够转战千里到达赣南苏区与中央红军会合，右江地区的党组织能够在韦拔群、陈洪涛等领导人牺牲后仍长期坚持武装斗争和地下斗争直至全国解放，都是由这种艰苦奋斗的革命精神鼓舞引领的。当前百色法院的审判、执行、改革等各项工作也面临许多问题和困难，这就更加需要我们发扬艰苦奋斗的革命精神，百折不挠，坚韧不拔，努力解决制约司法公正与效率的现实困难和突出问题，以高质量司法审判服务经济社会高质量发展。

二、研究的对象

课题组成立后，我们立即开始谋划具体的研究工作。甫一着手，我们便发现事情并没有那么简单，尤其是关于课题研究的对象，存在几个似是而非的疑惑，如不加以厘清，研究工作很可能就无法进行下去。

首先，关于“法制”的定义。顾名思义，“法制”就是法律制度的意思。按照现代法理学的定义，法律是国家制定或认可、规定权利和义务、调整社会关系、由国家强制力保证实施的社会规范。① 要是照搬这个定义，左右江革命根据地并不是“国家”，没有“立法机关”，也就不可能存在“法律”或“法制”。然而，这样的理解，显然不符合历史唯物主义的观点，也不符合法制史学的学科范式。经过课题组讨论研究，我们认为本课题研究的对象是左右江革命根据地的法制，虽然它与我国现代法律制度有一定的传承继受关系，但毕竟不是同一事物，不宜混为一谈。左右江革命根据地法制属于历史上的法制，也就是法制史学意义上的法制，不能照搬现代法律和法学的标准来理解。我们在开展研究时对左右江革命根据地法制的定义采用最广义的理解，凡是左右江革命根据地红色政权（包括红军和各级苏维埃政府）制定、发布的一切旨在调整社会关系的规范、规则，都属于本课题所要研究的法制。这里的法制在形式上不限于以“法”“条例”“制度”“章程”等为名，而是包括各种名为“政纲”“决议”“宣言”“布告”“通告”“口号”等具有强制实施效力的文件，甚至包括实践中行之有效但没有形成文字的不成文制度。例如，1930 年奉议县各乡苏维埃政府发出的布告规定：“凡我乡内群众，有谁去勾结豪匪，引线来搜掠我们群众的财物者，枪毙！”要是生搬硬套现代的法治观念，乡政府没有立法权，更不可能制定刑法，就会得出左右江革命根据地没有法制的结论，但这明显不符合客观存在的历史事实。从法制史学的角度来看，这条布告就是旨在调整社会关系、以定罪量刑为内容、由红军和苏维埃政府的强制力保证实施的社会规范，是不折不扣的“刑法制度”。

其次，关于“法制”和“法治”。“法制”和“法治”是一对既密切联系又有所区别的概念。那么，我们的课题究竟是要研究左右江革命根据地的

① 张文显主编：《法理学》，高等教育出版社 2018 年版，第 74 页。

“法制”还是“法治”呢？对此，课题组内部有不同意见。一部分同志认为，法制史学研究的主要是历史上的法律制度，一般都是用“法制”，我们研究的是左右江革命根据地时期的各项法律制度，就应该用“法制”；另外一些同志则认为，“法制”是静态的制度规范，而“法治”包括动态的法律运行及其效果，我们在研究时不仅研究左右江革命根据地法律制度的内容，也注重研究其成效和影响，是动态的，应该用“法治”。经过反复讨论，我们决定采用中国政法大学杨宇冠教授的观点：“指国家政治制度时应当用法制这个词，诸如民主与法制，健全法制等；在强调以法治国时或行为手段时应用法治这个词，诸如以法治国、法治化等。”① 毕竟我们研究的是历史上的制度层面的法律，使用“法制史”更合乎学术惯例，如称“法治史”则不免令人有“穿越”之感，徒然贻笑大方。当然，在具体写作时，如涉及现代法治的内容，也根据情况表述为“法治”，但对于涉及当时的法律制度的内容，则统一表述为“法制”。

最后，关于左江和右江。左右江革命根据地由左江革命根据地和右江革命根据地组成，两个根据地是一个既相互独立又密切联系的整体。本课题的研究对象理所当然是将左江革命根据地和右江革命根据地都包括在内。不过，左江革命根据地存续时间非常短，从龙州起义到龙州失守仅有 2 个月时间，即使从李明瑞、俞作豫到达龙州起算，至左江革命根据地全部失陷，也不过 6 个月左右的时间，法制建设不如右江革命根据地开展得充分，当时的原始资料保存下来的也极少。据 1930 年 5 月红七军给中央的报告，左江革命委员会成立后曾制定过劳动法 22 条、土地法 26 条，但相关资料在左江革命根据地失陷后就已经全部佚失，具体内容亦无从考证。因此，本课题研究尽量兼顾左右江两个革命根据地的情况，但受制于参考资料有限，在篇幅上不得不以右江革命根据地为主。

三、使用的文献资料

厘清了概念上的疑惑后，我们四处收集相关资料，为开展研究做准备。但我们很快就发现，有关左右江革命根据地法制建设的资料，实在是太少了。

---

① 杨宇冠：《谈“法制”和“法治”》，载《法学杂志》2001 年第 6 期。

一方面，左右江革命根据地法制建设的原始文件资料大量佚失，保存至今的不多也不完整；另一方面，研究左右江革命根据地法制建设的学术成果太少。研究百色起义、龙州起义和左右江革命根据地政治、军事、经济、文化建设的成果倒是有一些，但专门研究左右江革命根据地法制建设的除了几篇硕士论文以外可以说几乎没有。可供参考的资料少之又少，无法支撑我们的课题研究。马克思曾说："研究必须充分地占有材料，分析它的各种发展形式，探寻这些形式的内在联系。只有这项工作完成之后，现实的运动才能适当地叙述出来。"① 要是收集不到足够的可靠资料，我们的课题研究将会举步维艰，甚至有可能胎死腹中。

为此，我们走访了百色市委党史研究室，寻求指导和帮助。赵文刊主任对我们的选题给予了高度肯定，并向我们热情推荐了两套书，一套是中共广西区委党史资料征委会编写的《左右江革命根据地》（上、下两册），一套是百色学院凌绎崇教授等编著的《百色起义与根据地制度建设》。《百色起义与根据地制度建设》一书虽然着眼点在于制度建设，"法制建设"只是全书15章中的一章，但制度建设与法制建设在很大程度上是重合的，该书的编写体例和研究方法给我们很大启发，也极大增强了我们将研究工作继续深入推进下去的信心。后来我们拟定的写作提纲，相当程度上就是以《百色起义与根据地制度建设》的目录为蓝本的。至于《左右江革命根据地》一书，那更是左右江革命根据地全部历史文献的集大成者，可以说迄今为止能够找到的原始文件资料，无不囊括其中，是研究左右江革命根据地法制建设史绝对不可缺少的参考资料。《左右江革命根据地》一书出版于1989年，因印数不多，至今已成绝版、珍版图书，仅网上有极少量二手存书销售，且价格昂贵，但为了扎实开展研究，我们还是下定决心使用十分有限的研究经费购买一套，供课题组成员共享使用。

此后，我们又走访了百色起义纪念公园管理委员会，黄永全副主任、麻高研究员给我们提供了一批珍贵的参考资料，其中有关韦拔群、雷经天个人历史经历和思想评述的几本书对我们的课题研究帮助很大。根据上述资料提供的研究信息和线索，我们在中国知网上又收集到232篇相关的学术论文。

① 《马克思恩格斯全集》（第23卷），人民出版社2014年版，第23页。

有了这些坚实丰富的参考资料作为基础，我们一扫当初资料不足、难以为继的疑虑，顿感信心满满，能够拿出十足的劲头来推进课题研究了。

四、研究的方法

本课题主要采用文献分析、历史分析等方法，以左右江革命根据地现存原始资料为素材，按照现代法学关于部门法的划分，分门别类梳理、考证左右江革命根据地各项法律制度的主要内容，努力尝试描绘左右江革命根据地法制建设活动的真实面貌。

左右江革命根据地法律制度的内容，属于史实范畴。我们除了梳理、考证相关史实，还力求史论结合，夹叙夹议，对左右江革命根据地法治建设活动在当时的成效以及对后世的影响作出评价。需要注意的是，左右江革命根据地存续时间不长，法治建设活动与频繁紧张的军事斗争同时进行，许多具体的法律规范设计不免仓促，更难以尽善尽美，如果用现代法治的标准来看，当时的法律制度无疑是原始、粗疏、简陋的，甚至有很多“错误”。但这样苛求前人、责备前贤，显然不是历史唯物主义的观点。正如列宁所指出的那样：“判断历史的功绩，不是根据历史活动家没有提供现代所要求的东西，而是根据他们比他们的前辈提供了新的东西。”① 社会现象是在一定的社会历史条件下发生的，要正确了解这些现象，就要具体地、历史地分析其形成和变化的条件。因此，我们在评价左右江革命根据地的法律制度时，要坚持运用马克思主义唯物辩证法和历史唯物主义的观点、方法，具体地、历史地考察其形成的社会环境和客观条件，合理恰当地评价其历史地位和作用。当然，左右江革命根据地的法律制度也存在历史局限性，我们对此秉笔直书、不讳其短。至于我们的观点是否正确，那就有待广大读者和专家见仁见智了。

意大利历史学家、反法西斯斗士克罗齐在1925年曾提出“一切真历史都是当代史”② 的著名论断。这意味着，现实关怀才是历史研究的原动力。“历史学家通过挖掘历史资源，重新阐释历史问题，参与当前问题的讨论，使史

① 中共中央马克思恩格斯列宁斯大林著作编译局编译：《列宁选集》（第2卷），人民出版社2012年版，第375页。

② ［意］贝内德托·克罗齐：《历史学的理论和历史》，田时纲译，中国人民大学出版社2012年版，第4页。

学成为影响和形塑现实的力量。”[①] “一切真历史都是当代史”虽是西方唯心主义历史学者提出来的观点，但其中却包含着历史唯物主义的精神内核，值得细细品味。我们研究左右江革命根据地法制建设史，不为别的，正是为了以史为镜，观照现实，把左右江革命根据地的红色法制基因传承下去，代代不绝，使左右江革命根据地法制建设史成为“真历史”和“当代史”，以此凝心聚力，踔厉奋发，不断推进全面依法治国，在法治轨道上全面建设社会主义现代化国家。

五、编委会和课题组分工

为了加强课题研究工作的组织领导，百色市中级人民法院成立了《左右江革命根据地法制建设史研究》编委会，以便统一调配研究力量和资源，确保研究成果转化为出版成果的质量。编委会成员包括百色市中级人民法院领导班子全体成员，曾经建立过苏维埃政权的百色市右江区、田阳区、田东县、平果市、凌云县以及红七军、红八军会师地乐业县的基层法院院长。其中，百色市中级人民法院党组书记、院长潘凌宇担任主编，负责统筹协调课题研究工作及审稿、定稿，百色市中级人民法院副院长（挂职）、广西壮族自治区高级人民法院刑一庭副庭长赖正直担任副主编，负责具体实施课题研究工作，收集文献资料、拟定写作提纲、组织撰写初稿并统稿、审稿。

本书撰稿人员的写作分工如下：

赖正直，负责撰写导论、第六章、第七章、第八章、第十一章、第十八章、第十九章；

罗家庆，负责撰写第一章、第二章；

帅清华，负责撰写第三章；

林杰，负责撰写第四章；

林兴，负责撰写第五章；

何明波，负责撰写第九章；

杨有荣，负责撰写第一章；

---

① 高洁：《“一切真历史都是当代史”——以改革开放以来新民主主义的四次论争为线索》，载《党史研究与教学》2019年第2期。

韦益万，负责撰写第十二章；

梁海燕、岑岭、周发平、农慧娴，负责撰写第十三章；

梁龙晓，负责撰写第十四章；

梁涌，负责撰写第十五章；

刘梦瑶，负责撰写第十六章；

武鑫，负责撰写第十七章；

黄潇、黄媛郡，负责撰写第二十章。

百色市中级人民法院政治部周晓宇同志在课题研究工作中协助收集、整理相关资料，贡献颇多，故勒名于此，以为彰显。

本书所附图片均为百色起义纪念公园管理委员会襄赞提供，在此特别谨致谢忱。

另外需要特别说明的是，本书的撰稿人员大多数是在人民法院从事审判工作的法官、法官助理和司法政务管理人员，还有少数几位是在高等院校从事法学教学科研工作的教师，由于术非专攻，兼之学识不达，书中难免有所舛误，还请广大读者及专家贤达批评指正。

第一章　左右江革命根据地的建立与发展

左右江是指广西西部的左江、右江两条河流。左江是西江水系上游支流郁江的最大支流，发源于越南与我国广西壮族自治区交界的枯隆山，从凭祥市边境平而关进入中国境内后称平而河，流至龙州县城有支流水口河汇入，以下称左江，流至南宁市江南区江西镇同江村三江坡汇入右江。左江干流全长539公里，流域面积32,068平方公里，其中有11,579平方公里在越南境内。右江起于广西壮族自治区百色市区澄碧河口，流至南宁市江南区与左江汇合后称郁江，也称邕江。右江干流全长707公里，流域面积38,612平方公里。90多年前，邓小平、张云逸、李明瑞等革命先辈在左右江地区领导发动了威震南天的百色起义、龙州起义，建立了中国西南边疆最早的革命根据地——左右江革命根据地，根据地辖区覆盖20多个县，拥有人口100多万人，是第二次国内革命战争时期建立的较大的革命根据地之一，同时也是中国共产党领导的较早在少数民族地区创立的革命根据地。左右江革命根据地的建立，为"工农武装割据"提供了实践经验，有力地配合了其他革命根据地的武装斗争，甚至对越南的民族解放革命运动也有一定影响，在中国革命史上作出了重要贡献，留下了浓墨重彩的一笔。

第一节　时代背景

左右江革命根据地又称"左右江苏区"，是第二次国内革命战争时期中国共产党领导创建的根据地之一。左右江革命根据地建立之初，中国共产党在广西民族地区广泛传播马列主义，宣传党和红军的路线、方针和政策，唤醒了各族劳苦大众的阶级思想，各地深入开展农民运动，为胜利举行百色起义和龙州起义、建立左右江革命根据地奠定了良好的思想基础和群众基础。

一、马克思主义在左右江地区的传播

1919 年 5 月爆发的五四运动，掀起了中国革命史上学习宣传马克思主义思想的第一次高潮，宣告了一个新的历史时期来临。五四运动的风暴传到了广西左右江地区后，广西省立第五中学（今百色中学）学生成立学生会，选派了两名学生出席在上海召开的学生代表大会，组织学生到街头巷尾进行宣传活动，参加反帝爱国运动。1921 年，广西革命先驱韦拔群在东兰县组织“改造东兰同志会”，传播科学社会主义，号召民众“改造东兰旧政治、旧经济、旧文化”。1922 年 3 月，韦拔群召集进步青年成立革命组织“三三同盟”。同年 10 月，韦拔群在东兰召集了东兰、凤山、百色、恩隆（今属田东县）等县革命青年 100 余人结盟，揭开了右江农民运动的序幕。① 1924 年春，国民党左派人士雷天壮出任五中校长，先后聘任一些具有进步思想的教师任教，传播革命思想。1926 年年初，毕业于上海东亚体育专科学校的贵县人杨柳溪到五中任教，他把共产党人创办的《向导》《新青年》等革命刊物带到学校，交给当时的学生黄永达、滕煊甫、黄绍谦等传阅，并组织学生利用周会演说等形式传播，使马列主义思想在学生中产生了影响。1920 年，高孤雁在回家乡龙州任教时，提倡新文化、新思想，号召师生订阅《向导》《新青年》《中国青年》等刊物，并选取这些刊物中的文章编为教材，对学生进行革命教育。1925 年冬，高孤雁赴广州，在恽代英、萧楚女等共产党员的启发下，投身于革命斗争，拥护孙中山的三大政策。1926 年夏，高孤雁回到南宁，担任了进步刊物《革命之花》的编辑和《杜宇》文艺杂志主编，积极从事革命理论的宣传教育工作。马克思主义和科学社会主义的新思想、新观念传到广西后，很快就被壮、汉、瑶等各族人民所接受，为中国共产党在左右江地区建立组织创造了条件。

---

① 凌绍崇等编著：《百色起义与根据地制度建设》，广西人民出版社 2014 年版，第 9 页。

二、左右江地区农民运动的兴起

20 世纪 20 年代，广西也受到席卷全国的革命浪潮影响，马克思主义在广西得到广泛传播，广西革命的星星之火也在熊熊燃烧，渐成燎原之势。

广西的左右江地区位于祖国西南边陲，西南与越南相邻，处于滇、黔、桂三省（区）交界处，战略地位和地理环境都非常特殊，桂系军阀当局在左右江地区的统治力量相对薄弱，具有建立革命根据地的优势条件。1923 年，韦拔群领导东兰县农军三次攻占东兰县城，清算土豪劣绅的罪行，揭开了广西农民运动的序幕。1925 年 9 月 15 日，韦拔群在东兰武篆区善学乡的北帝岩开办了广西第一届农民运动讲习所，学员有来自右江地区 10 多个县的农民运动骨干和青年学生 276 人，推动了右江农民运动的开展。韦拔群与毛泽东、彭湃一起成为中国早期农民运动的“三大领袖”。由此，轰轰烈烈的农民运动在右江地区兴起，社会主义思想得到了传播。1926 年 8 月，中共恩奉特支成立，余少杰任书记。恩奉特支的建立，担当起领导右江地区农民革命运动的重任，从此，右江革命揭开了新的一页。①

左江地区的边关龙州，是扼守祖国南疆的边防一线。1885 年中法战争后，龙州实际已沦为半殖民地，面对帝国主义的疯狂掠夺、封建土司的残酷压迫和军阀的连年混战，各族人民饱受苦难，他们不断奋起抗争。1921 年中国共产党诞生以后，左江地区进步青年把“光明之火”带回家乡，龙州工农运动风起云涌，农民武装不断奋起反抗，为建立革命根据地打下了坚实的群众基础。

1927 年 2 月，在恩隆县平马镇成立广西农民部田南道办事处，主任陆炳堂，统一领导田南道（右江）各县的农民运动；1927 年 6 月，在恩隆县成立以恩奉特支领导为核心的广西临时军政委员会，即“三南总部”（三南指田南道、南宁道、镇南道），以总部名义领导了“三南”地区的革命斗争。在中共恩奉特支领导下，右江地区各县农民协会和农民自卫军纷纷成立，由此广大农民有了依靠。中共党组织把握了斗争方向，制定了反帝反封建行动纲领，以废除苛捐杂税维护农民利益为号召，组织农民开展打倒贪官污吏、土豪劣绅的斗争。农民运动蓬勃开展，造就了“一切权力归农会”的巨大声势，沉

① 凌绍崇等编著：《百色起义与根据地制度建设》，广西人民出版社 2014 年版，第 10 页。

重打击了军阀、官僚、土豪劣绅等封建势力。

1926年至1927年春，继东兰之后，凤山、奉议（今属百色市田阳区）、恩隆、思林（今属田东县）、果德（今属平果市）、凌云等县建立了县农民自卫军，百色、天保（今属德保县）、向都（今属天等县）、镇结（今属天等县）、隆安、都安、那马（今属马山县）等县建立了乡村农民自卫队。右江各县有农民协会会员10多万人，右江地区掀起农民运动的热潮，沉重打击了封建社会的根基。

1927年7月，中共恩奉特支把右江地区各县农军统编为右江农民自卫军，并按地域划分为三路军：东兰、凤山农军为第一路军，总指挥韦拔群；恩隆、奉议农军为第二路军，总指挥黄治峰；思林、果德农军为第三路军，总指挥余少杰。全地区有农军几千人，有了统一机构、统一领导，成为中国共产党掌握的一支重要的革命武装力量。①

自1927年8月起，中共恩奉特支领导的农民自卫军连续在右江地区举行了仓圩暴动、东兰凤山凌云百色农民暴动、果德暴动、镇结暴动、思林暴动、都安暴动、向都暴动，举行了一系列反抗国民党反动派的人民武装起义，并建立了多处游击革命根据地，使右江革命形成一个新的高潮。与此同时，左江地区的农民革命武装，在右江农民暴动的推动下，也掀起了革命高潮。

1929年8月，在中国共产党的领导下，广西省农民代表大会在南宁召开，成立了广西省农民协会，选举雷经天、韦拔群、黄永达、张平杰、张震球、李干、黄书祥、陈洪涛等11人为委员，雷经天为主任委员，韦拔群为副主任委员。在中国共产党感召下，左右江地区开展了声势浩大的农民运动，为后来的百色起义、龙州起义及土地革命奠定了思想基础和阶级基础。②

三、优秀民族传统文化对革命的影响

左右江地区地处桂、滇、黔三省（区）交界处，西南及南部与越南相邻，是一个聚居着壮、汉、瑶、苗、彝、仡佬、回等民族的多民族地区，少数民族人口占87%，其中壮族占总人口的80%以上，具有悠久的历史和丰富的民

① 凌绍崇等编著：《百色起义与根据地制度建设》，广西人民出版社2014年版，第11页。
② 凌绍崇等编著：《百色起义与根据地制度建设》，广西人民出版社2014年版，第11页。

族文化。左江流域民族传统文化丰富多彩，源远流长。古老的花山崖壁画、大石铲文化、铜鼓文化等历史文化遗存，歌圩文化、传统体育等丰富多彩的民间传统文化，广西提督苏元春修筑“南疆万里长城”、冯子才抗法的镇南关大捷、孙中山领导的镇南关起义等革命历史，构成了丰富多彩、具有独特魅力的边关文化，是左江地区重要的民族文化资源。右江地区是人类的重要发源地，是以壮族为主体的多民族文化共生地，壮族人文始祖布洛陀遗址、南宋横山寨古城遗址、茶马古道、句町国和南天国遗址、桂西土司制度文化、明代巾帼英雄瓦氏夫人率俍兵征伐倭寇、清代爱国名将刘永福创建“黑旗军”抗法、岑氏“一门三总督”以及多姿多彩的壮族歌圩、独特优美的黑衣壮音乐、闻名遐迩的靖西壮锦和绣球文化等，都是最具有代表性的民族历史遗产和民族文化形态，是一种富有创造性的民族文化。①

在革命进程中，革命的思想一旦融入了民族传统文化的内容，就使各族人民容易接受新事物，接受新制度。尤其是中国共产党倡导的新文化，使有优秀民族传统文化的壮、汉、瑶等各族人民，思想上得到很快的提高，表示愿意跟着共产党走，开创新社会，实行新制度，走向新生活。②

四、广西革命形势的转机

1929 年春，蒋桂战争爆发，6 月，新桂系军阀在蒋桂战争中失败，李宗仁、白崇禧出走香港，广西局势风云突变。蒋桂战争后，南京国民政府任命俞作柏为广西省政府主席、李明瑞为广西编遣特派员，掌握广西军政大权。俞作柏、李明瑞在国民党中属于左派人物，二人有意与中国共产党合作，提出让中国共产党派员到广西接洽。党中央利用这一机会，派邓小平、陈豪人、张云逸、龚鹤村、李谦等一批共产党员到广西，以邓小平为中央代表，负责广西地区共产党的工作，陈豪人为广西军委负责人，具体负责武装起义的组织和领导工作。邓小平等人来到广西后，立即开展宣传、统战、工运、农运、兵运等工作，为日后举行武装起义打下了坚实基础，尤其对俞作柏、李明瑞进行了卓有成效的统战工作，并在旧军队中开展士兵运动，有效改造旧军队，

① 凌绍崇等编著：《百色起义与根据地制度建设》，广西人民出版社 2014 年版，第 12 页。
② 凌绍崇等编著：《百色起义与根据地制度建设》，广西人民出版社 2014 年版，第 13 页。

扩大党组织在旧军队中的影响力，使广西的形势朝着有利于革命的方向发展。

1929 年 9 月，中共广西省第一次代表大会在南宁津头村召开，决定开展土地革命，武装农民，加强城市工人运动，准备武装暴动夺取政权。会后，广西特委常委雷经天即带领一批干部到恩隆县平马镇成立中共右江工委和右江农协办事处，积极开展革命工作，为在右江建立革命根据地做了重要准备。①

正当广西革命形势好转的时候，俞作柏、李明瑞急于公开宣布反蒋，结果一战而败。在此风云遽变之际，邓小平当机立断，决定把共产党掌握的武装拉到左右江地区，与韦拔群、黄治峰等领导的农民运动结合，组建红军，开展武装斗争，建立革命根据地。

1929 年 10 月中旬，邓小平、张云逸、陈豪人率领广西警备第四大队和教导总队，挺进右江，挺进百色，积极开展武装斗争，筹划武装起义。10 月 28 日，中国共产党领导和发动了恩隆暴动，消除了反动武装，为百色起义的胜利举行扫清了障碍。10 月 30 日，中共广东省委通知广西特委："省委决定建立广西前委，邓斌（邓小平）为书记。前委管左右江地区。特委负责向前委提供情况，交通到龙州。特委如受破坏，可到前委分配工作。"此意即由广西前委统一领导左右江地区的党和军队。②

1929 年 11 月上旬，党中央批准了在左右江地区举行武装起义，创建红军和革命根据地的计划。在政权建设上，先由张云逸以右江督办的名义任命了一批共产党员为县长，筹集了武装起义经费；接着，各县在农会的基础上又成立了革命委员会，成为革命政权的基础。与此同时，各县推选出参加第一届右江工农兵代表大会（苏维埃）的代表。③ 至此，举行武装起义、建立右江革命根据地的准备工作基本完成，可谓万事俱备，只欠东风了。

第二节　百色起义与龙州起义

百色起义与龙州起义是第二次国内革命战争时期继南昌起义、秋收起义

① 凌绍崇等编著：《百色起义与根据地制度建设》，广西人民出版社 2014 年版，第 14 页。
② 凌绍崇等编著：《百色起义与根据地制度建设》，广西人民出版社 2014 年版，第 15 页。
③ 凌绍崇等编著：《百色起义与根据地制度建设》，广西人民出版社 2014 年版，第 15 页。

和广州起义之后，中国共产党独立领导的两次规模和影响较大的武装起义。

一、百色起义

百色起义爆发于1929年12月11日。这次起义的主要力量是广西警备第四大队和右江地区在农民运动中发展起来的农民武装。

1929年6月，国民党左派人物俞作柏和深受共产党影响的李明瑞分别担任广西省政府主席和广西编遣特派员，掌握了广西的军政大权。为了共同反对蒋桂军阀，俞作柏、李明瑞主动要求中共派出干部到其军政部门协助工作。广西的革命形势出现了转机，中共中央利用这一机会先后从中央和广东省委派出邓小平、张云逸、陈豪人等50多名干部进入广西，分别在俞作柏、李明瑞的军政部门任职，开展统战工作，伺机举行武装起义。

1929年10月，俞作柏、李明瑞仓促出兵参加反蒋战争，结果不到10天就败退南宁，亲蒋粤军趁机分兵向南宁疾进。在形势突变的关键时刻，邓小平当机立断，命令已被我党掌握的广西警备第四大队、第五大队和教导总队，向农民运动风起云涌的右江地区和位于中越边境的左江地区移师。

邓小平、张云逸率领第四大队和教导总队溯右江而上，于1929年10月22日抵达右江地区的政治、经济、文化中心百色城，在粤商的支持下，进驻粤东会馆。

在百色，邓小平、张云逸、雷经天等起义领导人一方面广泛宣传中国共产党的政治主张，大力支持工农群众运动，另一方面对部队进行改造和整顿，大量吸收工农青年和进步学生入伍，壮大队伍力量，为起义做好充分准备。

1929年12月11日，在邓小平、张云逸、韦拔群等的领导下，广西警备第四大队和教导总队以及右江农民军在百色城举行武装起义，成立中国工农红军第七军，并颁布了《中国红军第七军目前实施政纲》《中国红军第七军司令部、政治部布告》等重要文件。同日，在恩隆县平马镇召开了右江地区第一届工农兵代表大会，选举产生了右江苏维埃政府，雷经天任主席，韦拔群、陈洪涛任委员。右江苏维埃政府先后成立了百色、东兰、恩隆、奉议、隆安、河池（今属河池市金城江区）等十几个县级苏维埃政府和革命委员会，创建了人口约100万的右江革命根据地。

二、龙州起义

龙州起义发生于1930年2月1日，是邓小平直接领导下的革命武装起义。起义的主要力量是广西警备第五大队和当地的农民赤卫军。

1929年10月，国民党广西省政府主席俞作柏和广西各部队编遣特派员李明瑞倒蒋（介石）斗争失败后，在广西工作的中共中央代表邓小平与中共广西特委决定，由广西警备第五大队大队长、共产党员俞作豫率部撤离南宁，开赴龙州，与当地工农运动结合，准备武装起义。李明瑞随第五大队抵达龙州后，在共产党组织的帮助下，拒绝蒋介石的拉拢，毅然决定参加革命队伍。12月中旬，邓小平赴龙州部署起义。

1930年2月1日，在邓小平、李明瑞、俞作豫等领导下，广西警备第五大队和龙州工人赤卫队、农民赤卫队共2000余人，在龙州举行武装起义，成立中国工农红军第八军和左江革命委员会，俞作豫任军长，邓小平兼任政治委员，宛旦平任参谋长，何世昌任政治部主任，李明瑞任红七军、红八军总指挥。红八军和左江革命委员会成立后，颁布了《中国红军第八军目前实施政纲》《劳动法》《土地法》等政纲法令，在龙州（今龙州县）、上金（今属龙州县）、龙茗（今属天等县）、凭祥（今凭祥市）、养利（今属大新县）、崇善（今属崇左市江州区）等地组织成立革命委员会，创建了人口50余万的左江革命根据地。

百色起义和龙州起义点燃了广西革命的星火，在少数民族地区树起了一面“工农武装割据”的光辉旗帜。起义创建的左右江革命根据地，开创了广西革命斗争的新局面，为我党在民族地区的工作和民族政策的丰富发展总结了新鲜经验，对中国革命作出了重要的历史贡献，在中国革命史上写下了光辉的民族篇章。

第三节　左右江革命根据地的党组织

党的建设是中国共产党取得革命胜利的“三大法宝”之一。大革命时期，中国共产党在左右江地区创建了强有力的党组织，经受了各种严峻考验。

1929年年底至1930年年初，中共中央代表邓小平领导举行百色起义、龙州起义，创建红七军、红八军和左右江革命根据地，党组织得到空前壮大。

一、左右江地区中共党组织的创建

中国共产党恩隆、奉议特别支部是左右江地区的第一个党组织，它是马克思主义与大革命时期右江农民运动相结合的产物。

1926年4月至5月，中共南宁党组织将在国民党广西省组织部任秘书的余少杰派到驻防恩隆县平马镇的国民革命军范石生军部任职，领导右江革命斗争和建党工作。[①] 余少杰到右江后，积极发展党员。是年秋，余少杰在恩隆县百定村召开恩隆、奉议两县党员会议，宣布成立中共恩奉特别支部（亦称田南党部），余少杰任书记，直属南宁地委领导。随后，特支又先后发展数批党员，成为右江革命斗争的坚强核心。

1927年“四一二”反革命政变发生后，新桂系军阀在全省大肆“清党”“清乡”，肆意搜捕、杀害共产党人和革命人士，下令解散中共领导的农会、农军，悬赏通缉韦拔群、余少杰、黄治峰等农运领袖，广西革命陷入低潮。在革命的危急关头，以余少杰为书记的恩奉特支与上级党组织失去了联系，无法得到党中央关于土地革命和武装反抗的指示。余少杰、韦拔群等及时提出把农运斗争迅速转到武装反抗的正确主张，成立了以中共恩奉特支为领导核心的广西临时军政委员会，统一整编各县农军，在艰难条件下开展武装斗争。[②]

为打开工作局面，1928年2月，中共广东省委派朱锡昂、雷经天回到广西，开展恢复和重建党组织工作。9月，余少杰因叛徒梁鹤如告密而被捕牺牲，右江党组织受到了严重损失。同年秋冬，严敏根据上级党组织的决定，建立了奉议、恩隆、思林、果德四个县支部，成立了中共田南临时特委，党组织力量得到进一步加强。

---

① 中共广西区委党史资料征委会《左右江革命根据地》编辑组：《左右江革命根据地》（下），中共党史资料出版社1989年版，第1163页。

② 中共广西区委党史资料征委会《左右江革命根据地》编辑组：《左右江革命根据地》（下），中共党史资料出版社1989年版，第1164页。

1929 年 3 月 21 日，中共广西省委决定撤销田南临时特委，整顿各县党组织，将恩隆、奉议、思林、果德四县支部改组为特别支部，各县特支由省委（后为省特委）特派员领导。在艰苦的斗争中建立起来的右江党组织，经受住了考验，使右江农民革命斗争有了新的发展，为百色起义和创建革命根据地创造了广泛而又深厚的群众基础。①

二、武装起义准备时期的党组织

1929 年夏，国民党左派俞作柏、李明瑞主政广西。中共中央和广东省委决定利用这一有利时机，在广西大力发展革命力量，分别调派邓小平、张云逸、陈豪人等数十位党员干部到广西开展工作，并成立了中共广西军委。② 在中共中央代表邓小平的统一领导下，中共广西军委和广西特委卓有成效地进行统战、兵运工作，大力发展了工农运动，党组织得到了恢复，全省地方党员发展到 420 人。同时，在俞作柏、李明瑞的广西教导总队和广西警备第四大队、第五大队中亦发展了一批党员，建立了党的秘密组织。③

1929 年 9 月 10 日至 14 日，中共广西省第一次代表大会在南宁召开，提出在广西“建立工农武装”“准备武装暴动夺取政权”“深入土地革命”的政治任务，要创造布尔什维克党，健全地方党部。大会选举了新的广西特委，并决定把党的工作重点转移到有深厚群众基础的左右江农村，创造红军和革命根据地。随后，党调遣一批干部到左右江发展工农运动，扩大农军武装，进攻土劣武装，健全党的组织。派到左江地区的党员有何建南、麦锦汉、苏文灿等，他们在龙州县下冻区成立党小组和左江农民运动指导委员会。派到右江地区的党员有张震球、李干、黄永达、黄书祥、徐逖生、严敏、陈洪涛、雷经天等，他们在向都、隆安、思林、果德、奉议、东兰、恩隆等县发展农民运动，组织农民暴动，健全和发展党组织。雷经天在右江平马成立了中共

---

① 中共广西区委党史资料征委会《左右江革命根据地》编辑组：《左右江革命根据地》（下），中共党史资料出版社 1989 年版，第 1166 页。

② 中共广西区委党史资料征委会《左右江革命根据地》编辑组：《左右江革命根据地》（上），中共党史资料出版社 1989 年版，第 174 页。

③ 中共广西区委党史资料征委会《左右江革命根据地》编辑组：《左右江革命根据地》（下），中共党史资料出版社 1989 年版，第 1166 页。

右江工作委员会（后改为中共右江特委），雷经天任书记，委员有陈洪涛、高永平、严敏等。①

1929年10月30日，中共广东省委决定成立广西前敌委员会（亦称中共右江前委），由邓小平任书记，领导左右江党和军队的工作。

在百色起义准备时期，中共右江工作委员会积极发展右江的地方党组织。到百色起义前，全右江地方党员近300人。各县党组织也有了很大发展。②

东兰县委：1929年10月中旬，中共东兰第一次党代会在武篆那论村召开，选举成立县委，颁布了《广西东兰县革命委员会最低政纲草案》，提出了建设革命政权各项方针和任务。东兰县委成立后，领导建立了武篆、太平、长江、兰泗、都邑、东院、坡豪、隘洞等8个党的区委员会，共辖41个支部，党员400多人。

凤山县特支：凤山县党组织是由黄松坚领导建立的。1929年秋，韦拔群在东兰介绍黄松坚入党，派他回凤山盘阳区建党。10月中旬，中共凤山县特支在盘阳成立，党员30多人，并在长里区和中农区建立八达乡支部和盘锋支部。年底又先后建立了社更、月里等支部。

凌云县党组织：由东兰县委领导建立。1929年秋冬，东兰县委委派韦菁、黄伯尧到凌云县平乐农村建党，发展黄伯良等5人入党后，成立党小组。随后东兰县委又先后在凌云县海亭、力那、洪力、巴轩、牙里、平旺、南角等地发展党员并成立党支部。

向都县特支：其于1929年9月下旬由中共党员林柏、陈鼓涛和黄绍谦等率农军占领县城后，在县城建立起来，陈鼓涛任书记。

果德县党组织：1929年秋，县特支书记黄书祥担任果德县长后，在马头街和龙旧村等地又发展了一批党员，随后分别成立了县城、龙旧两个党支部，全县党员20余人。

那马县党组织：1929年10月，黄书祥、黄永祺发展那马农运领袖徐泽长入党。12月，黄书祥等在那马县山城村又吸收李凤彰、韦成篇等入党，指导

① 中共广西区委党史资料征委会《左右江革命根据地》编辑组：《左右江革命根据地》（下），中共党史资料出版社1989年版，第1167页。

② 中共广西区委党史资料征委会《左右江革命根据地》编辑组：《左右江革命根据地》（下），中共党史资料出版社1989年版，第1168页。

成立了中共那马支部。

奉议、恩隆、思林三县特支：在百色起义前，奉议县特支领导建立了甫圩、仑圩、百育、那满、田州等区党支部，全县党员达40余人。恩隆县特支有40余名党员，成立了林逢等党支部。思林县特支也新发展了一批党员。

百色县党组织：中共东兰县委成立后，韦拔群等介绍百色农运骨干黄正规、杨美昌入党，并派回百色县领导农运斗争和建党工作。广西前委派党员黄启滔、刘祥及孙醒侬等发动百色工运斗争，在县城开展建党。

左江地区党组织：1929年9月，中共党员何建南、麦锦汉等奉广西特委命令，在龙州下冻区农村成立了左江地区第一个党小组，党员4人。10月20日，俞作豫等率广西警备第五大队进驻龙州，成立中共左江军委（后亦称五大队前委），受中共中央代表邓小平和广西军委领导，受广东省委指挥。军队和地方党员共计20余人。12月15日，中共龙州县委成立，下辖四个支部，党员16人。此后，县委在左江地区发展了10多人入党，领导农民、工人运动，筹划龙州起义和创建红八军。党组织在左江地区的建立和发展，促使龙州起义的条件迅速成熟。

三、苏维埃政权建设时期党组织的发展

左右江革命根据地创建后，中共党组织得到了前所未有的蓬勃发展，为发展苏维埃的根据地、扩大工农赤卫队和深入土地革命作出了巨大贡献。

红七军前敌委员会：1929年12月11日，红七军成立后，中共广西前委随即改为中共红七军前敌委员会，委员7人，即邓小平、陈豪人、张云逸、李谦、韦拔群、雷经天、何世昌，邓小平任书记。前委机关设在百色粤东会馆，前委隶属中共中央领导，下辖红七军和红八军以及左右江的地方党组织。红七军前委极其重视党组织的建设，把加强党的组织和思想建设放在根据地各项建设的首位，发布《前委通告（第二号）——关于党的组织工作》，确定党的建设工作的基本方针和原则，逐步建立起右江地方党组织的“独立工作系统”，先后成立东兰、凤山、恩隆、奉议、思林、向都、百色等7个县委（临时县委）和果德、凌云两个县特支，党员发展到五六百人。至1930年10月，右江各县党组织得到前所未有的大发展，党员达到千余人。

1929年12月，红七军第一、第二、第三纵队及所属各营成立了党委。

1930年8月，第四纵队委员会成立。至9月，全军建有4个纵队党委，12个营党委，43个党支部，党员由最初的300余人发展到500人。[①]

右江特别委员会：1930年4月，根据中央军委关于右江地区“特委一定要成立”的指示，中共右江工委改为中共右江特委，书记仍为雷经天。右江特委隶属红七军前委领导，下辖右江革命根据地内各县党组织。改选后，大力开展各级苏维埃政权和群众组织建设；扩大赤卫军组织，发动赤卫军参加红军；推行土地革命，打击地主豪绅的反抗等。根据前委通告精神，加强党的组织建设和思想建设，进一步健全党的组织系统。[②] 9月，雷经天因反对“立三路线”要红七军北上攻打桂林、柳州、广州的指令，被撤销中共右江特委书记、苏维埃政府主席职务，开除党籍。中共右江特委改组，陈洪涛任书记，特委下辖地方党员1500余人。1932年12月，韦拔群、陈洪涛先后牺牲，右江特委解体。

经过一段时间的工作，东兰、恩隆、思林、奉议、果德、凤山、向都等县相继成立县委会，百色县成立临时县委，凌云县建立县特支，那马县成立支部、总支部，整个右江地区党组织得到迅速发展，有效地指导了各级苏维埃政府的工作。

东兰县委员会：1929年12月11日成立县苏维埃政府，县委领导下有5个区委、6个支部，党员50多人。东兰县委成立后，领导建立了武篆、太平、长江、兰泗、都邑、东院、坡豪、隘洞等8个党的区委员会，共辖41个支部，党员400多人。

恩隆县委员会：1929年12月12日，中共右江工委将恩隆县特支改为中共恩隆县委员会，书记滕德甫，委员5人。县委建立后，抓紧党的建设，先后组建10个党支部和一个党小组，共有党员158人。[③] 1930年10月，中共右江特委书记陈洪涛在平马整顿党组织，将恩隆县委改为中共恩隆县特别支部，委员3人，滕静夫任书记。

---

① 中共百色市委党史办公室编著：《中国共产党百色市历史》，广西人民出版社2011年版，第117页。

② 凌绍崇等编著：《百色起义与根据地制度建设》，广西人民出版社2014年版，第64页。

③ 中共广西壮族自治区委员会党史研究室、中共百色市委员会党史办公室编著：《百色起义史稿》，广西师范大学出版社2004年版，第123页。

思林县委员会：1929年12月15日，右江工委将中共思林县特支改为中共思林县委员会，委员4人，陈金平担任书记。县委建立后，除了组建赤卫军，领导全县人民进行对敌斗争，实行土地革命，建立区、乡、村苏维埃政权外，还积极开展建党工作，先后成立两个基层党支部和一个党小组，党员人数达38人。

奉议县委员会：百色起义前夕建立的奉议县特支，积极进行建党工作，发展党员达50多人。1929年12月百色起义后，正式建立中共奉议县委员会，委员7人，李汉生担任书记。1931年秋，敌人派兵第二次"围剿"革命根据地，接任的县委书记黄正统叛变投敌，奉议县委解体。

果德县委员会：1929年12月，右江工委将果德县特支改建为中共果德县委员会，因党员人数少，不设委员，由黄书祥任书记。县委成立后，先后建立了县城、龙旧、都阳等3个党支部，共有党员19人。1933年5月，黄书祥不幸牺牲，果德县委解体。

凤山县委员会：1930年2月，右江工委将凤山县特支改建为中共凤山县委员会，委员4人，黄松坚任书记。百色起义后，凤山县特支、县委先后领导建立了中共本农、长里、盘阳、赐福、凤凰等5个区委员会，共辖26个党支部，有党员170多人。1932年年底，右江革命根据地丧失，县委委员相继牺牲，凤山县委解体。①

向都县委员会：1930年1月，中共右江工委将向都县特支改建为中共向都县委员会（辖天保县南区党组织），不设委员，陈鼓涛任书记，有党员9人。1932年2月，桂系军阀调集重兵疯狂扫荡根据地，县委书记陈鼓涛牺牲，向都县委解体。

凌云县特别支部委员会：百色起义至1930年1月，凌云县的党组织已发展有海亭、力那、洪力、巴轩、平旺、牙里、南角等7个党支部，有党员47人。2月，右江工委在平乐区建立中共凌云县特别支部委员会，委员8人，黄伯尧任书记。

百色县临时委员会：中共百色临时县委是在红七军前委直接领导下，于

① 中共广西壮族自治区委员会党史研究室、中共百色市委员会党史办公室编著：《百色起义史稿》，广西师范大学出版社2004年版，第124页。

1929年12月建立起来的。红七军政治部社会科长黄一平兼任县委书记。1930年5月，中共右江特委任命黄唤民继任中共百色临时县委书记，领导一都、三都区委和二都、龙盘、国庆、仁乡、坡月5个支部，党员30多人。

那马县支部、县总支部委员会：1929年12月，百色起义时，成立中共那马县支部，书记李凤彰，党员4人。1930年12月，那马县党支部改为中共那马县总支委员会，委员3人，书记李凤彰，县总支下辖6个党支部和两个党小组，直至右江根据地丧失。

右江下游临时委员会：1932年6月，黄松坚在果德县建立中共右江下游临时委员会，受右江特委领导，负责奉议、恩隆、思林、果德、向都、镇结、天保、敬德（今属德保县）、靖西、镇边（今那坡县）、隆安、那马、武鸣等县的革命工作。1933年1月，右江下游临委改为中共右江下游委员会，隶属中共两广省委领导，与中共"上海中央执行局"发生联系。右江下游党委下辖黔桂边委、凌云县特支、恩隆县特支、果德县委和那马县总支。①

黔桂边委员会：1932年6月，根据中共右江特委指派，黄举平在凌云县天峨区城治乡林佑屯建立中共黔桂边委员会，委员7人，黄举平为书记。1933年6月，边委移驻贵州省贞丰县蔗香村三江口板陈屯（今属望谟县）。边委下辖中共凌云县特支及贵州省的板陈、卡法和广西凌云的丰业等3个支部，共有党员38人。边委先后隶属中共右江特委、右江下游党委、东兰中心县委、滇黔桂边临委和桂西区特委领导，负责凌云、天峨、贞丰、同亨、望谟、罗甸等县的革命斗争。②

左江特别委员会：1930年2月1日，龙州起义胜利，宣告成立红八军和左江革命委员会，中共左江军委改组为红八军军事委员会，何世昌任书记。地方党组织也由军委和县委召开联席会议，决议组织左江特别委员会，特委领导龙州、上金、凭祥、崇善、养利等县党组织，下辖有龙州县工人、农民、赤卫队3个支部，下冻特支、上金特支、凭祥特支，在崇善、雷平（今属大新县）、养利也有支部组织。至3月，党员发展到90余人。左江特委及左江

---

① 中共广西壮族自治区委员会党史研究室、中共百色市委员会党史办公室编著：《百色起义史稿》，广西师范大学出版社2004年版，第126页。

② 中共广西壮族自治区委员会党史研究室、中共百色市委员会党史办公室编著：《百色起义史稿》，广西师范大学出版社2004年版，第126页。

各县、乡党组织在领导左江地区根据地反帝反封建斗争中发挥了核心作用。[①]

四、右江革命根据地反“围剿”斗争时期的党组织

1930年9月，红七军前委改组为右江特委，选举陈洪涛为书记，韦拔群、黄松坚、陆浩仁、李绍楚等为委员。11月7日，邓小平在河池主持召开红七军第一次党员代表大会，改选了前委，成立红七军兵委，选举陈豪人兼任兵委书记。[②] 1930年11月，韦拔群组建了红七军第二十一师，整编了各县赤卫军武装。1931年1月初，中共红七军第二十一师党委在恩隆县七里区乙圩成立，陈洪涛兼任书记。

1931年春至1932年秋，新桂系军阀对苏区发动了三次大规模的“围剿”。1931年8月，右江特委和第二十一师党委开会接受中央命令，整编成立独立第三师和右江革委会。此时，右江的党员共700余人，恩隆、奉议、思林、果德也有党的组织，那马、都安、凌云、百色、向都各县还有党员活动。[③] 在极其艰难的反“围剿”战争中，右江特委领导数千红军、赤卫军武装英勇杀敌，仅在东凤地区就毙伤敌军不下千余人。

东兰县委：1930年11月韦菁调任凤山县委书记，东兰县委书记由黄明强代理。1931年1月，县委改组，黄举平再任书记。1932年4月，右江特委决定调黄举平上黔桂边开辟新区，县委撤销。各区乡基层组织直属右江特委领导。

凤山县委：1930年11月由韦菁任县委书记，领导长里、盘阳、凤凰、赐福、本农5个区委，党员100多人。1932年秋冬，县委解体，但基层党组织仍坚持秘密斗争。

凌云县特支：书记黄伯尧等领导红军、赤卫军武装坚持凌凤边的反“围剿”斗争，基层党员分散隐蔽在各地活动，1932年夏黄伯尧等率部分武装赴

① 中共广西区委党史资料征委会《左右江革命根据地》编辑组：《左右江革命根据地》（下），中共党史资料出版社1989年版，第1175页。

② 中共广西区委党史资料征委会《左右江革命根据地》编辑组：《左右江革命根据地》（上），中共党史资料出版社1989年版，第174页。

③ 中共广西区委党史资料征委会《左右江革命根据地》编辑组：《左右江革命根据地》（上），中共党史资料出版社1989年版，第429页。

黔桂边活动后凌云县特支解体。

奉议县委：1930 年 11 月，县委书记由黄正统继任。翌年秋，黄正统及六十二团独立营长罗明山相继率部投敌，奉议县党组织遭受严重破坏。1932 年 9 月，县委委员潘宪甫在游击斗争中病故，奉议县委解体。

恩隆县特支：1930 年 9 月成立后，右江特委书记陈洪涛率领赤卫军配合红七军六十二团坚持恩隆、奉议地区的反“围剿”斗争。1932 年春，黄书祥、滕国栋率六十二团余部转战思林、果德、向都、恩隆等县边区。此时，恩隆县特支改组为支部，坚持山区斗争。

向都县委：1932 年 2 月，县委书记陈鼓涛等在战斗中牺牲，向都县委解体。黄绍谦等率赤卫军继续坚持农村游击斗争。

思林县委：1931 年春，由于赤卫军编入红七军，多数党员随军北上，思林县委解体。果德县的县城、龙旧两支部也因县赤卫军营编入红七军北上而解体。11 月，果德县特支书记黄书祥返回果德，重组思林、果德、那马三县党组织，英勇抗击国民党的“围剿”。

右江下游临时党委：1932 年春，右江苏区反“围剿”斗争异常艰难。右江特委委员黄松坚奉命于 6 月在思林、果德边界的古芬村宣布成立中共右江下游临时党委，同时成立了右江下游革命委员会，领导右江下游的反“围剿”斗争。6 月，东兰县委书记、右江革命委员会主席黄举平在凌云县林友屯成立中共黔桂边委，在右江特委领导下负责开辟黔桂边新区的斗争。

第四节　左右江革命根据地的苏维埃政权组织

苏维埃是俄文“COBET”的音译，意思是“代表会议”或“会议”，列宁称之为“革命政权的萌芽”。1917 年 11 月 7 日（俄历 1917 年 10 月 25 日），俄国人民在以列宁为首的布尔什维克党领导下，取得了十月革命的胜利，宣布全部政权归苏维埃，苏维埃成为新型的无产阶级国家政权组织形式。苏维埃政权在本质上完全不同于历史上任何剥削阶级政权，它是工农民主专政的政权，是彻底为劳动群众谋利益求解放的政权。第二次国内革命战争时期中国共产党领导的各革命根据地的红色政权都采取苏维埃的组织形式。1928 年党的六大通过的《苏维埃政权的组织问题决议案》要求："地方政权已经巩固，便应组织苏维埃。党委员会应估计当地情形，斟酌组织苏维埃的时机。但在暴动前及暴动实现后，党即应有种种组织苏维埃的准备。苏维埃应在劳动群众直接选举的基础上组织起来……"并指出："苏维埃的正式名称应当是工农兵代表会议（乡区的可简称农民代表会议）。中国的苏维埃政权的正式名义应当是：中国工农兵代表会议（苏维埃）政府。"

一、右江苏维埃政府和左江革命委员会的建立

1929年12月11日，右江第一届工农兵代表大会在恩隆县平马镇经正书院举行，会议决定建立苏维埃政府，颁布《中国红军第七军目前实施政纲》作为施政纲领，发展右江苏维埃运动、扩大工农红军、建立右江赤卫军、实行土地革命、肃清反革命等。右江工农兵代表大会是最高权力机关，选举产生了以雷经天为主席的右江苏维埃政府。政府设置行政委员会，负责行政工作，执委会下设裁判兼肃反委员、劳动委员、军事委员、土地委员、财政委员、政府委员、秘书长等，协助政府主席工作。右江苏维埃政府下辖16个县苏维埃政府或革命委员会，由苏维埃政府建置的县、区、乡范围有3万平方公里，约100万人口。根据中共红七军前委和中共右江工委的决定，右江苏维埃政府及时部署各区、乡成立了苏维埃政府，形成了自上而下的统一的革命政权组织。这是在中国共产党领导下，在半封建半殖民地中国的西南边疆少数民族地区产生的第一个红色政权。

1930年2月1日，邓小平、李明瑞、俞作豫等领导龙州起义，成立左江地区第一个红色政权——左江革命委员会（当时尚未召开工农兵代表会议，未选举产生苏维埃政府），王逸任主席，设委员23名。革委会下设秘书处和行政、财务、军事、文化、土地、外交、交通、肃反裁判等8个委员会，下辖龙州、上金（今属龙州县）、凭祥、崇善（今属崇左市）、龙茗（今属天等县）、养利（今属大新县）6县革命委员会。革委会领导左江人民开展反帝反封建斗争，颁布劳动法、土地法。

二、各县、区、乡苏维埃政权的建立

右江苏维埃政府成立后，根据右江第一届工农兵代表大会的决议，右江

苏维埃政府在红七军前委和右江工委的领导下，在红七军的直接帮助下，抓紧建立各县、区、乡苏维埃政权，健全各级政府机构。

县苏维埃政府设执行委员会，主席1人；下设县行政委员会，常务委员5人至7人，主席由县执委主席担任；县行政委员会下设财政、经济、文化、裁判兼肃反、土地、赤卫等委员会，各种委员会由3人至5人组成。区苏维埃政府设执行委员会，下设主席和财政、文化、粮食、裁判兼肃反、赤卫等委员会；另设经济委员会，以执行委员1人为主席，由常务委员会直接领导，负责计划本区范围内经济建设事宜。乡苏维埃政府设执行委员会，委员5人至7人（其中常务委员3人），候补执行委员3人，选出财务委员、文化委员、粮食委员、裁判兼肃反委员、赤卫委员各1人。另设土地委员会，由执行委员会互推3人组成。①

1929年12月至1930年2月，右江革命根据地各县、区、乡苏维埃政权机构先后成立。

1929年12月11日，百色县临时苏维埃政府成立，主席关崇和，下辖一都区、二都区、三都区、四都区、武隆区、龙川区苏维埃政府及54个乡苏维埃政府。

12月11日，东兰县苏维埃政府成立，主席韦命周（后叛变），下辖各区、乡苏维埃政府。

12月12日，恩隆县苏维埃政府成立，主席滕德甫，下辖布克区、百马区、林凤区、那拔区、世木区、百定区、朔乙区、南圩区、吉林区、巴品区、燕峒区、篆里区、岐德区、桥头区、榜圩区、黎圩区、万巩区、祥周区、田舍区、平马镇、江州区苏维埃政府及120个乡苏维埃政府。

12月13日，奉议县苏维埃政府成立，主席潘宪甫，下辖田州镇、田州区、那满区、百育区、百武区、仑圩区苏维埃政府及51个乡苏维埃政府。

12月13日，恩阳县（今属百色田阳区）临时苏维埃政府成立，主席农夫，后来逐步健全了农会、工会和赤卫军等组织，于1930年1月建立恩阳县苏维埃政府，下辖那坡镇及坡平、那比、那驮、万村、驮亮等5个乡苏维埃政府。

① 凌绍崇等编著：《百色起义与根据地制度建设》，广西人民出版社2014年版，第77页。

12 月 15 日，思林县苏维埃政府成立，主席阮殿煊，下辖 19 个乡苏维埃政府。

12 月 15 日，果德县苏维埃政府成立，主席黄书祥，下辖马头区、龙马区、果化区、新书区、感圩区苏维埃政府和一些乡苏维埃政府。

1929 年 12 月，凌云县苏维埃政府成立，主席黄伯尧，下辖平乐区、巴轩区、牙里区、巴更区、龙川区、沙里区、林里区苏维埃政府。

1929 年 12 月，都安县苏维埃政府成立，主席覃道平，下辖古河、定岩、大化、拉烈区苏维埃政府及 14 个乡苏维埃政府。

1930 年 1 月初，向都县苏维埃政府成立，主席林柏，下辖区、乡苏维埃政府，同时还领导天保县南区的巴洞、大省、妙怀、钦甲等乡苏维埃政府。

1930 年 1 月上旬，凤山县苏维埃政府成立，主席黄松坚，下辖盘阳、赐福、凤凰、中区、长里、芝山、本农、参里等 8 个区苏维埃政府和 67 个乡苏维埃政府。

1930 年 1 月 21 日，隆安县革命委员会成立，主席李干。

1930 年 2 月 1 日，镇结县苏维埃政府成立，主席黄雄。

1930 年春，那地县（今属天峨和南丹县）苏维埃政府成立，下辖 2 个区苏维埃政府。

1930 年 2 月，龙州起义成功后，龙州、河池、上金、凭祥、崇善、龙茗、养利、左县（今属崇左市江州区）先后成立革命委员会，同时也组建农民自卫军，将龙州下冻区农民自卫军与龙州县工人赤卫队合编组成左江工农赤卫大队，上金、凭祥、养利、崇善、雷平等县成立农民赤卫军大队，龙茗县成立农民赤卫军纵队，万承县（今属大新县）成立农民自卫军编遣队。各县农民赤卫军大队成立后，积极配合红八军开展剿匪、镇压反革命及警卫机关等工作。

1930 年 5 月，那马县临时革命工作委员会改为那马县苏维埃政府。

三、左右江苏维埃政权组织建设

（一）制定政府组织与职责

1929 年 12 月，右江苏维埃政府建立后，右江第一届工农兵代表大会通过把《中国红军第七军目前实施政纲》作为苏维埃政府的政治军事行动纲领，同时制定并颁发了《右江苏维埃各级政府组织与职责》等重要条令和文件。

其他各级政府组织亦通过发表成立宣言、告民众书等形式，对苏维埃政权的组织与职责作出了具体而明确的规定。

《右江苏维埃各级政府组织与职责》是对右江苏维埃政权机构设立和实施权力规定得较为完整的文件，规定：县苏维埃政府机构设有党务委员、调查委员、宣传委员、组织委员、财政委员、军事委员、交际委员、文书股等8个；区苏维埃政府机构设有行政委员、土地委员、财政委员、文化委员、肃反委员、粮食委员、赤卫委员、青年委员、妇女委员、工人委员等10个；乡苏维埃政府的组织机构与区的组织机构基本相同（仅少了工人委员）。同时明确了赤卫军的组织原则、现行组织及任务、过去的错误及以后工作方针，提出“彻底改造赤卫军”。这些机构基本上包括县、区、乡苏维埃政府代表人民大众所要履行的最主要的权利，明确了右江地区劳苦人民大众最迫切、最关心、最急需解决的切身利益问题，如行政、土地、财政、粮食、文化方面的权利，集中反映了无产阶级及其人民大众需要自己掌握与自己命运攸关的权利，得到各族人民的衷心拥护。[①]

（二）推进干部队伍建设

右江各级苏维埃政府主席、副主席、各委员会委员等，是由各级工农兵代表大会选举产生的。右江苏维埃政府第一届组成人员中，主席、副主席和各委委员共11人，本地干部为7人；各县苏维埃政府主席、副主席和各委委员共103人，本地籍85人，体现了以本地籍干部为主、尊重各族群众意愿的原则。[②] 右江各县、区、乡苏维埃政府干部，几乎全是本地土生土长的，文化素质和政治理论水平较低，工作方法较为欠缺。对此，党和苏维埃政府主要采取两种培养方式：一是建立培训制度，举办训练班，组织干部学习革命理论和党的方针政策及工作方法，使之尽快提高政治素质、文化水平和工作能力。[③] 二是注意在实际工作中进行教育培养，将优秀分子吸收到地方党组织和政府机关工作，进行工作方法的指导。

---

① 中共广西壮族自治区委员会党史研究室、中共百色市委员会党史办公室编著：《百色起义史稿》，广西师范大学出版社2004年版，第141、142页。

② 凌绍崇等编著：《百色起义与根据地制度建设》，广西人民出版社2014年版，第82页。

③ 凌绍崇等编著：《百色起义与根据地制度建设》，广西人民出版社2014年版，第83页。

各级苏维埃政府严抓干部纪律和廉政建设，规定“严禁烧杀政策，绝对禁止侵犯群众利益”“肃清内部一切动摇腐化及剥削人的分子”，提出“肃清苏维埃委员豪绅化官僚化”“严格执行党的纪律，肃清反动腐化分子”。各级苏维埃政府处分了一批违反纪律、贪污腐化的政府工作人员，纯洁了革命队伍，树立了苏维埃政府的威信，得到了广大工农群众的信任和支持。

（三）履行苏维埃政府职责

右江苏维埃政府成立后，随着革命形势迅速发展的需要，立即开展了建立乡村政权、组织赤卫军、筹集财粮、支援红七军、开展土地革命、斗争土豪劣绅、进行教育文化建设等方面工作，为革命的发展壮大作出了贡献。1930 年 2 月至 3 月，右江苏维埃政府组建了右江赤卫军总指挥部，黄治峰任总指挥。总指挥部下设特务营、独立营等 7 个营，下辖百色县、奉议县、恩隆县、思林县、果德县、向都县、镇结县、右江下游农民赤卫军第五路军等农军组织。[①] 赤卫军在保卫政权中起到了重要作用。苏维埃政府成立后即开展对土地革命的宣传发动，提出土地革命政策和策略，斗争豪绅地主，实行土地革命。右江苏维埃政府于 1930 年 4 月初通过《土地问题决议案大纲》，5 月 1 日颁布《土地法暂行条例》，5 月 15 日颁布《共耕条例》，成为右江根据地开展土地革命的主要政策法规依据。6 月，右江苏维埃政府在东兰、凤山、恩隆、思林、奉议、果德等县铺开土地革命。[②] 右江苏维埃政府在开展土地革命的同时，帮助工农群众恢复和发展生产，开展经济建设，筹集资金、粮食、被服，为红七军的军事活动提供保障和支援。

第五节　左右江革命根据地的发展与失陷

百色起义和龙州起义后，封建地主官僚、反动军阀不甘失败，对左右江

① 中共广西壮族自治区委员会党史研究室、中共百色市委员会党史办公室编著：《百色起义史稿》，广西师范大学出版社 2004 年版，第 141 - 144 页。

② 中共广西壮族自治区委员会党史研究室、中共百色市委员会党史办公室编著：《百色起义史稿》，广西师范大学出版社 2004 年版，第 141 - 145 页。

革命根据地进行疯狂军事“围剿”和各种破坏活动，企图扼杀新生的红色政权。同时，受“左”倾冒险主义的“立三路线”影响，红七军主力离开刚刚得到巩固的右江革命根据地，前往攻打柳州、桂林，途中遇到国民党各路军阀的围追堵截，损失严重，革命事业遭受重大挫折。

一、“立三路线”对左右江革命根据地的影响

1927年后，受共产国际的错误影响，中共党内存在一股认为中国革命很快就会取得胜利的急躁冒进思想。主持中共中央工作的李立三（周恩来已去苏联向共产国际报告工作）认为革命时机已在全国范围大成熟，1930年6月11日召开的中共中央政治局会议通过李立三起草的《新的革命高潮与一省或几省首先胜利》的决议案，要求“通过一省或数省的发动，尤其是通过城市暴动，夺取全国政权”，以李立三为代表的“左”倾冒险主义在党中央占据了统治地位，史称“立三路线”。

左右江革命根据地创建时，正是“立三路线”在党中央逐渐形成的时期，因此受到“立三路线”的影响较大。1930年4月20日，李立三以中共中央名义写信给红七军前委，先是肯定了红七军前委的工作：“自小平同志到达后，你们的确相当地执行了中央的指示，作了许多的工作，如发动了广大的群众斗争，执行土地革命，龙州的转变及在龙州驱逐法帝国主义的领事及没收法帝国主义的财产等等，这些都是很正确的策略，很伟大的工作。”但紧接着便指责：“你们没有能很快地集中力量，根据中央指示发展的路线，向着柳州、桂林取道湘粤边界向广东的北江西江发展。”并提出要求：“你们仍须坚决地执行中央所指示的发展的路线，应从速集中力量，审查广西敌人的实际状况，经过柳州取道湘粤边界向广东北江西江发展，现在广东正在布置东江北江的地方暴动，你们应能在这一暴动中作主要推动力量之一，将来与东江、闽西红军向着广州取进攻形势，以争取广州胜利的前途。”①

1930年9月初，李立三的书信送至广西后，邓小平在恩隆县平马镇召开中共红七军前敌委员会扩大会议，传达中央指示，并总结起义以来的经验教

---

① 中共广西区委党史资料征委会《左右江革命根据地》编辑组：《左右江革命根据地》（上），中共党史资料出版社1989年版，第258－259页。

训。大多数与会代表认为中央指示必须贯彻执行，但目前红七军力量还不够强，攻打大城市的时机不成熟，因此决定在平马整训红军，并颁布《前委通告（第六号）——目前政治形势和右江党的策略》。《前委通告（第六号）——目前政治形势和右江党的策略》提出了扩大宣传、深入执行土地革命、改造苏维埃、加强党组织建设、扩充红军等工作要求，这些都是正确的。但《前委通告（第六号）——目前政治形势和右江党的策略》也不可避免地受到了"左"倾冒险主义影响，提出"红军第七军在目前政治形势下，无疑的是要很快的向中心区域发展，实现其促进全国革命高潮之重要任务"。

1930 年 9 月中旬，中共中央南方局代表邓拔奇（又名邓岗）来到右江地区，传达在李立三主持下中共中央政治局通过的《新的革命高潮与一省或几省首先胜利》决议案，命令红七军离开右江革命根据地，攻打柳州、桂林，到广东小北江建立根据地，配合中央红军攻打广州、长沙，夺取武汉，饮马长江。邓拔奇还批评红七军前委"右倾""执行富农路线""不服从中央"，红七军的平马整训也因此中断。[①] 在邓拔奇策划之下，中共右江特委发布通告《反对富农的策略路线》，提出了"中国农村的土地革命，一定要在反富农路线之下，才能得到胜利"等"左"倾错误主张，这和此前右江苏维埃政府颁布的《土地问题决议案大纲》《土地法暂行条例》规定的区分地主豪绅与富农、"在斗争初期，要富农参加革命，但要和他争革命的领导权"等明显是矛盾的。雷经天在担任右江苏维埃政府主席时曾实行过一些纠正"左"倾错误的做法，但因为出身富商家庭，被认为是"潜伏到苏维埃里的富农分子"，在 1930 年 11 月 7 日红七军第一次党代会后被撤销右江特委书记、右江苏维埃政府主席职务。

二、百色的失守与光复

红七军受"左"倾冒险主义的影响由来已久。百色起义后，重新统治广西的李宗仁、白崇禧等桂系军阀与阎锡山、冯玉祥联合反蒋，谋划中原大战，精力集中于广西外部，南宁一带防守空虚，这种有利于红军的政治军事形势，客观上助长了红军中"左"倾冒险主义的蔓延。1930 年 1 月初，红七军前委

① 陆仰渊：《百色起义与龙州起义》，上海人民出版社 1989 年版，第 143 页。

书记陈豪人向中央报告："现在已将兵力集中，准备日内向南宁游击。"并表示："在实力上攻邕我们有相当把握，谅不致有何错误。"① 1月13日，打头阵的红七军第一纵队向南宁方向进发，攻下隆安县城。但由于左江地区形势复杂多变，红八军未能出兵与红七军会师进攻南宁，红七军在攻下隆安后暂时按兵不动。

1930年1月底，李宗仁在南宁召开军事会议，部署中原大战事宜，为稳定后方，派李画新率三个团和一个独立营开往右江地区"围剿"红军。李画新原是旧桂系军阀部队刘日福旅的军官，长期驻扎百色，对右江地区的情况比较熟悉，他指挥桂军抄小路向隆安进发，于2月4日在小林渡过右江，分南北二路进攻隆安县城。由于李画新进军隐秘，红七军未侦察到桂军来犯的情报。2月4日下午桂军开始攻城，红七军第一纵队才仓促应战，在敌我力量悬殊的情况下，陷入被动。在抵抗了3天之后，红七军第一纵队决定放弃守城，往右江上游撤退。

桂军攻陷隆安后，沿右江河谷长驱直入果德、思林、恩隆等根据地腹地。红七军前委经研究认为目前不宜与桂军正面作战，决定将红七军主力部队转移至东兰、凤山的山区坚守，各县农民赤卫队转入农村继续开展武装斗争。1930年2月中旬，桂军覃兴团、蒙志仁团占领恩隆县，杨昌俊团占领奉议县，岑建英独立营占领百色县。

1930年3月初，红七军前委在凤山县盘阳乡召开扩大会议，研究开展游击战争的对策，决定由张云逸率第一、第二纵队到桂黔边打游击，韦拔群率第三纵队留守东兰、凤山，后方工作由雷经天、陈洪涛等负责。红七军经河池（今河池市金城江区河池镇）、怀远（今河池市宜州区怀远镇）、思恩（今环江毛南族自治县）、南丹、荔波、榕江、宜北（今环江毛南族自治县）、三江等地，在桂黔边开展游击战争，宣传革命，扩大影响，消灭敌人有生力量。4月初，邓小平到达东兰县，与韦拔群、雷经天、陈洪涛一起推进实施土地革命，开办党政干部训练班，试办共耕社，先后颁布《土地问题决议案大纲》《土地法暂行条例》《共耕条例》等土地法律法规文件。

---

① 中共广西区委党史资料征委会《左右江革命根据地》编辑组：《左右江革命根据地》（上），中共党史资料出版社1989年版，第166页。

1930 年 5 月初，中原大战爆发，桂军主力北上出广西作战，覃兴、杨昌俊、蒙志仁等部调往湖南战场，只有岑建英独立营改编为广西警备第四团，留守右江地区，驻扎在百色县城。红七军前委决定趁桂军主力撤走，右江守军薄弱之机，收复右江沿岸失地。6 月，张云逸、李明瑞指挥红七军第一、第二纵队迅速进击，包围了百色城。红军突击队在机枪掩护下，从北门攻入城中，敌团长岑建英涉水逃离，守军大部被歼。百色光复之后，红七军乘胜追击，挥师东下，相继收复奉议、恩隆、思林、果德等县城，红七军司令部移驻恩隆县平马镇。

三、龙州失守

桂系军阀在攻占右江沿岸的百色等县城后，开始进攻左江革命根据地。1930 年 3 月，桂军第四十三师师长梁朝玑率 4 个团兵力向左江进犯。梁朝玑原是桂军吕焕炎部的军官，曾经长期驻扎龙州，熟悉左江各县的地理环境，他已摸清楚当时红八军兵力大多集中在龙州，左江沿岸只有冯飞龙游击大队驻守左县（今崇左市江州区），便兵分两路，分别从左江南北两岸进军，急袭左县。驻守左县的冯飞龙部原是土匪武装，受李明瑞改编为红八军下辖的游击大队，未进行过思想改造，政治素质较差。桂军来袭时，冯飞龙未加抵抗即宣布投降，以致通往龙州的道路门户大开，而红八军未能侦察到桂军来犯的情报。

1930 年 3 月 18 日，桂军开始攻打龙州县城，红八军军部误判为土匪滋扰，只派少量侦察兵出城，未布置城防工作。下午 1 时，桂军攻入东门，红八军才开始仓促应战。当时红八军第一纵队正在攻打靖西，因电话线被桂军切断，军部无法与第一纵队联系。龙州县城内只有第二纵队 3 个营以及 1 个赤卫队，不足 1000 人，而桂军兵力在 5000 人以上，为红八军的 5 倍。经过一天激战，红八军损失惨重，东、西、北 3 个城门均被桂军攻占。军部认为继续守城有可能导致全军覆没，决定弃城，向南撤退。

红八军第二纵队余部在俞作豫带领下，本打算前往广西六万大山地区休整，经凭祥、宁明（今宁明县）到达邕宁县的苏圩后，第二纵队司令刘桂廷（又名刘定西）与广东军阀黄明堂勾结，胁迫俞作豫交出部队，接受黄明堂改编，俞作豫和全部共产党员被逼离开部队，红八军第二纵队解体。为了保存革命力量，俞作豫安排党员分散离队去香港寻找党组织，俞作豫在深圳误与叛徒接头，遭国民党广州警察局逮捕而英勇就义。①

四、红七军主力北上

1930年3月桂军梁朝玑部突袭龙州时，红八军第一纵队正在司令何家荣（又名何自坚）、政治部主任潘思文、参谋长袁振武（又名袁也烈）的指挥下攻打靖西县城。3月18日，第一纵队与军部的电话联系突然中断，何家荣等判断龙州方面可能遭遇不测，遂解围回援龙州。到达雷平（今大新县雷平镇）时，侦知龙州已为敌军所夺，军部和第二纵队去向不明。同时，桂军也获悉红八军第一纵队驻扎雷平，乃出动重兵进攻雷平。何家荣、袁振武等人沉着指挥，突围西走，从云南富宁绕道前往百色寻找红七军。在富宁县剥隘镇，红八军得知百色已经沦陷，红七军转移至东兰，遂改道北行，经田林、凌云、凤山前往东兰寻找红七军。在路经凌云县的彩村（今凌云县下甲镇彩架村）时，红八军与紧追而来的桂军发生激战，损失重大，不得不放弃前往东兰与红七军会合的计划，进入贵州望谟县蔗香镇打游击。6月，红八军第一纵队得知红七军已经收复百色，又回到广西寻找红七军。红七军前委也获悉红八军第一纵队尚在贵州活动的消息，派王启涛率红七军第一纵队第一营北上接应红八军。10月23日，红八军第一纵队300余人在袁振武率领下，在凌云县讲肥村岗里屯（今乐业县同乐镇上岗村）与红七军第一纵队第一营胜利会师。当时红七军前委已按照中央要求准备攻打柳州、桂林，全军东赴河池集结，红八军也开往河池与红七军主力会合。

1930年11月7日，红七军第一次党代会在河池召开。会议接受“左”倾冒险主义的“立三路线”错误指令，不顾国民党桂系军阀在柳州、桂林一带部署重兵的客观事实，动员全军攻打柳州、桂林、广州等大城市，完成南方革命。大会改选红七军前委，邓小平任前委书记，邓小平、陈豪人、张云逸、李谦、袁振武、许卓、李朝纲、黄一平等为委员，龚鹤村、胡鹤林、杨英为候补委员。前委在中央南方局代表邓拔奇领导下工作。11月8日，红七军第一、第二、第三、第四纵队和红八军第二纵队整编为红七军第十九师、第二

① 吴西：《回忆去香港的前前后后》，载《广西党史》1997年第3期。

十师、第二十一师。龚鹤村任第十九师师长，李谦任第二十师师长，韦拔群任第二十一师师长（第二十一师兵员不足，只有番号，待重新组建）。

1930年11月9日，红七军第十九师、第二十师约7000人从河池向柳州出发。韦拔群则率特务连返回东兰，筹建第二十一师，坚持根据地斗争。11月10日，红七军到达宜山县怀远镇，侦知桂军广西独立第一师师长韩采凤已经进驻宜山县城，防止红军东进，遂决定绕道罗城县前往柳州。得知红七军的动向后，韩采凤部北上堵截。11月18日，红七军第二十师在罗城县四把圩遭敌截击，受到重创。四把之战后，红七军继续绕道融县（今融水苗族自治县）前往柳州。桂军参谋长白崇禧亲自坐镇融县县城，指挥桂系精锐部队广西教导师守城。红七军前委在“左”倾冒险主义思想影响下，不顾敌我实力差距，采取“硬拼”战术，把全军分成几个梯队，轮流强行攻城。经过四昼夜的激战，红七军伤亡500多人，后继不济，不得不放弃经融县攻打柳州的计划，沿融江前往桂林。

桂林是桂系军阀老巢，还是桂系军阀与湖南湘军交战的一线要地，布有重兵。白崇禧发现红七军往桂林方向运动后，急令驻柳州的两个主力师赶至桂林增援。红七军到达龙胜县，侦察到桂林的守军又增加了柳州的两个师，红七军连融县都攻不下，更何况兵力雄厚的桂林。红七军前委再次改变计划，放弃攻打桂林，进入湖南夺取一两个据点，解决给养问题。但红七军对湖南的敌情、地情一无所知，这不仅犯了冒险主义的错误，还犯了军事上的大忌。

1930年12月，红七军从龙胜进入湘西南。当时湘军正在湘江沿岸与桂军对峙，西南各县均为民团驻守，没有正规军。红七军到来后，民团闻风而逃，不明真相的群众也纷纷躲进深山。红七军轻易夺取了绥宁县城，但却是一座空城，吃穿等给养问题并未解决，更无法补充弹药。红七军前委不顾客观形势，决定攻打湘军重兵把守的武冈县。红七军没有侦察敌情，就盲目攻城，经过数日激战，反被人数众多的湘军包围。12月27日晚，红七军利用夜幕突围，向东南方撤退，又返回广西，进驻全州县城。全州是湘桂交通要地，但地势平缓，易攻难守，桂军未派兵在此防守，因此红七军不费一枪一弹就夺取了全州。

红七军前委在全州召开扩大会议，讨论离开右江革命根据地两个月以来的经验教训。与会代表大多对部队放弃根据地、盲目攻城、屡屡临时改变决定等做法持批评态度，会议决定放弃攻打柳州、桂林等大城市的计划，到湘粤边建立革命根据地。对红七军的严重损失负有责任的邓拔奇、陈豪人看到形势不利，以向中央汇报工作为由，离开了红七军。

1931 年 1 月 14 日，红七军离开全州，经灌阳、道县转至广西贺县桂岭圩，将部队整编为五十五、五十八两个团，龚鹤村、李明瑞分别兼任团长。2 月 1 日，红七军到达广东省乳源县梅花村（今属乐昌市），与湘南特委取得联系。2 月 14 日，邓小平、李明瑞率红七军第五十五团到达江西崇义县，决定取消前委，组建团委，邓小平任书记。2 月底，红七军团委派邓小平前往上海向党中央汇报工作，团委书记由余惠担任。4 月底，红七军在江西永新县召开第二次党代会，全面总结从广西到江西的经验教训，批判了“左”倾冒险主义的“立三路线”。5 月 14 日，中共中央向红七军团委发出指示，将红二十军合编到红七军，任命李明瑞为红七军军长，葛耀山为政委。7 月 13 日，红七军到达兴国县城。7 月 22 日，红七军与红三军团在于都县桥头镇会师，红七军编入红三军团建制。

五、东兰革命根据地的反“围剿”斗争

1930 年 11 月 7 日红七军第一次党代会后，韦拔群返回东兰负责筹建第二十一师，继续开展武装斗争。1931 年 1 月，红七军第二十一师正式组建，韦拔群任师长，陈洪涛任政治委员，黄松坚任副师长，黄大权任参谋长，陆浩仁任政治部主任。第二十一师下辖第六十一团、第六十二团、第六十三团和独立团共四个团。同时成立师党委，陈洪涛任书记，韦拔群、黄松坚为常委。

1931 年 3 月中旬，桂系军阀开始全面“围剿”右江革命根据地。中共右江特委、右江苏维埃政府和第二十一师师部转移至东兰县和凤山县交界的西山，在弄垌召开紧急会议，研究反“围剿”计划。4 月 17 日，红七军第二十一师第六十三团攻占凤山县城。

1930 年 8 月初，中共两广省委派陈道生到东兰县西山，传达中央关于纠正“左”倾冒险主义的“立三路线”错误和整顿红军、改组地方革命政权等的指示。按照中央指示，中共右江特委、红七军第二十一师党委在东兰县泗孟乡丘拔屯召开会议，将红七军第二十一师改编为中国红军独立第三师（也称右江独立师），保留原有三个团的番号。右江苏维埃政府改为右江革命委员

会，黄举平任主席。会议还决定整顿队伍，开展反“围剿”斗争。12月，红军独立第三师党委在东兰县西山朝马垌召开会议，决定缩编部队，取消团营连编制，化整为零，集中收藏枪支，将东兰的红军骨干分子组成杀奸团分散活动。

1932年4月18日，韦拔群在东兰县西山组织瑶族群众，成立西山独立营，约300人。6月1日，中共右江特委发布《中国共产党右江特委为时局告群众书》，号召各族群众坚持革命斗争。

1932年8月，桂军廖磊部对东兰、凤山革命根据地进行第三次“围剿”。10月6日，白崇禧巡视右江沿岸各县。10月19日，红军独立第三师师长韦拔群在东兰县武篆区那烈乡东里屯后山的赏茶洞，被叛徒韦昂杀害。11月22日，红军独立第三师政委、师党委书记陈洪涛因叛徒出卖被捕，在百色英勇就义。

六、革命的火种不灭

韦拔群和陈洪涛牺牲后，东兰、凤山革命根据地全部沦陷，右江地区的封建地主豪绅势力死灰复燃。桂系军阀在东兰县成立“东凤善后委员会”，实行“清乡”“查户”，制造白色恐怖。白崇禧等军阀得意洋洋，以为广西从此没有共产党，不会再有革命了。但事实刚好相反，1932年后，右江地区的中国共产党组织依然存在，共产党员分散各地，转入地下，继续坚持革命斗争。

1932年6月中旬，黄松坚、黄书祥等在已失陷的思林县、果德县交界的古芬村成立中共右江下游临时党委，黄松坚任书记，滕国栋、陆浩仁为常委。黄举平等在凌云县林友屯（今属天峨县）组织成立中共黔桂边委和黔桂边革命委员会，黄举平任边委书记兼革委会主席，韦国英、黄伯尧为边委委员和革委会委员。

1933年1月上旬，中共右江下游临时党委改为中共右江下游党委，负责领导整个右江地区革命斗争的任务，黄松坚任书记，陆浩仁、滕国栋、黄书祥、黄大权等为委员。1934年春，黄举平从黔桂边来到东兰县西山，重新组织革命队伍，在弄京恢复建立党支部。12月，黄松坚到滇桂边的九陇（今云南省富宁县）建立中共滇黔桂边区委员会和滇黔桂边区革命委员会，分别由黄松坚、黄庆金担任书记、主席，以七村九弄为中心，开辟新的革命根据地。

1935年5月，中共东兰中心县委在东兰县弄京成立，黄举平任书记，下辖东兰、万岗、凤山、都安、河池、南丹、凌云、天峨、乐业等县党组织。1936年2月，右江上游革命委员会在东兰县西山成立，黄举平任主席。5月1日，右江下游革命委员会颁布《革命青年会目前组织简章》《少年先锋队暂行组织法》。1937年春，中共桂西区特委成立，右江地区及滇黔桂边区党组织实现了统一领导，促进了革命斗争和抗日救亡运动的高涨。

虽然红军离开了右江地区，韦拔群等革命领袖先后牺牲，但右江地区的革命火种从来没有熄灭过。右江地区的党组织，始终高举红旗，坚持领导革命，直到迎来全国解放的曙光。

第二章　左右江革命根据地的立法成果

立法即制定法律，是指“特定的国家机关依据法定职权并通过法定程序创制法律规范的活动”①。自古以来，制定法律就是治国理政的重要手段。《史记·高祖本纪》载，秦亡之后，刘邦入咸阳，第一件事就是与关中父老“约法三章”，也就是立法。可见，在新政权建立之初通过立法建立、宣示、维护新秩序，是中国数千年历史传承的政治经验。左右江革命根据地的红色苏维埃政权从创建时就高度重视立法工作，虽然在特定的历史背景条件下，苏维埃政权实行的是“议行合一”的政治体制，没有专门的立法机关，也没有完备的立法程序，但仍克服重重困难，制定了以《土地法暂行条例》《共耕条例》为代表的一系列法律规范文件。这些立法成果明确了左右江革命根据地反帝反封建的政策纲领，为打倒地主军阀、实行土地革命、巩固和发展革命根据地提供了政治和法律保障。左右江革命根据地通过一系列的立法活动，把中国共产党的路线方针政策贯彻实施到左右江地区，切实保护工人、农民、青年、妇女、瑶族同胞等社会阶层、群体的权利和利益，使左右江地区各族群众深刻感受到中国共产党与封建地主军阀在政治主张、政治立场上的根本区别，扩大了革命的群众基础，团结、凝聚了人心，这也是红七军转战赣南之后左右江地区仍能够在党的领导下长期坚持革命斗争的重要原因之一。

第一节　左右江革命根据地的重要立法成果及其内容

左右江革命根据地的苏维埃政权存续时间不长，且始终面临严峻复杂的

① 张文显主编：《法理学》，高等教育出版社2018年版，第226页。

局面，不得不将主要精力放在军事斗争上，法制建设的主要任务是建立苏维埃政权的基本架构，明确工作的大方针、大方向，因此立法多为线条较粗、内容简略的原则性规定。左右江革命根据地的立法虽然内容简略，但体系相对完备，涵盖了近代法律的主要部门法种类，体现出较高的立法意识和立法水平，且具有鲜明的特色。

一、具有宪法性质的施政纲领

左右江革命根据地创建时，中华苏维埃共和国尚未成立，中央革命根据地也没有制定颁布宪法性的纲领文件，但领导百色起义和龙州起义的革命先驱们不等不靠，积极发挥主观能动性，大胆创新，主动宣传贯彻党的一大至六大的有关路线、方针、政策，结合左右江地区的社会实际，制定了一系列具有宪法性质的施政纲领，将党的路线、方针、政策带到了地处西南边陲、少数民族聚居的左右江地区，具有非凡的历史意义。

早在百色起义和龙州起义之前，韦拔群就已经在广西东兰县组织开展农民运动，探索实行土地革命，清算地主恶霸，解放农民群众。1929 年 10 月，韦拔群指挥农民军攻占东兰县城，成立东兰县革命委员会，发布《广西东兰县革命委员会最低政纲草案》。《广西东兰县革命委员会最低政纲草案》按照甲、乙、丙、丁等十天干的顺序分为 10 部分，共计 62 条，主要内容是规定工人、农民、瑶民、士兵、妇女、青年、商人等不同社会阶层群众的基本权利。例如，规定“确定雇佣工人工作时间每日不得超过八小时以上”“实行焚烧契约债券”“没收地主、豪绅的土地，分给贫农”“瑶民经济、政治、教育、工资上与其他人民一律平等”“废除多妻制度”“废除童养媳”“废除一切苛捐杂税”“创设劳动人民免费学校”“创设贫民救济所”等。《广西东兰县革命委员会最低政纲草案》第九部分标题为“关于地方一般的设施”，实际上涵盖了行政机构设置、司法诉讼制度、婚姻制度、社会风俗、交通建设等，内容十分广泛。其中规定的“严禁烟赌”“严禁贩卖人口”“废除肉刑（反革命例外）”属于刑法性质的规范，“废除一切诉讼手续费”“废除呈状公文格式（告状用口诉或面述）”则属于诉讼法性质的规范。

1929 年 12 月 11 日，即百色起义当天，红七军颁布《中国红军第七军目前实施政纲》。《中国红军第七军目前实施政纲》共 16 条，主要内容是明确在革命根据地实行反帝反封建、武装割据、取消苛捐杂税、保护商人营业、男女平等、官兵平等等中国共产党的路线、方针、政策。

1930 年 2 月 12 日，红八军颁布《中国红军第八军目前实施政纲》。《中国红军第八军目前实施政纲》共 18 条，主要内容与《中国红军第七军目前实施政纲》基本相同，增加的 2 条分别是“与安南革命群众及革命政党取亲密联系，帮助安南民族革命运动”① 以及“扩大红军组织：吸收革命工农，自动到红军来；游击队农军健全者，即转变为红军”。这是从左江革命根据地与越南相邻以及红八军力量相对薄弱的实际出发所作的有针对性的规定。

二、政府组织法

1929 年 12 月 11 日，右江苏维埃政府在奉议县平马乡（今田东县平马镇）成立。此后，百色县、东兰县、恩隆县、奉议县、思林县、果德县、恩阳县先后成立了苏维埃政府。随着革命根据地不断扩大，各地新成立的苏维埃政权的建设急需加以规范，明确机构设置和人员职责分工，以便更好地履行职能，在各个工作领域贯彻落实党的路线、方针、政策。为此，右江苏维埃政府成立后不久就制定《右江苏维埃各级政府组织与职责》，明确了县、区、乡三级苏维埃政府的机构设置和人员职责，规定县苏维埃政府设党务委员、调查委员、宣传委员、组织委员、财政委员、军事委员、交际委员、文书股等，区苏维埃政府设行政委员、土地委员、财政委员、文化委员、肃反委员、粮食委员、赤卫委员、青年委员、妇女委员、工人委员等，乡苏维埃政府设行政委员、土地委员、财政委员、文化委员、肃反委员、粮食委员、赤卫委员、青年委员、妇女委员等，明确了相关机构和人员的职责，另外还规定了赤卫军的组织原则和工作方针，堪称一部内容全面、体系完整的政府组织法。右江苏维埃政权自上而下有着完整的组织机构，是右江革命根据地政权建设的一个主要特点和优点之一，为苏维埃政权履行职责和发挥职能作用提供了组织保障。

左江革命根据地的情况稍有一些不同。因为左江革命根据地存续时间不长，尚未来得及召开工农兵代表会议（苏维埃）选举产生苏维埃政府，所以

① 安南即越南旧称。

左江革命根据地的革命政权不能冠以“苏维埃”之名，只能以“革命委员会”作为临时权力机构，代行政权职能。① 但根据有关史料，龙州起义后成立的左江革命委员会也设置有主席、秘书长、军事委员会、肃反委员会、财经委员会、文化教育委员会、农民运动委员会、妇女解放运动委员会等机构，与右江苏维埃政府大同小异，很可能是以《右江苏维埃各级政府组织与职责》为蓝本而设置的。

三、刑法

左右江革命根据地没有制定专门的刑法典，有关刑法制度的规定主要散见于《广西东兰县革命委员会最低政纲草案》、《土地法暂行条例》、《共耕条例》、《十二条法令》以及各级苏维埃政府颁布的命令、布告等相关法律文件中。例如，《广西东兰县革命委员会最低政纲草案》规定了“废除肉刑制度”“严禁虐待瑶民”“严禁男子虐待妇女”“严禁烟赌”“严禁贩卖人口”等刑法原则。《土地法暂行条例》规定了反革命犯罪的主要表现形式和认定标准：“没收一切反革命的财产、土地，及反革命之标准如下：（甲）勾结一切苏维埃之敌人（即一切反革命派）或与之作侦探，或在经济上帮助敌人者；（乙）阴谋企图倾覆苏维埃政府者；（丙）反抗苏维埃政府之法令者；（丁）进行反苏维埃政府之小组织。”并规定：“不遵守本暂行条例之规定者，以反革命论罪。”《共耕条例》规定了妨碍公共利益犯罪的处理程序：“如发生有破坏行动，妨碍公共利益及怠工之分子，得由乡苏维埃政府裁判，按罪之轻重惩罚之，并在大会中宣布。”

比较集中地规定了刑法制度规范的是《十二条法令》。《十二条法令》制定于1931年初桂系军阀对东兰革命根据地发动反革命“围剿”时期，规定了偷取情报、泄露机密、秘密与敌人通讯谋害革命领导者、叛变投敌、偷取公物、乱行非为、与反动分子图谋不轨、带引匪军进山洞、为首煽惑群众归敌、进山洞内侦探、造谣惑众等11种危害根据地安全的严重罪行，法定刑均为“杀”或“枪决”。《十二条法令》是制定于东兰革命根据地反“围剿”这一特殊时期的特别刑事法规，因敌我斗争形势严峻，故而刑罚特别严重，异常

① 陆仰渊：《百色起义与龙州起义》，上海人民出版社1989年版，第113页。

严厉。

此外，各级苏维埃政府颁布的命令、布告中也时常包括打击惩治犯罪的内容，实质上是刑法规范。例如，1930 年奉议县苏维埃政府要求各乡苏维埃政府发出的布告中规定了勾结豪匪、见财起意暗行谋夺、偷盗财物、枉加诬害、借情包庇等犯罪以及应处的枪毙、罚款、反坐等刑罚。

四、婚姻家庭法

解放妇女，实行男女平等、婚姻自由，是中国共产党反封建民主革命纲领的重要内容。左右江革命根据地高度重视婚姻家庭法律制度建设，把推翻旧社会压迫桎梏妇女的封建婚姻家庭伦理纲常、建立新的婚姻家庭法律制度作为解放妇女的重要革命措施。《广西东兰县革命委员会最低政纲草案》明确规定了废除多妻制度、废除童养媳、婚姻绝对自由、严禁男子虐待妇女、废除结婚费用、严禁早婚。《中国红军第八军目前实施政纲》特别规定“……女工在产前后，规定休息时期，工资照给”，以保障妇女生育权利。《右江苏维埃各级政府组织与职责》规定，区、乡两级苏维埃政府设置妇女委员，负责开展妇女运动、组织妇女团体、保障妇女权利、解决妇女的一切问题等。《奉议县临时苏维埃政府成立宣言》还规定：“……妇女教育与男子一律平等待遇，女子应有继承财产权，扶助妇女组织，禁止早婚（男女在十八岁以上方可结婚），禁止买卖婚姻，严禁女巫长斋，离婚结婚绝对自由，禁止重婚。”

五、土地法

土地革命是中国共产党在新民主主义革命时期最重要的政治纲领之一。党的六大通过的《土地问题决议案》就提出了“无代价的立即没收豪绅地主阶级的土地财产，没收的土地归农民代表会议（苏维埃）处理，分配给无地及少地的农民使用”的任务目标。1930 年 2 月，中共中央通过广东省委向红七军前敌委员会传达了一系列指示，其中要求：“红军在现在的任务最主要的是扩大游击战争与深入土地革命。一定要了解只有向外发展才能解决红军的一切困难，才能扩大红军的政治影响。只有坚决地执行没收地主阶级土地分配给农民，彻底肃清乡村中的封建基础，才能掀起广大群众的斗争勇气，才能引导他们为土地为政权而斗争。”①

右江苏维埃政府成立后，在军事斗争形势极为严峻的情况下，坚决贯彻中央政策和指示，在《中国红军第七军目前实施政纲》《中国红军第八军目前实施政纲》中规定了“没收一切地主阶级土地归乡苏维埃，分给农民”等土地革命总体方针，先后制定颁布《土地问题决议案大纲》《土地法暂行条例》《共耕条例》，在右江革命根据地推动实施土地革命。

《土地问题决议案大纲》分为A、B、C三部分。A部分规定了“土地的所有及使用权的决定”，主要内容包括土地所有权属于苏维埃政府，一切反革命者原有的土地由苏维埃政府完全没收，取消一切反革命者的土地使用权，农民无论男女在16岁以上有自耕能力者即有土地使用权，土地禁止买卖等。B部分规定了“土地的调查与统计”，包括调查土地以乡为单位，土地的种类和面积计算标准，调查土地的表格和条例等具体措施。C部分规定了“土地的没收与分配”，包括由乡苏维埃政府负责没收和分配土地，没收的土地分给无土地的贫苦农民，分得土地的农民由苏维埃政府发给土地使用证，就土地分配问题发生的纠纷由上级苏维埃政府解决。

《土地法暂行条例》是右江苏维埃政府为了贯彻落实党的土地革命政策和中央革命根据地的《井冈山土地法》，依据《土地问题决议案大纲》并结合右江革命根据地社会实际而制定的法律法规。《土地法暂行条例》中的“土地法”，指的就是《井冈山土地法》。因为其是《井冈山土地法》的下位法，且制定于革命根据地尚未完全巩固的时期，故称“暂行条例”。《土地法暂行条例》分为7部分，分别为农村阶级成分的分析、应没收之土地财产及处理原则、分配办法、税收、工具、其他、附则。针对右江革命根据地建立初期一些地方不加区别地一概打击甚至滥杀富农的极“左”倾向，《土地法暂行条例》进行了一定的纠正，在对农村的不同阶级成分作出定义的基础上，规定没收土地财产的对象是地主豪绅阶级以及反革命，并明确了反革命的标准，也就是对于不属于反革命的富农，不没收其土地。土地分配须遵守程序，以乡为单位，由乡苏维埃政府或代表会议讨论执行，由县、区苏维埃政府切实

① 中共广西区委党史资料征委会《左右江革命根据地》编辑组：《左右江革命根据地》（上），中共党史资料出版社1989年版，第228页。

指导。《土地法暂行条例》取消旧军阀政府的一切苛捐杂税，取消包办税制，取消厘金（地方政府对商人征收的贸易税），实行单纯的农产累进税。此外，《土地法暂行条例》还规定了各级苏维埃政府发展水利、移民、防灾、办理银行、统一币制等农业经济事业的职责，并在附则中规定："不遵守本暂行条例之规定者，以反革命论罪。"因此，《土地法暂行条例》既是一部土地法，也可以说是一部刑法。

右江苏维埃政府吸收韦拔群等人在东兰进行的"共耕"试点经验，制定了《共耕条例》。所谓"共耕"，即没收地主阶级和反革命分子的土地，分给无地或少地的贫农后，乡群众大会可以决定全乡土地共同耕种。共耕的具体管理则由《共耕条例》进行规定。《共耕条例》共分10部分，分别为总则、土地的管理、耕作、工具、□□[①]、肥料、农产物的分配、建设、纪律、附则，内容十分详细。这是因为韦拔群等人在立法之前已经进行过共耕试点，积累了较为丰富的经验，故能考虑周全，详加规范。《共耕条例》在附则中规定："如发生有破坏行动，妨碍公共利益及怠工之分子，得由乡苏维埃政府裁判，按罪之轻重惩罚之，并在大会中宣布。"因此，《共耕条例》也包含着刑法规范，和《土地法暂行条例》一样是一部依靠刑罚手段来保障强制实施的土地法。

1930年5月红七军给中央的报告中提道："左江革命委员会成立后，即颁布了劳动法二十二条，土地法二十六条。"[②] 又称："土地法是根据土地政纲，对于分配土地办法，没有呆板规定，由乡村苏维埃代表会议解决，对富农则规定没收一切反革命土地财产，对雇农手工业均以不分配土地为原则，但如要求时亦得分配。红军在未退伍前不分配土地，红军家属由苏维埃给养。"[③] 由此可知，左江革命委员会曾制定过名为"土地法"的相关法律规范文件，但由于资料缺失，已无从知悉详细内容。从以上报告所述情况来看，其基本原则和精神与右江苏维埃政府制定的《土地法暂行条例》大体相同，唯一区

---

① 《共耕条例》原件第五部分标题缺字，根据上下文内容，似应为"伙食"。

② 中共广西区委党史资料征委会《左右江革命根据地》编辑组：《左右江革命根据地》（上），中共党史资料出版社1989年版，第299页。

③ 中共广西区委党史资料征委会《左右江革命根据地》编辑组：《左右江革命根据地》（上），中共党史资料出版社1989年版，第300页。

别仅在于右江地区的《土地法暂行条例》给红军家属分配土地，并允许雇人耕种，而左江地区的土地法规定红军及其家属不分配土地，家属由苏维埃政府给养。这一区别只是因为两个革命根据地根据各自实际情况采取了不同的具体革命措施，但关于土地革命的基本精神，特别是在“没收一切反革命土地财产”这一原则上是完全一致的。

六、军事法

“军事法是有关国防和军队建设的法律规范的总称。”① 正如毛泽东主席所作的著名论断“枪杆子里出政权”，革命根据地的建立和发展，苏维埃政权的创设和巩固，都要靠军队。左右江革命根据地的建立，离不开红七军、红八军以及农民赤卫军的武装斗争，因此，左右江革命根据地的苏维埃政权从成立伊始就高度重视军队建设，相关的规定体现在红七军、红八军和右江苏维埃政府颁布的一系列法律法规文件中。《广西东兰县革命委员会最低政纲草案》主要针对旧军阀军队中视士兵如草芥、长官随意虐待士兵的恶习，作出了改善士兵待遇的规定，包括废除肉刑制度、官兵待遇平等、军队财政公开、伤亡待遇、退伍待遇、士兵智识教育等。《中国红军第七军目前实施政纲》规定了红七军的军事战略任务：“扩大红军割据区域，迅速与朱毛汇合，实现割据两广！”“准备武装保护苏联，反抗帝国主义及军阀国民党政府进攻苏联！”并且规定了改良士兵生活，官兵待遇平等。《中国红军第八军目前实施政纲》还规定：“扩大红军组织：吸收革命工农，自动到红军来；游击队农军健全者，即转变为红军。”并对官兵平等加以具体化：“官兵待遇一律平等：优待俘掳的敌军士兵，退伍兵士应分给土地耕种：在军士兵亦分配土地给其家属。”《中国红军第七军司令部、政治部布告》第3条规定，“对士兵：改良待遇，废除肉刑，提高生活，官兵平等，既得参政权，又有土地分”。第5条规定，“对敌军：只打军阀，不打士兵，优待俘虏，不究团丁，愿来当红军，本军最欢迎”。《右江苏维埃各级政府组织与职责》规定了县苏维埃政府设军事委员，其职能为侦探敌情、计划进攻防守、联络友军、扩大部队、训练工作、收买枪弹、规定符号等；区、乡苏维埃政府设赤卫委员，其职能为统计赤卫

① 张文显主编：《法理学》，高等教育出版社2018年版，第108页。

队预备队组织、调选组织赤卫常备队、保障苏维埃政权、领导赤卫队参加战争或作战、负责政治教育及军事训练等。此外还规定了赤卫军的组织原则和工作方针，特别对军队纪律作了严厉规定，包括严禁烧杀、绝对禁止侵犯群众利益、肃清内部一切动摇腐化及剥削人的分子、严禁自由退伍、加强军政训练、严格军纪、提高进攻精神、绝对禁止收容红军逃兵、禁止收买红军枪弹等。

七、其他法律法规

《广西东兰县革命委员会最低政纲草案》《中国红军第七军目前实施政纲》《中国红军第八军目前实施政纲》《中国红军第七军司令部、政治部布告》等具有施政纲领性质的法律法规文件中包含了财政经济、文化教育、劳动保护、社会救济等方方面面的法律规范。例如，“取消一切政府军阀的捐税”“实行累进税，并由苏维埃政府制定标准”“没收反革命的财产，交苏维埃政府处理”“保护交通和商人营业”“严禁奸商垄断操纵；由苏维埃评定物价”“办理农业银行及信用合作社，经手办理低利借贷”“统一币制，统一度量衡”等属于财政经济法。“实行平民教育，发展识字运动”“注意青年教育、娱乐等问题”“废除一切不良风俗习惯（迷信、拜跪及封建式的称呼）”“创设劳动人民通俗图书室”“创设劳动人民文化讲习所”“创设劳动人民夜课学校”“提高劳动儿童教育（设立幼稚院）”“创设劳动人民免费学校”“实行男女共同教育”等属于文化教育法。“实行减少工人工作时间，增加工资，并制定劳动保护法”“注意失业救济”“组织工会，夺取政权，增加工资，减少时间，待遇得改良，失业有保险”等属于劳动保护法。“创设贫民救济所”“抚恤老弱，救济赤贫，严禁烧杀，保卫安宁，努力来生产，社会得太平”等属于社会救济法。此外，《右江苏维埃各级政府组织与职责》还规定县苏维埃政府设财政委员，区、乡苏维埃政府设财政委员、文化委员、工人委员（乡级不设），负责贯彻落实财政经济、文化教育、劳动保护、社会救济等方面的法律法规和政策。

八、党内法规

根据《中国共产党党内法规制定条例》第3条第1款的规定，“党内法规是党的中央组织，中央纪律检查委员会以及党中央工作机关和省、自治区、直辖市党委制定的体现党的统一意志、规范党的领导和党的建设活动、依靠党的纪律保证实施的专门规章制度”。“党内法规”这一概念最早是毛泽东在1938年9月29日至11月6日中共第六届中央委员会扩大的第六次全体会议上提出来的。左右江革命根据地建立时，还没有“党内法规”这一概念，但左右江革命根据地的党组织根据实际情况，制定了一系列有关党的领导、党的组织、党的建设、党的纪律等的规定，从性质上看就是党内法规。

左右江革命根据地的党内法规，集中体现在红七军前敌委员会发布的《前委通告（第二号）——关于党的组织工作》《前委通告（第六号）——目前政治形势和右江党的策略》《前委通告（第七号）——目前右江党的工作方针》等通告中。前敌委员会是在革命战争时期，中共中央为组织领导某一地区的武装起义或重大战役而设立的党的高级领导机关。由红七军前委发布通告来制定党内法规，突出反映了左右江革命根据地极其严峻的革命斗争形势以及红七军“党政军三合一”体制的特点。《前委通告（第二号）——关于党的组织工作》有关党内法规的规定尤为全面，规定了确定党的组织系统、注意中心工作、创造干部分子、健全支部生活、注意集体指导、实行民主化、严格执行纪律、注意秘密工作、发展组织、党与群众的正确关系、健全地方党部、发展共产青年团等内容，涵盖了党的领导、党的组织、党的建设、党的纪律等党内法规的基本框架体系，可以说是左右江革命根据地的一部基础性党内法规。《前委通告（第六号）——目前政治形势和右江党的策略》则是在红八军退出龙州、红七军陆续收复右江沿岸各县县城的复杂形势下，提出的扩大对党的政纲和反军阀混战的宣传、正确执行深入土地革命工作、改造苏维埃和赤卫军、加强对群众的组织工作、加紧改造和扩大红军等政治任务。《前委通告（第七号）——目前右江党的工作方针》把当时的右江地区分为赤色区域、白色区域、半白半赤区域，分别对三种区域的党组织规定了不同的工作方针，并且特别强调：“（一）提拔从斗争中出来的贫雇农□□□训练成为干部；（二）严格执行党的纪律，肃清反动腐化的份子，改造党的基础。同时发展贫雇农、工人同志创造新的基础；（三）建立党的生活，每个同志应参加党的会议，做工作，交党费，讨论党的策略，阅读党的文件，介绍同志，发动群众斗争，领导群众斗争，自我批评等。”① 以上所强调的三点，分别属于党内组织法规、纪律法规、党建法规。

第二节　左右江革命根据地立法成果的特征

左右江革命根据地的立法是根据党中央的路线、方针、政策，结合左右江地区的政治、经济、文化、社会实际而制定的，包含了许多因地制宜的斗争策略，具有鲜明的时代特征。

一、反对帝国主义

反对帝国主义侵略压迫，是中国共产党领导的新民主主义革命的基本纲领之一。广西左右江地区毗邻时为法国殖民地的越南，法帝国主义通过各种不平等条约，在龙州设立领事馆、海关、银行等机构，非法控制左右江地区至梧州、广州的水陆商贸和货币金融，征收高额税金厘金，剥削压榨两广人民。因此，左右江地区虽然地处偏远边陲，但却直接遭受法帝国主义剥削压迫，人民苦难深重，反帝斗争的任务十分紧迫。1930 年 2 月中共中央给广东省委转红七军前敌委员会的指示指出：“帝国主义在广西表面上没有多大的关系。实际上广西整个的经济都掌握在帝国主义手中。法国的纸币布满在市场……因此你们绝不可丝毫忽略反帝国主义的工作，不仅利用广西边界的事实来反法帝国主义，而且要运用全国的事实来反对一切帝国主义。”② 百色起义后红七军立即制定的《中国红军第七军目前实施政纲》第 1 条明确规定：“扩大反帝运动，用民众革命力量驱逐帝国主义出华，取消帝国主义在华一切特权！”红八军制定的《中国红军第八军目前实施政纲》同样在第 1 条就开宗明义地规定：“扩大反帝运动：用群众革命力量，驱除帝国主义出华；没收帝国主义在华一切资本企业；取消帝国主义在华一切特权；不准基督教在华活

---

① 中共广西区委党史资料征委会《左右江革命根据地》编辑组：《左右江革命根据地》（上），中共党史资料出版社 1989 年版，第 346 页。

② 中共广西区委党史资料征委会《左右江革命根据地》编辑组：《左右江革命根据地》（上），中共党史资料出版社 1989 年版，第 232 页。

动。”龙州起义后不久，红八军和左江革命委员会就团结带领龙州革命军民开展反对法帝国主义的斗争，驱逐了法国驻龙州领事、军官、海关官员、教会神职人员，没收法帝国主义在龙州的财产，并在法军派飞机入侵中国领空时击落一架飞机，打击了法帝国主义的嚣张气焰，将法帝国主义的纸老虎本质暴露无遗。龙州反帝斗争从实践上丰富了中国革命的内涵和外延，被中共中央高度评价为“实现了中国共产党之反帝国主义政纲，开辟了中国革命的新纪元，在中国革命的发展将有非常伟大的历史意义”①。可见，左右江革命根据地的反帝立法不仅体现在纸面上，还得到了切实的贯彻执行，取得了令人瞩目的成效，打出了鲜明的反帝旗帜。

二、反对封建主义

左右江革命根据地立法的反封建主义特征，主要体现在以下几个方面：第一，推翻封建地主军阀的政权，建立以苏维埃（工农兵代表会议）为最高权力机关的政治制度。党的六大通过的《苏维埃政权的组织问题决议案》对各革命根据地建立苏维埃政权机关有明确具体的要求：“夺取政权后的根本任务，即在建立足以保证新政权的与其革命政策的实行之政权机关。”《中国红军第七军目前实施政纲》提出了“推翻军阀国民党政府，建立工农兵代表会议苏维埃政府”“推翻乡村豪绅地主的统治，乡村政权交乡村苏维埃”等主张。《中国红军第八军目前实施政纲》同样规定了“推翻军阀国民党政〈府〉，建立工农兵代表会议政府——苏维埃政府，建立乡村苏维埃，彻底推翻豪绅地主统治”。百色起义后右江苏维埃政府立即制定《右江苏维埃各级政府组织与职责》，详细规定了县、区、乡三级苏维埃政府的机构设置和人员职责，并规定了农民赤卫军的组织原则和工作方针。左右江地区苏维埃政权的建立，意味着代表封建地主官僚利益的国民党地方军阀政权被推翻，广西的民主革命迈出了十分关键的一步。第二，实行土地革命，打破封建地主阶级占有大量私有土地的经济制度，将土地平均分配给贫苦农民。党的六大通过的《政治决议案》提出中国革命的任务之一是“彻底的平民

① 中共广西区委党史资料征委会《左右江革命根据地》编辑组：《左右江革命根据地》（上），中共党史资料出版社 1989 年版，第 251 页。

式的推翻地主阶级私有土地制度，实行土地革命”。《中国红军第七军目前实施政纲》《中国红军第八军目前实施政纲》都规定了没收一切地主阶级土地归乡苏维埃，分给农民，凡没收之土地不准买卖。为了推动实施土地革命，左右江革命根据地先后制定颁布《土地问题决议案大纲》《土地法暂行条例》《共耕条例》，在明确农村阶级成分划分标准的基础上，规定了应没收之土地财产及处理原则、分配方法、税收、工具，以及共耕制度的土地管理、耕作、伙食、肥料、农产物的分配、纪律等，并在《土地法暂行条例》中规定“不遵守本暂行条例之规定者，以反革命论罪”，以刑法手段来保障土地革命的顺利实施。第三，移风易俗，改变封建主义的意识形态和社会陋习。《广西东兰县革命委员会最低政纲草案》规定“废除一切不良风俗习惯（迷信、拜跪及封建式的称呼）”“废除多妻制度”“婚姻绝对自由”“男女教育、经济、政治、工资一律平等”等。《中国红军第七军司令部、政治部布告》规定“提高文化，普及教育，劳动儿童，免费入学，推翻旧礼教，创造好风俗”。新民主主义革命的文化纲领是崇尚民主科学，革除维护封建专制制度的意识形态和伦理纲常。思想文化领域的革命往往需要比较长的时间，左右江革命根据地的苏维埃政权在戎马倥偬之余，十分重视旨在反封建的文化革命，特别是在提倡男女平等观念、变革婚姻家庭制度、解放妇女等方面，成效尤为显著。

三、实行民族平等

左右江地区是汉、壮、瑶、苗等多民族杂居的地区，其中壮族人口占85%，汉族人口仅占10%，其余5%为瑶族、苗族等其他少数民族。[①] 民族成分较为复杂，民族矛盾与阶级矛盾相互交织，矛盾十分尖锐突出。根据左右江地区少数民族的实际状况，左右江革命根据地在立法时高度重视保护少数民族权利，促进民族团结，实行民族平等。《广西东兰县革命委员会最低政纲草案》规定“提高瑶民的智识教育”“瑶民经济、政治、教育、工资上与其他人民一律平等”“严禁虐待瑶民”“没收山主的山场、土地、森林，分给瑶民”等。韦拔群在东兰县开展农民运动时就采取措施反对旧社会对瑶族同胞

① 凌绍崇等编著：《百色起义与根据地制度建设》，广西人民出版社2014年版，第263页。

的歧视，禁止对瑶族同胞使用“瑶子”“山佬”等歧视性称谓。在举办农民运动讲习所时，韦拔群也很注意吸收壮族、瑶族同胞中的优秀人士成为学员，着力培养少数民族干部。1931年4月邓小平向中央作《七军工作报告》时汇报了右江革命根据地在开展土地革命时对瑶族群众的政策措施：“瑶民分配山地，有些瑶民不愿下山，则分配山地，田地不够时则将山地分给富农。”[①] 可见，左右江革命根据地在立法和制定政策时充分考虑到了本地区少数民族的生产生活状况，努力满足各族群众的实际需求，以贯彻党的民族平等和民族团结政策。

四、普及文化教育

在20世纪20年代，广西左右江地区的文化教育非常落后，正规新式学校寥寥无几，且多在县城，对绝大多数农民和少数民族群众来说，读书识字犹如天方夜谭。据统计，中华人民共和国成立前民众识字率不到20%，在地处偏远的左右江地区，这一情况更为严重。鉴于此，左右江革命根据地把普及文化教育、开启民智作为重要的革命任务，从立法上规定了一系列开办新式教育、传播先进文化的制度。《广西东兰县革命委员会最低政纲草案》就规定了“教育劳动化”“提高劳动儿童教育（设立幼稚院）”“提高瑶民的智识教育”“提高士兵智识教育”“创设劳动人民免费学校”“免收佃雇农子弟的一切教育用费”“免收劳动青年的一切教育费用”“实行男女共同教育”。《中国红军第七军目前实施政纲》规定“实行平民教育，发展识字运动”。《右江苏维埃各级政府组织与职责》规定区、乡苏维埃政府设文化委员，负责调查学龄儿童及失学的群众、办理群众学校强制儿童教育、实行识字运动等工作。这一系列包括民族教育、青年教育、妇女教育、成人教育在内的文化教育制度，即使以今天的眼光来看也极具前瞻性，在20世纪20年代到30年代的左右江地区，可谓是前所未有的创举。

---

① 中共广西区委党史资料征委会《左右江革命根据地》编辑组：《左右江革命根据地》（上），中共党史资料出版社1989年版，第406页。

第三节 左右江革命根据地立法成果的历史意义

左右江革命根据地富有创造力地把党的路线、方针、政策和左右江地区政治、经济、文化、社会实际相结合，形成了一批极具前瞻性、先进性、革命性的立法成果。这些立法成果不仅给左右江地区人民群众带来了党的政策福音，而且起到了开启民智、推动革命、点燃和传播革命火种的作用，具有重大深远的历史意义。

一、把党的政策带到边疆民族地区

在20世纪20年代，广西左右江地区属于典型的半殖民地半封建社会，代表封建地主官僚利益的新旧桂系军阀先后掌握地方政权，政治上实行专制统治，土豪劣绅充任县、乡各级官吏，歧视、压迫左右江地区占80%以上人口的少数民族，经济上征收苛捐杂税，疯狂压榨民众血汗，桂系军阀政府还以贩卖鸦片烟土、征收烟税为财政收入主要来源，放纵鸦片流行，罔顾人民身体健康。法帝国主义更是通过不平等条约占据龙州，非法攫取政治、经济、金融、交通等利益，侵犯中国主权，鱼肉中国百姓。帝国主义、封建主义对中国人民的压迫，在左右江地区表现得极为突出。左右江革命根据地建立后，通过一系列立法，特别是成立工农兵代表广泛参与的苏维埃政权，制定《土地法暂行条例》《共耕条例》等法律法规，实行土地革命，没收地主土地分给农民，打破封建伦理纲常，解放妇女和青年，团结少数民族群众，实行民族平等，发展具有地方特色和民族特色的文化教育事业，增强革命活力，向广大人民群众昭示了中国共产党反帝反封建的革命纲领。党的这些纲领政策，在左右江地区是前所未有的，让左右江人民亲身感受到了翻身得解放的甜头，为之欢欣鼓舞。左右江革命根据地时期，喜爱唱山歌的左右江人民传唱了大量歌颂中国共产党和美好新生活的红色歌谣，其中《如今瑶胞得解放》中唱到："如今瑶胞得解放，瑶家子弟进学堂。民族平等样样好，瑶家骑马进圩场。有挑有担自己挑，哪个请夫就推翻。如今瑶胞得解放，瑶家子弟进学堂。

不给土豪抬轿子，不给劣绅当肉床。民族平等样样好，瑶家骑马进圩场。”①这些欢快的歌谣生动活泼，表明了瑶族同胞翻身得解放后的激动心情。

二、推动土地革命

土地法在左右江革命根据地立法中占有十分重要的地位。《土地法暂行条例》《共耕条例》堪称左右江革命根据地立法成就最高、立法技术最为成熟的两部法律法规。由于土地革命是党的六大提出的新民主主义革命基本纲领，在百色起义后，中央多次指示红七军、右江特委和右江苏维埃政府迅速开展土地革命，1930 年 9 月 19 日红七军前委发布的《前委通告（第七号）——目前右江党的工作方针》也强调：“目前在赤色区域中土地革命的斗争主要是分配土地问题。坚决地执行分配土地，以深入土地革命斗争，是各县党部的主要任务。”在紧张的政治军事斗争形势下，左右江革命根据地仍能够通过立法来保障推动土地革命，非常难能可贵，这说明根据地的领导人已具有较高水平的法律意识和法治思维。左右江革命根据地的土地立法有力地推动了土地革命，使贫下中农特别是瑶族农民在历史上首次获得了自己的土地，不仅生活状况为之一新，革命、生产的积极性也大为高涨。中央代表邓拔奇在给党中央的报告《目前广西的政治形势》中汇报了东兰、凤山两县实行土地革命后人民生活大大改善的情况：“在那里国民党豪绅地主的势力都被推翻了，建立起各乡区和全县的苏维埃政府，政权操在劳动农民贫农中农的手上，地主豪绅的土地以及一切财产都没收分配给贫农雇农苦力和红军兵士或者是平均分配，已有少数的农村已经共耕了。富农也曾遇到了重大的打击，于是全县农民平均每人都分得了可供几个月米粮的土地，兼种些玉蜀黍、薯芋等杂粮就够一年的粮食。每家每年收获的谷米至少都已等于反动统治下的中农了。没有苛捐杂税的剥削，反动势力的压迫，没有种族地方性别的界限，久受汉人压迫欺凌的瑶民和住在石山洞场的最困苦的农民在苏维埃政权下都获得了平等的待遇，得到同样肥美的土地。宗法封建社会的旧礼教在苏维埃政权下也遇到重大的打击，婚姻自由，妇女获得了解放，如此东、凤两县的农民群众已经真实的得到土地革命的利益，生活上获得相当的改善了。因此他们是

① 凌绍崇等编著：《百色起义与根据地制度建设》，广西人民出版社 2014 年版，第 239 页。

热烈的拥护苏维埃和自愿的加入红军为全国革命胜利而奋斗（1930 年 8 月统计东凤两县农民加入红军的已有六千余人，特别是青年农民加入红军服务的踊跃）。”①

三、巩固革命根据地

左右江革命根据地的立法内容丰富，范围很广，涵盖民主政治、政权建设、土地革命、婚姻家庭、军事、文化、教育等领域，完善了革命根据地各项事业的建设，凝聚了人心，扩大了革命的群众基础，使革命根据地得到巩固和发展。特别是有关民主政治、土地革命、解放妇女、民族平等等方面的立法，为左右江地区人民前所未见，这些立法不仅给人民群众带来新鲜感，而且带来实实在在的利益，可以说是翻天覆地般地改变了人民群众的生产生活方式，使革命根据地获得越来越多的群众支持。1931 年 4 月 29 日邓小平写给中央的《七军工作报告》中说道：“一九二七年十月革命节日，以广西警备第四大队及东兰农民武装为基础转变成了第七军，转变后兴奋了右江的群众，百色平马的群众大会到的群众非常之多而热烈，红军本身的情绪非常之好，战斗力亦甚强，在隆安作战中充分表现出来。”② 由于受“左”倾的“立三路线”错误影响，红七军倾力攻打柳州、南宁失败，不得不经由桂黔边、湘桂边、粤北转战江西。在红七军离开右江革命根据地后，韦拔群等人仍在东兰坚守革命成果，抵抗国民党军阀发动的“围剿”一年多。1932 年 10 月韦拔群牺牲后，右江地区的革命一度陷入低潮，中共右江特委改组为中共右江下游临时党委，后来又改为中共右江下游党委，负责领导整个右江地区的革命斗争。1933 年 6 月 4 日，红军独立第三师参谋长、中共右江下游党委委员黄大权被叛徒出卖牺牲。从此，右江地区党组织领导的革命斗争转入地下。1934 年 3 月，黄举平从黔桂边来到东兰县西山，重新组织革命队伍，在弄京恢复建立党支部。12 月，黄松坚到滇桂边的九陇（今云南省富宁县）建立中共滇黔桂边区委员会和滇黔桂边区革命委员会，分别由黄松坚、黄庆金担任

① 中共广西区委党史资料征委会《左右江革命根据地》编辑组：《左右江革命根据地》（上），中共党史资料出版社 1989 年版，第 424 页。

② 中共广西区委党史资料征委会《左右江革命根据地》编辑组：《左右江革命根据地》（上），中共党史资料出版社 1989 年版，第 395 页。

书记、主席，以七村九弄为中心，开辟新的革命根据地。1937 年春，中共桂西区特委成立，右江地区及滇黔桂边区党组织实现了统一领导，促进革命斗争和抗日救亡运动高涨。在右江革命根据地大部分已经沦陷的情况下，韦拔群、黄举平、黄松坚等革命先烈依然能够坚持革命斗争，与当初革命根据地立法凝聚的人心、获得的支持是分不开的。正是因为革命根据地立法的成功，让人民群众认识到中国共产党才是人民的救星，老百姓无不怀念打土豪、分田地的共产党和红军，这些信念支撑着众多革命志士坚持斗争，使右江地区的党组织历经国内革命战争、抗日战争、解放战争，始终高举红旗，直到全国解放。

第三章　左右江革命根据地法制建设与中央革命根据地的关系

中央革命根据地，又称中央苏区，地跨赣闽粤三省，是第二次国内革命战争期间中国共产党领导人民创建的全国最大的一块革命根据地，是全国苏维埃运动的中心区域，也是中华苏维埃共和国党、政、军首脑机关所在地。[①] 1931 年 11 月 7 日，我国历史上第一个由工农当家作主的人民民主政权——中华苏维埃共和国临时中央政府在江西瑞金成立，标志着中央革命根据地正式建立。1929 年 12 月百色起义时，中华苏维埃共和国临时中央政府尚未正式成立，但中央革命根据地实际上已经存在（也称赣南闽西革命根据地），并开展了卓有成效的法制建设。中央革命根据地的法制，对左右江革命根据地的法制建设，特别是土地法制建设，具有重要且深刻的影响。

第一节　中央革命根据地的法制建设概况

中央革命根据地非常重视法制建设，在中华苏维埃共和国临时中央政府成立之前，中央革命根据地就已经开展了如火如荼的法制建设，制定了《井冈山土地法》《兴国县土地法》《革命法庭条例（草案）》《革命法庭的工作大纲》，闽西苏维埃政府成立后，1930 年 3 月闽西第一次工农兵代表大会通过《苏维埃政权组织法》《土地法令》《山林法令》《借贷条例》《婚姻法》《裁

---

① 江西省档案馆、中共江西省委党校党史教研室编：《中央革命根据地史料选编》（下），江西人民出版社 1982 年版，第 296 – 297 页。

判条例》等16部法案。[1] 1931年11月中华苏维埃共和国临时中央政府成立后，中央革命根据地的法制建设活动更是快马加鞭，在较短时间内构建起了以《中华苏维埃共和国宪法大纲》（以下简称《宪法大纲》）为核心，包括选举法规、政权机构组织法规、刑事法规、行政法规、经济法规、民事法规、诉讼法规、监察法规等在内的法律规范，初步形成了苏维埃法律体系，对稳定苏区社会秩序、增强经济实力、巩固红色政权、保障人民利益发挥了重要作用，也为新中国的法制建设积累了宝贵经验。

一、宪法性文件

1931年11月，中华工农兵苏维埃第一次全国代表大会（本章以下简称一苏大）在瑞金召开，会议通过了《宪法大纲》。《宪法大纲》全文共17条，主要内容包括：（1）确立红色政权的政权性质是工农民主专政；（2）确立政权的组织形式是民主集中制的工农兵代表大会制度；（3）确定以彻底实现反帝反封建的革命纲领作为工农民主专政的基本任务；（4）确定了工农劳动群众在政治上、经济上、文化上的各项基本权利；（5）确定了对外政策的基本方针。[2] 1934年1月，中华工农兵苏维埃第二次全国代表大会对《宪法大纲》进行了修改，主要修改点是在第1条中增加了“同中农巩固的联合”条款。1933年，中华苏维埃共和国颁布了《中华苏维埃共和国十大政纲》，确认了我党近期的奋斗目标。

二、选举法

中华苏维埃共和国成立后，临时中央政府以《宪法大纲》为立法依据，相继制定颁布了《中华苏维埃共和国的选举细则》（1931年11月）、《中华苏维埃共和国选举委员会的工作细则》（1931年12月）、《苏维埃暂行选举法》（1933年8月），以及有关选举的指示、训令等。这些选举法律主要规定了如下内容。

---

① 中央全面依法治国委员会办公室：《中国共产党百年法治大事记（1921年7月—2021年7月）》，人民出版社2022年版，第18页。

② 韩延龙、常兆儒编：《革命根据地法制文献选编》，中国社会科学出版社2013年版，第3－9页。

（一）选举权利的主体

上述选举立法确认这种权利属于劳动群众，不给剥削者和反革命分子，充分体现了苏维埃制度的民主本质。享有选举权和被选举权的人包括：第一，一切被雇用的劳动者及其家属与一切自食其力的人及其家属；第二，在中华苏维埃共和国海陆空军服军役者及其家属；第三，以上两种人中，在选举时失去劳动能力或失业者。[①] 根据法律规定，资本家、豪绅、地主、高利贷者、国民党政府工作人员、服刑的罪犯、精神病人等被剥夺选举权和被选举权。此外，还明确了各级苏维埃代表的比例。

（二）选举的组织、程序和办法

主要包括：（1）基层选举的组织、程序和办法。具体流程包括成立选举委员会、广泛宣传动员、选民登记和公布、划分选举单位、提出候选人名单并公布、向选民做工作报告、准备提案并公布、召开选举大会。（2）区以上各级苏维埃代表大会的选举。区以上各级苏维埃代表大会由各自的下一级苏维埃代表大会组成，苏维埃各级政府必须向各自的下一级苏维埃代表大会作工作报告，负责各级代表资格的审查和执行委员会名单的准备。（3）选举的审查、监督和保障。主要涉及市乡两级选举的审查与承认，代表资格的审查与监督，选民选举权的保障。

三、政权机构组织法

中华苏维埃共和国成立前，各革命根据地依据政权建设的需要，先后制定了地方性的革命委员会组织大纲和苏维埃组织法。例如，1927 年 11 月的《江西省苏维埃临时组织法》、1929 年 8 月的《闽西苏维埃政权组织法》、1930 年 3 月的《信江苏维埃政府临时组织法》、1930 年 7 月的《湖南省工农兵苏维埃政府暂行组织法》、1930 年 3 月的《闽西苏维埃政府组织法》、1931 年 10 月的《湘赣苏区各级苏维埃政府暂行组织法》等。自 1930 年年初，党

① 韩延龙、常兆儒编：《革命根据地法制文献选编》，中国社会科学出版社 2013 年版，第 102 页。

中央提出建立全国性政权起，中央苏区即开始了全国性苏维埃组织法的制定。1930年5月全国苏维埃区域代表大会通过了《苏维埃组织法》。中华苏维埃共和国成立后，鉴于当时各根据地的各级苏维埃组织很不完善的情况，为加强各级苏维埃的建设，统一各根据地政权的组织与职权，1931年11月中央执行委员会第一次全体会议通过了《划分行政区域暂行条例》和《苏维埃地方政府的暂行组织条例》，临时中央政府于1931年12月15日发布了《关于苏维埃建设重要的训令》，1933年12月公布了《中华苏维埃共和国地方苏维埃暂行组织法（草案）》，1934年2月公布了《中华苏维埃共和国中央苏维埃组织法》等。

（一）中央苏维埃组织法

中华苏维埃共和国成立后，当时一苏大没有制定中央苏维埃组织法，而是依照《宪法大纲》的规定，建立了临时的中央政权机构。后来经过两年多的实践，积累了许多新经验，到中华工农兵苏维埃第二次全国代表大会时，决定对中央一级的政权机构进行较大的调整，特于1934年2月17日颁布了《中华苏维埃共和国中央苏维埃组织法》。该组织法由总则和分则两部分组成，规定了中央政权的组织机构，如全国苏维埃代表大会、中央执行委员会、中央执行委员会主席团、人民委员会、最高法院、审计委员会、各人民委员部、工农检察委员会、中央革命军事委员会等及其职权。[①]

（二）地方苏维埃组织法

早期革命根据地主要是根据自行制定的组织法建立各级地方政权组织。中华苏维埃共和国成立后，地方苏维埃政权建立的主要依据为《苏维埃地方政府的暂行组织条例》和《中华苏维埃共和国地方苏维埃暂行组织法（草案）》。《苏维埃地方政府的暂行组织条例》经1931年11月中央执行委员会第一次全体会议通过并颁布，共有10章73条。该条例规定地方苏维埃政府分省、县、区、乡四级，在市镇设城市苏维埃。该条例还规定了巡视制度、工

① 韩延龙、常兆儒编：《革命根据地法制文献选编》，中国社会科学出版社2013年版，第325－330页。

作检查制度、地方苏维埃政府的财政制度、文件的署名等制度。①

（三）革命委员会组织法

革命委员会是在暴动时期的地方和红军新占领的地方组织的临时政权机关。1933 年 12 月，中央执行委员会颁布的《中华苏维埃共和国地方苏维埃暂行组织法（草案）》对革命委员会的建立与职能作出了规定。

四、刑法

（一）惩治反革命条例

早在 1929 年 12 月，江西信江地区的苏维埃政权就制定了《肃反条例》，1931 年 3 月制定了《赣东北惩治反革命条例》。1930 年 6 月，福建闽西的苏维埃政权制定了《惩办反革命条例》，1931 年 2 月制定了《反动政治犯自首条例》。中华苏维埃共和国成立后，1931 年 12 月 13 日中央执行委员会通过《处理反革命案件和建立司法机关的暂行程序》（第六号训令），1932 年 12 月苏区中央局制定《关于肃反工作检阅决议》，1933 年 3 月中华苏维埃共和国临时中央政府中央执行委员会颁布第二十一号训令《关于镇压内部反革命问题》等。在此基础上，于 1934 年 4 月 8 日正式颁布了《中华苏维埃共和国惩治反革命条例》，这个条例实际上就是中央苏区时期的刑事实体法，是一部比较完整的单行刑事法规。其主要内容是：（1）明确了刑法的适用范围。该条例第 1 条规定，“凡犯本条例所列举各罪者，不论是中国人外国人，不论在中华苏维埃共和国领土内或在领土外，均适用本条例以惩罚之”。第 30 条规定，“凡藏匿与协助本条例所规定的各种罪犯，与反革命分子同罪”。（2）规定刑罚的种类包括死刑、监禁、没收财产、剥夺公民权、驱逐出境等。（3）确立了刑罚具体运用的一般原则，包括罪刑法定主义和刑事类推相结合原则、再犯加重原则、区别对待原则等。②

① 韩延龙、常兆儒编：《革命根据地法制文献选编》，中国社会科学出版社 2013 年版，第 276－283 页。

② 韩延龙、常兆儒编：《革命根据地法制文献选编》，中国社会科学出版社 2013 年版，第 606－609 页。

（二）附属刑法

中央苏区政府还在陆续颁布的《土地法》《婚姻法》《工商业投资暂行条例》《借贷暂行条例》《山林保护条例》等法律法规中，规定有对严重违法者追究刑事责任的内容。例如，《借贷暂行条例》中规定，放高利贷以及帮助反革命行动者，除没收财产外，并予以法律制裁。①

（三）反贪腐刑事法规

在中央苏区政权建立初期，贪污腐败之风在部分干部中有所抬头，严重影响了党在人民群众中的形象，侵害了党的肌体，为此反贪腐成为刑法的第二项重要任务。1933 年 12 月，中央执行委员会发布了《关于惩治贪污浪费行为》的第二十六号训令，它是在总结中央苏区自 1931 年开始的以节约为中心的反贪污反浪费斗争经验的基础上，为使严惩贪污和浪费行为有法可依而颁布的。

五、行政管理法

（一）土地法

在中央苏区成立前，各根据地已经制定了许多关于土地问题的决议案和土地法规，如 1928 年的《井冈山土地法》、1929 年的《兴国县土地法》、1929 年 7 月闽西的《土地问题决议案》、1930 年 3 月的《土地法案》、1930 年 5 月的《土地暂行法》、1930 年 6 月的《富农问题决议案》、1930 年 8 月的《中央军事委员会土地法》等。1930 年 9 月党的六届三中全会在《关于政治状况和党的总任务决议案》中提出了“没收地主土地归农民”的口号。为了贯彻此精神，1931 年 2 月 8 日发布了《中共苏区中央局通告第九号——土地问题与反富农策略》，1931 年 4 月 20 日发布了《土地委员扩大会议决议》。1931 年 11 月，一苏大以《土地法草案》为基础制定了《土地法》。《土地法》的主要内容包括：没收地主及其他大私有主的土地和财产；没收的土地和财

① 张希坡编著：《革命根据地法律文献选辑：第二次国内革命战争时期中华苏维埃共和国的法律文献（1927—1937）》（第 2 辑），中国人民大学出版社 2017 年版，第 352 页。

产分给贫苦农民和中农；废除一切地租、高利贷债务和苛捐杂税，解放农民；尽快实现土地、水利国有制的土地所有权制度；实行地主不分田、富农分坏田的政策。

（二）教育法

1931 年苏区中央局发表《为第一次全国苏维埃代表大会宣言》，提出："工农劳苦群众，不论男子和女子，在社会、经济、政治和教育上，完全享有同等的权利和义务。""一切工农劳苦群众及其子弟，有享受国家免费教育之权，教育事业归苏维埃掌管。"[①]《宪法大纲》《中华苏维埃共和国劳动法》《中国工农红军优特条例》等法律法规也明确了有关教育的立法政策。

1933 年 4 月，中华苏维埃共和国中央教育人民委员部颁布了《省、县、区、市教育部及各级教育委员会的暂行组织纲要》，其第 1 条规定：省、县、区、市教育部及乡教育委员会的任务是正确执行中央政府及中央教育人民委员部关于文化教育的政策等，提高群众的阶级觉悟、文化水平与政治水平，使能有力地动员起来加入战争，以争取苏维埃运动在全中国的胜利。1933 年 10 月 4 日，中央教育人民委员部又颁发了《小学教育制度草案》和《小学课程与教则草案》。1934 年 2 月至 4 月，中央教育人民委员部将上述教育法规，再加上《教育行政纲要》《高级师范学校简章》《初级师范学校简章》《小学教员优待条例》《红色教员联合会暂行章程》《列宁小学校学生组织大纲》等教育法规，合计 24 件，汇编为《苏维埃教育法规》。《苏维埃教育法规》的核心内容是废除剥削阶级旧文化教育，建设劳动人民当家作主的新文化教育，为中央苏区教育的发展奠定了基础。

（三）拥军优属立法

中央苏区政府对拥军优属方面的立法极为重视。如 1931 年 11 月一苏大通过的《中国工农红军优待条例》，1932 年 2 月临时中央政府发布的第九号训令《执行红军优待条例的各种办法》，1932 年 9 月中央政府人民委员会通

① 陈元晖、璩鑫圭、邹光威编：《老解放区教育资料（一）：土地革命战争时期》，教育科学出版社 1981 年版，第 27 页。

过的《对于赤卫军及政府工作人员勇敢参战而受伤残废及死亡的抚恤问题的决议案》，1933 年 10 月 16 日中央内务人民委员部通过的《关于城市红军家属优待办法》，1934 年 1 月 8 日和 10 日中国共产党中央委员会、中华苏维埃共和国人民委员会颁布的《关于优待红军家属的决定》和《优待红军家属礼拜六条例》。这些法律从地位、经济等上有力保障了红军及其家属的利益。

六、民法

（一）婚姻法

1931 年 12 月，中华苏维埃共和国颁布了《中华苏维埃共和国婚姻条例》。后来，中华苏维埃共和国临时中央政府又根据实际情况，适应新的形势，对此条例进行了必要的修改，并于 1934 年 4 月 8 日颁布了《中华苏维埃共和国婚姻法》。该法的主要内容有：（1）规定了婚姻法基本原则，包括婚姻自由，实行一夫一妻制，保护妇女、儿童的权益。（2）规定了结婚条件：一是结婚的必备条件，结婚必须男女双方自愿、达到法定年龄、符合一夫一妻制。二是结婚的禁止条件，包括禁止结婚的血亲关系，禁止结婚的疾病。（3）规定了结婚登记机关为乡苏维埃或城市苏维埃办理结婚登记的机关，由它发给双方当事人结婚证。（4）规定了事实婚姻的效力，《中华苏维埃共和国婚姻法》第 9 条规定："凡男女实行同居，不论登记与否均以结婚论。"（5）规定了办理离婚的条件和机关，离婚后财产的处理和子女的抚养。[①]

（二）劳动法

1930 年 6 月，全国苏维埃区域代表大会通过并公布《中华苏维埃共和国劳动法》，1931 年 12 月 21 日颁布了《关于实施劳动法的决议案》，1932 年 4 月颁布了《中华苏维埃各级劳动部暂行组织纲要》《中华苏维埃临时中央政府劳动部训令（第一号）》。在中央苏区的各级苏维埃政权层面，也制定了一些劳动法规，如 1930 年 3 月的《闽西第一次工农兵代表大会劳动法》，1932 年 5 月的《江西省苏维埃第一次代表大会实行劳动法令的决议案》，等等。上述

① 韩延龙、常兆儒编：《革命根据地法制文献选编》，中国社会科学出版社 2013 年版，第 1536－1537 页。

劳动法律法规的主要内容包括：劳动法的适用范围，雇用劳动者的手续，集体合同与劳动合同，工作时间，休息时间，工资，女工、青工及童工保护，劳动保护，社会保险等。这些法律规范构成了中央苏区劳动法规体系，对于中央苏区的劳动关系起到了很好的规范作用。[①]

七、经济法

（一）农业法

为了解决苏区农业方面的困难，苏维埃政府土地人民委员部制定了很多法律规范，如1933年颁布《劳动互助社组织纲要》，1933年4月发布《犁牛合作社组织大纲》，1933年5月发布《开荒规则和动员办法》。这些法律法规的内容主要包括：（1）发展农业生产是经济建设工作的第一位。（2）规范好劳动力、耕牛、农具、肥料、种子、水利等。（3）凡没收地主、富农的耕牛、农具，一律交由区、乡苏维埃有计划地分配，组织犁牛合作社，为农民所共同使用，禁止出卖和宰杀；并发动群众入股。（4）奖励开垦荒田、荒地。[②]

（二）工业法

1931年11月一苏大通过了《关于经济政策的决议案》，中央人民委员会于1934年4月10日颁布的《苏维埃国有工厂管理条例》是这个时期的一部重要的国营企业法，共有11条规定，主要内容为：（1）实行厂长负责制，国有工厂的负责者为厂长。厂长由隶属的上级苏维埃机构委任，对于厂内一切事务，有最终决定权。厂长须向苏维埃政府负绝对的责任。（2）建立主任及领班制。（3）在厂长之下设工厂管理委员会；为激发工人创造性，工厂设生产讨论会。（4）国有工厂必须确立经济核算制度，按月规定生产计划与财政预决算。（5）国有工厂工人的工资由国家机关与工会双方规定。为贯彻落实

---

① 韩延龙、常兆儒编：《革命根据地法制文献选编》，中国社会科学出版社2013年版，第1408－1423页。

② 张希坡编著：《革命根据地法律文献选辑：第二次国内革命战争时期中华苏维埃共和国的法律文献（1927—1937）》（第2辑），中国人民大学出版社2017年版，第589－592页。

《苏维埃国有二厂管理条例》，还组织突击队帮助各厂进行整顿。[①]

（三）商业法

商业立法主要体现为如下几部法律规范：（1）《关于经济政策的决议案》。该政策性法规在一苏大上通过，其明确了中央苏区的商业政策：一是保证商业自由，不应干涉经常的商品市场关系；二是与非苏维埃区域的贸易，绝不能实行"对外贸易垄断"；三是必须极力帮助合作社的组织与发展。[②]（2）合作社企业法。1932年4月12日中央执行委员会颁布了《合作社暂行组织条例》，1933年6月中央国民经济人民委员部颁布了《发展合作社大纲》，1933年6月中央财政人民委员部颁布了《合作社工作纲要》，1933年7月和9月又以中央工农民主政府名义颁布了《粮食合作社简章》和《生产合作社标准章程》等。上述规定明确了合作社的地位，是抵制资本家的剥削和怠工、保障工农劳动群众利益的有力武器，并规定了合作社的性质和作用、合作社的种类及其经营方法、合作社的管理等。[③]（3）《工商业投资暂行条例》。1932年1月，中华苏维埃共和国临时中央政府根据一苏大决定的经济政策，颁布了《工商业投资暂行条例》，鼓励私人资本投资经营工商业。（4）《矿产开采权出租办法》。1932年8月，临时中央政府专门颁布了《矿产开采权出租办法》，规定："一切矿产的所有权与开采权都属于国家，但现为增加矿产生产及发展社会经济起见国家准将各种矿产开采之权出租与私人资本投资开采。"[④]

（四）金融法

根据一苏大通过的《关于经济政策的决议案》中关于金融政策的规定，颁布了《中华苏维埃共和国国家银行暂行章程》，根据相关规定，构建了以国

① 张希坡编著：《革命根据地法律文献选辑：第二次国内革命战争时期中华苏维埃共和国的法律文献（1927—1937）》（第2辑），中国人民大学出版社2017年版，第595页。

② 中央档案馆编：《中共中央文件选集（一九三一）》（第7册），中共中央党校出版社1991年版，第795页。

③ 张希坡编著：《革命根据地法律文献选辑：第二次国内革命战争时期中华苏维埃共和国的法律文献（1927—1937）》（第2辑），中国人民大学出版社2017年版，第559页。

④ 余伯流：《中央苏区经济史》，江西人民出版社1995年版，第324－325页。

家银行为核心的银行组织系统并统一了币制。国家银行成立之后，制定和颁布了中华苏维埃共和国国家银行《往来存款暂行规则》《特别往来存款暂行规则》《往来透支暂行规则》《定期信用放款暂行规则》等。此外，1933 年 4 月 28 日，中央政府人民委员部颁布《现金出口登记条例》，目的是保持苏区现金流通，便利市场买卖，防止豪绅地主、资本家私运现金出口而破坏苏区金融。

（五）财政法

根据《关于经济政策的决议案》，消灭国民党军阀政府的一切捐税制度和一切横征暴敛。随后，颁布了《中华苏维埃共和国暂行财政条例》和统一财政的训令。1932 年 8 月 17 日通过的《财政部暂行组织纲要》确定了各级财政部的机构设置、科学分工、职权范围和人员配备等。为了统一和加强财政的收、支、管，1932 年 10 月 22 日颁布了《国库暂行条例》，12 月 16 日中央财政人民委员部发布了《统一会计制度》的训令，随后又发布《财政机关交代规则》和《会计规则》，制定了会计科目表、预决算规则，印发了统一的簿记、表格、单据等，由中央统一收支。①

（六）税法

1931 年 11 月 28 日中央执行委员会颁布了《中华苏维埃共和国暂行税则》。1932 年 7 月 7 日中央执行委员会训令第十四号《关于战争动员与后方工作》提出："为充分筹措战争经费，使得红军用其全力于决战方面，特决定一方面提高营业所得税的累进税率，重新确定土地税率，征收城镇的房租。"②1932 年 7 月 13 日颁布《修正暂行税则》，同时颁布的还有《土地税收细则》，并附中央政府批准的江西省农业税税率供各地参考。同年 12 月中央财政人民委员部发布第十一号训令《关税征收细则》。

---

① 邓子恢：《中央财政人民委员部训令（第十二号）——统一会计制度》，载《红色中华》1933 年第 46 期。

② 江西省税务局等编：《中央革命根据地工商税收史料选编（1929.1—1934.2）》，福建人民出版社 1985 年版，第 100 – 102 页。

八、诉讼程序法

中央革命根据地的程序法主要有以下三部：1931 年 12 月 13 日中央执行委员会非常会议通过的《中华苏维埃共和国中央执行委员会训令（第六号）——处理反革命案件和建立司法机关的暂行程序》（以下简称《处理反革命案件和建立司法机关的暂行程序》），1932 年 6 月 9 日颁布的《中华苏维埃共和国裁判部暂行组织及裁判条例》，1934 年 4 月 8 日颁布的《中华苏维埃共和国司法程序》。这些训令、条例和程序构成中央苏区时期的刑事程序法，主要内容包括如下几个方面。

（一）中央革命根据地刑事诉讼法的性质和任务

中央革命根据地刑事诉讼法的性质和任务是：坚决迅速地建立革命秩序，使革命群众的生命权利和一切法律上应得的权利得到完全的保障；坚决地惩罚和镇压反革命的组织和活动，以巩固苏维埃政权和保卫革命战争的胜利；受理和审判一般刑事案件。①

（二）明确了侦查权、逮捕权、预审权和审判权

中华苏维埃共和国中央执行委员会第六号训令《处理反革命案件和建立司法机关的暂行程序》中规定：一切反革命案件都归国家政治保卫局侦查、逮捕和预审，预审之后向裁判部提出诉讼，由国家司法机关审讯和判决。审讯和判决之权属于国家司法机关。县一级司法机关无判决死刑之权。未设立国家政治保卫局机关的地方，如发现有涉嫌反革命的材料须报告当地的国家政治保卫局机关，当地的苏维埃政府不得擅自逮捕或审讯。在县和区两级只设立肃反委员会，未设立国家政治保卫局或特派员。而建立政权已满 6 个月的地方，若发现有涉嫌反革命的材料，必须得到国家政治保卫局省分局的同意后，当地苏维埃政府方可逮捕。②

---

① 韩延龙、常兆儒编：《革命根据地法制文献选编》，中国社会科学出版社 2013 年版，第 804－805 页。

② 韩延龙、常兆儒编：《革命根据地法制文献选编》，中国社会科学出版社 2013 年版，第 782－784 页。

（三）修正逮捕权、预审权和审判权的规定

1934 年 4 月 8 日，中央执行委员会发布了《中华苏维埃共和国司法程序》，宣布废止第六号训令、裁判部暂行条例上所规定的司法程序。这个新司法程序，扩大了地方政权机关处置反革命分子的权力，在第 1—4 条中对逮捕权、预审权和审判权作了新规定。

（四）刑事诉讼的相关制度

中央革命根据地的审判组织分合议制和独任制两种，实行陪审员制度、公开审判和当庭宣判制度、回避制度、辩护制度、两审终审制、死刑审批制度。①

九、监察法

1931 年 11 月 17 日，一苏大通过了《工农检查处问题的决议案》，会上何叔衡被选举为工农检察人民委员。与之相适应，制定了相关规范，如《工农检察部的组织条例》《工农检察部控告局的组织纲要》《突击队的组织和工作》《轻骑队的组织与工作大纲》《同志审判会临时规则》《关于红色中华的通讯员问题》等。据此中央苏区的监察制度得以正式确立。

（一）党内监察机构

1933 年中共中央作出《关于成立中央党务委员会及中央苏区省县监察委员会的决议》，该决议明确了党内监察机关的职责：一是维持党的纪律；二是监督党的决议执行情况；三是确保党的方向。根据该决议，决定在中央设立中央党务委员会，在省、县设立监察委员会。② 1934 年 1 月，党的六届五中全会正式选举产生中共中央党务委员会，履行党内监察职责，主要负责处理党员的党纪、党籍和申诉等问题，董必武为书记。

---

① 韩延龙、常兆儒编：《革命根据地法制文献选编》，中国社会科学出版社 2013 年版，第 804－805 页。

② 《中共中央关于成立中央党务委员会及中央苏区省县监察委员会的决议（1933 年 9 月 17 日）》，载中央档案馆编：《中共中央文件选集（一九三三）》（第 9 册），中共中央党校出版社 1991 年版，第 340 页。

（二）苏维埃政府监察机关

苏维埃政府的监察机关主要体现为各级中央工农检察人民委员部。1931年一苏大后，在苏维埃政权下成立了相应的监察机关，即各级工农检察部。根据《工农检察部的组织条例》，在中央层面是中央工农检察人民委员部，其职责是监察政府机关及其工作人员，指导下级工农检察部门的监察工作。1934年中华工农兵苏维埃第二次全国代表大会后，中央工农检察人民委员部改为中央工农检察委员会。根据1932年制定的《工农检察部控告局的组织纲要》，各级工农检察部之下，可以设立控告局，控告局受工农检察部的指导和节制，上下级控告局之间不存在直接关系。① 根据1932年《突击队的组织和工作》的规定，各级监察机关可组建突击队，检查有关国家机关和国有企业。

（三）群众监察机关

中央苏区的监察制度的最大特色在于群众参与度非常高，成立了群众性的监察机关，包括：（1）轻骑队，根据其在1933年制定的《轻骑队的组织与工作大纲》的规定设立，轻骑队属于群众组织，由中共中央负责；（2）同志审判会，根据《工农检察部的组织条例》第三章第12条规定设立，同志审判会也称群众法庭；（3）工农通信员，根据《中华苏维埃共和国地方苏维埃暂行组织法（草案）》以及1933年《关于红色中华的通讯员问题》等文件设立，其职责主要是以通讯方式向检察机关报告违法犯罪行为。

第二节　左右江革命根据地与中央革命根据地法制的共同点

一、坚持党的领导

（一）坚持党的领导要求准确把握法律的政治方向

中国共产党早在党的二大就明确了党在民主革命阶段的纲领，1928年党

① 《工农检察部控告局的组织纲要》，载《红色中华》1932年9月6日，第7版。

的六大根据此纲领制定了中华苏维埃共和国的十大政纲，这些纲领性的文件成为新生的苏维埃共和国开展法制建设的重要依据。为了实现上述任务，1931 年中华苏维埃共和国建立后，着手全面利用法律制度来管理国家。为了确保法制的政治方向，在中国共产党领导下，中华苏维埃共和国积极将党的政策通过法律法规固定下来，把党的主张、路线、方针、政策贯彻到管理的每个方面。正是因为有中国共产党的有力领导，中华苏维埃共和国才初步构建起了社会主义性质的法律体系，形成了《宪法大纲》、《土地法》、《婚姻法》、《劳动法》和有关经济方面的法律等，有力促进了中华苏维埃共和国治理的有序化，奠定了保卫新生的政权的基础。

（二）坚持党的领导要求法律必须体现党的意志

中华苏维埃共和国建立后，中国共产党面临着如何完成中华苏维埃共和国使命的重要任务。为此，中国共产党选择了法律手段，即将党的意志贯彻到法律法规中。党的意志体现为有关路线、方针、政策，如党关于内政、外交、经济、文化、国防等方面的重大问题决策，以及对国家经济和社会发展计划的建议等。中国共产党通过特定程序，将其转变为国家的法律、法令、决议、决定等，并通过权力机关、行政机关、司法机关等实施和执行。正是因为在法制上保证了党的领导，中国共产党才能发挥总揽全局、协调各方的领导核心作用，顺利实现对国家的有效统治。

（三）坚持党的领导必须由党带领人民制定具体领域的法律规范

从具体法律领域来看，党带领广大人民制定的法律已经非常成熟，在各个领域均有相关法律规范发挥作用。以土地管理领域为例，一苏大制定了《土地法》，为实施该法律，还制定了诸多中央和地方层面的规范，具体如下：

1. 中央层面制定的相关规范。例如，《中央土地人民委员部关于分配土地问题的答复》（1932 年 6 月）、《中央土地人民委员部训令——为深入土地斗争，彻底没收地主阶级财产》（1932 年 12 月）、《中华苏维埃共和国中央执行委员会对于乡村工人分配土地及保留公田问题的决议》（1933 年 3 月）、《中央执行委员会关于法令的解释》（1933 年 4 月）、《中央局关于查田运动的决议》（1933 年 6 月）、《中央土地人民委员部为查田运动给瑞金黄柏区苏的一封信》(1933年7月)、《中央人民委员会关于开展查田运动的布告》(1933年9月)、《中华苏维埃共和国中央政府关于土地斗争中一些问题的决定》(1933年10月)等。

2. 中央苏区各苏维埃政权制定的地方性规范。如《闽西第一次工农兵代表大会土地法令》(1930年3月)、《闽西苏维埃政府布告——关于重新分田问题》(1930年9月)、《闽西土地委员扩大会决议案》(1931年4月)、《闽西苏维埃政府布告——关于深入土地革命分配土地的原则及制度问题》(1931年4月)、《闽西苏维埃政府布告——重新分配土地条例》(1931年6月)、《闽西苏维埃政府通知——关于纠正分田错误倾向》(1931年6月)、《闽西苏维埃政府布告——关于征收土地税问题》(1931年7月)、《福建省苏维埃政府区县土地部长联席会决议》(1932年6月)、《福建省苏维埃政府检查土地条例》(1932年7月)、《江西省苏维埃政府关于土地问题的布告》(1931年5月)、《江西省苏维埃政府对于没收和分配土地的条例》(1931年12月)、《江西省工农兵第一次代表大会土地问题决议案》(1932年6月)。

3. 左右江革命根据地制定的地方性规范。在邓小平同志等人领导的左右江革命根据地，除了适用中华苏维埃共和国制定的法律法规外，还根据本地实际情况，制定了《广西东兰县革命委员会最低政纲草案》《中国红军第七军目前实施政纲》《土地法暂行条例》《共耕条例》《十二条法令》《土地革命宣传大纲》《土地问题决议案大纲》《右江苏维埃各级政府组织与职责》等法律规范。

上述中央及地方性规范有力保障了《中华苏维埃共和国土地法》的顺利实施，确保了没收地主等的土地，以及将这些土地分配给广大人民。

二、坚持马克思列宁主义指导思想

(一) 坚持马克思列宁主义的法律观

马克思、恩格斯认为，法律是统治阶级意志的体现，是国家实现统治的重要工具。马克思认为无产阶级在取得国家政权后，国体和政体都会发生重大变化，即建立新的无产阶级国家形式，实行社会主义公有制。在无产阶级管理国家之际，必须依靠法律完成各项制度建设，确保苏维埃共和国稳定有序发展。列宁指出，“法律是什么呢？法律就是取得胜利、掌握国家政权的阶级的意志的表现”①。十月革命胜利，列宁领导布尔什维克建立起了苏维埃政权后，积极利用法律手段保障新生政权的稳定，将马克思主义的法律观贯彻到了法律制定的具体过程，构建起了世界上第一个社会主义法律体系。中华苏维埃共和国建立后，坚持以马列主义思想来指导苏区法律规范，首先通过《宪法大纲》明确了国家的性质、任务等，围绕着党的奋斗目标，制定了各项具体法律制度，形成了较为系统的法律体系。在包括左右江在内的各革命根据地，坚持马列主义指导思想，制定了符合本地实际的法律规范。

（二）法律必须体现人民的意志和利益

马克思、恩格斯、列宁都强调法律是国家意志的体现，而国家意志本质上是人民意志的集中表现，因此，法律必须体现人民的意志。作为体现人民意志的法律，必须要实现人民的权利。列宁指出，“苏维埃政权所有的法令都体现了工人的利益”②。从权利实现程度上看，马克思认为权利受制于具体物质条件，“权利永远不能超出社会的经济结构以及由经济结构所制约的社会的文化的发展”③。因此，马列主义权利观具有两重特色：一是权利的真实性，二是权利的有限性。中华苏维埃共和国的法律完全体现了人民的意志和利益：首先，法律制定经过了苏维埃代表大会，或者由苏维埃代表大会选举产生的相关权力机关制定产生，由此可见这些法律均体现了人民的意志。从内容上看，法律规范紧紧围绕人民利益。例如，中央苏区、左右江根据地等均分田到户，保障了人民的土地权利。此外还赋予了人民劳动权、受教育权、婚姻自主权以及相关经济社会权利。

---

① 中共中央马克思恩格斯列宁斯大林著作编译局编译：《列宁全集》（第 16 卷），人民出版社 2017 年版，第 292 页。

② 中共中央马克思恩格斯列宁斯大林著作编译局编译：《列宁全集》（第 27 卷），人民出版社 2017 年版，第 482 页。

③ 《马克思恩格斯选集》（第 3 卷），中共中央马克思恩格斯列宁斯大林著作编译局译，人民出版社 1972 年版，第 12 页。

（三）法律内容由统治阶级物质生活条件决定

尽管法律体现了统治阶级意志，但是此种意志的实现依赖于特定的物质条件。马克思、恩格斯认为，“无论是政治的立法或市民的立法，都只是表明和记载经济关系的要求而已”①，统治者不能离开特定物质条件来制定法律。可见，尽管法律有不同性质之别，但是内容不能脱离特定物质条件。中华苏维埃共和国的法律正是如此，尽管其法律性质很先进，但是受制于特定历史条件，其立法内容多与新生政权生存密切关联，不管是在中央苏区还是在左右江等革命根据地，其制定的一系列法律法规的重要使命均在于通过法律手段，发展广大群众参与革命，发展统治区内的生产力，确保共和国团结一致对抗外敌。

三、坚持以人民为中心

中华苏维埃共和国立法始终坚持人民导向，将为人民服务作为宗旨，利用法律手段保障人民的合法权益。

（一）在宪法上确立人民的中心地位

《宪法大纲》是中华苏维埃共和国的根本大法，其规定了国家的根本任务、国家性质、国体与政体、人民基本权利等四个部分。可以看出，《宪法大纲》将人民基本权利与国家的根本任务置于同一层面。由此，人民基本权利居于最高地位。不仅如此，《宪法大纲》还以较大篇幅规定了广大人民的基本权利，《宪法大纲》共17条，有7条是赋予人民权利，可见中华苏维埃共和国人民权利的广泛性。《宪法大纲》规定人民所享有的权利包括选举权和被选举权、劳动权利、言论出版集会结社的自由、婚姻自由、受教育的权利、信教自由、民族自决权等。②

① 《马克思恩格斯全集》（第4卷），中共中央马克思恩格斯列宁斯大林著作编译局译，人民出版社1958年版，第121－122页。

② 韩延龙、常兆儒编：《革命根据地法制文献选编》，中国社会科学出版社2013年版，第3－9页。

（二）通过《土地法》等保障人民的土地所有权

土地所有权是人民权利中最重要的一种，对于人民而言，土地是生存和发展的基础，取得土地所有权是人民当家作主的重要体现。除了中央层面制定的《土地法》《中央关于“平分一切土地”的口号的决议》等法律规范之外，各级苏维埃政权也制定了不少法规，如《闽西苏维埃政府布告——关于深入土地革命分配土地的原则及制度问题》（第十四号）、《闽西苏维埃政府布告——重新分配土地条例》（第十九号）等法规，这些规范确保了在中央苏区废除了封建土地所有制，没收了地主等剥削阶级的土地分配给人民，广大人民获得了土地所有权。在左右江革命根据地，苏维埃政权除了依据中华苏维埃共和国的法律法规之外，还通过《土地法暂行条例》《共耕条例》等规范，确保没收地主等剥削阶级的土地分配给人民，并探索了土地合作开发等土地使用权问题。

（三）通过其他法律规范增进人民的福祉

中华苏维埃共和国临时中央政府制定了劳动法、婚姻法、教育法律、经济领域的法律等 130 多部法律、法令、条例和训令等规范，构建起了维护人民权益的法律体系。这些法律法规的实施，从各个方面保障了人民的权益，有力地鼓舞了他们的革命积极性，夯实了苏维埃政权的执政基础。而左右江革命根据地作为当时全国瞩目的 6 块比较大的革命根据地之一，党组织及苏维埃政府通过建立健全法律制度，从经济权利、劳动权利、受教育权利、统战工作、民族权益、妇女权益、婚姻自由等方面有力维护了人民的权益，使苏维埃政权拥有了广泛的群众基础，进而发展壮大了根据地。

四、坚持原则性与灵活性相结合

作为中华苏维埃共和国下属的两大苏区政权，中央苏区与左右江革命根据地的法制建设均体现出了原则性与灵活性相结合的原则。

（一）两大苏区的法制建设均坚持了原则性

根据《宪法大纲》的规定，中华苏维埃共和国的根本任务是“保证苏维埃区域工农民主专政的政权和达到它在全中国的胜利”，国家性质是“工人和农民的民主专政的国家”，“最高政权为全国工农兵会议（苏维埃）的大会，在大会闭会的期间，全国苏维埃临时中央执行委员会为最高政权机关”，并且明确了人民的宪法权利等。[①] 这些宪法规定是共产党奋斗目标在《宪法大纲》中的体现，属于原则性规定，也是苏区立法的根本遵循。为了贯彻上述原则，中央苏区与左右江革命根据地两大苏维埃政权均坚持彻底的反帝反封、实行人民民主、保障人民权利等，利用法律制度来巩固上述斗争成果。为了保卫苏维埃政权，两大苏区的法律制度均着眼于服务革命战争、保障土地革命的顺利进行和其他革命成果的巩固，这也是苏区法制建设所必须遵循的基本原则。

（二）两大苏区的法制建设具有鲜明的灵活性

由于我国革命的特殊情况，以及各苏区面临具体情况有所差别，苏区法制建设过程中体现出了强烈的灵活性。一是立法方法的灵活性。中央苏区和左右江革命根据地在立法过程中都不是机械立法，而是实事求是制定相关法律，具体来说要做到如下几点：（1）在立法中该规定、能规定的就规定，不该规定的或现实情况不允许的就暂时不规定；（2）由于历史时代环境的特殊性和变动性，中央苏区立法注重简明性，以便于民众理解、拥护，也注重时效性，不停地修订和解释。[②] 二是立法内容的灵活性。在总体立法方向与根本目标一致的前提下，中央苏区与左右江革命根据地的立法内容大都是基于本地实际而制定的，如下面几例：（1）根据《中华苏维埃共和国的选举细则》《苏维埃暂行选举法》等一系列的法律法规，确定了中央苏区选举权实现的具体程序，包括权利主体、各级选举组织、选举手续、代表的产生及比例、选举的承认和取消及代表召回等。（2）根据《中华苏维埃共和国暂行财政条例》《国库暂行条例》《暂行税则》《农业税暂行条例》《国家银行暂行章程》《合作社暂行组织条例》等，统一了中央苏区税收、收支、预算等。左右江革

① 韩延龙、常兆儒编：《革命根据地法制文献选编》，中国社会科学出版社2013年版，第3－9页。

② 张友南、魏春明：《中华苏维埃共和国人权保障立法评析》，载《中国井冈山干部学院学报》2008年第2期。

命根据地从根据地群众觉悟程度和百色是云贵鸦片贸易往来的集散地，以及革命经费来源的实际出发，制定了加重税收而放行鸦片的政策。①

五、中央革命根据地土地法与右江苏维埃政府《土地法暂行条例》

中央革命根据地法制对左右江革命根据地法制最直接的影响体现为右江苏维埃政府1930年5月制定颁布的《土地法暂行条例》。《土地法暂行条例》既然名为“暂行条例”，就意味着还有一部“土地法”是其上位法，而1930年5月时全国各革命根据地以“土地法”命名的，唯有中央革命根据地制定的《井冈山土地法》和《兴国县土地法》。对比《土地法暂行条例》和《井冈山土地法》《兴国县土地法》，不难发现前者与后两者之间有着明显的继受关系，如都规定了没收的土地由苏维埃政府进行分配、禁止自由买卖土地、土地分配以人口为标准、红军家属可以分得土地等。同时，与《井冈山土地法》《兴国县土地法》相比，《土地法暂行条例》根据右江地区的实际情况，对相关规定进行了丰富和发展，内容更为充实。最为直观的事实是，《井冈山土地法》仅有9条，《兴国县土地法》仅有8条，而《土地法暂行条例》则有41条。这是因为《土地法暂行条例》在《井冈山土地法》《兴国县土地法》的基础上进行了细化和完善，以方便实践操作。例如，《井冈山土地法》规定“没收一切土地”，这一规定受到了当时党内盛行的“左”倾思想的影响，不利于团结富农和自耕农，因此《兴国县土地法》将其修改为“没收一切公共土地及地主阶级的土地”。而《土地法暂行条例》则规定“立即无代价的没收地主豪绅阶级之土地财产”“没收一切反革命的财产、土地”“没收一切祠堂、庙宇地产，及其他公产、官荒或产生的荒地、沙田”，并明确了“反革命”的条件和范围，这显然更符合实际，也更容易操作。此外，《土地法暂行条例》规定分配土地时除了人口标准外还要考虑土地“出产之多寡”，规定农业累进税制，规定了农具的管理以及发展农村金融事业等，这些都属于右江革命根据地因地制宜的立法创新，是《井冈山土地法》《兴国县土地法》所没有的。

---

① 凌绍崇等编著：《百色起义与根据地制度建设》，广西人民出版社2014年版，第324页。

第三节　左右江革命根据地法制建设的特色

左右江革命根据地的法制建设深受中央革命根据地法制的影响，但广西左右江地区是汉、壮、瑶、彝多民族聚居地区，且与法属越南相邻，法帝国主义在龙州设有领事馆和海关，对龙州进行直接侵略，情况非常复杂，法制建设不可能完全照搬中央革命根据地。左右江革命根据地从当地实际出发，既实事求是，因地制宜，又勇于探索，守正创新，在法制建设中形成了独树一帜的特色。

一、立法以粗线条的原则大纲为主

百色起义后，受“左”倾冒险主义的“立三路线”错误影响，红七军主力东进攻打柳州、桂林，导致革命根据地兵力空虚，国民党桂系军队趁机反扑，实行“围剿”，革命根据地处于双方反复争夺的复杂局势中。红色苏维埃政权存续时间不长，政权不稳定，内外形势复杂，军事斗争激烈。鉴于这一特定形势，左右江革命根据地的立法呈现出了粗线条的原则大纲的特色。

一是根据地立法总体数量较少。左右江革命根据地总体来说立法成果数量不多，主要有《中国红军第七军目前实施政纲》《中国红军第八军目前实施政纲》《右江苏维埃各级政府组织与职责》《土地法暂行条例》《共耕条例》《土地问题决议案大纲》《广西东兰县革命委员会最低政纲草案》《十二条法令》等法律法规。另外，还有部分党内法规，如《党员须知》、红七军前委发布的《关于各级党委请示报告制度的决定》《前委通告（第二号）——关于党的组织工作》和《前委通告（第七号）——目前右江党的工作方针》等。

二是法律规范的领域有限。与中央革命根据地立法的全面完善相比，左右江革命根据地的立法涉及的领域较为有限。例如，关于司法机关诉讼程序的法律法规基本没有，《中国红军第七军目前实施政纲》曾提出“制定劳动保护法”的目标，但实际上没有制定。关于刑法、婚姻家庭法主要有一些零散的规定，缺乏体系性，更没有总则性质的规定。总体来说，左右江革命根据地的立法成就主要体现在土地法领域。正是因为建立了良好的土地法制度，左右江革命根据地的土地革命才开展得富有成效，根据地在短时间内形成迅猛的发展势头，至1930年10月参加革命的群众达百万之多。[①] 实际上，左右江革命根据地大力开展政权建设，在民主政治、军事、财政、经济、教育、文化、统战、民族、妇女、青年等各领域均取得了突出成效，只是由于根据地存续时间不长，未能及时把这些工作制度和方法转化为立法成果。

三是法律法规条文多为原则性的规定。除《土地法暂行条例》《共耕条例》以及几部党内法规外，大多数立法只是规定了原则，没有作进一步的细化规定。例如，《广西东兰县革命委员会最低政纲草案》规定了创设劳动人民通俗阅报室、通俗图书室、文化讲习所、夜课学校、设立幼稚院等，但对于具体如何创设、由谁来创设，则没有进一步的规定。这些规定以现代的眼光来看是粗线条的，但在中国沦为半殖民地半封建社会的时代，能够在经济社会发展滞后的左右江地区提出这些具有革命性、开创性的设想，已是十分难得。

二、注重贯彻统战政策

统战政策是我党的优良法宝之一，左右江革命根据地充分利用该政策，团结一切可以团结的人，不断壮大革命力量，推动左右江革命顺利开展。

一是积极争取俞作柏、李明瑞等国民党左派的支持。邓小平等来到广西后，通过广西特委内部关系，对俞作柏、李明瑞开展统战工作，允诺支持并与俞作柏、李明瑞展开合作，俞作柏、李明瑞答应释放被监禁的共产党员和进步人士。1929年8月，广西成立“特别刑事裁判委员会”，由俞作柏任主任，该委员会对于有共产党嫌疑的政治犯进行审查并释放。[②] 鉴于当时双方合作顺利，共产党组织和农民运动相对公开，共产党对国民党左派采取大力争取政策，在帮助俞作柏、李明瑞整顿部队之际，将其部分军队改造成为共产党的队伍。[③]

二是安排党员干部进入国民党军政机关。通过党的内部关系，把中共中

① 凌绍崇等编著：《百色起义与根据地制度建设》，广西人民出版社2014年版，第319页。

② 中共百色市委党史办公室编著：《中国共产党百色市历史》，广西人民出版社2011年版，第44页。

③ 凌绍崇等编著：《百色起义与根据地制度建设》，广西人民出版社2014年版，第326页。

央和中共广东省委派来广西工作的干部安排到俞作柏、李明瑞的军政部门任职。例如，安排陈豪人、龚鹤村、徐开先、张云逸、俞作豫、史书元、李谦等人进入广西军政界担任重要职务，安排佘惠、袁任远、阎伯衡、许卓、李朴、魏柏冈、何世昌、叶季壮、袁也烈、宛旦平、胡斌、李干辉、唐克、王展、章健等到广西教导总队和广西警备第四、第五大队担任教官或营长、连长、排长。[①] 这对掌握这些部队的领导权和改造这些旧军队起了重要的作用。在共产党的斡旋下，当时关在南宁监狱的政治犯在被全部释放后，也多被安排到政府和军队部门工作。[②]

三是开展士兵运动。共产党在协助俞作柏、李明瑞扩建部队的同时，积极开展兵运工作。在俞作柏、李明瑞想要扩充军队之际，邓小平向二人建议开办以培养部队初级军官为目的的广西教导总队，并且推荐徐开先和张云逸负责领导。徐、张两人借此机会在军队中采取多种方式开展士兵运动：（1）强化政治教育。以中国共产党先进理论教育士兵，促进其政治觉悟尽快提升。发动士兵揭发教官欺压士兵等行为。（2）撤换反动军官。对于政治觉悟落后，欺压士兵或者被士兵痛恨的军官，及时进行撤换。（3）吸收先进青年。发动和吸收工人、农民和进步青年学生参军，迅速增加部队中工农成分的比重。（4）在连队中建立党组织。为了有效掌握军队，在连队中秘密建立中共组织，把士兵群众中的先进分子吸收到党组织中来，使部队的面貌焕然一新。[③]

四是保护中小商人，纠正机械的反富农政策。左右江革命根据地在邓小平等人的领导下，注意纠正“左”倾的思想和政策，制定了《中国红军第七军目前实施政纲》《土地法暂行条例》等法律法规文件，通过分配土地等团结、争取、保护中小工商业者和中农，对于富农进行了甄别保护。在根据地内，有效开展了减租减息，废除苛捐杂税运动。[④]

五是分化改造地方土匪。为了保卫胜利果实，共产党发动群众开展反霸、

① 中共百色市委党史办公室编著：《中国共产党百色市历史》，广西人民出版社 2011 年版，第 44 页。

② 中共百色市委党史办公室编著：《中国共产党百色市历史》，广西人民出版社 2011 年版，第 44 页。

③ 中共百色市委党史办公室编著：《中国共产党百色市历史》，广西人民出版社 2011 年版，第 45 页。

④ 麦绍崇等编著：《百色起义与根据地制度建设》，广西人民出版社 2014 年版，第 347－348 页。

剿匪斗争。例如，红八军在左江两岸协助群众进行反霸剿匪。在剿匪过程中，采取了剿抚兼施政策，收编了许多弃暗投明的股匪，如将养利、左县一带股匪冯飞龙部改编为第一路游击大队，将龙州土匪黄飞虎部改编为第二路游击大队。对负隅顽抗的土匪则进行清剿。①

三、重视开展少数民族工作

广西左右江地区属于民族成份较为复杂的地区，如何处理民族关系事关革命成败。邓小平等革命领袖领导下的左右江革命根据地政权十分重视民族工作，坚持民族平等并从各方面保障少数民族的权益，有关情况具体如下。

（一）重视培养少数民族党员干部

一是培训培养少数民族干部。培训是快速培养干部的捷径，为了培养少数民族干部，邓小平等先后在东兰举办 7 期有各族干部参加的各种训练班和 2 期瑶族干部训练班，培养出了韦拔群、黄治峰、陈洪涛等 108 名杰出的少数民族干部。②

二是大量使用少数民族干部，在左右江各级苏维埃政权及军队中，少数民族干部占绝大多数，战士之中的少数民族干部也非常多。例如，改编后的红七军第二十一师，其干部上至师长下到班长几乎清一色是少数民族。③ 少数民族干部都属于本地民众，其与本地民众之间大多具有血缘或者乡谊等关系，做工作具有天然优势，能够将党的主张快速转变成群众的自觉行动，进而促进广大人民在保卫新生红色政权上发挥积极作用。

（二）实行民族平等政策

在左右江革命根据地，邓小平同志极力推行民族平等政策，在政治上消除民族歧视，大力提高少数民族地位，培养少数民族干部担任红色政权的干部，发挥其积极性，鼓励其参加各级苏维埃政府或革命委员会。根据有关资

① 何成学：《左右江革命根据地有关问题的研究》，载《广西地方志》1995 年第 6 期。
② 凌绍崇等编著：《百色起义与根据地制度建设》，广西人民出版社 2014 年版，第 348 页。
③ 凌绍崇等编著：《百色起义与根据地制度建设》，广西人民出版社 2014 年版，第 349 页。

料，各级苏维埃政府或革命委员会中都有少数民族代表，如右江苏维埃政府的10名委员中，就有6名是壮族代表；左江革命委员会的13名委员中，也有6名是壮族代表。各县级苏维埃政府或革命委员会中的第一任主席，除个别外，几乎都是少数民族干部。[①] 正是因为民族平等政策得到了彻底落实，所以少数民族大力拥护新生红色政权，而且畅通了表达渠道，助力各族群众表达意见和要求，有利于保障少数民族当家作主。

（三）废除旧社会歧视少数民族的各种政策

左右江革命根据地为了保障民族平等，调动少数民族参加革命的积极性，废除了旧社会歧视少数民族的各种政策。在经济上，取消山主对贫苦瑶民的超经济剥削和一切徭役，并分配土地，使瑶民住进了汉人地主的房屋。有些瑶民不愿下山则分配山地给他们。[②] 在文化教育上，不仅对各民族给予同样的受教育权利，而且特别重视帮助民族地区发展教育事业。例如，东兰县苏维埃政府拨给专款，在瑶民居住的西山地区办了学校，学校经费和教师一律由县苏维埃政府解决。[③]

（四）尊重少数民族风俗习惯

左右江革命根据地非常重视少数民族传统文化的保护和传承。早在百色起义、龙州起义期间，根据要求，外地来的干部和本地汉族干部就都注意调查了解当地少数民族的衣、食、住、行、礼教、信仰等风俗习惯及其他各种爱好，并给予充分的尊重。[④] 政权建立后，根据有关规定，县、区、乡苏维埃政府采用民族文化形式进行宣传工作，成立白话戏剧社、俱乐部，经常为群众表演自编自演的各种节目，利用壮族山歌、嘹歌、排歌等形式进行革命歌曲的传唱，丰富人民群众的文化生活，起到了鼓舞和教育少数民族群众的作用，推进了右江地区的社会进步和革命形势的发展。

---

① 陈欣德：《邓小平与左右江革命根据地》，载《岭南文史》2004年第4期。

② 中共广西区委党史资料征委会《左右江革命根据地》编辑组：《左右江革命根据地》（上），中共党史资料出版社1989年版，第406页。

③ 陈欣德：《邓小平与左右江革命根据地》，载《岭南文史》2004年第4期。

④ 何成学：《左右江革命根据地的民族工作》，载《广西民族研究》2000年第2期。

四、开展反帝斗争

左右江革命根据地最具特色的革命行动是积极践行反帝国主义。根据左右江革命根据地颁布的《广西东兰县革命委员会最低政纲草案》《中国红军第七军目前实施政纲》《中国红军第八军目前实施政纲》等的规定，反对帝国主义是左右江革命根据地的中心任务之一。作为我国与越南接壤的重要区域，左右江革命根据地的不少地方与法属越南相邻，左江革命根据地的中心龙州县，更是被法帝国主义长期非法占据，遭到帝国主义直接侵略。左右江革命根据地的成立，引起了法帝国主义的仇视。其企图扼杀新生红色政权，为此其封锁中越边境，并扬言武装干涉革命。左江革命根据地军民对法帝国主义的挑衅予以了坚决回击，红八军政治部发布《为法帝国主义驻龙州领事馆无理照会告全国民众书》，号召广大人民群众反抗帝国主义，召开万人大会、举行反帝游行示威，声讨法帝国主义罪行，没收了窝藏在法国驻龙州领事馆、海关楼和天主教堂内的地主豪绅财产，收缴武器及通讯工具，驱逐外交人员及教会人员出境，并击毁法军飞机一架，沉重打击了法帝国主义。① 在第二次国内革命战争期间，国内各大革命根据地直接反击帝国主义侵略的事例并不多见，左江革命根据地反对法帝国主义的斗争就是其中较为成功的一例。因此，这一次反帝斗争得到党中央的高度肯定，被称为“实现了中国共产党之反帝国主义政纲，开辟了中国革命的新纪元，在中国革命的发展中将有非常伟大的历史意义”②。

---

① 陈欣德：《邓小平与左右江革命根据地》，载《岭南文史》2004 年第 4 期。

② 中共广西区委党史资料征委会《左右江革命根据地》编辑组：《左右江革命根据地》（上），中共党史资料出版社 1989 年版，第 251 页。

第四章　左右江革命根据地的民主政治制度

民主政治制度是国家政治建设的核心，反映了国家的性质。左右江革命根据地建立后，立即开展民主政治建设，创造性地运用党在中央革命根据地和其他革命根据地建设民主政治制度的成功经验，在少数民族地区推进民主政治制度建设，为左右江革命根据地各族人民的政治解放和经济翻身提供了政治保障，有力保证了左右江革命根据地的巩固和发展。

第一节　左右江革命根据地民主政治制度概况

百色起义的领导人在创建苏维埃政权和根据地建设的进程中，在马克思主义进步思想传播基础上，建设性地制定了一系列民主政治制度，体现了苏维埃政权本质和巩固政权的现实需要，表达了根据地各族人民在经济上翻身解放之后的政治诉求。

一、根据地民主政治制度的含义

（一）民主政治制度的含义

“民主”一词的含义，是“人民统治”“主权在民”，它是指由人民而不是由个别人或少数人掌握国家权力，管理国家和社会。“民主政治”把“民主”作为“政治”的定语，是指贯彻和体现民主原则、具有民主性质的政治。[①] 马

① 吴珺、何民捷：《怎样理解“民主”和“民主政治”——“中国特色社会主义民主政治建设研究”课题组专家访谈》，载《人民日报》2005年11月11日版。

克思主义国家学说认为，政治制度应该包括一个国家的国体和政体两个部分。除此以外，“政治制度是社会政治领域要求政治实体遵行的各类准则或规范”①。综上，民主政治制度是指贯彻和体现民主原则，具有民主性质的国体、政体及各类政治行为准则或规范。

（二）右江革命根据地民主政治制度含义

右江革命根据地民主政治制度就是红七军和右江苏维埃政府制定用于组织和安排右江革命根据地民主政治生活、规范人们民主政治行为的规则，它是右江革命根据地开展民主政治活动的基本准则。②

二、左右江革命根据地民主政治制度建设的基础

（一）马克思主义在左右江地区的传播

十月革命一声炮响，为中国送来了马克思主义。马克思主义先进的思想、“民主”和“科学”的精神在右江地区传播开来，使右江地区的形势发生了深刻的变化。1919 年，受五四运动的影响，右江地区的广西省立五中（今百色中学）学生成立学生会，选派学生出席在上海召开的学生代表大会，组织学生到街头巷尾进行宣传活动，参加爱国运动。1921 年至 1922 年，右江革命先驱韦拔群在东兰组织“改造东兰同志会”，召集进步青年举行“三三同盟”，传播科学社会主义。在韦拔群的领导下，右江农民揭开农民运动的序幕。农民们从持续多年的农民运动中，得到了政治、经济、文化的实惠，形成了朴素的民主思想。当五四新文化和马克思主义传入壮乡后，科学社会主义的新思想、新观念很快就被壮、汉、瑶等各族人民所接受，为左右江革命根据地民主政治制度建设和实施提供了相适应的社会基础和思想基础。

（二）苏维埃政权本质的体现

苏维埃政权不同于以往政权的本质特征是，它是工人和农民民主专政的政权。在这里，至少包含三层含义：第一，它是民主的政权，相对于专制政

---

① 浦兴祖主编：《中华人民共和国政治制度》，上海人民出版社 2005 年版，第 4 页。
② 凌绍崇等编著：《百色起义与根据地制度建设》，广西人民出版社 2014 年版，第 115 页。

权而言；第二，它是人民群众享有民主权利的政权，即所谓对人民内部实行民主，相对于少数人享有民主权利的资产阶级民主而言；第三，它是民主与专政的统一，即对广大人民实行民主，对少数敌人实行专政。要体现出苏维埃政权的这一本质特征，就必须实行民主政治制度，否则苏维埃政府就不是其本质意义上的政府。

（三）规范苏维埃政府行为的需要

苏维埃政权的本质特征使它从建立的时候起，就必须服从和服务于它的目的。苏维埃政权的根本目的是反帝反封建，建立工农民主政权，让各族人民当家作主。但是如何使苏维埃政权始终服从和服务于它的目的呢？这就需要有法律的规范，以法律规范苏维埃政府行为，确保苏维埃政府各种活动不偏离其建立的政治目的。可见，推进根据地民主政治制度建设是法律规范苏维埃政府行为，确保苏维埃政府行为不偏离它的目的的制度保障。

（四）根据地各族人民在经济上翻身解放之后的政治诉求

马克思主义认为，经济基础决定上层建筑，上层建筑对经济基础有能动的反作用。百色起义后，在右江苏维埃政府的领导下，根据地进行了大规模的土地革命，根据地的各族人民终于翻身解放。经济上翻身解放的各族人民要维护其经济上的地位，必须以政治权利的享有为保证。因此，经济上翻身解放的各族人民谋求政治上的民主权利是很自然的政治诉求。苏维埃政府顺应这一诉求，满足各族人民的政治愿望，就能充分调动各族人民的革命热情，推进根据地的各项建设。

第二节　左右江革命根据地民主政治制度及其实施

百色起义之后，为了保卫和巩固人民政权，保证人民行使自己的权利，左右江苏维埃政府相继制定、颁布相关法规和规定，为根据地民主政治建设提供了主要依据。右江革命根据地民主政治制度建设和实施，主要体现在实施宪法性纲领，实行工农兵代表大会制度，实行党的土地方针、政策，探索基层民众的自治制度和加强廉政建设方面。

一、实施宪法性纲领

（一）《中国红军第七军目前实施政纲》《中国红军第八军目前实施政纲》

1929 年 12 月，红七军颁布了《中国红军第七军目前实施政纲》。1930 年 2 月，红八军颁布了《中国红军第八军目前实施政纲》。由于以上政纲均由工农兵代表大会决议通过，其不仅明确规定了红七军、红八军的主要任务和职责，实质上也是右江苏维埃政府和左江革命委员会的施政纲领。两个政纲中，明确了反帝反封建的目标，规定了“人民有言论、集会、结社、出版、罢免之自由”“实行平民教育”“实行减少工人工作时间，增加工资，制定劳动保护法”“男女平等”等保障人民民主权利的内容。

（二）《广西东兰县革命委员会最低政纲草案》

东兰县苏维埃是右江地区成立最早的县级工农民主政权。1929 年 10 月，韦拔群指挥东兰农军攻占县城，将东兰县农民协会改为革命委员会时，制定发布了《广西东兰县革命委员会最低政纲草案》。该政纲草案内容涉及工人、农民、瑶民、士兵、妇女、青年、商人、文化、地方一般设施九个方面和一个附记。该政纲草案不仅明确了东兰苏维埃政府的最低工作要求和职责，也为左右江革命根据地正式建立后，各县苏维埃政府制定工作要求和职责提供了参考。1929 年 12 月 18 日发布了《奉议县临时苏维埃政府成立宣言》，内容涉及工人、农民、士兵、商人、妇女等方面。

（三）《右江苏维埃各级政府组织与职责》

1929 年 12 月，红七军和右江苏维埃政府制定了《右江苏维埃各级政府组织与职责》，它是右江苏维埃政府组织法，是右江苏维埃政权机构设立和实施权力的较为完整的规范性文件。文件共分四大部分，第一部分是县苏维埃政府组织与职责，具体包括：县苏维埃政府机构设有党务委员、调查委员、宣传委员、组织委员、财政委员、军事委员、交际委员、文书股等 8 个；第二部分是区苏维埃政府组织与职责，区苏维埃政府机构设有行政委员、土地委员、财政委员、文化委员、肃反委员、粮食委员、赤卫委员、青年委员、妇女委员、工人委员等10个；第三部分是乡苏维埃政府组织与职责，乡苏维埃政府的组织机构除了少了工人委员，与区的机构基本相同；第四部分是赤卫军组织职责问题。这些机构基本上包括了县、区、乡苏维埃政府代表人民大众所要履行的最主要的权利，并明确了右江地区劳苦人民大众最迫切、最关心、最急需解决的切身利益问题，如行政、土地、财政、粮食、文化方面的权利，它集中反映了无产阶级及其人民大众需要自己掌握与自己命运休戚相关的权利，故得到右江各族人民的热烈拥护。①

二、实行工农兵代表大会制度

（一）民主选举

人民的选举权和被选举权得到有效保证是民主政治的重要标志。左右江苏维埃所处的时代背景使其没有文字上的选举制度，但存在实践上的选举制度。1928年7月9日，党的六大通过的《苏维埃政权的组织问题决议案》规定："苏维埃应在劳动群众直接选举的基础上组织起来……不应当仅仅根据上层组织的代表集合。选举时应由工厂工人、各马路工人和贫民、工会工人、手工业者（手工业者工人大会，而不是职工会的执行委员会）、学生等执行，并宜包纳各地下层组织、职工会及党代表。代表成份的分配，应使大多数为直接选举出的工人和贫民。并应随地酌定选举条例，务使苏维埃中革命影响得到保障"，"苏维埃中应有小资产阶级下层成份的代表。本处驻扎的革命军队的兵士亦应参加苏维埃选举。选举苏维埃与进行苏维埃工作时，产业工人应有特权，以保证其苏维埃中领导的作用"。②

右江革命根据地遵循党的六大的决议，在右江苏维埃政府建立前，组织工会、农会和红七军士兵委员会选出参加右江第一届工农兵代表大会的代表。1929年12月11日，右江第一届工农兵大会在恩隆县平马镇的经正书院举行。

① 中共广西区委党史资料征委会《左右江革命根据地》编辑组：《左右江革命根据地》（上），中共党史资料出版社1989年版，第148－157页。

② 全国人大图书馆编：《中华苏维埃代表大会重要文献选编》，中国民主法制出版社2019年版，第49－50页。

会议选举产生了右江苏维埃政府的组成人员，使苏维埃政权具有广泛的代表性。各县工农兵代表大会选举县级苏维埃政府委员，执行中央关于苏维埃代表中“工人代表至少占百分之三二，兵士代表至少须占百分之五”的规定。区、乡苏维埃政府组成人员以贫雇农代表为核心领导力量，吸纳中农和其他劳动者，符合当地实际情况。通过选举工农兵代表大会代表和苏维埃政府组成人员，右江地区各族人民历史上第一次行使选举权和被选举权，享受到基本的民主权利。

（二）明确工农兵代表大会权力

工农兵代表大会是右江革命根据地的最高权力机关。红军的成立、苏维埃政权的建立、苏维埃政府成员组成、根据地各项建设事业的开展等各种重大政务，要通过召开各级工农兵代表会议讨论决定。1929 年 12 月 11 日，右江第一届工农兵代表大会充分讨论，一致通过了前委提出的《中国红军第七军目前实施政纲》，作为右江苏维埃政府施政纲领。会议还通过了肃清反革命、发展右江苏维埃、扩大红军、建立赤卫军、进行土地革命等议案。

三、实行党的土地方针、政策

1928 年 7 月 9 日党的六大通过了《土地问题议决案》，认为土地革命是中国革命的主要内容，中国土地关系的根本问题是土地所有制问题，苏维埃政权巩固后，即当实现土地国有，唯有彻底的社会主义的革命才能够消灭一切的贫困，一切的剥削。[①] 中共红七军前委和右江苏维埃政府根据党的六大的决议精神，探索建立适合右江革命根据地的土地政策，是民主政治制度建设的重要内容。

（一）划分阶级成分

1930 年 5 月 1 日，邓小平亲自指导和制定了《土地法暂行条例》。该条例的第一部分和第二部分规定了阶级划分和敌我划分标准，属于宪法的内容。

---

① 中共中央党史研究室、中央档案馆编：《中国共产党第六次全国代表大会档案文献选编》（下卷），中共党史出版社 2015 年版，第 867－876 页。

第一部分“农村阶级成分的分析”规定：“一、凡将自己土地全部或一部分佃给农民，而以佃租制度来剥削农民者，皆谓之为地主阶级。二、凡利用政治的、经济的、军事的势力，剥削群众、压迫群众者，谓之豪绅阶级。三、凡农民：（甲）除了自给外，还有剩余者；（乙）非豪绅地主阶级之放高利贷者；（丙）自己土地较多，须雇雇农耕种者；（丁）还有一种将自己剩余财产埋藏，而在乡村中有个人之经济地位者。以上数种，皆谓之为富农，仍是站在剥削穷苦农民之地位。四、凡农民每年〈所〉得，仅能勉强自给，不剥削人，亦不被人剥削者，谓之中农。五、凡农民每年所得，不足维持最低之生活，而必须为人作短工、借高利贷，或用其他方法以维持其困难生活者，谓之贫农。六、凡自己没有土地，亦未佃地主土地，而以帮地主或富农种田者，谓之雇农。七、凡在乡村不种田地，而专以其他职业维持其生活者，谓之乡村手工人。八、‘自耕农’、‘佃农’，均不能成为代表一种成分的标准，因自耕农或佃农之中，均有富农、中农、贫农之分，应按上面标准以确定之。”第二部分“应没收之土地财产及处理原则”第2条规定：“没收一切反革命的财产、土地，及反革命之标准如下：（甲）勾结一切苏维埃之敌人（即一切反革命派）或与之作侦探，或在经济上帮助敌人者；（乙）阴谋企图倾覆苏维埃政府者；（丙）反抗苏维埃政府之法令者；（丁）进行反苏维埃政府之小组织。”① 这一规定内容的实质是右江革命根据地的阶级划分和敌我划分标准，明确了右江苏维埃政权的领导力量和专政对象。

（二）开展土地革命

百色起义后，右江苏维埃政府开始进行土地革命宣传，1929年12月21日，红七军印发土地革命宣传材料；1930年3月在东兰进行试点，5月颁布《土地法暂行条例》和《共耕条例》，土地革命在右江地区全面铺开。右江地区土地革命的一般做法是：一是发动群众，宣传动员；二是普查土地人口，划分阶级成分；三是销毁地契和债契；四是没收地主土地，对地主土豪进行清算；五是分配土地。

① 中共广西区委党史资料征委会《左右江革命根据地》编辑组：《左右江革命根据地》（上），中共党史资料出版社1989年版，第265－266页。

四、探索基层民众的自治制度

（一）试点尝试

1930年3月底邓小平在东兰武篆召集中共右江特委、红七军领导干部雷经天、韦拔群、陈洪涛等开会，研究右江革命根据地进行土地革命的问题。会议决定土地革命分两步走，一是试点，二是在试点取得一定经验后，全面推开，并决定在东兰东里屯进行“共耕”试点。

会后，邓小平、韦拔群深入东里屯群众，考察土地革命情况，对做好土地革命和办好共耕社等做了重要指示。韦拔群动员自己的家属带头把全部的耕地、耕牛和农具等献给苏维埃政府，参加共耕社。在韦拔群的带领下，附近各村农民纷纷加入，一些居住在西山的瑶民也主动前来要求参加。1930年3月29日，东里屯举行共耕社成立大会，通过了共耕社章程，选出了共耕社社长和副社长。东兰共耕社当年就取得了很好效果。这年东兰遇上旱灾，共耕社发挥集体力量，修筑了一条几里路长的引水渠道，把小龙潭的地下水引来灌溉，取得了丰收，粮食产量比往年增产三成以上。共耕社是右江苏维埃政府实行基层民众自治的有益尝试。

（二）颁布制度

由于共耕社试点取得良好效果，1930年5月15日，右江苏维埃政府颁布《共耕条例》，为右江革命根据地进行基层民众自治提供了法律依据。《共耕条例》属于指导性质的行政法。它在总则第3、4条规定：“土地的没收与分配，以一乡为单位，一切没收及分配方法，均要经过全乡群众大会或代表会议决定。”“兹各乡群众大会有决定将全乡所有土地共同耕作者，右江苏维埃政府站在领导地〈位〉，使不致发生不好结果起见，特颁布‘共耕条例’，以资执行。”① 从这两条规定的内容看，土地的没收和分配、是否实行共耕，是由全乡群众大会或代表会议决定的，右江苏维埃政府站在领导地位进行协调，避免发生不好的结果。《共耕条例》规定，生产的组织和管理权，由乡苏维埃政

① 中共广西区委党史资料征委会《左右江革命根据地》编辑组：《左右江革命根据地》（上），中共党史资料出版社1989年版，第271页。

府行使。由此可见，共耕社是基层群众进行生产活动的一种组织，具有一定的自治权。

五、加强廉政建设

监督是民主政治的重要组成部分，是民主健康发展的保障。红七军前委和右江苏维埃政府非常注重民主监督，反对官僚主义和贪污腐化，从而进行了一系列廉政制度建设，以保持政府的清正廉洁。

（一）贯彻执行民主集中制

“民主集中制的贯彻执行，这也是一种监督”。[①] 红七军前委于1929年12月20日发布了《前委通告（第二号）——关于党的组织工作》，在实践中坚持集体领导、防范极端化民主、严格个人和组织的纪律关系，让民主集中制在左右江革命根据地建设中发挥监督作用：一是坚持集体领导。《前委通告（第二号）——关于党的组织工作》第五部分“注意集体领导”规定：“党内一切重要问题均应召集各级委员会讨论决定”，“在指导机关中同志（如前委委员或队委、营委委员、支部干事）应经常地注意党的工作问题，不可一切问题推在书记身上”。[②] 二是防范极端化民主。《前委通告（第二号）——关于党的组织工作》第六部分“实行民主化”规定：“党内一切问题如无极端秘密者，均交各级指导机关及支部讨论。”“指导机关争执之问题可请上级决定，但尽可能召集党员大会解决。”“实行民主化时仍保持民主集权制之确立，须防止极端民主化现象。”[③] 三是严格个人和组织的纪律关系，要求下级服从上级，个人服从集体。《前委通告（第二号）——关于党的组织工作》明确规定：“党的一切决定任何同志均需遵从，不能随便以个人意见而更改之。”[④]

---

① 《邓小平文选》（第1卷），人民出版社1994年版，第331页。

② 中共广西区委党史资料征委会《左右江革命根据地》编辑组：《左右江革命根据地》（上），中共党史资料出版社1989年版，第125－128页。

③ 中共广西区委党史资料征委会《左右江革命根据地》编辑组：《左右江革命根据地》（上），中共党史资料出版社1989年版，第127页。

④ 中共广西区委党史资料征委会《左右江革命根据地》编辑组：《左右江革命根据地》（上），中共党史资料出版社1989年版，第127页。

（二）廉政制度建设和反腐倡廉斗争

1. 坚决打击腐败、官僚化和豪绅化问题。一是设置裁判兼肃反委员会，承担镇压反革命、管理罪犯、纯洁内部的职责，为反腐倡廉提供组织保障。二是针对党政军内部出现的各种腐败、官僚化和豪绅化问题建章立制。从严治党，《前委通告（第二号）——关于党的组织工作》规定："同志怠工或表现不好，经警告后仍不改，着即驱逐出党。有贪污、破坏党在群众中信义者，毫无疑义的开除出去，必要时可向群众宣布。"从严治军，《中国红军第七军目前实施政纲》《中国红军第八军目前实施政纲》均提出"官兵待遇平等"，《中国红军第七军司令部、政治部布告》规定，"对士兵：改良待遇，废除肉刑，提高生活，官兵平等，既得参政权，又有土地分"①。从严治政，《右江苏维埃各级政府组织与职责》规定，"肃清内部一切动摇腐化及剥削人的分子"②。《前委通告（第七号）——目前右江党的工作方针》规定："肃清苏维埃中官僚化的现象，如讨小老婆，乱用公款，怠工，不接近群众等，推动苏维埃委员到群众中去接近群众、做群众工作。"③《土地法暂行条例》规定："分配土地应以人口为标准，以出产之多寡，平均分配之。"对以权谋私、群众反映强烈的干部则进行更换，重新进行土地分配。④

2. 加强廉政教育，从源头预防腐败、官僚化和豪绅化发生。一是结合知识文化教育开展廉政教育。兴办劳动中小学，普遍建立农民夜校和平民学校；编写《工农兵小丛书》《工农兵识字课本》等教材供学校使用；红军和苏区政府中有文化的指战员和委员经常到学校开展宣传教育。⑤二是结合军队和干部培训开展廉政教育。红七军军部创办教导大队和军官训练所，红八军在龙

---

① 中共广西区委党史资料征委会《左右江革命根据地》编辑组：《左右江革命根据地》（上），中共党史资料出版社1989年版，第255页。

② 中共广西区委党史资料征委会《左右江革命根据地》编辑组：《左右江革命根据地》（上），中共党史资料出版社1989年版，第156页。

③ 中共广西区委党史资料征委会《左右江革命根据地》编辑组：《左右江革命根据地》（上），中共党史资料出版社1989年版，第344页。

④ 中共广西区委党史资料征委会《左右江革命根据地》编辑组：《左右江革命根据地》（上），中共党史资料出版社1989年版，第266－267页。

⑤ 中共广西壮族自治区委员会党史研究室：《中国共产党广西历史》（第1卷），中共党史出版社2004年版。

州创办“中国红军第八军军事政治训练学校”。右江特委和红七军前委通过召开士兵会、举办识字班、书写标语、演唱革命歌曲、整治讲堂、个别谈话、组织官兵到农村进街道宣传等形式，进行反腐教育宣传。通过开展一系列宣传教育和培训学习，苏维埃政府党员干部和红七军指战员提高了思想认识，苏区党员干部养成了艰苦奋斗的精神作风，并逐步树立起远大革命理想，开始形成良好的政风、党风，腐败现象、官僚作风逐渐减少、消失。

第三节　左右江革命根据地民主政治制度的历史影响

左右江苏维埃政权在异常艰难的战争环境下，努力进行民主政治制度建设，取得了新型民主政治制度在民族地区的有益探索、人民民主专政初具雏形、巩固根据地建设和壮大群众基础、树立廉洁公正政府形象的建设成效。

一、新型民主政治制度在民族地区的有益探索

1930 年 3 月 2 日，中共中央给广东省委转红七军前委的指示中指出，“红军第七军的出现虽在偏僻的广西并不能减低他伟大的作用与意义”①。左右江革命根据地时期，红七军、红八军和左右江苏维埃政府所开展的民主政治制度建设，是对实事求是思想的实践，极大地丰富了党在第二次国内革命战争时期的民主政治制度建设理论与政策体系，使得党对民主政治制度建设的原则性规定得以具体化和丰富化。左右江革命根据地是中国共产党在少数民族地区建立的较早的革命根据地，对于如何在多民族杂居的地区推进民主政治制度建设，缺乏先例和可资借鉴的经验。邓小平领导的百色起义开创了中国共产党在民族地区进行民主政治制度建设的实践，把中国共产党过去的一些民主政治制度建设的原则性规定与右江地区各民族的实际情况结合起来，制定了一系列的民主政治建设制度和措施，如《广西东兰县革命委员会最低政纲草案》《中国红军第七军目前实施政纲》《土地法暂行条例》《共耕条例》

① 中共广西区委党史资料征委会《左右江革命根据地》编辑组：《左右江革命根据地》（上），中共党史资料出版社 1989 年版，第 225 页。

等，使党的民主政治建设制度得以在右江革命根据地内有效实施，推进了根据地的民主政治建设。在实施民主政治制度的过程中，左右江革命根据地实事求是，走适合左右江苏区的道路，如在革命政权上不搞统一模式，根据不同的群众基础，在右江地区普遍建立苏维埃政府，在左江地区则建立革命委员会。还有在土地革命中坚持走群众路线，注重调查研究，在分配方式上不搞统一模式，分别采取“平分”“共耕”“没收豪绅地主反革命土地分给贫苦农民”等多种形式。同时，它的一些有益探索，如尝试基层民主建设的做法、坚持反腐倡廉斗争等，对现阶段我国推进民主政治制度建设，也具有积极的借鉴意义。

二、人民民主专政初具雏形

苏维埃政权是“议行合一”的工农民主专政的政权，这种政权组织形式有别于历史上任何形式的剥削阶级政权。在当时的语境下，左右江苏维埃政权的“人民”民主专政仅指“工农”民主专政，是特殊历史时期的产物。但从当时民主政治建设的基本主张、基本思路、基本框架、基本内容看，工农民主专政已具备人民民主专政的雏形。

（一）实行各级工农兵代表大会制度

通过民主选举工农兵代表大会代表，再由各级工农兵代表选举产生各级苏维埃政府组成人员。通过选举产生的工农兵代表具有广泛性，确保了无产阶级在苏维埃政权中的领导地位的实质。同时，各级工农兵代表大会对根据地建设的各种重大事项有决定权，可以让广大工农贫民群众实实在在享受到民主，体现了人民的意愿，得到了人民群众的拥护，具有很强的权威性。

（二）建立各级苏维埃政府

建立右江、县、区、乡四级苏维埃政府，确立工农民主专政的政权形式，保障劳苦大众选举、监督、批评、罢免、集会、言论、结社、出版等政治权利、经济权利、接受教育的权利，以及妇女的彻底解放等，从根本上确定了劳动人民的政治地位和民主权利。

（三）对剥削阶级和一切反革命实行强力的专政

“对人民内部的民主方面和对反动派的专政方面，互相结合起来，就是人民民主专政。”①右江苏维埃政府在制定《土地法暂行条例》时，对阶级划分和敌我划分标准作了明确规定。各级苏维埃政府把肃清反革命、惩处腐化分子作为巩固苏维埃政权的重要工作来抓。对于外部敌人的渗透和破坏活动，进行严密监视和防范，发现可疑分子即扣留审查，充分发挥了工农民主专政的强大威力，震慑了敌人，保卫和巩固了人民政权。

三、巩固根据地建设和壮大群众基础

右江革命根据地民主政治制度建设，赋予了人民当家作主的民主权利，极大地激发了根据地人民参加革命和生产的热情，从百色起义之初的“有革命的工农民众二十多万人来拥护”②，发展到有100万各族群众为基础，有力推动了右江地区革命事业的发展。

（一）各族群众支持苏维埃政府，积极参政议政

在右江革命根据地，建有农民协会、工会、妇女会等群众性组织，他们把参军作战视为自己的责任，积极参加革命活动，协助苏维埃政权各项工作。在百色起义准备之时，广大群众对即将诞生的革命政权投以极大的热情，工会、农会组织工人农民为新政权的建立做了大量的准备工作。百色县分别召开工人代表会议、农民代表会议，代表各族人民的意愿讨论成立苏维埃政府的大事。1929年12月11日，右江第一次工农兵代表大会召开，80名代表代表各族人民讨论建立苏维埃各级政府、扩大红七军等问题，通过政治纲领，选出右江苏维埃政府领导成员，行使着当家作主的权利。

（二）各族群众拥护红军，积极参军参战

1929年10月22日，邓小平、张云逸率第四大队到百色准备起义，经过

① 《毛泽东选集》（第4卷），人民出版社1991年版，第1480页。

② 中共广西区委党史资料征委会《左右江革命根据地》编辑组：《左右江革命根据地》（上），中共党史资料出版社1989年版，第123页。

宣传发动工作，各族群众积极参加红军和赤卫军，在短短的一个多月里，就有 1000 多名各族青年加入第四大队。到 1930 年 8 月，红七军由 4000 多人发展到 7000 多人，新参加红军的近 3000 人中，绝大部分是右江地区各族青年。同时，赤卫军和各族群众通过各种形式配合红军作战。一方面，赤卫军直接参加红七军的战斗。奉议、恩隆两县农军参加第四大队在平马、那坡收缴第三大队武装的战斗。另一方面，各族群众通过各种形式支持红军对敌作战。在攻打隆安、攻打榕江、收复百色、伏击滇军等战役中，各族群众给予红七军大力支持，他们组织担架、慰劳队、洗衣队等，配合红军作战。正是由于右江地区各族群众大力支持，红七军才粉碎了敌人的多次“围剿”，维护了革命胜利果实。

（三）各族群众发展生产，给红军大量物资支持

右江地区是一个贫穷落后的大石山区，百姓生活极端困苦，经常吃不饱、穿不暖，但他们在支持帮助红军上则竭尽全力。许多群众通过发展生产来支持红军。1930 年东兰县办“共耕社”获得大丰收，成年人每人分得粮食 800 多斤，小孩分得 500 多斤，并留出了公粮 1 万多斤，供红军部队和工作人员用粮。恩隆县车缝工会主席黄木生，把自己家房屋给红军当被服厂房，很多工人则把自己的车缝工具充公，仅 1930 年 2 月，就为红军生产棉衣 700 多套，粮袋、弹带、红领带 2000 多条，红旗 400 多面。1930 年 7 月、8 月，东兰县妇联主席黄美伦到西山区弄峰乡筹款，得到群众的支持，筹得 200 多银元。10 月，红七军在河池整编，发动东院区妇女仅用一天两夜，就赶制军帽和米袋各 1000 多个。在创建根据地的艰苦斗争中，奉议、恩阳两县人民为红军提供了 4 万公斤粮食、800 套军衣、12 担草鞋。右江各族群众对红军给予了巨大的支持，使红军能克服各种困难，取得斗争的胜利。

（四）各族群众不畏牺牲，用生命掩护革命人士

百色起义期间，国民党反动政府和军队为了剿杀革命，对根据地进行大规模的“围剿”，大肆残害革命人士及其家属。红七军主力北上后，敌人的“围剿”更为残酷，革命工作更难开展。但是各族群众冒生命危险掩护革命人士，使革命力量在白色恐怖之下得以生存发展。敌人采取并村等办法把群众

集中起来，对群众威逼利诱强迫群众说出革命人士的情况，群众宁死不屈，没有透露半点消息给敌人。1932 年 10 月 19 日韦拔群被叛徒杀害后，东里屯群众冒死收殓韦拔群的遗体，安葬在家乡的特牙山上，并建起“红神庙”以作永久纪念。正是各族群众冒险救助，革命火种才得以保存，右江革命根据地和红七军革命的胜利才有可靠的基石。

四、树立苏维埃政府廉洁公正的形象

在右江革命根据地艰苦的革命斗争中，面对来自革命队伍内部的种种腐化变质问题，百色起义领导人邓小平、张云逸、韦拔群等清楚地看到，要在条件极为艰苦的战争环境中，在敌人疯狂的进攻面前，时刻牢记党的宗旨，坚守党的奋斗纲领，团结各族群众，加强根据地建设，发展革命队伍，开展土地革命，实现根据地人民的翻身解放，并最终实现全国人民的翻身解放，创建新中国的宏伟目标，就必须加强革命队伍自身的建设，彻底清除各种腐败的思想，严肃纪律，纯洁革命队伍。如果不坚决惩治和防范各种腐败现象，任其蔓延滋生，就必然助长不良政风、党风，动摇党的信念，损害苏维埃政府和红军的形象，造成党员干部脱离群众，苏维埃政府和红军失信于民，并最终失去群众支持。经验证实，右江革命根据地开展反腐倡廉斗争是完全正确的。经过这场斗争的洗礼，革命队伍纯洁了，人心凝聚了，右江苏维埃政府廉洁公正的形象树立了。同时，红七军指战员、苏维埃政府党员干部、根据地各族人民更加坚定革命信念，革命队伍的战斗力和凝聚力进一步增强，为革命根据地建设的进一步巩固和发展筑牢了思想防线。

第五章　左右江革命根据地的行政制度

右江革命根据地时期，为了更好地开展革命政权建设，巩固和发展根据地，在中共红七军前委和中共右江工委（1930 年 4 月改为右江特委）领导下，右江苏维埃政府积极探索建立各项政府组织制度，有力地推动了政权组织建设和苏区的工作。①

1926 年，中国共产党在右江地区建立了恩奉特支后，掌握了一支数量众多的农民革命武装，在各县成立了农民协会，开展了轰轰烈烈的农民运动，揭开了右江革命新的一页。自 1927 年 8 月起，中共恩奉特支领导的农民自卫军连续在右江地区举行了仑圩暴动、东兰风山凌云百色农民暴动、果德暴动、镇结暴动、思林暴动、都安暴动、向都暴动，举行了一系列的向国民党反动派进行反抗的人民武装起义，并建立多处游击革命根据地，使右江革命形成一个新的高潮。与此同时，左江地区的农民革命武装，在右江农民暴动的推动下，也掀起了革命高潮。② 12 月 11 日，即广州起义两周年之际，邓小平、张云逸、李明瑞、韦拔群、陈豪人、雷经天等发动和领导了威震南疆的百色起义，成立中国红军第七军；同日，在平马召开了第一届右江工农兵代表大会，选举产生了右江苏维埃政府，创建了右江革命根据地，实行了“工农武装割据”。1930 年 2 月 1 日，举行龙州起义，创建中国红军第八军和左江革命根据地。右江革命根据地和左江革命根据地大体上连成一片，一般合称左右江革命根据地。左江革命根据地与右江革命根据地互为犄角，南北呼应，壮大了广西的革命力量。中国共产党第一份纲领就明确表示承认苏维埃制度，党的二大后又进一步提出建立苏维埃政权的要求。右江苏维埃政权是右江革

① 凌绍崇等编著：《百色起义与根据地制度建设》，广西人民出版社 2014 年版，第 70 页。
② 凌绍崇等编著：《百色起义与根据地制度建设》，广西人民出版社 2014 年版，第 13 页。

命根据地政权建设的重要体现，是中国共产党领导下的工农民主专政，对工农劳苦大众实行广泛民主，对地主阶级、官僚买办阶级等反革命分子实行专政。①

第一节　苏维埃政权建立前左右江地区的行政状况

一、行政管理状况

右江地区自北宋以来就实行土司（土官）制度，各族人民长期受土官的统治。土司制度是我国历代封建王朝在少数民族地区通过分封地方首领世袭官职，以统治当地人民的一种特殊政治制度，是维护少数人的利益和剥削多数人权益的制度。土司制度是土民耕种土官的土地，每年向土官缴纳租税，服劳役。他们没有政治权利和人身自由，居住、穿戴和行为都受到土官的严格限制，生活暗无天日。② 土司，绝大多数是当地少数民族首领，经朝廷委任和册封，担任土知府或土知州、土知县、土知垌，对所辖地区实行世袭统治，享有种种特权。土司统治等级森严，用等级确定权力和地位，主仆之分十分严格。土司对辖下的百姓，任意欺压侮辱，有生杀予夺之权。土官治下的土民，实则为农奴。③

民国初年“改土归流”，虽然结束了土司制度，但是那些土官豪绅地主仍然沿袭土司专制来压迫和奴役各族人民。④ 土官变为地主豪绅，依附于反动官府，巧立名目，滥订名目繁多的苛捐杂税，除了对农民实行高额地租和高利贷剥削外，还强迫农民无偿提供各种劳役，缴纳各种额外税金，进行残酷的超经济剥削。⑤ 当时强加在农民头上的苛捐杂税就有数十种之多。土豪劣绅还

---

① 凌绍崇等编著：《百色起义与根据地制度建设》，广西人民出版社 2014 年版，第 15 页。

② 凌绍崇等编著：《百色起义与根据地制度建设》，广西人民出版社 2014 年版，第 24 页。

③ 中共广西壮族自治区委员会党史研究室、中共百色市委员会党史办公室编著：《百色起义史稿》，广西师范大学出版社 2004 年版，第 3 页。

④ 《邓小平与百色起义》课题组编：《邓小平与百色起义》，广西人民出版社 2004 年版，第 132 页。

⑤ 中共广西区委党史资料征委会《左右江革命根据地》编辑组：《左右江革命根据地》（下）中共党史资料出版社 1989 年版，第 1080 页。

凭借其土地占有权对农民进行剥削和高利贷盘剥。辛亥革命后，右江地区又陷入了军阀混战的局面。仅在 1921 年到 1922 年就受到粤军、桂军、滇军的轮番争夺，饱受战乱之苦。各派大小军阀，还经常乘政局动荡之机，随意设立捐税名目，如军队“开拔费”“收容费”“军饷费”“自治捐”等八九十种。[①] 大革命失败后，广西在以李宗仁、黄旭初、白崇禧为代表的桂系军阀的统治下，地主豪绅勾结兵匪、地痞鱼肉乡民。[②] 长期以来，右江地区各族人民遭受土官地主豪绅恶霸、军阀官吏的残酷统治，在半殖民地半封建的社会制度下，过着受压迫、被奴役的悲惨生活。

二、社会区域状况

革命史上的右江地区，与当代的地理划分有所不同，它泛指东经 108 度以西的桂西地区，即涵盖了右江流域、红水河西段流域及左江上游部分地区。实际上包括当时设置的百色、恩阳、奉议、恩隆、思林（今属田东县）、果德、隆安、向都、镇结、那马、隆山（今属马山县）、天保、凌云、西隆（今属隆林各族自治县）、西林、田西（今属田林县）、东兰、凤山、河池、都安、南丹、那地、思恩（今属环江县）等县，面积 3 万多平方公里，人口约 150 万。世居有壮、汉、瑶、苗、彝、回等民族，其中壮族人口占一半以上。右江地区位于广西西部，西临云南省，东接柳州、南宁地区，北靠贵州省，南与越南相邻，位于滇桂黔三省交界处有国境线的一个三角地带。境内多为石山和丘陵，山高林密，峰峦起伏，形势险要。红七军政治部主任陈豪人 1931 年在写给中央的《七军工作总报告》中指出：“右江各县与滇、黔交界，在军事上对于广西局面非必争之地，且交通阻塞，经济落后，地形险要，易于形成一独立之区域。”[③]

右江地区的革命斗争局面较为复杂。在政治上，广大农民受着封建专制统治，没有人身自由，无安全保障，社会秩序混乱，匪盗多，民不聊生。在

① 凌绍崇等编著：《百色起义与根据地制度建设》，广西人民出版社 2014 年版，第 75 页。

② 《邓小平与百色起义》课题组编：《邓小平与百色起义》，广西人民出版社 2004 年版，第 132 页。

③ 中共广西壮族自治区委员会党史研究室、中共百色市委员会党史办公室编著：《百色起义史稿》，广西师范大学出版社 2004 年版，第 3 页。

文化教育上，大多数人没有受教育的权利，许多人无法进学堂念书，文盲占80%以上，清末至民初的“改土归流”，同样是换汤不换药。20世纪20年代中叶，在中国共产党的感召和领导下，右江地区开展了声势浩大的农民运动，为后来的百色起义、龙州起义及土地革命奠定了思想基础和阶级基础。[①]

第二节　左右江革命根据地的行政机构

为了加快政权建设步伐，充分发挥各级苏维埃政府的作用，必须加强政府组织制度建设，使之更好地为劳苦大众谋利益求解放。如何保证各级苏维埃政府的正常运转，是右江革命根据地政权建设的重中之重。合理设置政府机构，及时制定各级政府组织与职责，成为政府组织制度建设的首要任务。百色起义后，红七军政治部就立即颁布了《中国红军第七军目前实施政纲》和红七军前委通告等，公开亮明共产党主张，推进革命根据地的建设进程：一是明确施政纲领，为各级苏维埃政府提供工作思路。二是制定颁布了《右江苏维埃各级政府组织与职责》等重要条令和文件，对各县、区、乡苏维埃政权机构的设立及实施权力作出了较为完整和明确的规定。三是颁布各种法规等文件，为苏区革命政权的运转和施政提供了依据。[②] 龙州起义后，中共左江特委机关报《工农兵》即刊出《中国红军第八军目前实施政纲》，提出18条主张，包括对外、军事、政治、各项具体政策等方面，为左江各族群众指明了革命的方向和任务，明确了斗争策略。

一、建立县、区、乡苏维埃政府

1929年12月11日，中共广西前委在恩隆县平马镇经正书院召开右江地区第一届工农兵代表大会，讨论建立右江各级苏维埃政府等问题，并选举产生右江苏维埃政府组成人员。[③] 右江苏维埃政府在红七军前委和右江工委的领

---

① 凌绍崇等编著：《百色起义与根据地制度建设》，广西人民出版社2014年版，第25页。
② 凌绍崇等编著：《百色起义与根据地制度建设》，广西人民出版社2014年版，第71页。
③ 凌绍崇等编著：《百色起义与根据地制度建设》，广西人民出版社2014年版，第72页。

导下，在红七军的直接帮助下，抓紧建立各县、区、乡苏维埃政权，健全各级政府机构。各县及所属区、乡苏维埃政府的建立情况如下：1929 年 12 月 11 日，百色县临时苏维埃政府成立，主席关崇和，下辖一都区、二都区、三都区、四都区、武隆区、龙川区苏维埃政府及 54 个乡苏维埃政府；12 月 13 日，奉议县苏维埃政府成立，主席潘宪甫，下辖田州镇、田州区、那满区、百育区、百武区、仑圩区苏维埃政府及 51 个乡苏维埃政府；同日，恩阳县临时苏维埃政府成立，主席农夫，后来逐步健全了农会、工会和赤卫军等组织，于 1930 年 1 月建立恩阳县苏维埃政府，下辖那坡镇及坡平、那比、那驮、万村、驮亮等 5 个乡苏维埃政府；12 月 12 日，恩隆县苏维埃政府成立，主席滕德甫，下辖布克区、百马区、林凤区、那拔区、世木区、百定区、朔乙区、南圩区、吉林区、巴品区、燕峒区、篆里区、岐德区、桥头区、榜圩区、黎圩区、万巩区、祥周区、田舍区、平马镇、江洲区苏维埃政府及 120 个乡苏维埃政府；12 月 15 日，思林县苏维埃政府成立，主席阮殿煊，下辖 19 个乡苏维埃政府；同日，果德县苏维埃政府成立，主席黄书祥，下辖马头区、龙马区、果化区、新书区、感圩区苏维埃政府和一些乡苏维埃政府；12 月，凌云县苏维埃政府成立，主席黄伯尧，下辖平乐区、巴轩区、牙里区、巴更区、龙川区、沙里区、林里区苏维埃政府；12 月 11 日，东兰县苏维埃政府成立，主席韦命周（后叛变），下辖各区、乡苏维埃政府；1930 年 1 月上旬，凤山县苏维埃政府成立，主席黄松坚，下辖盘阳、赐福、凤凰、中区、长里、芝山、本农、参里等 8 个区苏维埃政府和 67 个乡苏维埃政府；12 月都安县苏维埃政府成立，主席覃道平，下辖古河区、定岩区、大化区、拉烈区苏维埃政府及 14 个乡苏维埃政府；1930 年春，那地县苏维埃政府成立，下辖 2 个区苏维埃政府；1930 年 1 月初，向都县苏维埃政府成立，主席林柏，下辖区、乡苏维埃政府，同时还领导天保县南区的巴洞、大省、妙怀、钦甲等乡苏维埃政府；1930 年 2 月 1 日，镇结县苏维埃政府成立，主席黄雄；1930 年 1 月 21 日，隆安县革命委员会成立，主席李干；那马县于 1930 年 5 月将县临时革命工作委员会改为那马县苏维埃政府；1930 年河池县革命委员会成立。[1] 右江

---

① 中共广西壮族自治区委员会党史研究室、中共百色市委员会党史办公室编著：《百色起义史稿》，广西师范大学出版社 2004 年版，第 137－138 页。

革命根据地是党在边疆民族地区领导建立的一块较大的根据地。右江革命根据地下辖包括百色、恩阳、奉议、恩隆、思林、果德、东兰、凤山、凌云、向都、镇结、那地、隆安、都安、那马、隆山、天保、河池等县及部分地区，从而形成18个县连成一片的革命根据地，人口约150万。其中前12个县成立了县苏维埃政府，后6个县和部分地区一度成立了苏维埃临时政府或革命委员会。右江苏维埃政府（工农民主政府）设在右江中游的恩隆县平马镇。①

二、苏维埃政府组织机构

1929年10月，韦拔群率领东兰、凤山农军打下东兰县城后，将农民协会改成县革命委员会。11月初，在中共广西前委和右江工委的领导下，恩阳、奉议、恩隆、思林、果德、向都等县农民协会亦改为县革命委员会，成为临时革命政权机构。百色起义后，各县革命委员会及各级农民协会改组为各级苏维埃政府，并创建了较为完善的组织系统。② 百色起义后，右江苏维埃政府制定和颁布了《右江苏维埃各级政府组织与职责》，共分四大部分，第一部分是县苏维埃政府组织与职责，第二部分是区苏维埃政府组织与职责，第三部分是乡苏维埃政府组织与职责，第四部分是赤卫军组织职责问题。该文件规定了右江苏维埃各级政府组织机构设置及其职责，既强调县苏维埃政府的党务委员、调查委员、宣传委员、组织委员、财政委员、军事委员、交际委员、文书股的组织与职责，又强调区苏维埃政府的行政委员、土地委员、财政委员、文化委员、肃反委员、粮食委员、赤卫委员、青年委员、妇女委员、工人委员的组织与职责，还强调乡苏维埃政府的行政委员、土地委员、财政委员、文化委员、肃反委员、粮食委员、赤卫委员、青年委员、妇女委员的组织与职责，并重申赤卫军组织的组织原则、机构，指出过去的错误与今后的工作方针。③

右江苏维埃政府：右江工农兵代表大会是最高权力机关，由其选举产生右江苏维埃政府组成人员。大会休会期间，由其选举产生的执行委员会行使

① 凌绍崇等编著：《百色起义与根据地制度建设》，广西人民出版社2014年版，第17－18页。
② 凌绍崇等编著：《百色起义与根据地制度建设》，广西人民出版社2014年版，第76页。
③ 凌绍崇等编著：《百色起义与根据地制度建设》，广西人民出版社2014年版，第23页。

权力。政府内设置行政委员会，负责行政工作，执委会下设裁判兼肃反委员、劳动委员、军事委员、土地委员、财政委员、政府委员、秘书长等，协助政府主席工作。①

县苏维埃政府：执行委员会互选主席 1 人，常务委员 5 人至 7 人（执委、主席在内）组织县行政委员会，县行政委员会之主席，即由县执委之主席担任。县行政委员会之下，须组织财政、经济、文化、裁判兼肃反、土地、赤卫等委员会，各种委员会之人数为 3 人至 5 人，以县行政委员 1 人任主席（临时县苏维埃政府可暂不设经济委员会）。②

区苏维埃政府：设执行委员会，下设主席和财政、文化、粮食、裁判兼肃反、赤卫等委员会；另设经济委员会，以执行委员 1 人为主席，由常务委员会直接领导，负责计划本区范围内经济建设事宜。③

乡苏维埃政府：由 5 人至 7 人组成执行委员会，此外，选举候补执行委员 3 人。执行委员互推常务委员 3 人（其中主席 1 人）组成常务委员会，选出财务委员、文化委员、粮食委员、裁判兼肃反委员、赤卫委员各 1 人。另设土地委员会，由执行委员互推 3 人组成，不设经济委员会。④

三、苏维埃政府的工作原则⑤

右江各级苏维埃政府是各级工农兵代表大会或会议的执行机关。工农兵代表大会是最高权力机关，在大会休会期间，由其选举产生的执行委员会行使最高权力。各级工农兵代表大会负责议决一切斗争的策略方针，实行一切权力归苏维埃；各级苏维埃实行民主集中制原则，下级苏维埃绝对服从上级苏维埃指挥；各地赤卫军组织归其当地苏维埃政府统一指挥。

四、各级苏维埃政府组织与职责⑥

1929 年 12 月，右江第一届工农兵代表大会制定并颁布了《右江苏维埃各

① 凌绍崇等编著：《百色起义与根据地制度建设》，广西人民出版社 2014 年版，第 76 页。
② 凌绍崇等编著：《百色起义与根据地制度建设》，广西人民出版社 2014 年版，第 76 页。
③ 凌绍崇等编著：《百色起义与根据地制度建设》，广西人民出版社 2014 年版，第 77 页。
④ 凌绍崇等编著：《百色起义与根据地制度建设》，广西人民出版社 2014 年版，第 77 页。
⑤ 凌绍崇等编著：《百色起义与根据地制度建设》，广西人民出版社 2014 年版，第 77 页。
⑥ 凌绍崇等编著：《百色起义与根据地制度建设》，广西人民出版社 2014 年版，第 77 页。

级政府组织与职责》，这是对右江苏维埃政权机构设立和实施权力规定得较为完整的文件，具有右江地区各级苏维埃政府组织法性质。该文件根据右江地区县、区、乡级苏维埃政府的组织机构和工作实际，对各政府委员和赤卫军的组织与职责作出了具体而明确的规定。

（一）仅设于县级苏维埃政府的组织及其职责[①]

党务委员：职责为制定委员计划，监督各部工作，接纳各方报告，召集执委会，应付临时事故，训练工作人员。

调查委员：调查各方情形、敌人情况、各部工作、群众行动和心理、事件发生、队伍工作等。

宣传委员：组织宣传队，训练宣传员，通过发传单、贴标语，制画报、放空气，编山歌、呼口号等多种形式，向我军和民众及敌军宣传敌人罪状，宣传共产主义。

组织委员：吸收同志入会，训练同志工作，组织小组工作，组织赤卫军，组织各团体，组织交通队，组织建设队。

军事委员：计划进攻防守，联络友军，扩大部队。侦探敌情，训练工作，收买枪弹，规定符号。

交际委员：调和同志争端，调和内外事件，交涉款项，维持中立，保险投降，交涉事件，分裂敌人，运动反戈，拉拢势力。

文书股：收发、答复文件，起草宣传大纲、标语传单及宣传口号，报告各级机关，保管会印文件及宣传品。

（二）设于各级苏维埃政府的组织及其职责[②]

财政委员：设于县、区、乡苏维埃政府。主要负责管理财政收支，做预算决算等。县级需负责筹款，如“向同志捐要，向富农借要，工作三分要，没收公款要，罚反动者要”；区、乡两级则需征收本区域内的土地累进税。

行政委员：设于区、乡苏维埃政府。在本区域内，负责确定工作方针；

① 凌绍崇等编著：《百色起义与根据地制度建设》，广西人民出版社2014年版，第78页。

② 凌绍崇等编著：《百色起义与根据地制度建设》，广西人民出版社2014年版，第79页。

领导群众参加革命；计划经济建设事务；对外代表本级政府及群众，解决群众纠纷等。区行政委员还需指导各乡临时工作、解决各乡纠纷。

土地委员：设于区、乡苏维埃政府。在本区域内，负责调查土地，统计土地及人口数量，调查分配土地情况，统计所收获的谷物数量；改良耕作方法、增加农产品生产等。乡级土地委员的工作职责更详细具体。

文化委员：设于区、乡苏维埃政府。负责教育、宣传等工作。乡级委员的职责更具体。

肃反委员：设于区、乡苏维埃政府。负责侦查一切反革命派及其走狗的住处及行动，随时捕交政府处理，绝对不许苏府区域窝藏一切反革命派及其走狗；侦查并即行没收一切反革命的财产交苏府支配；审判一切反革命派的罪犯；管理一切罪犯；制止反革命的宣传等。

粮食委员：设于区、乡苏维埃政府。负责调查粮食与人口的差比，集中贮藏余粮，灾荒时分配粮食，战时征发粮食。区级委员还要设法平衡粮食的价格。

赤卫委员：设于区、乡苏维埃政府。负责统计赤卫队预备组织或所有武装及青年；组织赤卫队，负责赤卫队政治、军事教育与训练；领导赤卫队参加作战等。

青年委员：设于区、乡苏维埃政府。负责青年运动，领导青年群众参加革命；对青年群众进行革命理论和行动教育；提出青年的迫切要求；组织、教育训练童子团及少年先锋队等。

妇女委员：设于区、乡苏维埃政府。负责组织妇女运动，领导妇女参加革命；组织妇女独立团体，指导妇女参加阶级组织；提出与妇女切身利益相关的迫切要求；解决妇女的一切问题。

工人委员：设于区苏维埃政府。职责是与区内各工会发生密切的关系，帮助工会的宣传组织工作，提出工人最迫切的要求，确定工人运动的计划，参加工人的一切会议。

（三）赤卫军组织及其职责①

地方武装建设对保卫和巩固根据地有非常重要的作用。根据党的相关文

---

① 凌绍崇等编著：《百色起义与根据地制度建设》，广西人民出版社 2014 年版，第 80 – 81 页。

件精神，右江苏维埃政府加快了赤卫军建设步伐，通令各县农民自卫军改编为赤卫军。《右江苏维埃各级政府组织与职责》中明确指出了赤卫军的组织原则、现行组织及任务、过去的错误及以后工作方针。为加强赤卫军组织建设，红七军前委针对赤卫军成分比较复杂、存在不良习气、损害群众利益等情况，于《前委通告（第七号）——目前右江党的工作方针》中提出“彻底改造赤卫军”。在苏维埃政府的领导和红七军的帮助下，经过整顿、改造和训练，赤卫军的素质有了提高。

五、左江革命根据地政权组织机构

经中共广西前敌委员会批准，成立中国共产党左江特委和中国共产党红军第八军军事委员会，分别担负领导左江地区和左江部队的革命任务。中共左江特委和红八军党委由中共广西前敌委员会统一领导，同时也可以和中共广东省委发生直接关系。中共左江特委和红八军党委的成立，标志着左江的革命斗争已统一在中国共产党的领导之下，进入武装起义和创建革命根据地的新时期。左江特委由严敏任书记，俞作豫、何健南等为委员。红八军党委由何世昌任书记，俞作豫、严敏、宛旦平、潘思文等为委员。①

龙州起义后，左江革命委员会也随之诞生。左江革命委员会成立各组织机构，其中，左江革命委员会主席为王逸，秘书长为林礼，军事委员会主席为俞作豫，肃反委员会主席为麦锦汉，财经委员会主席为林礼（兼），文化教育委员会主席为涂育之，农民运动委员会主席为何健南，妇女解放运动委员会主席为陈振华，委员由何世昌、俞作豫、严敏、何健南、王逸、林礼、麦锦汉、苏醒、张兆梅、周和平、杨春秀、杨志坤、苏文灿、谢玉芳、陈振华、张明珠、黄云坡、涂育之、黄德普等23人组成。②

在龙州起义胜利的鼓舞下，左江各族人民建立自己政权的要求更为迫切。在左江革命委员会成立后不久，龙州县革命委员会也宣告成立，由何健南兼任革命委员会主席。上金县（今属龙州）成立革命委员会，由张兆梅任主席。凭祥县成立革命委员会，由归国华侨韦炫任主席。崇善县（今属崇左）成立

① 陆仰渊：《百色起义与龙州起义》，上海人民出版社1989年版，第112－113页。
② 陆仰渊：《百色起义与龙州起义》，上海人民出版社1989年版，第108页。

革命委员会，由陈锡镇任主席，谢生华任副主席。养利县（今属大新）成立革命委员会，由苏文灿任主席。左县（今属崇左）成立革命委员会，由莫峻峰任主席。至此，左江已有6个县成立了革命政权，左江革命根据地正式形成。根据地南临越南，东界十万大山，北与右江革命根据地相连，面积13,000多平方公里，人口100多万。①

左江的革命政权没有称“苏维埃”而称革命委员会是依据中国共产党第六次全国代表大会议决案的规定：在条件成熟、可以召开工农兵代表会议选举产生苏维埃政府时，才可建立苏维埃政府；在条件不够成熟，尚不能召开工农兵代表会议选举的地方，可以建立临时性的革命委员会。以当时左江地区的实际状况，革命基础相对薄弱，召开由工农兵代表参加的苏维埃会议，民主选举产生苏维埃政府的条件尚不成熟，因此先成立革命委员会，作为临时权力机构。②

第三节　左右江革命根据地的行政管理及成效

随着革命形势迅速发展，右江苏维埃政府成立后，立即开展建立乡村政权、组织赤卫军筹集财粮、支援红七军、开展土地革命、斗争土豪劣绅、进行教育文化建设等方面工作，苏维埃政府组织制度建设为苏区的建设提供了强有力的政权保证，为革命的发展壮大作出了贡献。③

一、右江苏维埃政权的特点

（一）右江苏维埃政权在本质上不同于历史上任何剥削阶级的政权

右江苏维埃政权是“立法行政合一”的工农民主专政的政权，是彻底地为人民群众谋利益求解放的政权，人民群众在苏维埃政权中享有充分的民主

---

① 陆仰渊：《百色起义与龙州起义》，上海人民出版社1989年版，第115页。

② 陆仰渊：《百色起义与龙州起义》，上海人民出版社1989年版，第113页。

③ 中共广西壮族自治区委员会党史研究室、中共百色市委员会党史办公室编著：《百色起义史稿》，广西师范大学出版社2004年版，第144页。

权利。

（二）苏维埃代表由工农大众和其他劳动者选举产生

苏维埃是民众直接当家作主的政权，苏维埃的组织必须经过群众大会或代表会议选举产生，绝对禁止党部指派式的组织。代表中尽可能地引进非同志参加，凡年满16岁的男女而非剥削劳动人民者、非宗教徒和反革命者皆有选举权和被选举权。这就从根本上确定了劳动人民的政治地位和民主权利。

（三）苏维埃政权具有广泛的代表性

在县级苏维埃政府委员中，执行中央关于建立苏维埃的有关规定，代表成分中“工人代表至少须占百分之三二，兵士代表至少须占百分之五”，区、乡苏维埃政府组成人员，亦应从当地实际情况出发，以贫农代表为核心领导力量，吸纳中农和其他劳动者；在民族成分上，各个民族均有权平等参与政权管理，对本地与外来人员干部一视同仁；在性别上实行男女平等，妇女代表与男子一样参与政权管理。各级苏维埃政府均设立妇女委员，专门负责妇女运动。这种代表的广泛性，确保了无产阶级在苏维埃政权中的领导地位和工农联盟的坚强基础，也充分体现了苏维埃政权是工农民主政权的实质。

（四）右江苏维埃政权有严密的组织系统

工农兵代表大会是最高权力机关，在大会休会期间由其选举产生的执行委员会行使最高权力。区、乡苏维埃政府是区、乡的政权机关，其机构设置与地、县两级苏维埃政府机构基本相同，只是把委员会改作委员。苏维埃政府的工作职责是：各级工农兵代表大会负责议决一切斗争的策略方针，实行一切权力归苏维埃；各级苏维埃实行民主集中原则，下级苏维埃绝对服从上级苏维埃指挥；各地赤卫军组织归当地苏维埃统一指挥。

（五）苏维埃政权的性质是工农民主政权

苏维埃政权一方面对人民实行真正的民主，另一方面对剥削阶级和一切反革命实行强有力的专政。对于外部敌人的渗透和破坏活动，进行严密监视和防范，发现可疑分子立即扣留审查，各级苏维埃政府把肃清反革命、惩处腐化分子作为巩固苏维埃政权的重要工作，充分发挥了工农民主专政的强大威力，震慑了敌人，保卫和巩固了人民政权。

二、行政管理成效

（一）制定政权建设相关规定，明确工作思路

革命根据地是在革命斗争中建立起来的，应该建规立制，建立新秩序，巩固新政权。为了领导革命根据地的各项建设，右江苏维埃政府相继制定、颁布相关法规和规定，作为红色政权建设的主要依据。1929 年 10 月颁布的《广西东兰县革命委员会最低政纲草案》，是苏维埃政府施政的主要依据。12 月 11 日，右江第一届工农兵代表大会一致通过将《中国红军第七军目前实施政纲》作为右江苏维埃政府施政纲领的决议，以及发展右江苏维埃运动、扩大红军、建立赤卫军、实现土地革命、肃清反革命等的决议案，为各级苏维埃政府提出了明确的工作思路。[①]

（二）推行新政，促进根据地经济发展和社会进步

中国共产党领导的左右江革命，推动了左右江地区社会进步和经济发展。为了满足各族农民对土地的要求，右江苏维埃政府从成立时起，就开展对土地革命的宣传发动，在红七军施政纲领及许多文件中，提出了土地革命的有关政策和策略。苏维埃政府把满足农民对土地的要求、帮助农民实现经济上的翻身作为工作的重点，充分发挥土地委员等干部在土地革命宣传和具体实施中的领导作用。土地革命时期，中国共产党领导人民群众建立革命根据地和进行土地革命，沉重打击了封建势力，解决了农民的土地问题，满足了农民的土地要求，调动了农民的生产积极性，这使长期受封建主义压迫的农民获得了思想上、政治上、经济上、文化上的解放，农业生产力得到了解放，农村面貌发生了很大的变化，发展了苏区经济，加强了右江革命根据地和外界的联系，巩固了革命政权，为中国的工业化和现代化开辟了道路。[②]

---

① 凌绍崇等编著：《百色起义与根据地制度建设》，广西人民出版社 2014 年版，第 81 页。
② 凌绍崇等编著：《百色起义与根据地制度建设》，广西人民出版社 2014 年版，第 87 页。

(三) 移风易俗，推动社会进步

左右江革命根据地创建以前，当地各族群众受到封建制度的沉重压迫，尤其是实行了上千年的土司制度，在进入民国时期后仍然以各种形式残留下来，实为拴在壮、瑶各族群众身上的巨型枷锁。在中国共产党领导的新民主主义革命之后，左右江地区的各族群众才第一次得到彻底的翻身解放。他们不仅在政治上翻了身，而且在经济上、文化上也有了发展。革命的突变也使革命根据地文化教育得到了发展，形成了比较完整的新型的教育体系。“推翻旧礼教，创造好风俗”在根据地得到了倡导，促进了社会进步。移风易俗的风尚在革命根据地得到了树立和弘扬，根据地出现了崭新的现象。移风易俗，树立新风，这是革命根据地新型的社会风尚，是社会文化的变迁与发展。①

(四) 发展文化教育，提高文化水平

右江苏维埃各级政府一开始就注意到文化教育宣传工作的重要性，从思想上提高根据地人民群众的革命觉悟，设置文化委员负责教育文化工作，并提出了一系列发展文化教育的方针政策。百色起义第二天，即宣布将省立第五中学改为广西劳动第一中学，从教育改革入手，开展教学活动。1930 年年初，右江苏维埃政府根据百色起义前东兰县创办劳动小学的经验，通知根据地区域各县、区、乡创办劳动小学，主要招收贫苦农民子弟入学，不收学费，教员由政府提供伙食，不发薪水，将《工农兵识字课本》作为主要教材。学校除了组织学习文化知识和革命道理，还组织童子团、少先队，搞军事游戏，开展政治宣传。政府还举办农民夜校、平民学校或工农识字班等，普及平民教育。据不完全统计，从 1929 年 12 月到 1930 年 1 月，仅在恩隆县、向都县北区和奉议县仑圩开办的平民夜校就有 160 余所。②

(五) 发动群众力量，有序开展根据地工作

邓小平等深入群众宣传革命道理和苏维埃理论，强调“要加强群众的组

① 凌绍崇等编著:《百色起义与根据地制度建设》，广西人民出版社 2014 年版，第 44 页。
② 凌绍崇等编著:《百色起义与根据地制度建设》，广西人民出版社 2014 年版，第 88 页。

织工作，特别要注意雇农工会、秘密的农民协会、赤色救济会的组织”，“建立党在群众中之力量，巩固苏维埃，创造群众的基础，是右江党在目前的主要任务”。各级农民协会改组为各级苏维埃政府，各区、乡组织雇农工会，各县总工会继续履行职能。各县建立了共青团、妇女会、儿童团和赤色救济会等组织，积极发动和组织群众支持革命。百色起义和根据地建立时，有工农民众20万人来拥护。而随着形势的发展，至1930年10月参加革命的群众达百万之多。群众工作的成功开展，推动了建立健全右江苏维埃政府制度，有序地开展了根据地的军事、政治、法制、教育文化、经济、统战、民族、财政、妇女等各项工作，恢复和发展了工业、农业、商业生产，尤其是农业获得丰收，分得土地的农民“每家每年收获的谷米至少都已等于反动统治下的中农了”①。右江苏维埃政府在开展土地革命的同时，认真帮助工农群众恢复和发展生产，开展经济建设，筹集资金、粮食、被服，支援红七军。②

（六）发展武装力量，保卫红色政权

革命根据地的政权性质，在中国历史上是空前的，在世界史上也是具有中国特色的。右江苏维埃政府是在中共红七军前委、中共右江特委的领导和具体指导下开展工作的，党组织在各级苏维埃政府中发挥了核心领导作用。军队是政权产生和巩固的可靠保证，政权对红七军的发展、对党的领导起到一定的促进作用。对赤卫军组织建设的高度重视，使新生的革命政权拥有了一支强有力的武装力量。根据第一届工农兵代表大会的决议，1930年2月至3月，右江苏维埃政府组建了右江赤卫军总指挥部，当时右江根据地各县先后成立了近万人的赤卫军，其兵源来自农军和工人赤卫队。各级赤卫军积极参加训练，努力提高战斗力，在保卫苏维埃政权中起到了重要的作用。③

---

① 凌绍崇等编著：《百色起义与根据地制度建设》，广西人民出版社2014年版，第318－319页。

② 中共广西壮族自治区委员会党史研究室、中共百色市委员会党史办公室编著：《百色起义史稿》，广西师范大学出版社2004年版，第145页。

③ 中共广西壮族自治区委员会党史研究室、中共百色市委员会党史办公室编著：《百色起义史稿》，广西师范大学出版社2004年版，第144－145页。

（七）培养大批优秀干部，壮大革命队伍

右江苏维埃各级政府主席、副主席、各委员会的委员等干部，是由各级工农兵代表大会选举产生的。选举中注意到广泛性、代表性和先进性，代表人民大众的利益，符合人民大众的心愿。1929 年 12 月 11 日选举产生的右江苏维埃政府主席、副主席及各委委员共 11 人，其中外地籍干部 4 人，占 36.36%，右江地区籍各族干部 7 人，占 63.64%，做到以本地籍为主，尽量吸收各族干部参加。在各县苏维埃政府的主席、副主席和委员 103 人中，右江地区籍的有 85 人，占 82.52%，壮族的有 77 人，占 74.76%。1929 年 12 月 11 日选举产生的百色县临时苏维埃政府主席、副主席和各委员共 7 人，其中百色籍的有 4 人。[①] 在苏维埃政府的培育下，一批民族干部迅速成长为右江革命根据地革命和建设的中坚力量，多人被选拔到各个重要岗位担任领导职务。当时地方党政干部中，除了少数是外来干部，多数是右江地区壮族、汉族、瑶族干部。右江苏维埃政府第一届执委 11 人，壮族、瑶族执委 6 人；第二届委员均为少数民族。右江各县党委和县苏维埃政府（县革命委员会）主席、执委、部长绝大多数为壮族、瑶族出身。基层组织领导干部都由本地民族干部担任。据不完全统计，仅右江革命根据地县级以上党政军群团组织的部门中，壮族干部就有 108 人。[②] 右江苏维埃各级干部在党的教育培养下，阶级觉悟不断提高，立场坚定，正如雷经天所说："在右江党政领导机关的干部，政治水平虽不甚高，但一般阶级认识是很明确的。这些干部在革命斗争过程中，只有牺牲，没有叛变。"[③]

（八）培养妇女干部，发展革命力量

妇女是右江地区一支不容忽视的革命力量。百色起义前，韦拔群动员一批妇女积极分子参加各种学习班，尽可能多地培养妇女干部。根据地创建后，

---

① 中共广西壮族自治区委员会党史研究室、中共百色市委员会党史办公室编著：《百色起义史稿》，广西师范大学出版社 2004 年版，第 142 页。

② 凌绍崇等编著：《百色起义与根据地制度建设》，广西人民出版社 2014 年版，第 89 页。

③ 中共广西区委党史资料征委会《左右江革命根据地》编辑组：《左右江革命根据地》（下），中共党史资料出版社 1989 年版，第 610 页。

右江党组织和各级苏维埃政府更加重视妇女干部培养，举办各种专门的或男女混合的干部训练班，提高妇女干部政治理论和工作水平。①

（九）凝聚群众力量，建设高效廉洁政府

右江苏维埃政府颁布《右江苏维埃各级政府组织与职责》等条令文件，对各县、区、乡苏维埃政权机构的设立及实施权力作出了较为完整和明确的规定。依据民主建政规定建立较为严密的政府组织系统，合理设置苏维埃政府组织机构，明确各级苏维埃政府组织与职责，重视民族干部队伍建设，严抓干部纪律和廉政建设，不仅较好地实现了人员配置，使干部对工作内容、性质和责任有了清晰的认识，有效地防止了因职务重叠而发生的工作扯皮现象，提高了政府的行政效率和工作质量，推动了根据地各项工作的有序开展；而且也严肃了政府组织纪律，严厉处分违反纪律、贪污腐化的县、区、乡苏维埃政府工作人员，纯洁了革命队伍，树立了苏维埃政府的威信，得到了广大工农群众的信任和支持。②

苏维埃政府从诞生之日起，就做了大量工作。除上述各项外，还加强对群众组织的建设，发动右江地区各界、各阶层参加到革命根据地的创建工作中去。右江苏维埃政府对组织制度建设的探索，不仅为根据地的建设提供了制度保障，而且也为组织制度建设积累了宝贵经验。

---

① 凌绍崇等编著：《百色起义与根据地制度建设》，广西人民出版社2014年版，第89－90页。

② 凌绍崇等编著：《百色起义与根据地制度建设》，广西人民出版社2014年版，第340页。

第六章　左右江革命根据地的司法制度

左右江革命根据地建立后，邓小平、雷经天、韦拔群等领导人迅速开展法制建设，建立完善苏维埃政府和司法机关。虽然左右江革命根据地始终处于国内外反革命势力的围追堵截之下，军事斗争频繁，新生的苏维埃政权处于不稳定状态，没有来得及建立专门的司法机关，但革命根据地的苏维埃政权通过建立裁判兼肃反委员会临时行使司法职能的方式，实施法律政策，保障土地改革，保护各族人民群众利益，打击革命分子的气焰，有力地巩固了革命根据地。

第一节　苏维埃政权建立前左右江地区的司法状况

在举行百色起义和龙州起义建立苏维埃政权之前，广西左右江地区（大体相当于今崇左、百色两市）属于典型的半殖民地半封建社会。清末法律改革时期，广西虽然进行了一定程度的司法官制改革，但几乎没有涉及左右江地区，直至清朝灭亡，左右江地区各直隶厅、州、县始终没有设立专门的司法机关。民国建立后，广西各地陆续完善司法机关，成立高等法院和地方法院，但县级均未设立初级法院，而是由县政府兼理司法，继续实行长期沿袭下来的“司法与行政合一”的传统。20 世纪二三十年代，左右江地区各县的县长多由反动军阀、地主、土豪、劣绅充任，他们借由手中的司法权力欺压百姓、鱼肉乡里、敲诈勒索、草菅人命，引发各族人民群众激烈反抗。百色起义和龙州起义前左右江地区司法黑暗的现实，是左右江地区农民运动蓬勃发展、红色苏维埃政权能够获得广泛群众基础的重要原因之一。

一、清末民初左右江地区的司法状况

清代实行“司法与行政合一”的制度，最高司法权由皇帝掌握，具体由刑部、大理寺、都察院等“法司”行使，兵部、内务府、步军统领衙门等机构也掌握部分侦查、缉捕、审讯、裁判等司法权。地方司法权则由省、州、府、县等地方行政机构行使。

左右江地区在清代设有泗城府、镇安府、太平府、归顺直隶州、百色直隶厅。其中，泗城府下辖凌云县、西林县、西隆州，镇安府下辖天保县、奉议州，太平府下辖崇善县、明江厅（今属宁明县）、龙州厅、凭祥厅、左州（今属崇左市江州区）、永康州（今属扶绥县）、宁明州、养利州，归顺直隶州下辖归顺州（今属靖西市）、镇边县，百色直隶厅下辖百色县、恩隆县、恩阳州。

清代广西还设有大量土司，即少数民族地区封建地主豪族世袭的特殊政权。其中，左右江地区设有果化土州（今属平果市）、归德土州（今属平果市）、忠州土州（今属扶绥县）、思州土州（今属宁明县）、上下冻土州（今属龙州县）、龙英土州（今属天等县）、茗盈土州（今属天等县）、全茗土州（今属天等县）、镇远土州（今属天等县）、结安土州（今属天等县）、都结土州（今属天等县）、佶伦土州（今属天等县）、向武土州（今属天等县）、都康土州（今属天等县）、上映土州（今属天等县）、江州土州（今属崇左市江州区）、万承土州（今属大新县）、下雷土州（今属大新县）、太平土州（今属大新县）、安平土州（今属大新县）、下石西土州（今属凭祥市）、上林土县（今属田东县）。

清末实行法律改革，并配套进行官制改革。宣统二年（1910 年）二月，广西成立广西省高等审判厅以及桂林地方审判厅、梧州地方审判厅，但左右江地区尚未成立相应的审判厅，清王朝就灭亡了。

清代的封建司法制度既落后又残酷。地方长官升堂审案时不分青红皂白都要使用刑讯，轻者笞、杖，重者施以夹棍、上钳、跪链、枷号。众多当事人经过刑讯之后已是皮开肉绽，甚至致死、致残。用刑完毕后，长官才进行审讯，罪从供定，随意性极大。

在土司统治地区，甚至根本不适用中央王朝的律例，也没有成文法，全靠习惯和先例断案，土司往往任意裁夺，陋规极多。据《广西通志·审判志》记载，土司判案所判处的刑罚主要是罚款，如被罚款人无钱可交，则没收其牛羊入土司衙门；如抗拒不交，则查抄家产，甚至斩首。司法诉讼程序中，土司更是巧立名目，每个步骤都要收取钱财，铺堂、蜡炬、进笼、出笼、开锁、录供、板子、坐堂、烟茶等，都要向诉讼双方当事人勒索一笔钱财。最为令人发指的是，“土民一人犯罪，土司缚而杀之，其被杀者之族，尚须敛银以奉土司，六十两四十两不等，最少亦不少于二十四两，名曰‘垫刀银’”①。土民犯罪被土司所杀，土司还要向罪犯家人榨取一笔数额不菲的“垫刀银”，其敛财之贪婪，可谓丧心病狂。

土司是土司统治地区的最高统治者，也是最高司法长官，土民对土司来说无异于私产，可以随意处置。土司不但掌握着对土民生杀予夺的决断权，而且不允许向更上一级的府、道、省上诉，司法极为专横。

二、国民政府时期左右江地区的司法状况

北洋政府时期，左右江地区处于旧桂系军阀陆荣廷等人的统治下，这种封建司法制度和土司制度，依然在左右江地区沿用。

1927年北伐胜利，南京国民政府建立后，广西才开始设立广西省高等法院和地方法院。其中，左右江地区设有广西省高等法院第四分院（地址在龙州）、第八分院（地址在百色），并设有百色地方法院和龙州地方法院：百色地方法院管辖百色县、田阳县、田东县、向都县、天保县、敬德县、凌云县、乐业县、西田县、凤山县、万冈县（今属巴马瑶族自治县），龙州地方法院管辖龙州县、凭祥县、宁明县、明江县（今属宁明县）、思乐县（今属宁明县）、上金县、崇善县、左县、养利县、万承县、雷平县、镇结县、龙茗县、靖西县、镇边县。

但是，广西各县均未设立初级法院，仍是由县政府兼理司法。为此，广西还特地制定颁布了《广西各县政府兼理司法事务暂行章程》，其中规定县政府司法处办理司法事务，县长可以自为独任审判员或加入合议庭为审判长或

---

① 广西壮族自治区地方志编纂委员会编：《广西通志·审判志》，广西人民出版社2000年版，第128页。

审判员，并同时行使检察官职权，实与封建时代“司法与行政合一”毫无差别，“换汤不换药”而已。

至于县级以下，司法权则掌握在地方地主武装手里，司法诉讼毫无章程可言，状况比之封建时代没有任何改善，封建时代的许多诉讼陋规乃至司法腐败继续残留于基层司法实践中。以东兰为例，东兰在清代为东兰土州，由韦氏土司世袭知州，1912 年东兰“改土归流”，设立东兰县，土司制度被废除，但韦氏土司家族势力转化为地主武装“团防”，仍然掌握着部分基层政权，横行乡里。司法诉讼的状况也未有多大改善，“民国以来规定民事诉讼案件一票两差，若告状到地方团总，诉讼时原告要先花七八千文钱办一桌酒席招待送传票的差人，名曰‘起马挂红’。同一传票送到被告家，要办一桌酒席招待差人。原告、被告还要向送传票的差人送钱，名曰‘鞋脚钱’。‘鞋脚钱’以差人得百分之八十，团总、保董得百分之二十的比例分配，名曰‘二八归堂’，故差人一般都想方设法多收差钱，以致贿赂勒索习以为常”①。由此可见，即使进入民国时期，广西左右江地区依旧处于封建地主、官僚、军阀的统治压迫之下，司法黑暗与封建时代相比有过之而无不及。

第二节　左右江革命根据地的司法机关

一、右江苏维埃政府裁判兼肃反委员会的建立

在苏维埃政权建立之前，右江地区一些县开展农民运动成效显著，成立了农民协会，其职能包括处理部分土地、婚姻、家庭纠纷案件，没收地主土豪劣绅的土地财产，镇压反革命分子，是右江地区红色司法机关的最早雏形。

1929 年 12 月 11 日，邓小平、张云逸、李明瑞、韦拔群、陈豪人、雷经天等发动和领导百色起义，成立中国工农红军第七军。同日，起义军民在恩隆县平马乡（今属田东县平马镇）召开第一届右江工农兵代表大会，选举产生右江苏维埃政府，雷经天为右江苏维埃政府主席，韦拔群、陈洪涛、韦玉

① 黄现璠、甘文杰、甘文豪：《韦拔群评传》，广西师范大学出版社 2008 年版，第 175 页。

梅、李面山、刘伟媒、黄大权、滕德甫、罗文佳、蒋再兴等人为政府委员，建立了右江革命根据地，根据地所辖地域包含百色、东兰、凤山、恩隆、奉议、恩阳、思林、向都、镇结、凌云、果德、隆安、那地、都安、那马、河池等16个县。右江苏维埃政府成立后，立即制定了《右江苏维埃各级政府组织与职责》，规定在右江苏维埃政府和县级苏维埃政府设裁判兼肃反委员会，区苏维埃政府和乡苏维埃政府设肃反委员，负责行使司法审判职能，管理司法事务。

按照中华苏维埃共和国中央执行委员会第六号训令《处理反革命案件和建立司法机关的暂行程序》要求："各级地方司法机关在未设立法院之前，得在省县区三级政府设立裁判部，为临时司法机关，除依据前列各项原则处置反革命案件外，并解决一切刑事和民事的案件。"① 这一训令是1931年12月13日，即百色起义和龙州起义之后颁布的，但在之前的革命根据地政权建设中就一直实行这一训令的精神，也就是在设立法院等专门司法机关的条件成熟之前，先在政府内部设立裁判部作为临时行使司法审判职能的机关。但是，左右江革命根据地实在是形势紧张、人才匮乏，就连在政府中设立裁判部的条件也不具备，因此只能再退而求其次，将裁判部与肃反委员会合二为一，成立裁判兼肃反委员会。

"肃反"，即"肃清反革命"的简称。肃反委员会的机构设置源于苏联，十月革命后，苏联成立了全俄肃清反革命及怠工非常委员会，作为俄国苏维埃国家安全保卫机关，简称全俄肃反委员会。我国第二次国内革命战争时期，各革命根据地均设有肃反委员会作为安全保卫机关。肃反委员会负责侦缉反革命案件，本身就已承担部分司法职能，与司法关系密切，因此在没有设立法院等专门司法机关的革命根据地，多由肃反委员会临时行使侦缉、逮捕、审讯、判决、执行等司法职能。在左右江革命根据地的红色苏维埃政权尚不稳定、军事斗争任务繁重、司法人才匮乏的特殊历史时期，采用以肃反委员会临时兼行司法职能的做法，亦不失为一种行之有效的权宜之计。

根据《右江苏维埃各级政府组织与职责》的规定，右江苏维埃政府指示

① 韩延龙、常兆儒编：《革命根据地法制文献选编》，中国社会科学出版社2013年版，第782页。

各县苏维埃政府成立裁判兼肃反委员会。其中机构设置最为完善的是东兰县。东兰县苏维埃政府设立裁判兼肃反委员会后，在下辖的兰木区、武篆区、东院区、四孟区、波豪区、太平区、隘洞区、长江区、大同区成立区苏维埃政府，设置区肃反委员，各区所辖的乡也先后成立乡苏维埃政府并设置乡肃反委员。

在左右江革命根据地，裁判兼肃反委员会或肃反委员会是各级苏维埃政府的核心工作部门，在苏维埃政权中具有独特的重要地位。例如，东兰县苏维埃政府，下设八大职能委员会，裁判兼肃反委员会排在首位，可见其地位之突出及重要。

二、左江革命委员会裁判兼肃反委员会的建立

1930 年 2 月 1 日，由邓小平、李明瑞、俞作豫率领的广西警备第五大队在龙州举行起义，成立中国工农红军第八军，接着又建立了左江革命委员会（苏维埃政府）。左江革命委员会所辖的地域，包括龙州、上金、龙茗、养利、崇善、凭祥等 6 个县。左江革命委员会及各县革命委员会都先后建立了裁判兼肃反委员会、军事委员会、财政委员会等机关，分别行使政府职能。

左江革命根据地存续时间较短，形势更为复杂，因此未能像右江革命根据地那样制定颁布有关苏维埃政府组织和职责的法律法规。但左江革命根据地和右江革命根据地一样，也是以裁判兼肃反委员会为临时行使司法审判权的机关，并明确左江地区各级裁判兼肃反委员会的工作目标和任务是："审理土豪劣绅、土匪恶霸及反革命破坏活动案件和其他刑事案件，以确保革命政权的巩固和发展。"①

三、裁判兼肃反委员会的职责

设立肃反委员会作为安全保卫机关及红色苏维埃政权的重要组成部门，是第二次国内革命战争时期各革命根据地建设的成功经验之一。"肃反委员会是革命根据地苏维埃政权设立的、在共产党领导下行使工农民主政权专政职

① 广西壮族自治区地方志编纂委员会编：《广西通志 · 审判志》，广西人民出版社 2000 年版，第 33 页。

能的国家保卫部门，汇集司法与公安、裁判与执行等多种权能于一身，成为苏维埃政权的专门专政机关，是苏维埃政权打击反革命分子、保护人民的保卫机构。”①

右江苏维埃政府的裁判兼肃反委员会行使司法与公安、裁判与执行等多种权能，是保卫红色政权、实行工农民主专政的重要工作部门。1929 年 12 月，右江苏维埃政府建立后不久，就颁布《右江苏维埃各级政府组织与职责》，对裁判兼肃反委员会的职责作出初步规定。右江苏维埃政府下辖各县裁判兼肃反委员会的职责主要包括：“打击土豪劣绅和反革命分子的破坏和反抗；查清混入革命队伍的反革命分子；摸清敌情动向；抓捕混入革命根据地的奸细、特务；镇压经济犯罪和盗匪分子；负责领导机关、领导人和监狱的警戒和警卫；护送秋粮，保护群众利益；禁赌禁烟；维护根据地的社会秩序；为苏维埃政权筹集粮款等。”② 可见，各县裁判兼肃反委员会的职权范围非常广泛，担负着极为重要的职责。

《右江苏维埃各级政府组织与职责》还明确规定了区、乡肃反委员的职责。区肃反委员的职责是：“侦查一切反革命派及其走狗的住处及行动，随时捕交各区苏府处理；侦查一切反革命的财产，即行没收交区苏府支配；区苏府的区域绝对不许窝藏一切反革命派及其走狗；审判一切反革命派的罪犯，决定处理方法；负责管理一切罪犯；制止反革命的宣传；联络各乡苏府的密切关系。”③ 乡肃反委员的职责是：“侦查一切反革命派及其走狗的地〈址〉住处及行动，随时捕交我苏府处理；侦查一切反革命派的财产，即行没收，交乡苏府支配；乡苏府的区域绝对不准窝〈藏〉一切反革命派及其走狗；审判一切反革命派的罪犯。处决处理方法；负责管理一切罪犯。”④

四、裁判兼肃反委员会的工作人员

在戎马倥偬的革命战争年代，革命干部队伍严重缺乏人才，尤其是法律、

---

① 凌绍崇等编著：《百色起义与根据地制度建设》，广西人民出版社 2014 年版，第 137 页。

② 凌绍崇等编著：《百色起义与根据地制度建设》，广西人民出版社 2014 年版，第 138 页。

③ 中共广西区委党史资料征委会《左右江革命根据地》编辑组：《左右江革命根据地》（上），中共党史资料出版社 1989 年版，第 95 页。

④ 中共广西区委党史资料征委会《左右江革命根据地》编辑组：《左右江革命根据地》（上），中共党史资料出版社 1989 年版，第 95 页。

司法方面的人才，几乎没有。因此，左右江革命根据地的各级裁判兼肃反委员会主席、主任和肃反委员，都是在苏维埃执行委员会的委员中选举产生的，大多数是兼任的，没有专业或工作特长方面的要求。但是，左右江革命根据地对各级裁判兼肃反委员会主席、主任和肃反委员人选的阶级成分和个人品德有非常严格的要求，即受剥削最重，受苦难最深，同豪绅地主有着刻骨的阶级仇恨，立场坚定，品德端正，实事求是，办事公道，不谎报事实，不受贿贪污，不公报私仇。除了部分专职的委员以外，其他委员不脱离原来的岗位。为适应战时斗争形势需要，便于开展侦缉、逮捕等工作，裁判兼肃反委员会主席、主任或肃反委员一般由红军干部或当地赤卫军总指挥、队长或乡队长兼任。右江苏维埃政府裁判兼肃反委员会领导县裁判兼肃反委员会，县裁判兼肃反委员会领导区、乡肃反委员，区、乡肃反委员在县裁判兼肃反委员会的领导下开展工作。

右江地区苏维埃政府和所辖16个县的苏维埃政府都先后设立了裁判兼肃反委员会，县以下各区、乡成立肃反委员。裁判兼肃反委员会设主席或主任1人，肃反委员会设肃反委员若干人，工作人员若干人。右江苏维埃政府裁判兼肃反委员会主席为陈洪涛。右江革命根据地各县苏维埃政府的裁判兼肃反委员会主席，目前姓名可考的有百色县罗文佳（后为黄启滔，即黄一平），东兰县牙苏民（牙苏民牺牲后为黄权生），凤山县黄星明，恩隆县李绍楚，凌云县蒙彩芝。其中，东兰县苏维埃政府裁判兼肃反委员会建设比较完善，主席由东兰县赤卫军总指挥牙苏民兼任，东兰县下辖的兰木区、武篆区、东院区、四孟区、波豪区、太平区、隘洞区、长江区、大同区苏维埃政府，分别由黄明坚、韦四、韦尚廷、黄卷超、覃荣邦、张世才、罗文勋、牙朝干、覃子平担任肃反委员。①

左江革命委员会裁判兼肃反委员会主席为麦锦汉，至于左江革命根据地各县革命委员会裁判兼肃反委员会主席或主任的姓名，因史料缺失，目前暂不可考。

---

① 中共东兰县委员会组织部：《中国共产党广西壮族自治区东兰县组织史资料》，广西人民出版社1993年版，第62－78页。

五、裁判兼肃反委员会的审判程序

右江苏维埃政府和左江革命委员会的裁判兼肃反委员会，均按照中央苏区制定的相关法律政策，实行新型的、革命的、有别于旧社会司法的审判程序制度。

（一）审判权统一由各级裁判兼肃反委员会行使

右江苏维埃政府和左江革命委员会均规定，由裁判兼肃反委员会执行逮捕、看管、裁判和处决一切反革命罪犯的任务。一般的刑事民事案件的审判事宜，也由裁判兼肃反委员会处理。其他机关团体和个人除法律另有规定者外，一律无权拘人捕人，更不得进行审讯和科以刑罚，否则即为违法。

（二）审判活动实行陪审、合议、公开审判等制度

左右江革命根据地未制定有关司法审判程序的法律法规，实践中主要执行中央革命根据地的有关规定和做法。审判一般刑事案件，由检察员代表国家，以原告人身份出庭告发；反革命案件由政治保卫部门以原告人身份向审判机关提起诉讼。开庭审判时，由裁判部长或裁判员 1 人为主审，邀请陪审员 2 人共同组成审判法庭，另外安排书记员 1 人或 2 人担任记录。审理完毕，经法庭评议后，主审员和陪审员以国家名义宣告判决，并制作判决书。被告人有上诉权，上诉期为 14 天。检察员不同意二审判决的，可以向司法机关提出抗议。凡是判处死刑的案件，即使被告不提出上诉，也要把该案的全部卷宗送上级裁判机关审核。判处死刑的案件，经审批后由原判机关执行；判处监禁的罪犯，移送其所属的劳动感化院执行。没收财产的案件，由专门组织即没收财产委员会执行。右江苏维埃政府和左江革命委员会的裁判兼肃反委员会审判案件的程序基本上符合中央苏区有关司法审判程序的要求和精神，规定审判必须公开进行，邀请陪审员参加审判，允许当地群众旁听和观审，在审判案件前，由法庭公布审判案件的名称、日期和地点，审判以后，公开宣告刑罚，张贴判决书。在特殊情况下不公开审判的，其审判结果也必须公

开宣布，以接受群众监督，并向群众进行法制教育。[①]

百色起义纪念馆现存一份题为“百色临时苏维埃刑事判决”的文书，是对一起串卖（合谋贩卖）妇女案件的判决，文书首部就写道：“据诉事节，案经票传串卖人等到庭环质，各供不讳。”意思是对于原告据以起诉的事实，经过法庭传票传唤串卖人等到庭进行质证，各串卖人都予以承认。“票传”，表明当时已有传票、传唤等程序；“到庭”，表明当时有法庭和开庭审理程序；“环质”，意即各个当事人交叉、循环进行对质，相当于现代诉讼程序中的“交叉询问”。可见，右江革命根据地的司法审判程序注重保障各方当事人的诉讼权利，在形式上相当完整，可谓初具规模。

（三）审判工作坚持实事求是的原则，严禁刑讯逼供

废除肉刑和刑讯逼供是中国共产党的一贯主张，也是革命根据地司法有别于旧时代封建司法的重要特征。《广西东兰县革命委员会最低政纲草案》《奉议县临时苏维埃政府成立宣言》等革命法律法规性文件均宣告“废除肉刑”，审讯人犯必须坚决废止肉刑，而采用搜集确实证据及各种有效方法，以确定可靠的证据，作为定罪量刑的根据。在开庭审判时，坚持重证据不轻信口供。禁止证人作假证，以免冤枉无辜。力求事实清楚，量刑适当，避免轻罪重判或重罪轻判。凡是错判的案件一律改正，以维护法律的尊严，保护人民群众的权益。

第三节　左右江革命根据地的司法活动及成效

早在右江农民运动时期，右江地区就已经开展革命司法活动，各县成立农会行使司法职能，保障农民权利，惩治土豪劣绅，清算地主军阀的罪行。例如，1926 年 2 月 5 日，国民党桂系军队团长龚寿仪，与前任东兰县知事黄守先、时任东兰县知事黄祖瑜、土豪劣绅杜瑶甫等人勾结，率正规军一个团

① 广西壮族自治区地方志编纂委员会编：《广西通志 · 审判志》，广西人民出版社 2000 年版，第 130 页。

和地方武装数千人，突袭农民运动蓬勃开展的东兰县武篆区武篆乡的板乐、弄内、廷怀、板勉、那峨、那烈、那汉、板拉、未住、板别、板墨 11 个村，进行了惨绝人寰的大屠杀、大掳掠，史称“东兰惨案”。惨案震惊中外，就连国民党桂系当局也难以掩饰，被迫对“东兰惨案”进行调查，查处了对“东兰惨案”负主要责任的黄守先、黄祖瑜、杜瑶甫、龚寿仪等人。但对于参与“东兰惨案”的其余人员，国民党桂系当局并未处理。于是，在韦拔群的领导下，东兰县各级农会对“东兰惨案”的其余责任人员进行调查，分别予以惩处。1926 年 12 月 26 日，东兰县武篆区约里农会逮捕了在“东兰惨案”中出卖农友的叛徒黄海驹，“经过农会的公正审判，他对自己的罪行供认不讳，被农会判处死刑。临刑前，韦拔群召集第二届农讲所的学员队列，以洋号和洋鼓在前头引路，农军押着黄海驹走在中间，学员们跟在后面，一路上高呼革命口号，高唱革命山歌。押送至圩下河边时，农军当众对黄海驹进行了枪决”①。

通过百色起义和龙州起义建立左右江革命根据地后，各县裁判兼肃反委员会开展了一系列重要的司法审判活动，包括审判罪大恶极的地主恶霸、土豪劣绅，没收反革命分子的土地，推动土地改革，解放妇女等。尽管在革命根据地时期，司法机关设置和司法活动存在诸多历史局限，不可能达到现代法治的要求，但这些司法活动的目标非常明确，也取得了显著的成效，出色地完成了应尽的历史职责和使命。

一、左右江革命根据地的司法活动及其特点

红色苏维埃政权建立后，左右江各级苏维埃政府的裁判兼肃反委员会和肃反委员迅速开展了一系列的司法活动，有力巩固了新生政权。左右江苏维埃政府的裁判兼肃反委员会虽是临时行使司法审判职能的机关，但其司法活动卓有成效，也具有鲜明的特点。

（一）注重维护革命秩序

革命政权建立以后，各级苏维埃政府和红军采取出“安民布告”、写革命

① 黄现璠、甘文杰、甘文豪：《韦拔群评传》，广西师范大学出版社 2008 年版，第 151 页。

标语、下乡宣传、编写歌曲和识字课本等形式，宣传共产党和红军的宗旨，要求“劳苦大众应各安生业，幸切毋误听谣言，自相惊扰”，以安民心。奉议县各乡苏维埃政府发布布告规定：“一、凡我乡内群众，有谁去勾结豪匪，引线来搜掠我们群众的财物者，枪毙！二、如外村各同志远来投我本乡者，务要患难相顾，一视同体，勿得见财起意，暗行谋夺，查出亦处枪毙之条。三、物各有主，凡我乡内什物不论粟帛，或藏在家中，或搬出郊外，不准汝偷我盗，如犯照原物赔补外，加倍罚款！四、我乡群众们，务要切实报告，不得枉加诬害，借〈机〉报复致于反坐！五、以上各条议案，事在实行，不得借情包庇，查知以罪同等。”① 通过颁布法令明确宣布对扰乱革命秩序的犯罪行为予以严厉制裁，从而震慑潜藏在苏区的反动分子，维护革命秩序。左右江地区各县裁判兼肃反委员会主席和区、乡肃反委员，多由赤卫队指挥人员兼任，主要是考虑方便裁判兼肃反机关调动赤卫队开展司法活动，维护革命秩序。在各级苏维埃政府和裁判兼肃反机关指挥下，各地赤卫队积极担负起巡逻、守卡、放哨的任务，在维护革命根据地的安全稳定、保护根据地人民群众生产生活上发挥了很大的作用。“1930 年 4 月 30 日，奉议县苏维埃政府主席、右江赤卫军总指挥黄治峰发出通告，要求各地赤卫队在春播种期间，提高革命警惕，密切注意豪绅土匪行动，保护群众利益，把春耕生产搞好。在赤卫队的大力配合下，当时的社会秩序很好，不少地方盗匪绝迹，曾一度出现路不拾遗、夜不闭户的太平景象。”②

（二）程序较为简单，刑罚极为严厉

按照一般理解，司法审判权包括侦查权、起诉权、审判权和执行权，审理案件也应当经过侦查、起诉、审判和执行等程序阶段。但左右江革命根据地建立时，内外形势异常复杂，红白区域交错，军事行动频繁，“围剿”和反“围剿”的斗争从未停止过。在残酷的战争环境下，保卫新生的苏维埃政权是裁判兼肃反委员会的根本职责，加上根据地的法治建设处于初创阶段，因此，

① 中共广西区委党史资料征委会《左右江革命根据地》编辑组：《左右江革命根据地》（上），中共党史资料出版社 1989 年版，第 257 页。

② 中共广西区委党史资料征委会《左右江革命根据地》编辑组：《左右江革命根据地》（下），中共党史资料出版社 1989 年版，第 1131 页。

司法审判虽然参照中央苏区的司法审判程序，但实际的审判活动并不严格按照程序进行，常见的是依据调查取得的证据直接对犯罪分子进行审判，当场定罪判刑，甚至当场执行，刑罚亦多为以枪决执行的极刑。例如，1930 年 4 月，“百色县武隆区反动区长王炳楠的得力帮凶黄卜锣，经常到苏区打家劫舍，武隆区肃反委员黄正昌等调查发现后，即将其缉拿审问。黄卜锣供认了罪行，经报请区苏维埃主席批准，肃反委员便把黄卜锣杀掉”①。

（三）重视调查收集证据

左右江各级苏维埃政府的裁判兼肃反委员会和肃反委员在办案时虽然程序较为简单，但出于共产党人实事求是的精神，大多数工作人员注重调查收集证据，特别是口供以外的其他客观证据，在证据确凿的情况下，才施以极刑，并不草菅人命。除了一些罪大恶极、劣迹斑斑的反革命罪犯由于引起人民群众的极度愤怒而需要就地处决以外，一般案件都要经过审判机关的详细审讯，认为证据确实充分后方能结案。例如，从韦拔群处理韦瑞棠贪污一案的方式，就可以看出当时注重证据而不轻信口供的办案严谨性。案件发生和处理的过程如下：“凤山县农民协会负责组织工作的韦瑞棠外出工作，见到一个国民党军队的军官，此人要求会见韦拔群，并交 120 块光洋给韦瑞棠转交韦拔群。韦瑞棠没有向韦拔群汇报此事，将 120 块光洋贪污了。除留下 60 块自用，另外 60 块拿回去给其父亲。后来，同韦瑞棠一起外出工作的同志将此事报告给韦拔群。韦拔群就派肃反委员覃秀华去调查。覃利用韦瑞棠睡觉的机会，秘密数了绑在他身上的光洋，只有 29 块，还有 31 块不知下落。韦拔群又派另一位肃反委员韦瑞清去查。因暂时查不清，不好处理。为了查个水落石出，韦拔群再次派人去调查，最后查出韦瑞棠送了 30 块光洋给一个女的，准备娶她做小老婆。还有 1 块招待朋友吃喝用去了。从而证实了他确实贪污了 120 块光洋。这样，韦拔群才决心把韦瑞棠处决。”②

---

① 中共广西区委党史资料征委会《左右江革命根据地》编辑组：《左右江革命根据地》（下），中共党史资料出版社 1989 年版，第 1128 页。

② 中共广西区委党史资料征委会《左右江革命根据地》编辑组：《左右江革命根据地》（下），中共党史资料出版社 1989 年版，第 1133 页。

（四）实行区别对待的司法政策

左右江苏维埃政府的裁判兼肃反委员会，虽然在开展司法活动时程序简单、刑罚严厉，但也很注意讲政策、讲策略，注意实行区别对待，并不是一味地扩大打击面。各地苏维埃政府的裁判兼肃反委员会在惩治土豪劣绅、镇压反革命的同时，对流氓、盗匪及其他普通刑事犯罪案件，也给予严肃处理，对于罪行严重应处死刑的都予以处决，对于罪行较轻，表示愿意改邪归正的，就既往不咎。有的乡政府对留下的地主和他们的亲属，实行画地为牢，不准他们外出，并规定外边来人要报告，当时工农群众觉悟很高，谁家来了生人，马上就有人向肃反委员会报告。这也是一种处置方式，能够缓和部分小地主阶级与革命群众之间的矛盾对立，争取他们的认同甚至参加革命。左江地区在开展反帝斗争的时候，也很讲究策略，注意区别对待，只打击惩治首恶分子。1930 年 2 月，为反对法帝国主义对我国革命的武装干涉、侵犯我国主权的阴谋，左江革命委员会号召革命群众占领了设在龙州的法国领事馆和海关大楼，对反动的法国领事、海关关长、税务司长、传教士等，没收其财产，驱逐出境，而对开办医院、学校、商店的法国医护人员、教师、商人，有罪则罚，无罪不问，体现了左江地区红色苏维埃政权开展反帝斗争的灵活性和策略性。

（五）坚持反腐肃贪

中国共产党一向重视反腐肃贪和廉政建设。在百色起义建立苏维埃政权后不久，红七军就发布《前委通告（第二号）——关于党的组织工作》，规定了党的组织和党的纪律等内容，提出了违纪处分办法，包括“口头警告；书面警告；留党察看；革除”。对于违反党的纪律、贪污腐化的行为，视同反革命，由肃反委员会查处。1930 年年初，恩隆县苏维埃政府处决了利用职权勒索商人的县苏维埃政府干部黄汉耕。同年 8 月，处决贪污红军战利品巨款的思林县赤卫军队长黄金光。同年 9 月 15 日，邓小平到果德县对果化区苏维埃政府主席赵世斋和粮食委员赵世纲侵吞军粮军饷案进行严厉处理。正是因为我们党在左右江革命根据地坚持反腐肃贪，才能使党组织成为百色起义、龙州起义和左右江革命根据地的坚强领导核心，才能使左右江各族同胞积极拥护党和新生红色政权，才能使红七军、红八军成为纪律严明、能征善战的革命军事队伍。

由于历史条件和环境限制，左右江革命根据地的具体司法活动也存在很大的不足和历史局限性。除了司法机关组织建设不完备、司法程序简单化之外，更存在不分敌我的倾向，给革命根据地红色苏维埃政权建设带来了负面影响。特别是由于受到“左”倾路线的影响，加上没有规范严格的司法程序，有些地方的死刑判决呈现扩大化的趋势。右江苏维埃政权成立初期，“个别区的苏维埃政府没有按司法审判程序审判，一旦抓到反动的地主土豪就立即处决；一些地方农民自卫军攻下地主豪绅的山寨后，就立即对地主豪绅进行处决；有些地方把反对《共耕条例》和焚烧契约的人列为敌对分子而直接处决。恩隆的亭泗和凤山的盘阳、赐福，一部分富农和很多地主被处决，一些贫农和中农由于受牵连而惨遭杀害，引发了部分农民的恐惧”①。这些极端案例往往发生在土地革命过程中，由于推行土地革命的手段过激，一些农民即使在土地革命中分到田地也因害怕被打击报复而不敢耕种，宁可流落他乡，造成部分田地荒芜。这一现象对革命根据地建设、发展造成巨大伤害，严重影响革命队伍的团结，造成红色苏维埃政权建设的严重损失。

《土地法暂行条例》制定和实施后，明确了地主阶级、豪绅阶级、农民阶级的区分以及反革命的认定标准，引导红七军执行正确的肃反政策。据时任右江苏维埃政府主席雷经天回忆：“在地方上的肃反，恩隆于起义时枪毙了一个县政府的警备队长，逮捕过一个60多岁的穷县知事，决定罚款1000元，款没有缴，人也不杀，在后还是释放了。但区、乡政府捉到反动的豪绅、地主均直接枪决。还有在边界捕捉到侦探嫌疑分子，即行处死，绝少放松的。对于边区外的群众，一律视为反动派，互相仇杀，造成赤白对立的严重现象。这是在起义初期，各地农民的幼稚行为，但过后即逐渐的纠正。只准杀反动的豪绅地主、民团队长、敌人侦探，如捉到其他工农群众及民团壮丁，即行释放，随后滥杀的错误才被纠正过来。”②

① 凌绍崇等编著：《百色起义与根据地制度建设》，广西人民出版社2014年版，第140页。

② 中共广西区委党史资料征委会《左右江革命根据地》编辑组：《左右江革命根据地》（下），中共党史资料出版社1989年版，第606－607页。

二、左右江革命根据地的司法成效

左右江革命根据地各级苏维埃政府成立裁判兼肃反委员会，有效开展司法活动，履行司法职能，有力地打击了反革命分子的颠覆活动，保卫了新生的苏维埃政权，维护了各族人民的利益。

（一）促进苏维埃政权的巩固和发展

1. 调动了根据地各族人民巩固苏维埃民主政权的积极性。

在左右江革命根据地红色苏维埃政权的领导下，各级裁判兼肃反委员会和肃反委员开展一系列司法活动，清算、惩治地主恶霸、土豪劣绅，有力推动开展土地革命，扫除了盘踞各县、区、乡、村的封建势力，没收剥夺地主恶霸、土豪劣绅的全部财产，废除了高利贷的盘剥，取消了苛捐杂税，苏区的广大农民从漫长的黑夜中惊醒，一跃变成国家的主人，得到翻身解放。苏维埃政府的各项法律制度确认了这场翻天覆地的巨变，保护各族人民从土地革命中所获得的实际利益和用鲜血换来的胜利果实。但是国民党政府和土豪劣绅并不承认这一结果，而是千方百计推翻新生的苏维埃革命政权。一方面通过军事“围剿”方式妄图消灭刚刚建立的苏维埃民主政权，把广大人民重新打入黑暗地狱；另一方面企图在革命根据地实施《剿匪区内各省农村土地处理条例》，剥夺各族人民在土地革命中分配到的土地，使他们重新陷入被剥削奴役的深渊。各族人民从新旧两个政权的鲜明对比中，深刻地认识到新生的苏维埃政权才是维护广大人民利益的自己的政府，根据地的法律才是维护自己利益的法律。于是激起了各族民众的革命热情，为了保卫自己的土地、政权和法律，纷纷投入同土豪劣绅和国民党开展的反革命“围剿”的斗争中去。百色起义建立右江革命根据地时，右江地区“有革命的工农民众 20 多万人来拥护”，至 1930 年 9 月根据地鼎盛时期，有 100 万各族群众作为基础，是根据地初创时的 5 倍。百万群众追随参加右江革命运动，部分人参军参战，参政议政，帮助革命，掩护革命志士，推动革命运动的发展。

2. 左右江革命根据地的司法活动把党的民主革命纲领具体化、现实化。

中国共产党在党的第二次全国代表大会之后，就领导全国各族人民为实现民主革命阶段的最低纲领而进行英勇斗争，并针对不同时期的形势和特点，制定不同的政治经济政策，引导新民主主义革命逐步走向深入。革命根据地的法律总结了红色政权建设的初步经验，描绘了工农民主专政国家的基本轮廓，初步体现了民主革命的基本纲领，对根据地的革命斗争起到了指导和推动作用。根据地的各族人民从根据地的法律及司法活动中看到，只有苏维埃的民主政权，才能把各族人民从地主买办阶级的剥削和压迫中解放出来，而苏维埃的民主政权只有在革命根据地才能放射民主的曙光，其寄托着人民解放的希望。

3. 左右江革命根据地的司法实践活动为后来新中国的法治建设积累经验。

虽然左右江革命根据地开展司法实践活动的时间不长，很多做法不免简单粗暴，不够成熟，但其勇于探索的精神以及开拓性的创新精神，是值得学习和借鉴的。例如，废除肉刑和刑讯逼供，实行公开开庭、公开辩论、公开审判，重视调查收集证据，免收诉讼费等，都是对人民司法制度建设的初步探索。在军事斗争形势极为紧张的环境下，左右江革命根据地仍能在完善司法制度方面进行探索，尤为难能可贵。这些有益的探索无疑为后来新中国法治建设，特别是在边疆民族地区开展司法活动，提供了非常宝贵的经验，具有极高的历史价值。

（二）维护各族人民的利益

左右江革命根据地司法活动的主要目的之一就是维护各族人民的合法利益。在法律法规的制定和司法活动中，左右江苏维埃政府的裁判兼肃反委员会及其工作人员，有力保障了这一目标的实现。

1. 保护各族群众的权利是革命根据地司法活动的核心内容

左右江苏维埃政府颁布的法律或法律性文件虽然数量不多，但都把赋予各族人民的各种权利作为法律的核心内容，使各族人民的基本权利有了法律的保障。《广西东兰县革命委员会最低政纲草案》《中国红军第七军目前实施政纲》《中国红军第八军目前实施政纲》规定了各族人民的政治权利和人身自由权，《土地法暂行条例》和《共耕条例》则规定了各族人民的土地权利。左右江苏维埃政府通过各级裁判兼肃反委员会的司法活动，贯彻落实各族人民的权利，使左右江革命根据地的人民群众有史以来第一次成为土地真正的主人，摆脱了旧社会封建司法的桎梏，感受到人民司法的温暖，实现了翻身解放。

例如前述题为“百色临时苏维埃刑事判决”的文书，全文内容为：“一件据黎咸华呈诉，黄家安等串卖伊妻黄氏，请严究办。理由呈悉：据诉事节，案经票传串卖人等到庭环质，各供不讳。惟陈黄氏窝藏逃妇应罚毫银拾陆圆，媒人妈生与四嫂串卖逃妇均各罚银拾贰圆，林彩焕和买逃妇补罚银贰拾圆，该银共陆拾圆应给回黎咸华，准予财礼费。至该黄氏既不愿跟随前夫，而愿跟随后夫，本府应尊重结婚离婚自由意思，将该黄氏判还林彩焕。仰即知照。此判。”落款为“裁判主席委员罗文佳”，日期为“一九三十年元月廿九日”。该案是一起以百色县临时苏维埃政府裁判主席委员罗文佳的名义作出判决的刑事案件，黄家安、陈黄氏、妈生、四嫂等人“串卖”（合谋贩卖）人口，将黎咸华的妻子黄氏卖给了林彩焕，黄家安等人串卖人口，固然是危害社会的行为，但黄氏不愿意返回黎家跟随黎咸华生活，倒是愿意跟随林彩焕生活。可见，黎咸华与黄氏的婚姻是包办婚姻，黄家安等人的贩卖行为是得到了黄氏的同意的，所以判决书将其行为称为“串卖”而非“拐卖”。最终，判决仅对黄家安等人处以罚金银圆 60 圆，将这 60 圆银圆作为“财礼费”补偿给黎咸华，尊重黄氏的意愿将黄氏判归林彩焕。若以现代法律的眼光来看，上述判决在表述事实方面过于简略，也没有阐述判决的理由，文字亦略显粗糙，但这份判决的处理结果十分公平允当，不但解决了案件争议，而且解决了案件背后的社会矛盾纠纷，可以说做到了兼顾天理人情，水平非常高。首先，判决对贩卖人口的行为进行了惩罚，但因为贩卖并未违背黄氏的意愿，只是“串卖”而非“拐卖”，没有使用暴力胁迫手段，情节较轻，故而判决对黄家安等串卖人仅处以罚金，这完全符合现代刑法的罪责刑相适应原则。其次，判决并未简单地支持黎咸华的诉讼请求，而是在查明事实的基础上，尊重妇女意愿，将黄氏判归林彩焕一起生活。这就通过司法活动否定了包办婚姻，保护自由婚姻，贯彻了我们党一贯主张并坚决贯彻实行的男女平等、解放妇女、“实行结婚离婚绝对自由”等方针政策，切实保障了妇女权利。最后，判决创造性地把罚金转化为“财礼费”，用来补偿黎咸华，这是兼顾当时当地群众男女平等、婚姻自由等意识还比较薄弱的实际情况，所采取的变通做法。在法制意识淡薄、法制尚不完善的情况下，这一做法努力平衡了法律价值和社会现实，体现了司法者高超的司法智慧，至今仍具有极高的借鉴价值。

2. 便民利民是革命根据地司法工作的基本原则

革命根据地的司法不同于封建社会或半殖民地半封建社会的司法，其性质是人民司法，人民司法为人民，吸收和依靠人民群众广泛参与审判过程，便利民众，是苏维埃政权司法的重要原则。以帮助人民群众解决纠纷为出发点，走便民利民路线，是苏维埃政权的司法有别于旧中国封建社会或半殖民地半封建社会司法的重要特征。

为了贯彻便民利民原则，方便群众进行诉讼，《广西东兰县革命委员会最低政纲草案》规定："废除一切诉讼手续费"，"废除呈状公文格式（告状用口诉或面述）"。[①] 这些规定对简化诉讼手续、降低诉讼费用、减少诉讼障碍、便利群众参加诉讼有重要促进作用。

3. 维护各族人民的合法利益始终是革命根据地司法工作的落脚点

左右江革命根据地的司法工作人员是各级裁判兼肃反委员和区、乡肃反委员，这些司法工作人员从苏维埃执行委员会的委员中选出，注重他们的品德修养和阶级成分，要求他们具备受苦难最深、受剥削最重、和地主豪绅有深刻阶级仇恨、立场坚定、品行端正、办事公道、实事求是、不公报私仇、不贪污受贿等素质。选出的裁判兼肃反委员或肃反委员在司法实践中，能深入实际，倾听群众的意见，秉公办事，自觉维护百姓的合法利益。

例如，在东兰县苏维埃政府成立不久后召开的一次肃反工作会议上，讨论了肃反工作对象。会议上，有一个乡苏维埃政府领导提出把三石区仁雷乡的黄卜晚、罗忠明等10人列为肃反对象，仁雷乡的肃反委员当场提出反对意见，指出黄卜晚、罗忠明等10人被列为肃反对象，是因私利而被指控的，个别苏维埃政府领导偏听偏信，仅听一面之言。韦拔群听后说："铲错了苗来春可以再种，杀错了人就不能起死回生。今天请大家来，就想听听你们的批评意见。"其他肃反委员也提出了不同的意见。于是，会议重新确定了肃反对象。[②] 右江革命根据地司法实行倾听群众意见、走群众路线、接受群众意见、

① 中共广西区委党史资料征委会《左右江革命根据地》编辑组：《左右江革命根据地》（上），中共党史资料出版社1989年版，第95页。

② 凌绍崇等编著：《百色起义与根据地制度建设》，广西人民出版社2014年版，第148页。

实事求是的工作方法和作风，使司法工作得以顺利展开，避免了出现类似中央苏区所犯的肃反扩大化、简单化的错误，维护了根据地广大干部群众的正当利益。

（三）打击反革命分子的嚣张气焰

百色起义前的右江地区，壮族豪绅、地主、土司占据绝大部分山林土地资源，垄断地方政权。1929 年 12 月 11 日，右江苏维埃政府成立后，根据地面临土地革命和政权建设的艰巨任务。为了完成这一艰巨任务，各地相继建立苏维埃政权，发展工农武装，实行武装割据，开展土地革命，没收地主豪绅的土地，分给贫农雇农。这就很自然地把地主豪绅列为肃反工作的重点对象。

为了保护百色起义的胜利果实，推进土地革命，1930 年 5 月 1 日制定施行的《土地法暂行条例》明确规定了革命的专政对象。同月，时任右江苏维埃政府裁判兼肃反委员会主席陈洪涛于东兰县组织召开了由各县苏维埃政府肃反委员会主席和东兰各区、乡苏维埃政府肃反委员参加的肃反工作会议，学习有关肃反文件规定，布置肃反工作任务，使各级苏维埃政府的肃反工作人员明确肃反工作的重点对象，把打击的方向对准地主豪绅，有力地促进土地革命开展。

左右江革命根据地建立后，敌人为破坏革命，不断派遣密探潜入苏区收集情报，收买、策反一些革命意志不坚定的叛徒奸细。因此，侦缉密探、拔除奸细是各级裁判兼肃反委员会的一项重要职责。右江各级苏维埃政府在这方面的成绩比较显著。“1930 年 8 月，红七军在平马抓到桂系军阀派到苏区刺探红军情报的两个密探，一个叫周民正，一个叫姚昌。红七军领导亲自将这两个人交给恩隆县肃反委员黄明高审查，证实后即交由红军处决。与此同时，对投敌叛变、出卖革命的苏维埃工作人员，也给予严厉惩治。百色县苏维埃政府工作人员黄卜超，组织上派他去侦察广西警卫第四团团长岑建英的情况。他去后被敌人抓住就叛变了，把自己所知道的苏区情况全部告诉了敌人。黄卜超回来后，经审查证实他已投敌叛变，便把他杀掉了。恩隆县苏维埃政府工作人员黄日焕、黄四叛变后也被捕枪决。凤山县苏维埃政府工作人员陈伯山，暗中参加了土匪打家劫舍，查证属实后立即把他处决。”①

1931 年年初，桂系军阀对东兰革命根据地发动反革命“围剿”。面对严峻的革命形势，1931 年 2 月，韦拔群在东兰县武篆区主持召开了东兰县各区苏维埃政府主席参加的紧急会议，研究革命形势，制定对敌斗争策略，颁布了处罚变节动摇分子的《十二条法令》。《十二条法令》内容简单明了，其全文如下：

第一条，要坚持与敌人斗争，把革命进行到底；

第二条，偷取情报给与敌人者杀；

第三条，漏党机密报与敌人者杀；

第四条，秘密与敌人通讯，谋害革命领导者杀；

第五条，意志动摇，叛变投敌者杀；

第六条，凡是公家收藏的物资、枪弹、粮食等，如有偷取者，不分轻重，概行枪决；

第七条，凡在山洞避匪的人民群众，均应互相爱护，如有乱行非为，乱搞男女关系，调戏妇女者杀；

第八条，如有出山洞外面与反动分子会面，图谋不轨者杀；

第九条，带引匪军进山洞者杀；

第十条，为首煽惑群众归敌者杀；

第十一条，进山洞内侦探者杀；

第十二条，作反动派宣传，造谣惑众者杀。

《十二条法令》明确规定了各级苏维埃政府肃反工作的任务和对象，几乎每一条都以“杀”字结尾，具有极强的震慑力，对打击动摇变节分子，保卫新生的红色苏维埃政权，保护根据地各族人民的合法利益，发挥了重要的作用。

右江革命根据地各级苏维埃政府的裁判兼肃反委员会司法人员，始终严格执行党的方针政策和苏维埃政府的法律规定，紧紧围绕保卫和巩固革命根

① 中共广西区委党史资料征委会《左右江革命根据地》编辑组：《左右江革命根据地》（下），中共党史资料出版社 1989 年版，第 1129 页。

据地、维护人民群众利益等目标任务，严厉惩处了一大批妄图颠覆苏维埃政权、罪大恶极的不法分子和地主豪绅。例如，东兰县肃反委员会惩处了三四百人，多数是地主恶霸、土豪劣绅，少部分是制造动乱的反革命分子。左右江革命根据地的司法和肃反工作措施得当，目标明确，工作得以顺利开展，打击了反革命分子的嚣张气焰，稳定了革命根据地的人心，为巩固和发展革命根据地作出了历史贡献。

第七章　左右江革命根据地的刑法制度

刑法是规定犯罪、刑事责任和刑罚的法律。“具体些说，也就是掌握政权的阶级即统治阶级，为了维护本阶级政治上的统治和经济上的利益，根据自己的意志，规定哪些行为是犯罪和应负刑事责任，并给犯罪人以何种刑罚处罚的法律。”① 刑法有狭义和广义之分，狭义刑法特指刑法典，广义刑法则包括刑法典以及单行刑法、附属刑法（非刑事法律中的刑事责任条款）。左右江革命根据地没有制定系统的刑法典，专门的单行刑法仅有《十二条法令》，有关刑法制度的规定大多数散见于其他法律法规文件中，可以说主要表现为附属刑法。左右江革命根据地的刑法制度虽然缺乏系统性和完整性，条文亦不甚多，但宗旨明确、刑罚严厉、极具特色，充分发挥了刑法惩治犯罪、保护人民、维护秩序的功能，保卫了新生的苏维埃政权和革命根据地的安全，作出了重要的历史贡献。

第一节　左右江革命根据地刑法制度概况

一、制度建立发展的进程

左右江革命根据地的刑法制度并非一朝一夕建成，而是在长时期的革命斗争实践中逐步建立发展起来的。从历史进程上看，左右江革命根据地的刑法制度的建立发展主要经历了三个阶段。

---

① 高铭暄、马克昌主编：《刑法学》（第7版），北京大学出版社、高等教育出版社2016年版，第7页。

（一）农民运动时期

1925年4月，韦拔群在第三届广州农民运动讲习所学习后，以国民党中央农民部特派员职务回到广西东兰，开展农民运动。韦拔群、陈洪涛等革命志士组织建立农民协会（农会），提出“一切权力归农会”的口号，在东兰县的影响下，奉议、恩隆、果德、凤山、凌云、龙州等县纷纷成立农会，使农会成为农民运动时期左右江地区东兰等县的立法、行政、司法机关。继而颁布《广西东兰县革命委员会最低政纲草案》，确立了“废除肉刑”“严禁虐待瑶民”“严禁烟赌”“严禁贩卖人口”等刑事政策纲领和刑法原则。农民运动时期左右江革命根据地刑法制度主要体现为韦拔群在东兰县开展的一系列刑事立法和司法活动。

（二）右江苏维埃政府时期

1929年12月11日，邓小平、张云逸、韦拔群等领导百色起义，建立右江苏维埃政府，颁布《右江苏维埃各级政府组织与职责》，明确各级苏维埃政府裁判兼肃反委员会为司法机关，办理一批惩治恶霸、反特锄奸、反腐肃贪刑事案件，保卫新生的苏维埃政权，巩固革命根据地。右江苏维埃政府颁布《土地法暂行条例》《共耕条例》，明确了阶级划分标准、解放妇女、民族平等等重要法律原则，有力地推动开展土地革命。右江苏维埃政府时期左右江革命根据地的刑法制度主要体现为各级苏维埃政权为保障土地革命而进行的刑事立法和司法活动。

（三）反“围剿”斗争时期

1930年10月，红七军、红八军接受“左”倾冒险主义的“立三路线”错误指令，离开左右江革命根据地前往攻打柳州、桂林等大城市。在国民党军阀的反扑之下，左右江革命根据地逐渐丧失，只剩下韦拔群等人在东兰县坚持反“围剿”的革命斗争。由于敌我对立形势严峻，刑事立法和司法趋于严厉化，反“围剿”斗争时期左右江革命根据地的刑法制度主要体现为刑罚极为严厉的《十二条法令》。

二、制度的渊源

左右江革命根据地的苏维埃政权只是地方政权，必须服从中央革命根据地苏维埃政权的领导，中央革命根据地的各项刑法制度，当然也适用于左右江革命根据地。但是，当时中央革命根据地的各项刑法制度也处于草创阶段，不能完全适应左右江革命根据地的实际情况，因此，左右江革命根据地不得不自行制定一部分有关刑法制度的法律法规文件。左右江革命根据地有关刑法制度的规定主要散见于一些综合性的法律法规文件中。例如，《广西东兰县革命委员会最低政纲草案》规定了“废除肉刑”“严禁虐待瑶民”“严禁男子虐待妇女”“严禁烟赌”“严禁贩卖人口”等刑法原则。《土地法暂行条例》规定了反革命犯罪的主要表现形式和认定标准：“没收一切反革命的财产、土地，及反革命之标准如下：（甲）勾结一切苏维埃之敌人（即一切反革命派）或与之作侦探，或在经济上帮助敌人者；（乙）阴谋企图倾覆苏维埃政府者；（丙）反抗苏维埃政府之法令者；（丁）进行反苏维埃政府之小组织。”并规定：“不遵守本暂行条例之规定者，以反革命论罪。”《共耕条例》规定了妨碍公共利益犯罪的处理程序：“如发生有破坏行动，妨碍公共利益及怠工之分子，得由乡苏维埃政府裁判，按罪之轻重惩罚之，并在大会中宣布。”比较集中地规定了刑法制度规范的则是《十二条法令》。

三、制度的任务

在土地革命时期，左右江革命根据地面临的最大威胁是各种危害苏维埃政权安全的反革命活动，因此在根据地内部实行镇压和肃清反革命是非常必要而紧迫的任务。在严峻的敌我对立形势和残酷的革命斗争环境下，左右江革命根据地的红色苏维埃政权必须把惩治反革命犯罪作为刑法的主要任务。归纳起来，在这一时期左右江革命根据地刑法制度的主要任务目标是消灭一切反革命势力，镇压封建地主豪绅等剥削阶级的反抗，惩治从事反革命活动的地主豪绅、恶霸、军阀、特务、叛徒和一切反革命分子，审判其他刑事案件，以保卫新生的红色苏维埃政权，巩固和发展革命根据地，保护革命根据地人民群众的根本利益。

第二节　左右江革命根据地刑法制度的主要内容和特点

一、基本原则

（一）革命人道主义原则

左右江革命根据地刑法制度的革命人道主义原则，主要体现为废除肉刑。肉刑，指的是以损伤残害肢体、肌肤或器官，破坏人的身体机能为目的的刑罚方式。它起源于“杀人者死，伤人者创”的原始同态复仇论。肉刑发展到夏商周时期成为国家常刑，隋唐之后，随着“笞、杖、徒、流、死”的“五刑”体系确立，肉刑在法律制度上被废除。然而，封建王朝为了维护其统治，常常法外用刑，司法实践中保留了大量肉刑和各种变相肉刑，甚至出现了“凌迟”这种以折磨受刑者为目的的残忍刑罚，集中体现了传统刑事司法领域极为黑暗的一面。在广西左右江地区的土司辖区，大小土司更是视人民如私产，随意使用剜眼、割鼻之刑，残害百姓。肉刑和各种变相肉刑在清王朝灭亡之后的司法实践中依旧存在，还常常成为刑讯逼供的手段，造成无数屈打成招的冤案，严重侵害了人民群众的权利。左右江革命根据地在革命战争年代，基于革命人道主义的思想，旗帜鲜明地提出废除肉刑，不仅是刑事司法的巨大进步，更是社会风气的革故鼎新。在建设刑法制度时，左右江革命根据地一方面坚决运用刑罚手段捍卫红色苏维埃政权，另一方面也重视保障民众权利，防止滥用刑罚。1929 年 10 月，韦拔群率领东兰农民自卫军攻占东兰县城，并颁布《广西东兰县革命委员会最低政纲草案》，明确提出废除肉刑。1929 年 12 月奉议县成立临时苏维埃政府时，发布《奉议县临时苏维埃政府成立宣言》，宣布“禁止官长肉刑处罚”。1930 年红七军司令部、政治部发布布告，强调对士兵“改良待遇，废除肉刑”。这些规定既是革命人道主义原则的体现，也符合我们党一贯以来的方针政策。但是，迫于当时革命斗争的严峻形势，东兰县革命委员会对肉刑作了一定的保留，在废除肉刑的条款之后用括号注明“反革命例外”。由此可以看出，在这一时期的左右江革命根据地，只要不是反革命犯罪，就禁用肉刑，刑罚相对宽容，体现了革命人道主义原则。

（二）罪责自负原则

罪责自负、反对株连的原则指谁犯了罪，就由谁承担刑事责任；只处罚有罪的人，不连累那些罪犯的亲属、朋友、邻居、师生等与犯罪无关的人。这是马克思主义刑法学的基本原则之一。株连是指一人犯罪，与其有一定关系的人也要被连带治罪判刑。株连制度是世界各国奴隶社会、封建社会的刑法特征之一，在半殖民地半封建的中国仍有残余。反对株连，实行罪责自负，是中国共产党领导的革命根据地完成反帝反封建任务的重要措施。在左右江革命根据地建立前，东兰等地开展农民运动时，就开始贯彻实施罪责自负原则，左右江革命根据地建立后，刑法制度不断完善，罪责自负原则进一步完善，在土地革命中也得到了相当程度的体现。1930 年 8 月中央革命根据地以中国革命军事委员会名义制定的《苏维埃土地法》第 2 条规定："豪绅地主及反动派的家属，经苏维埃审查，准其在乡居住，又无他种方法维持生活的，得酌量分与田地。"① 按照中央革命根据地土地法律法规的精神，右江苏维埃政府制定的《土地法暂行条例》也规定："凡地主之孤寡，其土地被没收后，不得再分给土地，生活另由乡苏维埃解决之。"这些规定均表明地主本人的罪行不会牵连其家属，对于孤寡的家属甚至还可以由乡苏维埃政府帮助解决生活问题。这表明左右江革命根据地实行的是罪责自负原则，不搞封建刑法"株连九族""满门抄斩"那一套。

（三）民族平等原则

广西左右江地区生活着多种民族的居民，其中以壮族为主体，汉族、瑶族、苗族、彝族等其他各民族杂居，民族状况较为复杂。在左右江这个多民族杂居的地区，如何实现民族平等和团结，是党在这一地区领导革命、巩固红色政权需要深入探究的重要课题。在农民革命运动之前，国民党反动军阀

① 韩延龙、常兆儒编：《革命根据地法制文献选编》，中国社会科学出版社 2013 年版，第 1041 页。

政府为了巩固其统治地位，继续沿袭封建土司时代遗留下来的民族歧视政策，瑶族、苗族、彝族等少数民族备受歧视和压迫，政治地位、经济地位、社会地位都很低。1922 年党的二大决议中提出了基于民族平等原则解决中国民族问题的政治主张。1930 年 3 月 2 日，中共中央在给广东省委转红七军前委的指示中明确指出要“站在整个阶级观点上，注意他们的苦痛，宣传汉瑶平等待遇”①。韦拔群领导东兰农民开展农民革命运动，特别是建立东兰县革命委员会之后，非常重视贯彻实施民族平等政策，强调汉、壮、瑶等各民族在政治、经济、文化教育上的权利一律平等。在《广西东兰县革命委员会最低政纲草案》以及其他法律法规文件中，东兰革命政权都坚持民族平等、民族团结，注重保护瑶族等少数民族的利益。《广西东兰县革命委员会最低政纲草案》第一次明确而具体地提出“关于瑶民方面”的民族平等政策，规定“瑶民经济、政治、教育、工资上与其他人民一律平等”“严禁虐待瑶民”“没收山主的山场、土地、森林，分给瑶民”。在政权建设方面，左右江革命根据地实行各民族一律平等的民族平等原则，在左右江地区的历史上第一次真正实现了壮、汉、瑶等各族人民当家作主。在喜爱唱山歌的东兰瑶民中传唱着一首《如今瑶胞得解放》：“如今瑶胞得解放，瑶家子弟进学堂。民族平等样样好，瑶家骑马进圩场。有挑有担自己挑，哪个请夫就推翻。如今瑶胞得解放，瑶家子弟进学堂。不给土豪抬轿子，不给劣绅当肉床。民族平等样样好，瑶家骑马进圩场。”② 这些生动活泼的歌谣反映了在党的民族平等政策之下瑶族同胞翻身得解放的真实状况。

（四）按阶级成分定罪量刑原则

1930 年 5 月，邓小平、韦拔群等人在东兰县武篆乡魁星楼上以右江苏维埃政府名义制定颁布《土地法暂行条例》，规定了划分阶级成分的标准，按照该条例规定，农村共分为 7 种阶级成分，即地主阶级、豪绅阶级、富农、中农、贫农、雇农和乡村手工人，该条例还指出自耕农和佃农均不能成为代表

---

① 中共广西区委党史资料征委会《左右江革命根据地》编辑组：《左右江革命根据地》（上），中共党史资料出版社 1989 年版，第 239 页。

② 凌绍崇等编著：《百色起义与根据地制度建设》，广西人民出版社 2014 年版，第 239 页。

一种成分的标准，应按标准分别划入富农、中农或贫农之中。《土地法暂行条例》规定各级苏维埃政府的主要任务在于“推翻一切压迫工农劳苦群众之特殊阶级与解决群众之需要”。1930 年 8 月东兰县委颁布《土地革命问题》，明确指出“农村的日常斗争就是土地革命”，把谁作为革命对象是革命的主要问题，直接关系到革命的成败，《土地革命问题》提出“土地革命的第一目标是地主阶级”，“要消灭独占土地的地主以解决现社会的矛盾”。1930 年 9 月 14 日，中共右江特委发布通告《反对富农的策略路线》，要求：“到富农不能执行苏维埃政府的法令时，违背贫农、雇农群众利益而反动时，党就号召群众起来打倒富农。”可见，左右江革命根据地在执行有关法律法规时非常注重阶级成分的作用，不同的阶级成分具有完全不同的法律地位。地主豪绅是专政打击的对象，中农、贫农、雇农是法律保护的对象，对于富农则需要讲究策略，总体上仍视富农为剥削阶级，但在实践中还要根据富农有无违反苏维埃政府法令的具体表现来决定是否没收富农的土地，是否对富农实行土地革命斗争。

二、主要罪名

（一）反革命罪

反革命罪通常是指以推翻现政权为目的的犯罪，它是刑法上最严重的一类犯罪。1927 年 3 月 30 日武汉国民政府制定的《国民政府反革命罪条例》是中国历史上第一个反革命治罪条例。该条例规定：“凡意图颠覆国民政府，或推翻国民革命之权力，而为各种敌对行为者，以及利用外力，或勾结军队，或使用金钱，而破坏国民革命之政策者，均为反革命行为。”中国共产党领导下的革命根据地以及红色苏维埃政权自建立之初就面临旧势力的围攻、破坏，与反革命犯罪作斗争的形势极其严峻，因此反革命犯罪毫无疑问是左右江革命根据地刑法从严打击、从重惩治的对象。左右江革命根据地最早规定反革命罪的是 1929 年 10 月的《广西东兰县革命委员会最低政纲草案》，在提出废除肉刑的同时保留对反革命罪实施肉刑的例外。这一规定明确宣示了对反革命罪异常严厉的处理原则，惩治力度较普通刑事犯罪要大。《右江苏维埃各级政府组织与职责》也规定了区、乡肃反委员的职责包括“侦查一切反革命派及其走狗的住处及行动”“侦查一切反革命的财产”“审判一切反革命派的罪犯”等。但是，左右江革命根据地建立初期的法律法规只规定了“反革命”这一罪名，没有具体罪状，缺乏明确指导依据，且受“左”倾冒进路线影响，在实践中出现了一些滥捕滥杀的现象。1930 年 5 月 1 日，右江苏维埃政府制定《土地法暂行条例》，明确规定了认定为反革命罪的四种情形：“（甲）勾结一切苏维埃之敌人（即一切反革命派）或与之作侦探，或在经济上帮助敌人者；（乙）阴谋企图倾覆苏维埃政府者；（丙）反抗苏维埃政府之法令者；（丁）进行反苏维埃政府之小组织。”这一规定明确了反革命罪的定罪标准，对保障土地革命、防止滥捕滥杀具有重大意义。同时，《土地法暂行条例》还在附则中规定“不遵守本暂行条例之规定者，以反革命论罪。”《土地法暂行条例》附则的规定具有高度的概括性，初看之下似乎不符合罪刑法定原则关于构成要件明确性的要求。但是，要知道我国是 1997 年《刑法》全面修改时才确立了罪刑法定原则，我们不能用现在的法律原则去苛求将近一个世纪前的革命先驱。在右江苏维埃政权初建、军事斗争形势极为严峻的时期，右江革命根据地能够制定法律明确反革命罪的具体标准，防止滥捕滥杀，已是难能可贵。

红七军主力离开右江地区以后，韦拔群坚守东兰，组建红七军第二十一师，保卫东兰革命根据地。面对桂系军阀的重重“围剿”，东兰革命根据地肃清叛徒和动摇变节分子的任务十分严峻。为此，以韦拔群为领袖的右江苏维埃政府颁布了《十二条法令》，专门针对反“围剿”时期的反革命罪作出了具体的认定和处罚规定。该法令共有 12 条，内容包括任务目标（“坚持与敌人斗争，把革命进行到底”）、盗窃罪、流氓罪以及偷取情报给与敌人、漏党机密报与敌人、秘密与敌人通讯谋害革命领导者、叛变投敌、出山洞外面与反动分子会面图谋不轨、带引匪军进山洞、为首煽惑群众归敌、进山洞内侦探、作反动派宣传、造谣惑众等反革命犯罪行为。《十二条法令》的颁布明确了反革命罪的打击目标，使惩治反革命的工作有法可依，既震慑了潜在的叛变动摇分子，又防止错杀滥杀无辜，其中所包含的法治思维尤其值得肯定。

（二）侵犯人身权利犯罪

侵犯人身权利犯罪，是指故意或者过失实施的侵犯公民人身权利和与人身权利直接相关的权利的行为。在20世纪20年代到30年代的左右江地区，新民主主义革命反封建的任务极为迫切，尤其是打破封建礼教束缚、解放妇女的任务最为迫切，因此，这一时期左右江革命根据地的刑法制度高度重视对妇女权益以及婚姻自由的保护，所规定的侵犯人身权利犯罪大多与侵犯妇女权益有关。左右江革命根据地刑法制度中的侵犯人身权利犯罪主要包括重婚罪、虐待罪、干涉婚姻自由罪、贩卖人口罪等，根据地的各级苏维埃政权在一系列的政纲、布告、口号中对这些犯罪作出了禁止性规定。《广西东兰县革命委员会最低政纲草案》规定严禁贩卖人口、严禁虐待雇农、严禁虐待瑶民、严禁男子虐待妇女，还规定了废除多妻制、废除使女制、废除童养媳等条款，均体现了革命根据地刑法制度对人身权利的保护。1929年12月18日颁布的《奉议县临时苏维埃政府成立宣言》规定："禁止买卖婚姻，严禁女巫长斋，离婚结婚绝对自由，禁止重婚。"同年12月20日，奉议县苏维埃政府妇女解放协会向奉议妇女发出《告贫苦妇女书》，提出："最后我们要做到男女一律平等，结婚离婚绝对自由，废除买卖婚姻及禁止童养媳的制度，反对多妻制，反对双婚制，禁止人口贩卖，妇女解放万岁，世界无产阶级解放万岁！"《右江苏维埃政府妇女会口号》提出："中国妇女团结起来，实行男女平等，打倒虐待妇女的男人，打倒多妻制，实行一夫一妻，实行结婚离婚绝对自由，取消旧礼教。"

为了稳定民心，严肃军纪，纯洁队伍，左右江革命根据地对侵害妇女权益的流氓罪的刑罚极为严厉。《十二条法令》第7条规定，"凡在山洞避匪的人民群众，均应互相爱护，如有乱行非为，乱搞男女关系，调戏妇女者杀"。从刑法角度分析，"乱行非为，乱搞男女关系，调戏妇女"属于行为犯，不论是否造成严重后果，都一律处以死刑，体现了革命根据地刑法制度对流氓罪极为严厉的态度。

（三）侵犯财产权利犯罪

侵犯财产权利犯罪指的是故意非法地将公共财产和公民私有财产据为己有，或者故意毁坏公私财物的行为。左右江革命根据地的刑法制度所规定的侵犯财产权利犯罪主要包括盗窃和抢劫。在极为复杂严峻的革命斗争形势下，革命根据地物资十分匮乏，所以这一时期对盗窃、抢劫等侵犯财产权利犯罪规定了严厉的刑罚。为了打击侵犯财产权利犯罪，维护社会治安秩序，保护群众财产安全，各区、乡苏维埃政府大都规定“盗窃以匪论”，盗窃相当于60斤大米以上价值的物品或钱款，就可处决，在特定情形下甚至不论价值金额也可处决。例如，1930年奉议县苏维埃政府要求各乡苏维埃政府发出布告，规定：“一、凡我乡内群众，有谁去勾结豪匪，引线来搜掠我们群众的财物者，枪毙！二、如外村各同志远来投我本乡者，务要患难相顾，一视同体，勿得见财起意，暗行谋夺，查出亦处枪毙之条。”① 左右江革命根据地有关侵犯财产权利犯罪的规定，是对群众财产的保护，在实践中得到了有力的贯彻执行。1930年6月，东兰县三石区仁雷乡弄累屯有个农民名叫黄盖，多次盗窃群众财物，经教育仍不改正，引起很大民愤。仁雷乡苏维埃政府肃反委员黄定尤查明情况后，向三石区苏维埃政府汇报。1930年9月19日，经三石区苏维埃政府肃反委员查证核实，把黄盖逮捕到区苏府所在地，列出罪状，布告周知，然后执行枪决。东兰县苏托乡苏维埃政府主席覃茂应，也因盗窃群众三头黄牛拿到外地出卖被处决。1931年春，国民党桂系军阀对东兰、凤山革命根据地进行“围剿”，革命根据地军民以辣椒代盐，以野菜充饥，生活十分艰苦。在极为不利的形势条件下，一些投机动摇分子违反苏维埃政府的规定，盗窃公私财物，侵犯群众利益，甚至投敌叛变，出卖革命。为此，韦拔群亲自主持制定《十二条法令》，其中第6条规定“凡是公家收藏的物资、枪弹、粮食等，如有偷取者，不分轻重，概行枪决”，进一步明确了对盗窃罪严惩不贷的严厉态度。

（四）贪污贿赂犯罪

贪污贿赂犯罪是指国家工作人员实施的贪污、受贿等侵害国家廉政制度的犯罪行为。贪污贿赂犯罪是社会危害性较大、老百姓深恶痛绝的犯罪类型，在革命斗争形势严峻的特殊时期，贪污贿赂犯罪还会导致干群关系和军民关系紧张，干部队伍腐化动摇，危害革命根据地的稳定。左右江革命根据地非常重视反腐肃贪工作，严厉惩治老百姓深恶痛绝的贪污贿赂犯罪。《右江苏维

① 中共广西区委党史资料征委会《左右江革命根据地》编辑组：《左右江革命根据地》（上），中共党史资料出版社1989年版，第257页。

埃各级政府组织与职责》规定，“严禁烧杀政策，绝对禁止侵犯群众利益”。还规定，“肃清内部一切动摇腐化及剥削人的分子”。红七军前委发布的《前委通告（第七号）——目前右江党的工作方针》规定：“肃清苏维埃中官僚化的现象，如讨小老婆，乱用公款，怠工，不接近群众等，推动苏维埃委员到群众中去接近群众，做群众工作。”1936 年 4 月 5 日《广西右江下游各县工农革命运动代表大会宣言》要求：“扫除过去隐藏的革命队伍中的乱烧乱杀的个人报复盲动主义者及借公营私之徒！”至于贪污贿赂犯罪的刑罚，相关的法律法规文件没有明确规定，但从左右江革命根据地惩治贪污贿赂犯罪的实践来看，当时对贪污贿赂犯罪的刑罚非常严厉。例如，凤山县农民协会负责组织工作的干部韦瑞棠贪污 120 块银圆，这在当时是一个不小的数目，韦拔群经过多次调查，查明 120 块银圆的来源和去向后，将韦瑞棠处决。当时革命处于斗争形势极为严峻的时期，为了团结凝聚人心，巩固革命政权，左右江革命根据地的苏维埃政权在自身建设中十分重视廉政建设，把建立全心全意为人民服务的政权机构视为重要任务，因而以雷霆铁腕厉行反腐肃贪，运用最为严厉的刑法手段惩治贪污贿赂犯罪，净化风气，取得了显著的成效。以现代的眼光来看，左右江革命根据地的刑法对贪污贿赂犯罪的惩罚不免有些严苛，但是，这些严厉的刑罚措施在当时对于反腐倡廉，纯洁队伍，争取人民的拥护，进而巩固和扩大革命根据地，起到了无可替代的关键作用，对于当下我们持续向纵深推进反腐败斗争依然具有借鉴意义。

三、刑罚种类

（一）生命刑

生命刑，也称为死刑、极刑，即剥夺生命的刑罚，是刑法中最严厉的刑罚种类。在左右江革命根据地的刑法制度中，死刑的适用十分常见。纵观左右江革命根据地适用死刑的犯罪，首先是反革命罪，其次还包括盗窃罪、抢劫罪、贪污贿赂罪和流氓罪等犯罪。从现存史料所记载的具体案例来看，左右江革命根据地执行死刑的主要方式是枪决。在《十二条法令》中，第 1 条是总则规定，其余 11 条规定的都是处以死刑的犯罪情形。在这 11 种处以死刑的犯罪情形中，除了第 6 条规定的死刑执行方式为“枪决”之外，其他 10

种罪行的处决方式均为“杀”。至于这里规定的“枪决”和“杀”的具体含义是否有所区别，那就无从考证了。

（二）自由刑

自由刑是以剥夺犯罪人的自由为主要内容的刑罚方法，使受刑者在一定的时期内被拘禁在一定设施内，限制其人身自由。执行自由刑需要一定物质基础设施作为保障，如要有足以约束罪犯人身自由的监狱或牢房。《右江苏维埃各级政府组织与职责》中规定区、乡两级苏维埃政府的肃反委员“负责管理一切罪犯”。这表明右江革命根据地存在自由刑的刑罚种类，自由刑由区、乡两级苏维埃政府的肃反委员执行，对罪犯进行监管。但是，就目前所见的资料而言，尚未发现左右江革命根据地设置有监狱、看守所等机构或设施，这应当是囿于当时紧张复杂的革命斗争形势，自由刑并不经常适用。

（三）财产刑

现代我国刑法的财产刑分为两种，一是没收财产，二是罚金。没收财产也是左右江革命根据地时期较为常用的刑罚，这与土地革命的形势有关。因为没收财产不但能够惩治犯罪，还可以增加苏维埃政府财政收入，用于保卫根据地以及保障土地革命、建设公共事业等革命用途。在土地革命中，尤为重要的一项工作就是对地主豪绅剥削压榨贫苦农民的罪行进行清算、审判，没收其土地和财产。没收地主土地是土地革命的基础也是关键。《广西东兰县革命委员会最低纲领草案》规定：“没收地主土地，分给工人耕作。”《土地问题决议案大纲》规定：“凡地主豪绅、官吏、军阀及一切反革命者原有的土地由苏维埃政府完全没收，取消一切反革命者的土地使用权。由乡苏维埃政府彻底的没收地主豪绅及一切反革命者所有的土地。”右江苏维埃政府制定的《土地法暂行条例》和《共耕条例》中也都规定了没收地主土地财产的原则和规则。例如，《土地法暂行条例》规定“立即无代价的没收地主豪绅阶级之土地财产”“没收一切反革命的财产、土地”；《共耕条例》规定“没收地主阶级及反革命之土地，分给无地及少地的贫苦农民”。按照《土地法暂行条例》的规定，没收和分配地主土地财产需遵循一定的程序，即“没收之土地财产，均归农民代表会议（苏维埃）处理，分配无土地或其他的农民佃用”“没收豪绅地主、反革命之耕田工具，如耕牛等，均分给无工具或少工具之农民借用”。关于所没收的地主土地财产的所有权问题，《土地法暂行条例》规定：“凡没收的土地财产之所有权，属苏维埃政府（即所属民众），绝对禁止自由买卖。”《中国红军第七军目前实施政纲》明确规定：“没收一切地主阶级土地归乡苏维埃，分给农民，凡没收之土地不准买卖”，“没收反革命的财产，交苏维埃政府处理”。红七军政治部印发的《土地革命》也指出：“没收地主阶级的一切土地归苏维埃公有，分给农民耕种，不准买卖。”

罚金是一种财产刑，其内容也是强制剥夺犯罪分子的财产，是对犯罪分子的经济惩罚措施。在左右江革命根据地，罚金是可以单独适用的对较轻微犯罪的刑罚措施。例如前文提到的百色临时苏维埃刑事判决中所记载的黎咸华呈诉黄家安等串卖伊妻黄氏案，该判决对“串卖妇女”的黄家安、妈生、四嫂，“窝藏逃妇”的陈黄氏和“买逃妇”的林彩焕等人都只是单处罚金，没有再处以其他刑罚。这表明在左右江革命根据地的司法实践中存在可以单独适用的罚金刑。

（四）反坐刑

反坐是我国传统法律对诬告罪的刑罚，即把被诬告的罪名所对应的刑罚加在诬告人身上。例如，《唐律疏议·斗讼律》规定：“诸诬告人者，各反坐。”1930 年奉议县各乡苏维埃政府发布的布告第 4 条规定：“我乡群众们，各要切实报告，不得枉加诬害，借〈机〉报复致于反坐！”该布告明确规定诬告陷害他人的犯罪适用反坐之刑。这表明左右江革命根据地至少有部分县（如奉议县）存在反坐刑这一刑罚种类。反坐刑本质上是一种同态复仇，有违现代刑事法治所要求的罪责刑相适应原则。但反坐在我国刑法制度中生命力非常顽强。1979 年制定的《刑法》第 138 条规定：“……凡捏造事实诬告陷害他人（包括犯人）的，参照所诬陷的罪行的性质、情节、后果和量刑标准给予刑事处分……”这一规定实质上就是反坐刑。1979 年《刑法》的这一规定直到 1997 年《刑法》全面修订时才废除，考虑及此，则 20 世纪 30 年代的左右江革命根据地规定有反坐刑亦不足为奇，毕竟当时刑法制度的第一任务是保卫新生的红色政权，不得不规定极为严厉的刑罚措施。

四、制度特点

（一）没有系统的刑事法律法规，刑法规定较为零碎分散

左右江革命根据地是我们党在新民主主义革命时期建立的革命根据地之一，新民主主义革命的主要任务是反帝反封建，而反封建最重要的措施就是实施土地革命。因此左右江革命根据地的法制建设成果主要体现为土地法，立法技术水平最高、成效最为显著的就是右江苏维埃政府制定的《土地法暂行条例》和《共耕条例》。左右江革命根据地刑法制度中最重要的几条规范，包括反革命罪的具体情形等，都规定在《土地法暂行条例》和《共耕条例》这两部土地法，以及政纲、组织法等法律法规，甚至一些布告、宣言中，没有制定过专门、系统的刑事法律法规。与之相对照的是第二次国内革命战争时期的其他革命根据地，有不少在建立苏维埃政权之后就制定了专门的刑事法律法规。例如，1930 年6 月闽西苏维埃政府制定《惩办反革命条例》，1932 年4 月湘赣省苏维埃政府制定《惩治反革命犯暂行条例》，鄂豫皖区六安县第六区苏维埃政府制定《肃反条例》，1931 年 5 月赣东北特区苏维埃政府甚至还制定过体系全面、内容完备、立法技术水平相当高的《暂行刑律》等。相比之下，左右江革命根据地没有制定过专门的刑事法律法规，虽有一些零星的刑法制度，但不免粗疏简陋。这是由于左右江革命根据地建立时间相对较早，没有先例可供借鉴，并且左右江革命根据地始终处于反革命势力封锁“围剿”的严峻形势之下，加之经济文化落后，人才匮乏，实难投入力量完善刑事法制。左右江革命根据地仅有《十二条法令》可算是专门的刑事法律，集中规定了运用刑罚处罚的几种犯罪情形，但《十二条法令》是在反“围剿”的特殊形势下紧急出台的，内容简单，缺乏体系性，文字亦粗糙，只简单罗列了几种处以死刑的犯罪情形，不是严格意义上的刑法典。由于当时没有完整统一的刑法典，除了《十二条法令》以外，其余刑法规定大多零星分散，内容也不全面，因此，左右江革命根据地的司法实践中曾经存在一定程度的滥捕滥杀现象，其主要原因是受“左”倾盲动主义的影响，但也和刑法制度不完善、刑法立法水平不高有一定的关系。

（二）刑罚极为严厉，广泛适用死刑

左右江革命根据地建立以来，外部受到国民党桂系军阀当局的封锁“围剿”，内部受到“左”倾盲动主义的错误影响，以致革命根据地和苏维埃政权始终处于不太稳定的状态。面对极端复杂严峻的形势，左右江革命根据地不得不采用“乱世用重典”的重刑主义方略，规定了非常严厉的刑罚措施，这放在当时的历史条件下是必然的选择。作为最严厉的刑罚措施，死刑的适用十分广泛。1931 年东兰革命根据地反“围剿”时期韦拔群制定的《十二条法令》对 11 种犯罪规定的刑罚全部都是死刑。从刑法理论上说，死刑具有镇压敌人、震慑犯罪的巨大威力，在当时的革命形势下是保卫新生的苏维埃政权的具有特别重要意义的法律武器。在东兰革命根据地反“围剿”时期，敌我斗争极端残酷，为了净化队伍、稳定人心，《十二条法令》不得不用残酷的死刑来惩处反革命分子，保护根据地群众，战胜敌人的“围剿”，坚持革命斗争。从中可见左右江革命根据地刑法制度的严厉性，以及死刑适用的广泛性。在左右江革命根据地的刑法制度中，可以适用死刑的犯罪非常多，不仅对罪大恶极的地主豪绅、反革命分子等可以判处死刑，对其他危害群众人身、财产权利的犯罪，如盗窃罪、抢劫罪、流氓罪等也规定了死刑。如此广泛地规定可以适用死刑的范围，在现在看来似乎有些残酷，但当时的形势就是这么残酷，非此不足以严明纪律，肃清反动，进而激发革命热情，凝聚革命人心，争取根据地群众广泛支持革命。

（三）为革命斗争服务，带有强烈的政治属性

左右江革命根据地的刑法制度是在党的直接领导下的法制建设的重要组成部分，目标是以法制建设巩固苏维埃，巩固整个革命根据地，具有强烈的为大局服务的政治性。左右江革命根据地没有制定过专门的刑事法律法规，有关刑法制度的规范散见于红军和各级苏维埃政府发布的政纲、宣言、通告、布告、口号中，与其他政治方针、政策一同发布，也体现出刑法的政治性。反帝反封建与反动地主、军阀、官僚、买办阶级作斗争是新民主主义革命的主要内容，而刑法是一个政权最强有力的法律手段，所以，左右江革命根据地的刑法制度被历史地赋予了阶级斗争的任务和使命。土地革命本质上就是

农民阶级对地主阶级的阶级斗争。《土地法暂行条例》对右江地区的民众如何划分阶级成分规定了详细的标准，既明确了土地革命的对象，同时也明确了推动土地革命的主要力量。从当时开展土地革命的实际情况看，运用刑法手段进行阶级斗争，确实起到了保卫和巩固苏维埃政权、打击镇压地主豪绅和其他反革命分子、实施无产阶级专政的效果。历史证明，赋予刑法为革命斗争服务、为大局服务的任务和使命，是非常有必要的。

（四）原则性和灵活性相结合

左右江革命根据地刑法制度以惩治反革命犯罪、保卫新生的红色苏维埃政权、巩固和发展革命根据地、保护革命根据地人民群众为基本任务，刑罚措施严厉，表现出较强的原则性。同时，左右江革命根据地刑法制度也重视刑事政策和法律策略的灵活运用，在确定阶级成分、划分敌我界限的基础上，实施宽严有度、区别对待的刑事政策，表现出原则性和灵活性相结合的特点。对左右江地区的国民党各级军政人员，只要他们不反革命，就一律保护其人身和财产安全，只要愿意参加革命都予以欢迎，不愿意参加革命的就礼送出境。对于土匪，把因生活所迫而打家劫舍的草寇与地主恶霸武装区别开来。对中小民族资产阶级的工商业则一律加以保护，只严厉打击个别反动的官僚资本家。对于地主豪绅阶级规定没收其土地，但是本着区别对待、宽大处理的原则，对于没有反革命罪行的中小地主还是会分给一定的土地。当时东兰县中亭乡有两个地主，一个叫罗汉分，另一个叫罗汉金，土地革命的时候没收了他们的土地，平均分给中亭乡的农民群众，但同时也给他们留了一些土地。当时土地分为一类、二类、三类，分给没有反革命罪行的中小地主的一般是二类土地。左右江革命根据地的苏维埃政权虽然严厉惩办地主豪绅，但对于剥削农民并非特别严重的中小地主却表现出善良、宽容的态度，明确指出“不是消灭地主生命个体，而是消灭地主阶级”，虽然他们的成分是地主阶级，但是也要给他们留出自食其力的谋生之路。左江革命根据地在进行反帝斗争时，驱逐了领事、武官、税务司等代表法帝国主义的殖民官员，但对于在龙州正常进行经营和业务活动的法国商人、医生、教师等则“无罪不问”，表现出灵活性和策略性。据时任百色县肃反委员会主席黄一平回忆：“当时整个右江肃反工作没有搞扩大化，做法比较谨慎，比较注意执行分清敌我、区别对待、分化瓦解的政策。我们明知道军队中有的国民党改组派分子有问题，也没有采取乱抓乱杀的办法。”① 左右江革命根据地刑法制度适应革命形势的需要，从左右江地区的实际情况出发，有策略地开展斗争，把原则性和灵活性结合起来，团结进步分子，争取中间分子，打击反动分子和顽固分子，推动了左右江地区革命运动特别是土地革命的深入开展。

第三节 左右江革命根据地刑法制度的历史影响

一、清算地主豪绅，推动土地革命

实行土地革命，首要任务是清算地主豪绅，没收其土地财产。为了保障土地革命的进行，右江苏维埃政府制定了《土地法暂行条例》，其中规定了划分地主阶级、豪绅阶级、富农、中农、贫农、雇农和乡村手工人的具体标准，从而确定土地革命的对象，明确没收土地财产的范围，并规定了认定为反革命罪的四种情形：“（甲）勾结一切苏维埃之敌人（即一切反革命派）或与之作侦探，或在经济上帮助敌人者；（乙）阴谋企图倾覆苏维埃政府者；（丙）反抗苏维埃政府之法令者；（丁）进行反苏维埃政府之小组织。”又在附则中规定：“不遵守本暂行条例之规定者，以反革命论罪。”《土地法暂行条例》是为了保障土地革命而制定的，通过把违反《土地法暂行条例》作为反革命罪进行惩治打击，更加有力地推动了土地革命的开展。以《土地法暂行条例》为中心的左右江革命根据地刑法制度总体而言非常严厉，符合当时左右江地区的社会现实和革命形势，这一套刑法制度先在东兰县试行，红七军光复百色等右江流域各县后又在百色、奉议、恩隆、思林、果德等县推行，成为左右江革命根据地清算地主豪绅罪行，推动土地革命的有力法律武器。

二、惩治反革命犯罪，巩固革命根据地

左右江革命根据地自成立伊始就一直处于国民党反动军阀的封锁“围剿”

① 中共广西区委党史资料征委会《左右江革命根据地》编辑组：《左右江革命根据地》（下），中共党史资料出版社1989年版，第693页。

之下，因此，惩治反革命犯罪，防范出现变节动摇分子，始终是左右江革命根据地的重要任务。除了《土地法暂行条例》规定的四种反革命罪的基本情形以外，1930 年 8 月 1 日东兰县苏维埃政府颁布的《目前宣传标语》中对肃清反革命又作了进一步的要求："铲除封建基础；杀绝豪绅地主；肃清一切腐化动摇分子；没收一切反革命派的财产；举行赤色群众的检阅；严防反革命派混入我们的队伍中来；必办不遵守革命纪律分子；绝对不准容留或勾结反动派。"1931 年 2 月，在国民党桂系军阀对东兰、凤山革命根据地进行反革命"围剿"的危急形势下，为了防止一些投机分子和变节动摇分子投敌叛变，出卖革命，韦拔群在东兰县武篆区召开各区苏维埃政府主席会议，以右江苏维埃政府的名义制定了《十二条法令》，根据反"围剿"和巩固革命根据地的需要，明确规定了偷取情报、泄露党的机密、秘密与敌人通讯谋害革命领导者、叛变投敌、出山洞外面与反动分子会面、带引匪军进山洞、为首煽惑群众归敌、进山洞内侦探、作反动派宣传造谣惑众等反革命犯罪情形，对这些犯罪一律处以死刑。左右江革命根据地的刑法制度，在惩治反革命罪方面着力最多，成效也最为明显。通过运用刑法手段惩治肃清反革命犯罪，组织动员群众，纯洁队伍内部，极大地巩固了革命根据地。韦拔群在东兰革命根据地坚持武装斗争，虽然最终还是牺牲于叛徒之手，但东兰革命根据地在国民党反动军阀以压倒性优势兵力进行的重重"围剿"下仍能坚守将近两年，《十二条法令》起到了重要作用，应谓功不可没。

三、维护社会治安，保护人民群众

左右江革命根据地建立初期，也面临政权交替时期的社会动荡问题。敌视革命的地主、军阀随时都在伺机反扑，混迹江湖的土匪强盗、旧军队的散兵游勇也乘机兴风作浪、打家劫舍、抢夺民财，严重破坏左右江地区的社会秩序，危害人民群众的利益。为了维护社会秩序，保护人民群众的生产生活安宁，进而保卫苏维埃政权，巩固革命根据地，争取人民群众对革命政权的拥护和支持，红军和苏维埃政府采取张贴"安民布告"、写革命标语、下乡宣传、编写歌曲和识字课本等形式，宣传共产党和红军的宗旨，要求"劳苦大众应各安生业，幸切毋误听谣言，自相惊扰"，以安民心，同时制定了刑事法律法规来打击反革命破坏分子，惩戒土匪强盗团伙。例如，奉议县各乡苏维埃政府在布告中规定：“一、凡我乡内群众，有谁去勾结豪匪，引线来搜掠我们群众的财物者，枪毙！二、如外村各同志远来投我本乡者，务要患难相顾，一视同体，勿得见财起意，暗行谋夺，查出亦处枪毙之条。三、物各有主，凡我乡内什物不论粟帛，或藏在家中，或搬出郊外，不准汝偷我盗，如犯照原物赔补外，加倍罚款！四、我乡群众们，务要切实报告，不得枉加诬害，借报复致于反坐！五、以上各条议案，事在实行，不得借情包庇，查知以罪同等。”① 以“布告”的形式明确规定严厉惩处勾结盗匪、暗行谋财、偷盗财物、诬告陷害、借情包庇等犯罪，并规定了枪毙、罚款、赔补、反坐等刑罚措施。这些犯罪虽然不具有反革命的性质，但是在当时的革命形势下，如果不能对这些犯罪进行有效惩治和预防，同样会导致社会治安混乱，破坏人民群众日常的生产生活秩序，甚至危及苏维埃政权的安全与稳定。因此，左右江革命根据地建立起严厉的刑法制度，旨在有效打击、震慑破坏社会治安的犯罪分子，预防和惩治犯罪，维护社会治安，维持社会稳定，保护人民群众的生产生活秩序，进而巩固革命根据地。

① 中共广西区委党史资料征委会《左右江革命根据地》编辑组：《左右江革命根据地》（上），中共党史资料出版社 1989 年版，第 257 页。

第八章　左右江革命根据地的婚姻家庭法制度

婚姻家庭法制度是调整婚姻家庭关系的法律及其规范的总和。在新民主主义革命时期，反帝反封建是最基本的革命纲领，反封建的重要内容之一就是解放妇女，建立男女平等的现代婚姻家庭法律制度。在 20 世纪 20 年代至 30 年代，我国的婚姻家庭法制度正处于前现代的婚姻家庭法向现代婚姻家庭法过渡的历史阶段，破除传统的封建纲常伦理，实行男女平等、婚姻自由，实现妇女解放，成为大势所趋。但在地处边陲的广西左右江地区，各族人民长期受到帝国主义、封建地主豪绅和反动军阀官僚的残酷剥削和压榨，各族妇女不仅为封建宗法桎梏所约束，而且深受地方和民族婚姻陋俗所害，苦难极为沉重。随着近代以来全国妇女运动的积极开展，左右江地区也发出了要求妇女解放的呼声。左右江革命根据地的苏维埃政权顺应形势，颁布并实施一系列有关婚姻家庭的法律法规，贯彻落实党的妇女政策，实行男女平等和婚姻自由，推动左右江地区广大妇女获得解放，提高了妇女的家庭地位和社会地位，鼓励妇女积极参加革命，并对左右江地区各民族的婚嫁习俗变革产生了积极影响。

第一节　左右江革命根据地婚姻家庭法制度概况

左右江革命根据地没有制定过名为“婚姻法”或“婚姻家庭法”的法律法规文件，但红七军、红八军以及各级苏维埃政权制定的政纲、布告、宣言、口号中包含有大量与婚姻家庭法相关的内容，在开展土地革命和妇女解放运动的过程中也积累了有关婚姻家庭制度的丰富实践经验，这些都是左右江革命根据地婚姻家庭法制度不可或缺的重要组成部分。

一、农民运动时期的婚姻家庭法制度

20世纪20年代初期，在全国工农运动的影响下，出身东兰县的韦拔群开始在桂西北山区领导开展农民运动，组织各族农民群众进行反抗封建地主豪绅压迫的斗争。广西农民运动始于东兰，继而发展到整个左右江流域，遍布今百色、河池、崇左地区各县，从政治上、思想上、组织上为百色起义、龙州起义以及左右江革命根据地的建立打下了基础。

1923年，韦拔群带领农民自卫军攻下东兰县城。在欢庆胜利的群众大会上，韦拔群宣布取消苛捐杂税，废除各种封建压迫剥削的契约，并提出“民族平等”“男女平权”两大口号。这是左右江地区历史上第一次提出关于妇女解放的政治口号，也是左右江革命根据地婚姻家庭法制度的滥觞，可谓具有划时代的重大意义。1925年至1927年，韦拔群仿照他在广州农民运动讲习所学习时取得的经验，在东兰县一共举办了三期农民运动讲习所，在传播革命火种的同时，也宣传普及了“男女平权”“妇女解放”等思想。韦拔群在武篆育才小学开办第二届农民讲习所时，广泛吸收农村妇女参加，开设有识字教学、婚姻自由、妇女解放、妇女运动等课程，为将来的革命根据地培养了大批妇女工作人才。结业之后，妇女学员们回到了东兰县各乡、村工作，积极投身革命，推动妇女运动发展，为建立农民革命政权、变革婚姻家庭制度打下了坚实的群众基础。

1926年，东兰县长里区巴林屯成立了县农民协会筹备处。之后，凤山县、凌云县、河池县也先后成立了农民协会筹备处。东兰等县的各级农民协会在政治、军事、经济、宣传、文化上都做了大量的工作，其中关于婚姻家庭制度的工作主要有农民协会举办农民运动讲习所、妇女运动讲习所、农民补习学校、平民义学，培训农民骨干、妇女骨干，提倡男女平等、提高群众的文化水平，以及建立妇女解放协会，打倒神权、实行婚姻自由，实行一夫一妻制，提高妇女权利。东兰农民自卫军攻占县城后，成立东兰县革命委员会，韦拔群主持制定了《广西东兰县革命委员会最低政纲草案》，其中许多规定与妇女、儿童、婚姻家庭有关。例如，废除娼妓制度、多妻制度、使女制度及童养媳，男女在教育、经济、政治、工资上一律平等，婚姻绝对自由，严禁男子虐待妇女，废除结婚费用，确定雇用的青少年童工、女工每日工作时间（不得超过 6 小时），提高劳动儿童教育，设立幼稚院，实行男女共同教育，严禁早婚，男子 18 岁、女子 16 岁以上始得结婚，严禁贩卖人口，劳动妇女有居住、行动、集会、结社、言论、出版之自由，等等。在东兰，有不少农民运动开展得比较好的乡村，这些乡村坚定不移地贯彻执行以上革命纲领，极大地调动了广大妇女拥护革命、参加革命的积极性，迈出了左右江地区解放妇女、变革婚姻家庭制度的历史性的第一步。

婚姻自由、男女平等、妇女解放等新思想、新观念的宣传普及，推动了东兰妇女运动的蓬勃发展，也促使当地的婚姻家庭观念发生巨大变化。妇女们在农民运动的过程中坚决反对童养媳、纳妾、包办婚姻，反对虐待妇女、拐卖妇女及各种束缚、残害妇女的封建婚姻制度和封建迷信习俗，实行一夫一妻制度，敢于追求自身的幸福。东兰县农民协会制定了关于离婚的 10 条规定，只要符合其中一条，妇女就可以离婚，包括经常被丈夫虐待毒打、被丈夫阻拦参加革命、丈夫搞反革命、丈夫搞赌博偷盗、丈夫懒汉流浪不搞生产、丈夫生理上有缺陷等。东兰县妇女会宣传部宣传员黄玉美的丈夫韦钟伍，多次虐待毒打黄玉美，黄玉美于是提出了离婚，县农会根据关于离婚的 10 条规定判决离婚，并将案件情况向社会通报，在全县引起巨大反响。

二、苏维埃政权建立后的婚姻家庭法制度

百色起义和龙州起义后，左右江地区分别成立右江苏维埃政府和左江革命委员会，左右江革命根据地正式创建。左右江革命根据地的红军和苏维埃政权高度重视妇女解放问题，《中国红军第七军目前实施政纲》《中国红军第八军目前实施政纲》都将“男女平等”作为重要的实施政纲之一。《右江苏维埃政府口号》《右江苏维埃政府妇女会口号》《奉议县临时苏维埃政府成立宣言》等文件中都规定了有关婚姻家庭制度的内容。《右江苏维埃各级政府组织与职责》还规定各县、区、乡苏维埃政府中设妇女部或者妇女委员会，并设妇女委员。此外还建立了群众组织性质的妇女联合会或者妇女解放协会。据当时妇女运动的积极分子、东兰县苏维埃政府妇女委员黄美伦回忆，为了加强党对土地革命运动的领导，培养骨干力量，红七军前委和右江苏维埃政府在东兰县武篆区旧州屯举办了一期干部培训班，学员共有 100 人左右，女

学员10多人，“邓政委亲自给我们讲课，每隔三天来讲一次，主要是讲土地革命的方针政策和工农民主政府的建设问题，有时也联系到妇女翻身解放的问题”①。广西的妇女大多是从事劳动的，可以自食其力，虽然经济基础仍然由男子掌握，但妇女们在生活上能够自己解决生存问题，具有很大程度的独立性。所以，红军和苏维埃政府的宣传号召得到了广大妇女的积极响应，妇女解放运动的开展比较顺利。

1930年6月，东兰从县到乡普遍建立了妇女联合会。凤山、那地、百色、恩隆、思林、奉议、恩阳、果德、那马、向都、龙州等县也相继建立了县妇女联合会和部分区、乡妇女联合会。凤山县西山区弄台乡妇女全部入会，百色县三都区有30%的妇女入会，奉议县的入会妇女达到70%。② 为了适应根据地建设和妇女运动的需要，左右江革命根据地各级党组织十分重视对妇女骨干的培训，除了单独举办妇女训练班之外，同时也注意在男女同堂参加的培训班中吸收妇女学员。1930年8月，红七军前委和右江苏维埃政府在恩隆县平马镇举办了一期政治训练班，特别组织了各县先进妇女参加学习。1930年11月，右江苏维埃政府在恩隆县再次举办一期妇女训练班和识字班，各县、区、乡也纷纷举办各种训练班和夜校。在训练班和夜校中，妇女们学习到了政治、文化、军事方面的知识，掌握了妇女解放的理论和工作方法。通过培训，妇女们的政治素质和文化素质得到明显提高，思想观念得到更新，许多学员迅速成长为红军和各级苏维埃政府的妇女干部，这些妇女干部积极参加各种宣传活动，把先进的文化知识和思想观念带给了右江地区的广大妇女，组织妇女参加红军、支持苏维埃政府的工作。其中，有一批妇女干部和妇女运动骨干光荣加入中国共产党，成为坚定的共产主义战士。据东兰县、凤山县、百色县的统计，这一时期共有女党员60人，其中东兰县就有42人。③

除此之外，左右江革命根据地的妇女组织还成立了妇女宣传队，以唱山

① 中共广西区委党史资料征委会《左右江革命根据地》编辑组：《左右江革命根据地》（下），中共党史资料出版社1989年版，第683页。

② 中共广西区委党史资料征委会《左右江革命根据地》编辑组：《左右江革命根据地》（下），中共党史资料出版社1989年版，第1113页。

③ 中共广西区委党史资料征委会《左右江革命根据地》编辑组：《左右江革命根据地》（下），中共党史资料出版社1989年版，第1115页。

歌的形式宣传革命思想，一些妇女们还参加了红军，直接投身武装斗争，保卫红色政权。左右江革命根据地的妇女组织积极维护妇女的合法权益，反对封建婚姻和迷信习俗，支持妇女结婚离婚自由，并且发动妇女参军参政，组织妇女群众积极参与拥军拥属、支援前线的工作，为红军运送物资、救助伤员、缝衣做饭、筹集军粮等，为革命斗争作出了巨大贡献。

左右江革命根据地的婚姻家庭制度，将妇女从封建桎梏中解放出来，维护了妇女的自由与权利，同时还将左右江地区的一部分进步妇女培养为革命干部甚至共产主义战士，为革命斗争提供了新生力量。从广西乡土历史上看，左右江革命根据地的婚姻家庭制度推动了广西少数民族地区的婚姻习俗朝着更加文明的方向发展，具有显著的革命性和进步性。

第二节　左右江革命根据地婚姻家庭法制度的主要内容

左右江革命根据地婚姻家庭法制度的根本宗旨是实现新民主主义革命的反封建革命纲领，具体任务是打破封建纲常伦理，废除封建婚姻家庭制度对妇女的桎梏，提高妇女社会地位，恢复妇女的社会权利，鼓励妇女走向社会，实现妇女解放，促进社会进步。因此明确规定了男女平等、婚姻自由、一夫一妻、严禁早婚等原则，在广西的少数民族地区建立起历史上从未有过的新的婚姻家庭法制度。这种焕然一新的婚姻家庭法制度改变了左右江地区原始落后的婚姻家庭观念和一些婚嫁陋俗，闪耀着革命和文明的光芒，在历史上产生了深远的影响。

一、基本原则

（一）男女平等原则

在中国传统封建社会中，妇女受封建纲常伦理的束缚和制约，对男子具有较强的人身依附性，社会地位低，在婚姻中受到沉重压迫。左右江革命根据地的婚姻家庭制度提倡男女平等，反对封建制度，重视女性的人权，要求男女两性在婚姻关系和家庭生活的各个方面都享有平等的权利，承担平等的义务，这为妇女解放注入了动力，也促进了社会文明进步。

《广西东兰县革命委员会最低政纲草案》规定了“男女教育、经济、政治、工资一律平等”“实现男女共同教育”“劳动妇女有居住、行动、集会、结社、言论、出版之自由”等解放妇女、实现男女平等的基本纲领。《中国红军第七军目前实施政纲》《中国红军第八军目前实施政纲》都规定了“男女平等”。《中国红军第八军目前实施政纲》还规定“女工在产前后，规定休息时期，工资照给”，以保障妇女健康生育。1929 年 12 月 18 日《奉议县临时苏维埃政府成立宣言》还规定：“妇女教育与男子一律平等待遇，女子应有承继财产权，扶助妇女组织，禁止早婚（男女在十八岁以上方可结婚），禁止买卖婚姻，严禁女巫长斋，离婚结婚绝对自由，禁止重婚。”这是以宣言的形式对新的婚姻家庭制度作出的纲领性规定，强调妇女和男子拥有平等的受教育权和继承权，提高妇女的地位。1929 年 12 月《右江苏维埃政府妇女会口号》提出：“中国妇女团结起来，实行男女平等，打倒虐待妇女的男人，打倒多妻制，实行一夫一妻，实行结婚离婚绝对自由，取消旧礼教。”以上政纲、宣言、口号表明，左右江革命根据地的婚姻家庭法制度中的男女平等原则不仅是形式意义上的平等，还强调实质意义上的平等，包括男女政治权利平等、经济地位平等、受教育权平等等。

1. 政治权利平等

《右江苏维埃各级政府组织与职责》规定区苏维埃政府妇女委员的职责为：负责全区妇女运动；领导妇女参加一切革命斗争；除指导妇女参加阶级组织外，亦可组织妇女独立团体；提出妇女切身的迫切要求，先注意阶级的要求；解决妇女的一切问题。中共东兰县委和东兰县苏维埃政府于 1930 年春制定了《妇女联合会组织条例》，主要内容有：“（1）县、区、乡妇女联合会执行委员会由会员代表大会或会员大会选举之；（2）乡妇女联合会执委 3 至 5 人组成，执委互推 1 人或 2 人为常务委员；（3）执委会得设财政委员 1 人（常委兼）。宣传委员 1 人，赤卫委员 1 人，秘书 1 人（兼或聘请）。”① 到

① 中共广西区委党史资料征委会《左右江革命根据地》编辑组：《左右江革命根据地》（下），中共党史资料出版社 1989 年版，第 1115 页。

1930 年 6 月，东兰县大部分区、乡建立了妇女联合会。不久之后，东兰妇女运动的影响迅速扩大，左右江地区的凤山、百色、奉议、果德、龙州等县也先后成立了妇女联合会。因为各级妇女联合会的组织健全与行动活跃，左右江革命根据地的婚姻家庭法制度实施效果非常好，广大妇女获得了同男子一样投身革命的权利，她们结成队伍，推动了革命事业的蓬勃发展，涌现了一批优秀的妇女干部，如黄美伦、黄春兰等。左右江各地的妇女联合会积极宣传党的方针政策，贯彻实施革命根据地婚姻家庭法制度，发动广大妇女参加土地革命，支援红军在前线作战，甚至直接参军参战。各县、区、乡妇女联合会还组织了妇女宣传队，配合本级苏维埃政府宣传土地革命，落实《土地法暂行条例》划分阶级的规定，禁止放高利贷、禁止奸商囤积居奇哄抬物价等，确保贫雇农的利益，保障土地革命依法有序推进。除此之外，各地苏维埃政府还发动妇女参加农民赤卫队，保护社会治安。百色、恩隆、思林、果德、奉议、东兰、凤山、那地、都安等县有大批女青年参加了红七军和赤卫队，其中东兰县赤卫队就有 300 多名女赤卫队员。[①]

2. 经济权利平等

经济自由是婚姻自由的重要基础，只有让妇女具备一定的职业技能，能够自谋职业，独立营生，才能实现经济平等，进而从实质上实现婚姻自由。1928 年党的六大通过的《妇女运动决议》指出："应直接提出关于农妇本身利益的具体要求，如承继权、土地权、反对多妻制、反对年龄过小之出嫁（童养媳）、反对强迫出嫁、离婚权、反对买卖妇女、保护女雇农的劳动。"按照党的六大决议要求，《奉议县临时苏维埃政府成立宣言》中提出"对于妇女，妇女教育与男子一律平等待遇，女子应有承继财产权"。这是在受教育权和财产继承权方面以宣言的形式对男女平等作出纲领性规定，强调妇女在受教育方面和男子待遇平等，在继承财产时享有和男子一样的财产继承权，从经济上给予了妇女和男子同等的权利。

在土地所有和分配方面，左右江革命根据地注重保障妇女和男子同等的土地所有权和分配权。1930 年《土地问题决议案大纲》也规定了土地的没收

---

① 中共广西区委党史资料征委会《左右江革命根据地》编辑组：《左右江革命根据地》（下），中共党史资料出版社 1989 年版，第 1116－1117 页。

与分配："农民无论男女在十六岁以上有自耕能力者即有土地使用权。""苏维埃政府对于土地的分配，以土地的肥瘠及人口之多少为标准，定十六岁以上能自耕作的农民男女为土地使用权的一份。"1930 年 5 月右江苏维埃政府颁布的《土地法暂行条例》规定了土地分配的具体办法："分配土地应以人口为标准，以出产之多寡，平均分配之。暂用每一劳动单位分全份，非劳动单位分半份之办法处理之。"1930 年 5 月右江苏维埃政府颁布的《共耕条例》规定："凡一岁以上之男女均得分一份。"

3. 劳动权利平等

1929 年 10 月《广西东兰县革命委员会最低政纲草案》对男女平等的问题作了规定："男女教育、经济、政治、工资一律平等。"按照这一规定，女工和男工的工资平等，通过同工同酬确保妇女有从事劳动生产获得经济收入的权利，确保妇女的经济独立，对男子的人身依附性降低，因而提高了妇女在家庭和社会生活中的地位。

4. 受教育权利平等

受教育权的平等是实现男女平等的重要基础。长期以来，在封建制度和封建思想牢笼下，由于宣扬"女子无才便是德"，妇女受教育的权利被剥夺，妇女的文化素质普遍比较低，大部分妇女不识字。在左右江革命根据地，甚至一些妇女干部的文化水平也不高，不能准确理解党和政府的政策、文件，严重制约了妇女工作的开展。要解放妇女，首先要普及教育，提高妇女的受教育程度，提升她们的文化素质和文化水平。因此，《广西东兰县革命委员会最低政纲草案》规定："实行男女共同教育"。《奉议县临时苏维埃政府成立宣言》提出"妇女教育与男子一律平等待遇。"左右江革命根据地十分重视妇女的教育问题，特别是着力加强对妇女干部的培训。除右江苏维埃政府统一组织举办各类培训班、学习班外，各县、区、乡也时常举办各种训练班和夜校，普及妇女教育，扩大妇女受训面。妇女训练班的学习课程内容广泛，包括政治军事常识、国内外时局、文化基础知识、妇女解放运动理论、基层工作方法等。其中，妇女干部训练班以学政治理论、学工作方法为主，妇女文化夜校以学习语文知识和文化基础知识为主，旨在扫盲，同时宣讲基本的革命政策和道理。左右江革命根据地通过加强妇女教育，培养了大批妇女骨干，这些妇女骨干回到各自所在的区、乡开办妇女夜校，组织妇女学习文化知识，建立妇女组织，号召妇女参加革命，推进了妇女运动的发展。东兰县妇女宣传队深入东兰、凤山等县的乡村开展革命宣传，用山歌、戏曲、话剧等形式宣传妇女解放的革命思想，其中有一首《妇女歌（苏武牧羊曲）》唱道："问：妇女你知道痛苦吗？答：我们的痛苦，说来真不尽。教育上不得受，人也受支配。职业不平等，婚姻不自由。国家的法律，也不得保障。今天受压迫，我们要打破。"①

（二）婚姻自由原则

左右江革命根据地婚姻家庭法制度坚决反对封建社会包办婚姻、买卖婚姻等摧残人性的腐朽的婚姻制度，强烈提倡婚姻自由。《广西东兰县革命委员会最低政纲草案》明确规定了"婚姻绝对自由"这一纲领性的婚姻原则，具体包括结婚自由、离婚自由和反对买卖包办婚姻三个方面。当时从事宣传工作的主要就是妇女，她们采用教唱革命歌曲、抄写革命标语、进行讲演、口头宣传、演白话戏等形式进行宣传。韦拔群亲自参与创编了一首壮族勒脚歌："自由婚姻真潇洒，婚嫁由眼挑心花。父母媒妁皆废话，问爹问娘做什么！从前婚姻真恶劣，封建婚姻太无法。自由婚姻真潇洒，婚嫁由眼挑心花。从前鸡仔就下定，如今不用依爹娘。父母媒妁皆废话，问爹问娘做什么！"② 当时还流行《妇女歌》《个个妇女都改装》等歌唱妇女得自由得解放的山歌："真妄费，妇女人，只听父母乱嫁人，到了如今真怨恨，实在害了我们一辈子。我们妇女起来吧，大家都参加革命，才能获得幸福平等。"③ 左右江革命根据地有关婚姻自由的规定得到了广大妇女的真心拥护和积极响应，在实践中也得到了有效的贯彻和实施。

（三）一夫一妻制原则

一夫一妻制亦称单偶婚制，即一男一女结为夫妻，互为配偶的婚姻形式。在封建社会，主要的婚姻制度是一夫多妻制。在半殖民地半封建社会时期，

---

① 黄现璠、甘文杰、甘文豪：《韦拔群评传》，广西师范大学出版社 2008 年版，第 183 页。
② 黄现璠、甘文杰、甘文豪：《韦拔群评传》，广西师范大学出版社 2008 年版，第 179 页。
③ 黄现璠、甘文杰、甘文豪：《韦拔群评传》，广西师范大学出版社 2008 年版，第 181 页。

仍然延续着封建时代的婚姻家庭制度，蓄婢纳妾普遍存在，并得到国民党政府的法律确认。国民党政府制定的《中华民国民法》亲属编规定："虽非亲属而以永久共同生活为目的同居者，视为家属。"这样就以"家属"的名义，把蓄婢纳妾行为合法化。左右江革命根据地的婚姻家庭法制度坚决反对这种封建婚姻制度，严格贯彻一夫一妻制，反对一夫多妻制，反对包办婚姻，禁止蓄婢，禁止童养媳等，尤其强烈反对不平等的一夫多妻制。《广西东兰县革命委员会最低政纲草案》规定，废除多妻制度、废除使女制度、废除童养媳。这一规定从法律上明确否定了一夫多妻、使女（蓄养的婢女、丫鬟）、童养媳等腐朽的封建婚姻制度，促进了男女平权，保障了妇女的家庭地位和社会地位，在广西妇女运动史上具有划时代的意义。

二、结婚制度

（一）结婚条件

关于法定结婚年龄，左右江革命根据地对结婚年龄作出了比较文明合理的限制性规定。《广西东兰县革命委员会最低政纲草案》规定："严禁早婚（男子十八、女子十六以上始得结婚）。"《奉议县临时苏维埃政府成立宣言》规定："禁止早婚（男女在十八岁以上方可结婚），禁止买卖婚姻，严禁女巫长斋，离婚结婚绝对自由，禁止重婚。"从以上规定可以看出，左右江革命根据地的婚姻家庭法制度对结婚年龄作出了限制性的规定，但是，由于当时新的婚姻家庭法制度不成熟，很多规定还在探索试点阶段。例如，对结婚年龄就没有绝对统一的标准，各个地区有不同的年龄限制，奉议县规定"男女在十八岁以上方可结婚"，东兰县则规定"男子十八岁、女子在十六岁以上始得结婚"。

关于结婚的形式条件，《广西东兰县革命委员会最低政纲草案》规定"废除多妻制度"。《奉议县临时苏维埃政府成立宣言》规定"禁止重婚"。《为右江苏维埃政府大会告贫苦妇女书》要求："废除买卖式的婚姻及禁止童养媳的制度，反对多妻制，反对奴婢制。"奉议县苏维埃政府妇女解放协会向全县妇女发出的《告贫苦妇女书》也提出："废除买卖婚姻及禁止童养媳的制度。"1930 年 9 月 19 日红七军前委发布的《前委通告（第七号）——目前右江党的工作方针》则要求："肃清苏维埃中官僚化的现象，如讨小老婆……"通过以上法规可以看出，右江革命根据地严格实行一夫一妻制，明确规定了禁止一夫多妻、禁止纳妾、禁止有配偶者重婚，还废除了买卖婚姻和童养媳制度，将封建婚姻制度的残余一扫而光。

（二）结婚程序

按照左右江革命根据地的婚姻家庭法制度，结婚采用登记制。登记制符合左右江地区的实际，有利于打破封建婚嫁陋习，而且采用登记制更方便群众，也可以省去如"六礼"之类的封建婚姻繁文缛节。广西壮族自治区档案馆现存有当时奉议县苏维埃政府颁发的一份结婚证书，表明奉议县苏维埃政府实行结婚登记制，对于自由恋爱结婚的男女青年，由政府登记，颁发结婚证书，保障他们的婚姻关系和相关权利。

在实行登记制的基础上，左右江革命根据地还提倡进一步简化结婚程序。《广西东兰县革命委员会最低政纲草案》规定了废除结婚费用"废除一切不良风俗习惯（迷信、拜跪及封建式的称呼）"，这表明东兰县革命委员会坚决反对封建婚姻陋习，废除了传统的结婚费用和过于繁杂的婚姻礼节，以减轻群众生活负担。恩隆县苏维埃政府提出"三不准"，即不准要彩礼，不准坐花轿，不准吹唢呐。这些规定体现出旗帜鲜明的反封建性质，也使人们摆脱了传统的繁复婚姻成立程序和昂贵的结婚费用，减轻经济负担，废除封建礼教的复杂程序和礼节，有利于革命，也有利于社会的文明和进步。"喜事不择'吉日'，结婚不要彩礼，不摆酒席，出嫁不坐轿子，不吹唢呐渐渐成为了革命新风尚，新式婚礼逐渐受到根据地群众的欢迎。恩隆县那恒乡夜学班第一期的学员李秀影带头实行婚姻自由，结婚时不要彩礼。在她的带动下，全乡男女青年都敢于反对旧礼教，实行婚事新办。从旧式婚礼向新式婚礼的改变，不仅仅是结婚仪式的改变，更重要的是婚姻性质和婚姻观念的变化。新式婚礼为根据地男女青年寻找幸福提供了机会，对解放思想观念，促进根据地民众人格独立和个性解放有着极大的作用。"①

---

① 简华春：《右江农民运动对右江革命根据地嫁娶习俗变迁的积极影响》，载《百色学院学报》2008 年第 5 期。

三、离婚制度

（一）离婚的条件

离婚分为协议离婚和诉讼离婚。协议离婚指婚姻关系因双方当事人合意达成协议从而解除婚姻关系的离婚方式；诉讼离婚是指夫妻中的一方根据法律规定的离婚条件向司法机关提出解除婚姻关系的要求，不需要和另一方就离婚问题达成一致的意思表示。左右江革命根据地的婚姻制度较少涉及协议离婚，主要还是对诉讼离婚进行了具体的规定。

左右江革命根据地的婚姻家庭法制度具有浓厚的政治色彩，其根本宗旨是反封建，解放妇女，让妇女摆脱封建婚姻的束缚，使其支持、参加革命。因此，左右江革命根据地的婚姻家庭法制度着眼于保护妇女的离婚权利，主要规定了妇女一方提出离婚的条件，彻底革除了封建纲常伦理制度下“夫可出妻，妻不得自绝于夫”的腐朽思想。东兰县农民协会制定了关于离婚的10条规定，只要符合10条中的1条，就具备离婚的条件，包括经常被丈夫虐待毒打、被丈夫阻拦参加革命、丈夫搞反革命、丈夫搞赌博偷盗、丈夫懒汉流浪不搞生产、丈夫生理上有缺陷等。这些规定从立法上保护妇女在婚姻家庭关系中的人身权利和地位，其中一些规定符合马克思主义爱情婚姻观，具有现实合理性，一直延续到了中华人民共和国的婚姻立法中。

（二）离婚的自愿性

左右江革命根据地婚姻家庭法制度的规定得到了各族妇女同胞的广泛支持，许多受到封建买卖婚姻、包办婚姻压迫、束缚的妇女向政府（苏维埃政府建立前为农民协会）提出了离婚的要求。1927年，思林县农民协会帮助几十个妇女办理了离婚手续，将她们从旧婚姻的桎梏下解放出来。当时，妇女们要求离婚的原因主要是包办婚姻以及女方受到虐待等。在离婚时，左右江革命根据地的苏维埃政府十分重视妇女的意愿。例如，东兰县妇女委员会宣传部宣传员黄玉美的丈夫韦钟伍，多次虐待毒打黄玉美，黄玉美于是提出了离婚，县农民协会根据关于离婚的10条规定判决离婚，并将情况通报全县，在社会上影响很大，起到了宣传新的革命的婚姻家庭制度的作用。

百色起义纪念馆现存一份题为“百色临时苏维埃刑事判决”的文书，该判决所记载的案件虽然是一起刑事案件，但同时又涉及当事人婚姻关系的处理，属于“刑事附带民事”案件。该案黎咸华之妻黄氏被“串卖”（合谋贩卖，并非拐卖）给林彩焕，案发后黄氏仍愿意跟随林彩焕生活，可见黎咸华与黄氏的婚姻应为包办婚姻。因此百色县临时苏维埃政府判决：“本府应尊重结婚离婚自由意思，收该黄氏判还林彩焕。”从该判决中可以看出当时司法实践十分重视结婚离婚自由的原则，在最大限度内尊重妇女自由选择婚姻对象的意志，保护妇女的婚姻自由权利，维护了妇女的权益。

（三）离婚的法律效果

关于离婚的法律效果，左右江革命根据地婚姻家庭法更关注离婚后的女方，在以平等态度对待男女双方的基础上，又倾斜保护妇女利益。这一方针为中华人民共和国的婚姻法所沿袭。左右江革命根据地的婚姻家庭法制度有关离婚后夫妻共同财产分割的规定较为简单，主要内容是婚前男女双方原有之财产及债务得各自处理，婚后双方共同经营所得财产及所负债务得共同处理，离婚后双方原有之财产各自取回，共同经营所得之财产平分。这些规定都体现了男女平等原则，赋予妇女和男子平等的权利。

四、家庭制度

（一）夫妻关系

左右江革命根据地的婚姻家庭法制度提倡男女平等，反对封建家庭纲常伦理对妇女的束缚，重视保护妇女权益，要求男女两性在社会生活的各个方面都处于平等地位，坚决反对家庭暴力，保护妇女在家庭中的权利和地位。《广西东兰县革命委员会最低政纲草案》规定：“严禁男子虐待妇女。”这一规定虽未明确说明是保护家庭关系中的妇女，但在当时的社会环境下，不言而喻主要是保护家庭妇女。《右江苏维埃政府妇女会口号》也提出“中国妇女团结起来，实行男女平等，打倒虐待妇女的男人，打倒多妻制，实行一夫一妻，实行结婚离婚绝对自由，取消旧礼教”等要求。这些规定为妇女解放注入了动力，也促进了社会文明进步。

（二）继承关系

在财产继承方面，《奉议县临时苏维埃政府成立宣言》提出“女子应有承继财产权”。这是关于男女财产继承权平等的纲领性宣言，强调妇女和男子拥有平等的财产继承权，从经济上确保妇女和男子拥有同等的权利地位。在实行土地革命、重新分配土地时，《土地法暂行条例》规定：“分配土地应以人口为标准，以出产之多寡，平均分配之。暂用每一劳动单位分全份，非劳动单位分半份之办法处理之。”《土地问题决议案大纲》针对土地的没收与分配提出要求：“苏维埃政府对于土地的分配，以土地的肥瘠及人口之多少为标准，定十六岁以上能自耕作的农民男女为土地使用权的一份。”《共耕条例》针对农作物的分配作出规定：“凡一岁以上之男女均得分一份。”可见，左右江革命根据地注重从法律制度上保障妇女和男子同等的财产继承权和土地所有权，在经济上确保妇女的独立地位，进而实现男女实质平等。

（三）对儿童的保护

左右江革命根据地婚姻家庭法制度对儿童的保护主要体现为废除童养媳、加强儿童教育、保护童工。在半殖民地半封建社会的中国，童养媳现象普遍存在，原因有两方面：一方面是贫穷人家经济拮据，生下女儿却无力抚养，只能作为童养媳交给富裕人家，至少能够养活；另一方面是结婚时男方要付的彩礼较多，结婚成本高，一些经济条件差的男方家庭难以承受，而收养童养媳可以大大减少结婚成本。童养媳在心智未发育健全的情况下嫁入夫家，常常受到丈夫、公婆的歧视和虐待，生活境况大多悲惨，身心遭受严重摧残。左右江革命根据地建立后，新生的苏维埃政权迅速立法，从法律上废除这种封建陋习，提倡进步的婚姻家庭制度。《广西东兰县革命委员会最低政纲草案》在立法上明文规定禁止童养媳。《为右江苏维埃政府大会告贫苦妇女书》提出“废除买卖式的婚姻及禁止童养媳的制度”。奉议县苏维埃政府妇女解放协会发出的《告贫苦妇女书》宣布：“废除买卖婚姻及禁止童养媳的制度。”以上规定都旗帜鲜明地废除童养媳制度，有力保护了幼女的合法权益，体现了革命政权对幼女身心健康的关心爱护。

左右江革命根据地十分重视对儿童的教育工作。《广西东兰县革命委员会最低政纲草案》规定了“提高劳动儿童教育（设立幼稚院）”等加强儿童教育的措施。《中国红军第七军司令部、政治部布告》提出“提高文化，普及教育，劳动儿童，免费入学”。右江苏维埃政府还要求县、区、乡都要举办劳动小学。各级劳动小学主要招收贫苦农民子弟入学，免收学费。在较为偏远的瑶族地区的学校，由县苏维埃政府派出教师，经费全部由县苏维埃政府提供。劳动小学主要开设了政治、军事、文化、劳动等四门课程，全面教授学生先进文明的知识。在学习方法上强调劳动实践教育，教学方式采用边学习边实践。《共耕条例》对“劳动童子团”的组织作出了规定：“全乡劳动童子团，由乡团部分班编组，轮流教育并轮流牧牛。”宗旨就是加强儿童的劳动实践教育。劳动小学特别重视学生的思想教育工作，注重培养少年儿童吃苦耐劳又胸怀大局的优秀品质，为将其培养成为革命事业接班人打下基础。

左右江革命根据地各县、区、乡普遍举办劳动小学的同时，还组织了童子团和少年先锋队，由青年委员负责教育训练童子团员和少年先锋队员工作。当时，比较著名的童子团有凤山县坡利童子团、发福童子团、东兰县太平区童子团、坡豪乡童子团、武篆区童子团、思林县兰芳儿童团等。

左右江革命根据地的立法还规定了“保护童工”。本来，童工身心尚未发育完全，不适宜从事高负荷、长时间的劳动，童工制度应该予以废除。但在20世纪20年代到30年代，广西左右江地区各县使用童工的现象比较普遍，完全从法律上禁止童工尚不现实。因此，《广西东兰县革命委员会最低政纲草案》在承认童工制度的基础上规定保护童工利益：“确定雇佣青年的童工、女工每日工作时间（不得超过六小时）。”《中国红军第八军目前实施政纲》也从原则上规定：“保护童工。”通过限制童工的工作时间，保障童工的人身权利，使童工身心能够得以健康成长。

第三节　左右江革命根据地婚姻家庭法制度的历史影响

一、推动妇女解放，实现反封建革命纲领

左右江革命根据地婚姻家庭法制度的政治依据是中国共产党领导下的新

民主主义革命的反封建革命纲领。这一历史时期的婚姻家庭法制度不仅涉及法律问题，更是新民主主义革命的重要内容，表现在政治、经济、军事、法律、文化、社会等各方面，具有鲜明的政治属性。左右江革命根据地的婚姻家庭法制度的一大特色在于积极建立妇女组织，提高妇女地位，反对封建礼教和封建婚嫁陋俗，将妇女从包办买卖的封建婚姻制度中解放出来，调动妇女参加革命的积极性，鼓励和带领妇女参与到土地革命中去，为革命输送新鲜血液和力量。

妇女的合法权益包括妇女参政权和婚姻自主权两大方面。妇女参政权是指妇女参与党和国家重大政治决策的权利。1929 年 9 月 10 日在南宁召开的中共广西省第一次代表大会通过《妇女运动草案大纲》，要求吸收妇女加入各级党组织和群众组织，“打破妇女群众的封建宗法社会的一切错误观念”。按照会议精神，各级苏维埃代表大会上要有一定数量的妇女代表，各级政府设有妇女委员。右江地区第一届苏维埃代表大会召开时，有 15 名妇女代表，占代表总数的 18%。妇女的婚姻自主权则主要是反对包办婚姻、买卖婚姻、拐卖妇女、虐待妇女等。左右江革命根据地对妇女婚姻自主权的规定集中体现在《广西东兰县革命委员会最低政纲草案》中，规定了废除娼妓制度，废除多妻制度，废除使女制度，废除童养媳，男女在教育、经济、政治、工资上一律平等，婚姻绝对自由，严禁男人虐待妇女，废除结婚费用，严禁早婚等。

左右江革命根据地的婚姻家庭法制度得到了各族妇女的真心拥护和支持。许多地方革除了封建婚嫁陋俗，妇女们剪短头发，不戴手镯、耳环和金银项链，改穿便于劳动和工作的简练服装，走出家门，积极参加革命，精神面貌焕然一新。在各级妇女组织的宣传下，许多妇女一边坚持农业生产，一边支援前线。从 1929 年冬至 1932 年，东兰县参加红军的青年达 2000 名以上，当时全县人口不到 10 万人，能在这几年内输送大量的兵员，东兰妇女热情支持和动员亲人参军是重要原因。1930 年，那马、凌云等县先后组织数批青年参加红七军，各区、乡有不少送郎送子上前线的动人事迹。① 妇女们还为红军赶制衣物，送水送饭、筹款筹粮、照顾伤病员，全力支援前线的军事斗争。在

---

① 中共广西区委党史资料征委会《左右江革命根据地》编辑组：《左右江革命根据地》（下），中共党史资料出版社 1989 年版，第 1117 页。

1930年10月红七军主力北上后，东兰革命根据地的妇女们继续坚持革命斗争。在敌人的“围剿”下，东兰妇女不屈不挠，不仅为革命提供后勤保障，而且直接参与地下斗争，在保卫革命根据地上发挥了重要的作用。这表明左右江革命根据地的婚姻家庭法制度解放了妇女，让妇女成为了“能顶半边天”的新民主主义革命重要力量。

二、革除封建婚姻制度，促进社会文明进步

封建社会有许多压迫妇女、束缚妇女、无视妇女权利的婚姻陋俗，如婚礼烦琐、大操大办，包办婚姻、买卖婚姻，一夫多妻、蓄婢纳妾、童养媳，等等。封建社会的婚姻仪式十分烦琐复杂，早在西周就有了“六礼”制度，婚姻成立都要经过“父母之命，媒妁之言”，这一传统延续了2000多年。清王朝被推翻后，北洋政府和南京国民政府时期的婚姻制度仍受封建传统影响较大，各种仪式程序依然繁杂。《中华民国民法》亲属编第二章设有婚约一节，规定了婚约订立的条件、一方解除婚约的情形、婚约解除后的损害赔偿等。对结婚则采用仪式制，“结婚应有公开之仪式及二人以上之证人”。与封建社会的婚姻程序相比，国民政府关于结婚方面的规定已有一定简化，但是仍然没有彻底打破封建婚姻窠臼。封建婚姻制度限制了结婚双方当事人的自由意志，同时婚姻双方家庭为了举行婚姻仪式不得不付出巨大经济成本，不利于社会的进步和发展。

左右江革命根据地的婚姻家庭法制度以反封建为宗旨，坚决废除了传统的封建婚嫁陋俗，简化结婚的程序，摒弃繁文缛节的仪式，结婚不要彩礼，不摆酒席，出嫁不坐轿子，不吹唢呐，大大减少了结婚费用，并规定结婚采用登记制，直接给男女青年颁发结婚证，无须大操大办，形成了新的社会风尚，促进了左右江地区社会文化的进步和发展，对提高广大民众的觉悟和解放都起到了积极的作用。这些具有开创性、革命性、现代性的规定延续至今，与中华人民共和国的婚姻法制度一脉相承。

左右江革命根据地的婚姻法制度十分尊重结婚双方的真实意愿，提倡婚姻自由，反对封建包办婚姻、买卖婚姻，尊重男女青年选择婚姻对象的权利。婚姻双方以爱情的名义结合在一起，真正成为自己婚姻的主人，而不是像封建婚姻制度中那样因父母包办甚至买卖而结婚。这样的婚姻制度注重男女青

年的个性解放，有助于社会文明进步。

左右江革命根据地的婚姻家庭法制度十分注重对婚姻家庭关系中妇女和儿童权益的保护。在结婚年龄方面，左右江革命根据地坚定不移地废除封建社会的早婚陋俗，规定男子18岁以上，女子16岁以上方能结婚，同时废除“童养媳”“使女”等制度，给予青少年健康成长的空间，有利于未成年人的身心健康发展。左右江革命根据地还规定在教育、经济、政治、文化上给予男女平等的待遇，要求男女同工同酬，还专门规定雇佣的童工和女工每日工作时间不能超过6小时。这样的人性化规定保证了男女的实质平等，也着重保护妇女和儿童的合法权益。除此之外，各地苏维埃政府积极鼓励妇女参加生产劳动，在政治上、经济上、生活上提高妇女的地位，为实现男女实质平等打下基础。在文化教育方面，《中国红军第七军司令部、政治部布告》明确要求“提高文化，普及教育，劳动儿童，免费入学”。左右江革命根据地政府一向注重对妇女、儿童的教育，设立幼稚院，成立和组建各种学习班和学校，授予妇女和儿童进步的知识和思想。各区、乡苏维埃政府还设置文化委员负责“调查学龄儿童及失学群众，办理群众学校，强制儿童教育，实行识字运动”。右江苏维埃政府明确提出革命根据地的教育方针是“推翻旧礼教，创造好风俗”“教育劳动化”“提高劳动儿童教育”等。

三、改变少数民族婚嫁习俗，提倡民族平等

左右江地区是壮族聚居、汉壮瑶苗彝多民族杂居的地区。壮族在历史上曾有合命为婚、同族内婚、早婚早育等传统婚姻习俗。合命为婚是指以生辰八字相合作为男女双方结婚的条件。如果双方“命合”，就可以按照习俗举行结婚仪式并被认定为夫妻，如果双方“命不合”就不能够结婚。不言而喻，这种落后的婚姻习俗严重限制了男女双方的婚姻自由。同族内婚是指壮族人只能和壮族人结婚，而不能和其他民族的人结婚，这是民族歧视、民族隔阂、各民族之间缺乏交流、缺乏信任理解等历史原因造成的。早婚早育的婚姻习俗是我国封建社会普遍存在的婚姻陋习之一，目的就是尽快繁衍后代，使家族人丁兴旺。

左右江革命根据地的婚姻家庭法制度实质上是党的民族政策在左右江地区的具体实施，在涉及少数民族群众的婚姻问题上既要坚持新民主主义革命

纲领，坚持进步的婚姻观念，又要根据时代和地域的社会实际做出灵活的安排，以便争取少数民族男女同胞对革命的婚姻家庭法制度的认同和支持，从而稳定社会秩序，巩固革命根据地。当时党的民族政策尚未十分成熟，但中共中央对广西的民族问题作了专门的指示，指示称："要站在整个阶级观点上，注意他们的苦痛，宣传汉瑶平等待遇。"① 《广西东兰县革命委员会最低政纲草案》规定："瑶民经济、政治、教育、工资上与其他人民一律平等。"这样规定的目的就是要消除民族歧视和民族隔阂，寻求民族平等，将各民族团结起来，也为各民族间通婚创造了条件。左右江革命根据地的民族政策和婚姻政策都卓有成效。在苏维埃政府的号召下，尤其是在壮族革命领袖韦拔群的带领下，壮族人民逐步废除一夫多妻制，废除合命婚、族内婚、早婚、童养媳等婚嫁陋俗，实行婚姻自由，严禁买卖人口，严禁虐待妇女，实行男女平等。妇女得到解放，社会地位提高，并积极参加革命。少数民族的婚姻观念也因此得到了转变，各民族能够团结一致，共同参加革命。

左右江革命根据地的婚姻家庭法制度彻底打破了封建落后的婚姻制度与婚姻关系，旗帜鲜明地反封建，同时改变了部分少数民族的婚嫁陋俗，建立新型婚姻制度和婚姻关系，极大地解放了妇女，保护了妇女儿童的权利，改变了左右江地区群众特别是少数民族群众的婚姻家庭观念，对左右江地区的壮族、瑶族等少数民族婚嫁习俗变迁产生了深远影响。

四、开启了中国共产党探索婚姻家庭法制度的进程

左右江革命根据地婚姻家庭法制度虽然大部分规定都是原则性、纲领性、宣言性的规定，内容稍显简单，可操作性不强，但这些规定形成了关于婚姻家庭制度的基本法律体系框架，在人民群众中初步确立了现代的新型的婚姻观念，对实现妇女解放、推动社会进步起到了积极的作用，并对中华人民共和国婚姻法的诞生具有重要的促进作用。

1950 年 5 月 1 日中央人民政府委员会颁布实施《婚姻法》，这是中华人民共和国成立以来制定的第一部法律。1950 年《婚姻法》能够在新中国成立后

---

① 中共广西区委党史资料征委会《左右江革命根据地》编辑组：《左右江革命根据地》（上），中共党史资料出版社 1989 年版，第 239 页。

比较迅速地制定出台，主要得益于解放前各革命根据地积累了丰富的婚姻家庭法律实践经验，尤其是中华苏维埃共和国时期制定的《中华苏维埃共和国婚姻条例》，成为1950年《婚姻法》的蓝本。1950年《婚姻法》第1条规定："废除包办强迫、男尊女卑、漠视子女利益的封建主义婚姻制度。实行男女婚姻自由、一夫一妻、男女权利平等、保护妇女和子女合法权益的新民主主义婚姻制度。"第2条规定："禁止重婚、纳妾。禁止童养媳。禁止干涉寡妇婚姻自由。禁止任何人藉婚姻关系问题索取财物。"不难发现，这些规定都是直接源于新民主主义革命时期各革命根据地的婚姻家庭制度立法和实践经验，其中当然也包括了左右江革命根据地的婚姻家庭制度立法和实践经验。因此，左右江革命根据地的婚姻家庭法制度虽然内容比较简单，立法技术不够成熟，但其中所包含的男女平等、婚姻自由、反对封建婚姻制度等红色法治基因和血脉，在新中国的婚姻法中得到了传承和赓续。

当然，左右江革命根据地的婚姻家庭法制度也并非十全十美，受"左"倾冒进主义影响，这一法律制度在实施过程中也曾出现过偏过激的问题。由于思想认识上和政治教育上的工作做得还不够完善，左右江地区的妇女解放运动在初期就有狂热幼稚的现象出现。一些地方在实施法律和政策时过于激进，错误地将妇女解放理解为妇女统治，认为在旧时代妇女被男性统治压迫，苦难极深，现在的革命就是要颠倒过来，由妇女来统治男性，妇女的地位应凌驾于男性权利之上。这些片面的女权思想过度强调妇女解放，着重保护妇女利益，却忘记了"男女平等"才是妇女解放运动追求的目标，甚至还出现过一些极端女权主义倾向。据时任右江苏维埃政府主席雷经天回忆："在少数地区（如盘阳、赐福），对妇女解放的认识有错误，以为过去是男权统治，现在革命应该是女权统治，曾提出'以女治男''以女娶男'极端相反的口号，这也可以看到在妇女解放运动初期狂热幼稚的表现。"① 极端的女权主义从封建社会的男权主义极端走向了与之相反的另一个极端，违背了婚姻自由和男女平等的宗旨，制造了新的社会矛盾，客观上反而不利于妇女解放运动的深入开展。

---

① 上海社会科学院院史办公室编著：《重拾历史的记忆——走近雷经天》，上海社会科学院出版社2015年版，第188－189页。

不过，总的来看，左右江革命根据地的婚姻家庭法制度虽然存在许多问题，但在当时提高了左右江地区广大人民群众的觉悟，特别是提高了妇女的觉悟，改变了地方和民族婚姻习俗，推动了社会文明进步，使人民群众真心拥护、积极参加和全力支持中国共产党领导的新民主主义革命，为革命的胜利创造了条件，也为中国婚姻家庭制度的建设积累了经验，成为现代婚姻法的思想源头之一，其历史影响可谓深远，不容否定。

第九章　左右江革命根据地的土地法制度

土地法是指国家调整土地所有、占有、经营、使用、保护、管理过程中所发生的各种社会经济关系的法律规范。其目的是维护统治阶级的土地经济利益，有利于稳定统治阶级的社会经济秩序和政治统治。新民主主义革命时期，党面临的主要任务是反对帝国主义、封建主义、官僚资本主义，争取民族独立、人民解放，为实现中华民族伟大复兴创造根本社会条件。其中，反封建的主要方式就是实行土地革命，没收地主阶级的土地分给农民，彻底改变我国数千年封建社会史上少数地主阶级占有大量土地的不公平、不合理状况，实现“耕者有其田”。制定土地法，则是第二次国内革命战争时期我们党领导下的革命根据地实行土地革命的重要手段。左右江革命根据地在中央革命根据地制定的《井冈山土地法》《兴国县土地法》的基础上，通过了《土地问题决议案大纲》，并据以制定了《土地法暂行条例》《共耕条例》，运用法制手段推动土地革命，取得了令人瞩目的重大成效，产生了深远的历史影响。

第一节　苏维埃政权建立前左右江地区的土地状况

我国作为传统农业大国，地域辽阔，人口众多，但在历史上的任何年代都存在土地不足的情况，这不仅是由土地自身的不可替代性、面积有限性、位置固定性、质量差异性等自然特性所决定，也是土地占有和分配不平衡、开发利用不够充分所致。而在封建、半封建社会，土地作为社会主要生产资料，占社会人口极少数的地主阶级掌握了绝大部分的土地资源，占社会人口绝大多数的贫农、雇农只有少量土地甚至没有土地，不得不租种地主的土地并把大部分劳动成果作为地租交给地主，承受地主的盘剥。在左右江苏维埃政权建立以前，这里的人民群众遭受的剥削和历代封建王朝并没有多大差别。

清朝雍正年间，清政府开始推行“改土归流”的政治改革和经济变革，一定程度上打击了封建割据势力。但是，远离中央权力中枢的边疆广西不仅推行改革的进展较慢（桂西地区直到1931年才最后完成），而且广西的经济、交通、社会发展等各方面与中原、江浙等地相比差距较大、更加闭塞，而广西少数民族特异的风土人情也不是少数几个流官能够轻易改变的，广西原来的土官势力盘踞并统治了当地数百年，流官到任也必须要依赖原来的土官势力才能实现基本治理，导致广西“改土归流”的效果远比预期要差很多，“改土归流”的变革并未从根本上改变土官势力继续控制广西及左右江地区经济的状况。

一、“改土归流”未能改变左右江地区土地集中、农民贫苦的状况

广西土官在“改土归流”后虽然不再控制实际的政府职权，但仍控制着当地经济作威作福。在左右江地区，土官势力范围内的人可以分为五个层次：头等为官族；二等为外来族人，主要指汉人；三等为土目、保长等服务于土官的爪牙、狗腿子；四等为粮民，他们为自己开荒种地纳粮；五等为等外人，他们是耕种土官、土目田庄的庄民、庄奴，多为壮族人，通常不被以“人”相称，土官们用俚语称之为“灰”“爬”，或“五爬”（老男人）、“亚灰”（老妇人），这些人依附于地主，等同于地主可以随意买卖的私人财产，根本没有人身权利和人身自由可言。当时左右江地区的土地占有情况与前面的人员等次情况呈向下方式分布，绝大部分土地集中在封建地主和官吏豪绅手里，有土地的自耕农占比很小。原南京国民党中央农民部土地委员会1927年调查统计的数据显示：“占农村人口14%的地主、富农却占有农村土地的81%；占农村人口11%的中农占有土地13%；占人口20%的贫农，占有土地6%；占人口55%的雇农，却毫无土地。”① 具体到广西来说，1915年改土果化归德州地为果德县时，清丈田亩发现：“官田占5000余亩，役田占百余亩，民田

---

① 张希坡主编：《革命根据地法制史》，法律出版社1994年版，第70页。

只占千余亩。……其他土州县垌田亩比例大多类此……”① 尽管土地分配已经如此不均，但无地、少地的农民所承担的地租仍不轻松，相反，地租很重。当时，地主收取地租的标准是根据水田的好次来确定租户交纳当年收成的数量比例，分别是上等交纳 2/3，中等交纳 3/5，下等交纳 1/2。此外，地主还在其他方面对人民进行剥削压迫，比如百色县坡心土司黄宗谋强迫行使当地新婚民女的初夜权，西林某地主在民国初年还强迫民女给其母陪葬，这些地主还将控制土地的优势与商业资本、高利贷资本结合起来，形成了紧紧束缚在当地各族人民身上的强力剥削网。

所以，苏维埃政权在左右江地区成立以前土地集中度仍然较高，农民缺乏土地等基本生活资料却又负担沉重的地租，生活十分困苦。为此，左右江地区不时爆发出贫、雇农反抗地主剥削的事情。

二、东兰农民运动成为左右江地区土地革命的星星之火

1915 年时，东兰全县的粮赋共计 10, 800 元（折合银子 7776 两），是 1730 年（雍正八年）“改土归流”时的十几倍，还有其他名目繁多的户口捐、摊位捐、田赋捐、屠宰捐等十几种苛捐杂税，税赋繁重。1926 年 10 月，刚到东兰任代理知事不久的陈恕勉就这样形容“鸡犬无声”：“寻常的鸡犬无声，是太平景象，我到东兰已一个多月，无论早晚，未尝一闻鸡犬声，东兰镇太平了吗？原来是鸡犬不留了。”② 原来，鸡犬都已被抓取充租抵债了，可见苛捐杂税之重。当时，军阀混战，掳掠、残害百姓的事情经常发生；而东兰县 60%—70% 的土地集中在县城的韦龙甫、韦有志、孙寿，武篆哨的杜七、杜八、龙显云，隘洞哨的陈子怀、陈聘三，兰泗哨的韦涓春和都邑哨的韦家龙、覃玉庭等地主豪绅集团手中，土地集中度很高，相互叠加，更加剧了当地群众生活的困苦，亟待一个能够领导他们奋起反抗的群体。而这个群体中为首的人就是韦拔群。韦拔群所领导的东兰农民运动也成为左右江地区土地革命的重要开端。

① 黄现璠、甘文杰、甘文豪：《韦拔群评传》，广西师范大学出版社 2008 年版，第 31 页。

② 陈恕勉：《广西东兰农民运动的实际状况》，载中国国民党中央执行委员会农民部 1927 年 4 月 22 日编印的《农民运动》（第二十二期）。

1894 年出生的韦拔群，虽然家庭在东兰县尚算富裕，但身怀忧国忧民之心，具有崇高的理想、美好的心灵、高尚的品德和朴实的风度。1916 年，韦拔群到贵州参加护国军后进入贵州讲武学堂学习，较早受到进步思潮的影响；1920 年 10 月参加由马君武主持的“改造广西同志会”，次年回到东兰召集进步青年组织“改造东兰同志会”，在群众中宣传、号召“实行社会革命”，并逐步开展反对贪官污吏、反对土豪劣绅的斗争，组织农民自卫军攻打东兰县城，释放了无辜被关押的群众，没收了土豪劣绅的家产分给贫苦农民。1925 年 1 月，韦拔群到广州参加第三届农民运动讲习所，通过学习开始接受中国共产党的农民运动方针，并在当年 3 月提前被时任国民党中央农民部部长廖仲恺委任为特派员派遣回到东兰发动农民运动，成效显著。6 月，韦拔群指导成立了右江地区的第一个农民协会——武篆农民协会，之后农民协会如雨后春笋一般迅速扩展到东兰其他乡、村，在农民协会达到一定规模后，韦拔群、陈伯明等人决定成立东兰县农民协会以统一领导全县各区、乡的农民协会工作。最终，东兰县农民协会于当年 9 月底在武篆魁星楼正式成立，下辖 11 个区、134 个乡的农民协会，共有会员 78,000 多人。当时，韦拔群亲自起草制定了《农民协会口号》和《农民协会守则》，其中《农民协会口号》明确要“实行耕者有其田”，换言之，成立农民协会的目的之一就是改变当时土地占有和分配不均的现状。东兰县农民协会成立的同时期，韦拔群等人还组织成立了东兰国民自卫军和东兰农民革命运动讲习所配合开展农民运动，其分别担任总指挥和主任。

为避免讲习所的讲习班活动受到阻挠和破坏，东兰农民革命运动讲习所充分利用国共合作的有利契机，对外以“中国国民党东兰农民革命运动讲习所”的名义招生，在武篆区善学乡的北帝岩（今列宁岩）开办了第一届讲习班，“东兰、凤山、都安、南丹、百色、凌云、奉议（今田阳）、恩隆（今田东）、思林（今属田东）、果德（今属平果）等县农运骨干和青年学生，共 276 人”① 参加，大家一起在圩场演讲宣传农运知识、一起到农村参加清算土豪的斗争。此后，东兰农民革命运动讲习所又分别在 1926 年、1927 年各开设

① 中共广西壮族自治区委员会党史研究室、中共百色市委员会党史办公室编著：《百色起义史稿》，广西师范大学出版社 2004 年版，第 17 页。

了一届讲习班，三届讲习班总共有600多名农运骨干参加，相关学员陆续回到原籍或受韦拔群推荐、上级组织委派到凤山、奉议、恩隆、思林、果德、凌云、都安等县建立农民协会及农民自卫军，“在中国共产党的领导和推动下，右江地区的农民运动蓬勃发展。农民武装显示出强大的革命威力，豪绅地主有的被斗，有的躲藏，有的逃跑。广大农村变成了农民的天下。人民的革命热情空前高涨”①。

三、东兰农民运动得到当时右江地区中国共产党党组织的认可和推广

1926年年初，中国共产党委派共产党员余少杰到右江地区开展革命工作。不久即发生桂系军阀镇压东兰农民革命运动的“东兰惨案”，余少杰遂加强在恩隆、奉议一带的活动力度。在其与中国共产党新委派的助手严敏的共同努力下，党员初具规模，二人决定成立党支部，并于当年8月在恩隆县定然乡百审村召开恩隆、奉议两地党员会议，宣布建立恩奉特别党支部。之后，支部指派严敏等党员到东兰指导农民革命运动。经过考察，他们认为东兰农民革命运动已经具备建立党组织的群众基础，就在当年11月成立了隶属于恩奉特别党支部的中共东兰党支部，该支部及其成员在右江地区党组织的安排下到恩隆、奉议、百色、河池、都安等地发展农民革命运动。

正是因为右江地区从1925年起就开展了农民运动，已经拥有较为深厚的农民革命运动基础，所以中国共产党决定在左右江地区建立新的革命根据地，并在1929年7月派邓小平同志到广西领导当地党组织工作并负责开展统战工作。

第二节 左右江革命根据地的土地革命与土地法制度

左右江革命根据地建立前夕暨邓小平同志到达南宁后不久，广西各县农民代表大会广西省农会筹备处分析认为：“农民近来生活之痛苦和被摧残压迫

① 中共广西壮族自治区委员会党史研究室、中共百色市委员会党史办公室编著：《百色起义史稿》，广西师范大学出版社2004年版，第22页。

已达沸点，因此迫切的在要求土地问题之解决，才能解脱一切束缚压迫与剥削”，“痛苦要求最迫切因而反抗力最强的要算雇农、贫农、佃农等”，“农民运动是站在本身解放和自己的利益上，要求土地问题的解决和一切政权的参与，谋与全国的农民及一切革命群众发生密切的关系，不依赖他人，求解锁束缚、压迫、剥削的目标。一致向着敌人——豪绅地主、贪污军阀、帝国主义动员攻击，以期达到驱逐帝国主义出华，消灭封建军阀豪绅地主，获得土地使用之平等自由，这正是我们农民的出路”①。1929 年 9 月 13 日召开的中共广西特委第一次代表大会所通过的决议案也提出：“深入土地革命宣传和行动：中国受帝国主义经济的侵略，乡村的农业经济不断的破产，许多农民已经到脱离土地的危险，广大的贫农雇农□□土地成为目前迫切的要求。党要利用这个客观条件，加紧深入土地革命政纲的宣传，在没收地主土地的口号之下，发动起来，做实行土地革命的斗争。但在土地革命斗争中，要以雇农贫农为主要动力，以中农为同盟者，才能使土地革命斗争深入和胜利。”② 因此，开展土地革命和为农民解决土地问题是中国共产党建立左右江革命根据地的重要任务和重要目标。

一、土地革命

（一）东兰县率先发动土地革命

1929 年 10 月下旬，韦拔群等指挥农民自卫军攻占县城，东兰县率先在左右江地区成立革命委员会并发布《广西东兰县革命委员会最低政纲草案》，其中关于土地革命的规定是：“没收地主土地，分给工人耕作。”“没收地主、豪绅的土地，分给贫农。”“没收山主的山场、土地、森林，分给瑶民。”③ 此举大大鼓舞了左右江地区的农民运动和革命热情，为百色起义和龙州起义的顺

① 《广西各县农民代表大会广西省农会筹备处：农民运动的策略》，载中共广西区委党史资料征委会《左右江革命根据地》编辑组：《左右江革命根据地》（上），中共党史资料出版社 1989 年版，第 45 – 47 页。

② 中共广西区委党史资料征委会《左右江革命根据地》编辑组：《左右江革命根据地》（上），中共党史资料出版社 1989 年版，第 58 页。

③ 中共广西区委党史资料征委会《左右江革命根据地》编辑组：《左右江革命根据地》（上），中共党史资料出版社 1989 年版，第 93 – 94 页。

利推进创造了坚实的群众基础。

（二）左右江革命根据地陆续颁布土地革命纲领文件

1929年12月10日，百色工人代表大会通过建立苏维埃政府等决议。次日，中国共产党发动百色起义并由红七军颁布《中国红军第七军目前实施政纲》；同时，右江第一届工农兵代表大会决议成立右江苏维埃政府并由右江苏维埃政府颁布《右江苏维埃各级政府组织与职责》；此后，百色、东兰、思林、奉议、果德、恩阳、向都、隆安、那地、凌云、镇结等县陆续成立县级苏维埃政府。1930年2月1日，左江地区也发起龙州起义并成立左江革命委员会，上金、凭祥、龙茗、养利、崇善等地分别成立县级革命委员会；左江地区的红八军也在当月12日发布了《中国红军第八军目前实施政纲》。左右江地区的土地革命也随着当地苏维埃政府和革命委员会的建立及其发布的政纲有序推进。

《中国红军第七军目前实施政纲》宣布："没收一切地三阶级土地归乡苏维埃，分给农民，凡没收之土地不准买卖！"[①]《中国红军第八军目前实施政纲》则宣布"没收一切地主阶级土地归乡村苏维埃处理，发给土地使用证，分配农民，凡没收之土地不〈准〉买卖！"[②] 可见，左右江革命根据地对土地的革命目标是非常彻底的，这些土地制度与我们当前的国家土地政策也有很多相似之处。特别是红七军政治部在1929年12月21日编印的小册子《土地革命》还专门从土地革命的缘由、力量、策略等方面进行了清楚的分析，认为：

第一，土地革命的缘由。中国农民在政治上深受军阀残害、豪绅压迫，经济上因帝国主义侵略、地主或中间人剥削及高利贷、苛捐杂税致积贫日久日深，农民——特别是占大多数的贫雇农没有土地或土地严重不足，他们进行斗争以获得土地的愿望尤为迫切，需要向占有大多数土地的地主豪绅发起土地革命来获得新生，这是开展土地革命的缘由和动力所在。

---

① 中共广西区委党史资料征委会《左右江革命根据地》编辑组：《左右江革命根据地》（上），中共党史资料出版社1989年版，第405页。

② 中共广西区委党史资料征委会《左右江革命根据地》编辑组：《左右江革命根据地》（上），中共党史资料出版社1989年版，第203页。

第二，土地革命的力量。根据农民的贫苦程度，可以划分为自给自足外仍有剩余资本剥削人的富农、自给自足的中农、不能自给的贫农；根据农民耕作形式，又可以划分为自耕农、佃农和雇农。通过上述划分，可以分析出：（1）贫雇农天然具有获得土地的坚强动力和需求，因而其参加革命及维护革命果实的决心是彻底的，是土地革命的中坚和主力。（2）中农有一定的土地，又是地主豪绅意图掠夺土地或劳动果实的首选对象，同时也深知在田地上劳作的艰苦，有维护自己不受地主豪绅侵害的需要，可以成为土地革命的可靠同盟者。（3）富农已经一定程度上或即将开始对贫雇佃农进行剥削，革命热情不高，态度不够稳定，甚至可能在革命深入时为了保护既有利益而出现反革命的情况，因此，可能只是争取他们参与初期的土地革命。（4）士兵基本来源于作为中国革命领导者的工人阶级中的失业家庭和受到剥削的贫雇农，自然能够坚决站在工人阶级和贫雇农的立场之上参加革命，能够运用所接触的先进思想和所掌握的革命武器成为土地革命的主要势力。因此，《土地革命》这份宣传册子分析和解决了土地革命中的依靠对象、团结对象、中立对象和打击对象的问题，特别是在富农问题上，“我们对富农策略，是抱‘利用’态度，极力使其严守中立，以削弱敌人的力量”，因为“富农为土地革命的第二对象”①。

第三，土地革命的策略。（1）土地革命日常斗争的主要策略是反对豪绅减租抗税，发动群众由小的斗争向大的斗争转变和发展；即便在苏维埃政府区域内，贫雇农也对富农提出增薪减时改良待遇的要求。因此，对待富农的策略是斗争初期吸收富农参加革命反苛捐杂税，但不允许富农占有革命的领导权；当富农反对革命时，以对待地主的策略对待富农。（2）以贫雇农为中心，吸收手工业工人和士兵参与，成立保障农民胜利的苏维埃政府，处理土地分配等问题。（3）斗争要坚定，要在深入与扩大上齐头并进。要坚决没收一切地主的土地归苏维埃共有，土地分给农民耕种但不准买卖，红军家属及愿意自己耕种的雇农都要分给土地，实现耕者有其田，不愿自己耕种的雇农则增加工钱、减少工时并改良待遇，彻底扫除乡村封建势力，巩固苏维埃政

① 中共广西区委党史资料征委会《左右江革命根据地》编辑组：《左右江革命根据地》（上），中共党史资料出版社 1989 年版，第 324 页。

权并维护农民权益；要努力向区域外发展土地革命，扩大斗争区域。（4）加强红军和农民武装训练，提高保障苏维埃政权的武装力量。

（三）东兰、凤山试点不同耕作方式的土地革命

1930年4月，率先在右江地区建立农民协会的东兰县也被从上海向中央汇报工作回到广西的邓小平同志选定为土地革命的试点区域之一，并选择在群众思想觉悟较高、干部力量较强的韦拔群家乡东里屯试办共耕社，选举当地乡苏维埃政府土地委员韦炳高为社长，将全屯127户中加入共耕社的120户的土地分片耕种，统一调配使用共耕社内的劳动力和耕牛、农具，通过统一管理和精耕细作，以及挑水抗旱、修水渠的方式克服当年6月一整月没有下雨的干旱等困难，最终实现当年即1930年的粮食产量同比上年增产三成，13岁以上社员每人分得线谷800斤，13岁以下社员分得线谷200斤（2岁以下）至500斤（2—13岁），之后还留下10,000多斤线谷作为共耕社公粮。

同时开展试点的还有凤山县的中亭乡。凤山县委召开会议学习宣传土地革命的意义和党的政策，建立雇农工会来发动群众，大多数贫农也参与其中。在乡苏维埃政府的组织下进行了土地和人口调查，进行了阶级划分，并通过群众大会的形式当众烧毁了地主豪绅的土地契约，宣告没收其土地及生产工具等，公开宣布按人口分配土地的方案，地主豪绅遵守苏维埃法令的也能分得一份土地。

通过试点，为根据地正确解决农民的土地问题和全面开展土地革命提供了经验。当地群众对土地革命的良好成效唱出了满意的山歌：“跟着共产党，翻身各有份，不论老和少，人人有田耕”“田地都平分，不准谁偷懒，家家有谷收，人人心欢喜，粮食吃不完，团结更增产”①。

（四）其他县区开展土地革命的状况

1930年7月，右江苏维埃政府在东兰、凤山试点经验的基础上，结合颁布的《土地法暂行条例》和《共耕条例》开办了两期党政干部训练班，对右

① 中共广西壮族自治区委员会党史研究室、中共百色市委员会党史办公室编著：《百色起义史稿》，广西师范大学出版社2004年版，第155页。

江各县的参训学员阐述了土地革命的重要意义及试点地方的土地革命经验等，为学员深入了解党在土地革命斗争时期的路线、方针和政策提供了指引。

例如，恩隆县的学员即该县苏维埃政府秘书滕静夫在训练结束回去后，立即召开该县各级委员会议，研究推进该县的土地革命工作并制定了关于该县土地革命的10条规定。该10条规定的主要内容与《土地法暂行条例》基本一致，进一步明确了分得土地的年龄是“年满16周岁能种的分给一份，每份若干亩，由各乡村斟酌而定”等内容，并在该县百谷、那恒、林凤、上法等乡村以分耕形式搞试点。“具体做法和步骤：（一）学员回乡后，先向乡政府委员汇报，据县实施的办法，制定本乡的工作计划。（二）在面上进行宣传贯彻，分开提出‘不交租，不还债，焚毁契约，没收豪绅地主，分田分地给农民’。（三）各乡以民选方式，选出忠诚老实的贫苦农民担任评产委员会，每乡约10人。（四）各户自报有田地面积产量，并将每块田能产多少斤，书写在小木板上插在田头，让评产委员会评议。（五）动员群众，交出契约，焚毁契约。（六）填好分配田地表，平均分配土地。表内有户主姓名、雇农、佃农、自耕农、半自耕农、出佃、富农、地主等格。（七）属于反动的地主、富农分子的不分给土地。其家属可分得田地。进行的办法是：地主豪绅反动派的土地全部没收；富农按土地的肥瘦抽出一部份；中农财产根据他所有土地的情形决定，或完全不动。或抽出肥的补瘦的，或抽出瘦的补肥的；贫农补给土地，雇农分给土地。农民的成分由乡政府负责，县区政府派员帮助。”① 因为进行土地革命时正值当年作物丰收时节，农民对将别人田地分给自己存在思想顾虑和担忧，乡苏维埃政府讨论后也未能决断，就向曾任恩隆县知事、恩隆县农民运动名誉委员、在群众中有很高威望又为官清廉的陆子明汇报，陆子明在委员讨论会上明确指出：“土地更关系到根据地的巩固，难道我们还有什么顾虑?！……”② 他的意见得到了大家的一致认可，最终，大家一致同意坚决贯彻执行党委的指示，陆子明还当众烧掉家里的田地契约，当地群众深受教育并消除了分田地的顾虑，推动当地土地改革迅速推进。

---

① 陈遵诚主编：《田东人民革命史（1926—1949）》，广西人民出版社1993年版，第193－194页。

② 陈遵诚主编：《田东人民革命史（1926—1949）》，广西人民出版社1993年版，第195页。

又如，思林县广养村那八屯原有27户（地主2户、富农4户、中农5户、贫苦农16户），经过土地革命和均分田地，贫苦农户共56人人均分配到的田地产量120公斤，生活上得到了极大的改善。

（五）土地革命的一些教训

左右江革命根据地进行土地革命初期，也曾在党内“左”倾错误思想的影响下提出过“反富农路线”的口号，后来发现这个口号有些过激不利于团结群众和推进土地革命，中共右江特委便在1930年9月14日发出《通告》予以更正，阐明反对富农的策略路线“并不是说‘谁是富农要被打倒’，我们是站在富农反革命上来打倒富农。假使我们不了解这一点，‘凡是富农都杀都打倒’，结果必会引起中农（革命的巩固同盟军）的动摇。因中农与富农之经济地位接距不远，假使我们说‘谁多一块田。多一只牛，谁就是富农□□打倒’，蛮干的倒富农，那不但使中农发生恐怖而致离开革命，断送了大批中农群众，减弱革命之力量，甚至因中农离开而使革命遭受失败，同时必使群众及党内同志的观念不会正确。”“在反富农的工作中，不能使中农恐慌而动摇，并且还要在反对剥削、参加苏维埃政权，及消灭一切反革命的口号之下，吸收中农参加反富〈农〉的斗争。现在已有一些地方因机械的反富农杀富农，以致引起中农的不安现象，非常危险，即须严厉的纠正过来。”①

二、土地法制度

在土地革命推进一段时间后，右江苏维埃政府又于1930年5月1日颁布《土地法暂行条例》，与随后颁发的《共耕条例》形成了左右江革命根据地的土地制度的基本原则。相关土地制度如下：

1. 一切反革命的土地收归苏维埃政府公有，根据农民意愿平均分发耕种。换言之，就是把土地所有权与土地使用权区分开来，土地所有权归当地乡苏维埃政府公有，土地使用权由当地农民分得，并禁止买卖土地。其中，公有土地的来源方式是通过土地革命“立即无代价的没收地主豪绅阶级之土地财

① 中共广西区委党史资料征委会《左右江革命根据地》编辑组：《左右江革命根据地》（上），中共党史资料出版社1989年版，第340－341页。

产”，“没收一切反革命的财产、土地，及反革命之标准如下：（甲）勾结一切苏维埃之敌人（即一切反革命派）或与之作侦探，或在经济上帮助敌人者；（乙）阴谋企图倾覆苏维埃政府者；（丙）反抗苏维埃政府之法令者；（丁）进行反苏维埃政府之小组织”，“没收一切祠堂、庙宇地产，及其他公产、官荒或产生的荒地、沙田”①。

对于所得公有土地实行平均分配，执行以下制度：第一，由乡苏维埃召集大会或代表大会讨论执行，县、区苏维埃指导，按人口标准（劳动力全份、非劳动力半份）、土地肥瘦平均分配；第二，乡与乡之间的土地、人口比例相差较大的，可由县、区苏维埃以移民等办法解决；第三，没收的土地完全由所在乡分给无地或地少的农民使用，并领取苏维埃颁发的土地使用证；第四，红军家属可分得土地及请雇农耕种，地主之孤寡则不再分给土地，改由乡苏维埃另行解决，雇农及手工工人自愿不分土地的则另行颁布劳动法解决。

由乡苏维埃平均分配而不是由村苏维埃进行分配的制度，有利于及时发现土地分配过程中的各种问题，及时化解原有的宗族姓氏矛盾，促进农民之间的团结合作，避免被旧势力等反革命分子借机挑起矛盾或分配时隐瞒田地。县、区苏维埃通过移民等方式解决各项人口、土地不均的方式，也“避免了在分配土地中出现数量有误、肥瘦不均和把坏田分给贫雇农的现象”②。

2. 分耕制与共耕制共存的耕作制度。东兰县东里屯是最早试点共耕制进行土地革命的地方，而凤山县中亭乡则是最早试点分耕制的地方。至于左右江地区内实行共耕还是分耕的方式，苏维埃政府完全尊重农民意愿，交由农民自己选择，最终，绝大部分地区的农民还是选择实行分耕制。从实践来看，共耕社对集体成员的意思统一度有较高要求，固然能够解决部分农民家庭劳动力不足、劳动工具不全等问题，但各个家庭及劳动者的劳动能力、对粮食的需求量、对劳动纪律的遵守程度等存在差异，当时的社会分工还不能细致考虑到如何发挥集体中各成员的优势，确实不便在革命根

① 中共广西区委党史资料征委会《左右江革命根据地》编辑组：《左右江革命根据地》（上），中共党史资料出版社 1989 年版，第 266 页。

② 凌绍崇等编著：《百色起义与根据地制度建设》，广西人民出版社 2014 年版，第 197 页。

据地时期强行推广，仍应最大限度尊重农民意愿。而作为主要耕作方式的分耕制，实则是“分清了科学社会主义与空想社会主义的界限”，“突出了发展生产力的思想”[①]，避免了陷入“共同耕种共同分配”的“理想”困境。

3. 农业生产税收比例相对固定并明确税收用途。《土地法暂行条例》明确规定了农业产出的税收征缴标准为：“实行单纯的农产累进税”“单一的农业累进税之标准，暂定按照各人出产，缴纳百分之五”“剩余较多之农民，得于征收单一税百分之五外，以累进税为原则，由乡、区苏维埃决议征收之，其标准如下：（一）有余谷五十斤至一百斤者，征收百分之四十；（二）有余谷一百斤至三百斤者，征收百分之五十；（三）有余谷三百斤至五百斤者，征收百分之六十；（四）有余谷五百斤至一千斤者，征收百分之七十；（五）有余谷一千斤以上者，即特别征收之。征收累进税以一家为经济计算单位”。而恩隆县的农业税收征缴标准则明确为“土地使用者须向苏维埃政府交纳一至二成为行政之使用”[②]。由此可见，土地革命后的税收比例应是远远低于此前地主豪绅收取的地租。而且，《土地法暂行条例》对“各人出产”的基础标准没有进行固定，可以根据根据地建设和发展的实际情况进行灵活调整；《土地法暂行条例》也已经明确所征得的税收“完全作为政费、红军及赤卫队用费、社会保险、改良农业经济，办理教育、建设之用”，而不是作为地主豪绅个人之用，这种公开税收用途的方式也为土地革命和根据地建设的持续发展营造了良好的氛围。

第三节　左右江革命根据地土地法制度的成效

“土地革命是中国农村彻底改变封建生产关系的一场极其深刻的革命”[③]，左右江革命根据地的土地革命工作也彻底地对当地农业生产关系进行了变革，为革命事业和群众生产生活创造了新的事业天地。

---

① 《邓小平与百色起义》课题组编：《邓小平与百色起义》，广西人民出版社2004年版，第147－155页。

② 陈遵诚主编：《田东人民革命史（1926—1949）》，广西人民出版社1993年版，第193页。

③ 徐魁峰主编：《百色起义精神》，中共党史出版社2019年版，第93页。

一、群众基础进一步壮大

右江革命根据地刚建立时，“有革命的工农民众二十多万人来拥护”①，到土地革命开展后的1930年9月时，已经“有100万各族群众作为基础，是根据地初创时的五倍”②，这些支持和拥护革命的群众积极参与根据地的各项建设发展事业，壮大了根据地的力量，群众参与革命、帮助革命的热情更加高涨。原中共广西特委书记邓拔奇对当时广西政治形势的分析中就有过统计，东兰、凤山两县农民在1930年8月时加入红军的已有6000多人。③ 原广东省委负责人在1932年4月30日向中共中央汇报时也指出：“拥护苏维埃和红军最热烈的是苗、瑶，因为他们都从山上下来分到田地，他们很热情地帮红军和白军打仗。”④ 由此可见，左右江革命根据地开展土地革命的效果十分明显，得到当地群众的积极拥护。

二、经济社会等各项事业得到改善

通过土地革命获得了土地的农民生产积极性非常高，不仅当年获得了丰收，根据地的苏维埃政府也组织群众对农田水利等基础设施进行了一定的改造以促进生产，农业基础得到有效提升。同时，土地革命促进社会环境、经济环境改善，根据地各县的各项民生事业也得到恢复，特别是商业日益活跃，航运、码头、运输等一片繁荣，为根据地发展壮大积蓄了财政税收来源。

---

① 中共广西区委党史资料征委会《左右江革命根据地》编辑组：《左右江革命根据地》（上），中共党史资料出版社1989年版，第123页。

② 中共广西壮族自治区委员会党史研究室、中共百色市委员会党史办公室编著：《百色起义史稿》，广西师范大学出版社2004年版，第207页。

③ 中共广西区委党史资料征委会《左右江革命根据地》编辑组：《左右江革命根据地》（上），中共党史资料出版社1989年版，第424页。

④ 中共广西区委党史资料征委会《左右江革命根据地》编辑组：《左右江革命根据地》（上），中共党史资料出版社1989年版，第436页。

第十章　左右江革命根据地的财政经济法制度

左右江地区位于桂滇黔交界处，在20世纪初，左右江地区交通不便、环境恶劣、经济落后，人民群众遭受封建地主、反动军阀和帝国主义的压迫，生活痛苦，阶级矛盾尖锐，客观条件有利于发动革命。邓小平等领导人顺应历史、响应人民群众要求，领导左右江各族人民举行百色起义和龙州起义，实行工农武装割据，创建了左右江革命根据地。在戎马倥偬之余，左右江革命根据地的苏维埃政权根据实际情况，建立完善财政经济法制度，并出台相关配套政策，成效明显，不仅有力地支持了军队建设和革命进行，同时也为中华人民共和国成立后特别是改革开放经济建设进行了前期探索，奠定了理论基础。

第一节　苏维埃政权建立前左右江地区的财政经济状况

一、苏维埃政权建立前左右江地区财政状况

（一）财政收入状况

百色起义之前，左右江流域的财政收入种类大致包括田赋、盐课、关税、积贮、行政收入、附加额收入以及其他补助性收入。百色厅的财政收入主要来自各种税收，包括田赋、盐课、关税、积贮等项。[①] 田西县（今西林县、田林县）的财政收入主要源于税费收入、行政收入和其他补助性收入，其中税

① 周艳娥等编著：《百色起义与财政工作》，广西人民出版社2014年版，第9页。

费收入占了绝大部分。[①] 思恩县（今环江县）的财政收入，在百色起义前，主要有新赋税收入、附加额收入和县的地方财政收入。其中“新赋税”源自1916年广西省政府实行的“清赋”政策，即取消旧有粮赋名目，“清赋”即为清丈田亩，整理赋税，以增加地方财政收入。新赋税初衷较好，但实行过程中难免有借清赋之名行加赋中饱私囊之实的现象，大大加重了群众经济负担，当时就流传有《清赋谣》：“清赋清赋，有田者苦，不如弃田去学贾。祖父买田遗子孙，荒田征粮愁煞人。”其表达了底层人民群众对“清赋”制度的讽刺及对贫苦状况的无奈哀叹。[②] 通过史料可知，在清朝末年、民国初期，中国自给自足的自然经济处于解体时期，接连受到外国资本主义的侵入，社会经济发生了很大变化，自给自足的自然经济基础被破坏了，城乡商品经济在一定程度上获得了发展。此时的清政府，除加重旧税外，还另开设新税，从1914年起便规定民间纳丁课税厘和俸饷官款等以银圆计算，各地的田赋先后逐步改为征收银圆，又另征收田赋附加税，名目繁多，收费杂乱，且收费额甚高，给百姓造成极大的负担，是日后社会矛盾爆发的一个主要原因。此外，县政府没有专门设立征收机构，而是由本地绅商进行承包征收，由本地绅商进行承包征收的举措实为打开了基层社会罪恶之源，因为能够有实力承包征收杂捐者，在地方上必定是有一定权势的豪强，这一部分人自然和基层的官吏紧密结合，而部分官吏则在征税过程中通过各种途径不法获利，形成了底层权力精英滥用权力、肆意盘剥乡民的局面，导致乡民不能维持最低的生活水准，矛盾就在其中酝酿[③]，也是日后社会矛盾爆发的另一个主要原因。

（二）财政支出状况

财政收入与支出都是维持政府机构职能运转的必要支撑。百色起义以前，左右江流域财政支出主要运用在下述几个方面：建置支出、禄饷支出、仓谷支出、教育文化费支出、公共服务费支出、俸食银支出、祀典支出、行政费

---

① 周艳娥等编著：《百色起义与财政工作》，广西人民出版社2014年版，第12页。
② 周艳娥等编著：《百色起义与财政工作》，广西人民出版社2014年版，第15页。
③ 周艳娥等编著：《百色起义与财政工作》，广西人民出版社2014年版，第17页。

支出以及其他支出。百色厅财政支出情况主要为：一是建置支出。建置，即建立、设置之意。百色厅财政在建置方面的支出主要用于城池、公署、学校、坛庙、津梁、墟市等基础设施方面。二是禄饷支出。禄饷指官吏和军士的俸给，属于我国古代财政经费支出中最大的一项财政支出。三是仓谷支出。仓谷支出即为建仓储存谷物所支出的成本，建仓积储，以备不时之需，为应对灾荒的预防手段。

二、苏维埃政权建立前左右江地区经济状况

（一）各种苛捐杂税严重

农民受压迫剥削严重，当时广西农业生产落后，生产力低下，农民以低廉的农产品换取工业品，每年价值差额达150万元之巨。[①] 另外，由于各路军阀代表的利益不同，右江地区的财政秩序非常混乱，不断增设正常财政收入项目之外的税收项目，几乎达到了"无物不税"的地步，加重了国民的负担，右江人民苦不堪言。"现在国民党反动派压迫下，实行户口收捐，人头纳税，百货皆捐，无物不税"。[②] 据不完全统计，在1921年旧桂系军阀统治时期有三十几种税收项目，诸如土地税、富力税、契约税、财产税、人头税、屠宰税、圩场税、牛马税、牌照税、烟酒税、营业税、榨油税、牧林税、自治捐、房屋捐、户口捐、猪捐、牛捐、羊捐、市场摊派捐、祠堂建筑捐、军队开拔费等。例如，东兰1913年到1923年全县的田赋、屠捐、烟酒牌照税3项在10年内增加达10余倍。"县署办烟酒牌照，往往强迫人民领取，各区劣绅乘机作额外征收，如韦钟璜之于兰木区，不论哪家每月均纳二毫酒税。"1925年，新桂系军阀将税收项目增加到616种。军阀统治时期的右江地区人民遭受着封建地主阶级、官僚、军阀十分残酷的压迫与剥削，这一情况在全国也属罕见。[③]

① 广西壮族自治区档案馆编：《广西历史档案资料选编》（第2辑），广西壮族自治区档案馆1983年版，第363页。

② 《中国共产党右江特委为时局告群众书》，载中共广西区委党史资料征委会《左右江革命根据地》编辑组：《左右江革命根据地》（上），中共党史资料出版社1989年版，第439页。

③ 国民党财政部：《财政年鉴》，1935年，第2016页。

（二）鸦片贸易泛滥

右江地区的天气与土质有种植罂粟的良好自然条件，此外左右江地区地处偏僻、长期远离省会行政权力中心，政府各种禁烟政策鞭长莫及，加上官员腐败贪婪、土司默许纵容，鸦片贸易逐渐成泛滥之势。清末民初，右江地区已发展成为广西罂粟种植、鸦片生产和贸易的主要地区，最高年份种植面积达 8 万亩，最高产量达 400 万两，年交易和过境量达 2000 万两，最多达 3700 万两；至民国时期，右江发展成为鸦片贸易和鸦片过境的黄金水道，大量的滇、黔烟土从百色过境外运，百色一度成为西南地区鸦片的重要集散地。①

鸦片成了当地贸易的支柱，军阀、豪绅和大资本家因经营鸦片而大发其财，而百姓深受其苦，不仅有因迷恋吸食鸦片而倾家荡产、贫病交加而亡者，亦有因种植罂粟而破产者，更有因贩运烟土而丧命者。鸦片使得右江地区社会经济走向了畸形，形成了烟馆多、赌场多、妓女馆多、烟丝业多、经纪业多的特点。②

（三）土地高度集中在少数人手里

封建地主军阀通过抢占地盘，以地租形式对农民进行盘剥，右江地区农民要交纳繁重的地租。例如，果德县新圩乡塘能村的一个土豪劣绅，民国初年任新局董，贪污勒索，放高利贷，强买田地 200 亩并出租或雇工耕种，1925 年先后在几个村屯建谷仓，年收租谷 1 万多斤。③ 苏维埃政权在左右江地区成立以前，土地集中度仍然较高，农民缺乏土地等基本生活资料却又负担沉重的地租，生活十分困苦。对此，大部分农民敢怒不敢言，但也不时爆发出贫雇农反抗地主剥削的事情。

（四）金融制度近乎崩溃

连年政局不稳定和军阀混战，使得经济处于破产的边缘，军阀滥发货币

① 周叮波等编著：《百色起义与经济工作》，广西人民出版社 2014 年版，第 37 页。
② 周叮波等编著：《百色起义与经济工作》，广西人民出版社 2014 年版，第 41 页。
③ 平果县志编纂委员会编：《平果县志》，广西人民出版社 1996 年版，第 116 页。

形成通货膨胀，一旦军阀倒台，则所发货币形同废纸，无法通用，而使港币和法国币在全广西得以流行，最终外币支配了整个金融系统。由于军阀所滥发的货币不具有可预期性，老百姓渐渐走回老路子，回到以物易物的地步，而一些硬通货特别是鸦片一度成为“货币”，有时政府也接受鸦片作为“货币”进行纳税。

三、苏维埃政权建立前左右江地区财政经济特点

（一）以自给自足的小农经济为主，财政经济基础薄弱

小农经济亦称“个体农民经济”。小农经济是以家庭为单位、以生产资料个体所有制为基础，完全或主要依靠自己劳动，以满足自身消费为主的小规模农业经济，是一种以土地为中心的综合性经济形态。费孝通先生在《乡土中国》一书中提出，乡土社会是个小农经济，在经济上每个农家除了盐铁之外，必要时很可关门自给。① 自给自足的自然经济是中华人民共和国成立之前右江流域最典型的特点，百色起义之前，农业生产总值占右江地区整体生产总值的比例高达95%以上，除了烟丝、豆子、药材等林副农产品作为商品输出本区域，其余几乎所有的农产品都是自给自足，不仅没有剩余，甚至大多家庭连温饱都难以解决，没有形成商品化，市场交易极不发达，绝大多数产品自产自销，没有形成良好的社会分工，严重制约了社会生产力的发展，这也是造成右江地区经济长期滞后的重要原因。② 在小农经济的形态下，农民有的以自有土地经营，有的以租入土地经营，还有的两者兼之。自耕农在没有天灾人祸的情况下，除盐铁外自给自足，因此生活稳定，也有较高的积极性。在封建社会形成和发展时期，小农经济基本上适应了生产力发展的要求，有利于经济发展和社会进步。但小农经济的分散性、封闭性、保守性等弱点阻碍了社会分工和交换经济的发展，造成我国封建社会后期社会发展缓慢和封建社会长期延续，成为近代以来阻碍社会发展的主要因素。

---

① 费孝通：《乡土中国》，北京大学出版社1998年版，第63页。

② 周叮波等编著：《百色起义与经济工作》，广西人民出版社2014年版，第40－41页。

（二）属半殖民地半封建社会，财富由封建地主阶级和帝国主义者占有

百色地区一直到右江革命根据地建立为止，绝大部分的土地归当地地主、土司或是统治阶层占有。土司统治右江地区长达1300多年，随着历史的发展，土司制度已逐渐不适应现实的需求，成为制约生产力发展的因素。在明清时期，百色地区实施了“改土归流”制度，“废除了世袭土司，改为临时任命的流官统治的政治措施”对于缓解土地高度集中起到了一定作用，但经过一段时间的地主土地兼并和军阀混战，土地过度集中的问题并没有得到根本解决。据记载，整个百色地区，绝大部分土地归当地地主、土司或统治阶级所有，其所占土地约为当时土地面积的83%以上，而当时占人口绝大多数的劳动群众仅拥有不到10%的土地。[①] 与此同时，随着广西口岸的开放，帝国主义列强开始进入右江地区，帝国主义的棉纱、火油、食盐源源不断地流入右江地区，形成倾销之势，而当地的林副农产品则成为原材料不断地被掠夺而走。

第二节　左右江革命根据地的财政经济状况

一、总体财政经济条件较差

右江革命根据地区域，一方面由于在开辟根据地时期，红军到处游击，没有稳固的后方，百色起义期间，政权并不稳固，经济发展受到极大的限制；另一方面右江地区的财富绝大部分集中在地主阶级和国民党反动政府、军阀手里，加上经济的畸形发展、恶劣的自然地理条件等，使得右江地区财政工作具有一定的特殊性。[②] 甚至红七军在隆安、平马受挫后，军队和右江苏区各级党政机关的供给出现了严重困难。红七军指战员、赤卫军、苏维埃政府人员，发扬艰苦奋斗精神，常常以瓜菜当餐，辣椒水当盐，红七军还吃过树皮、野菜，过着难以想象的艰苦生活。1930年夏，红七军从贵州回师收复百色，

---

① 周叮波等编著：《百色起义与经济工作》，广西人民出版社2014年版，第51页。

② 周叮波等编著：《百色起义与经济工作》，广西人民出版社2014年版，第130页。

打贵州土豪时筹集的经费已经用完，一时又筹不到其他经费，部队生活十分困难，连每天3分钱的菜金都不能保证。由于地方苏维埃政府财政困难，赤卫军生活待遇微薄，如思林县赤卫军中进驻县苏维埃政府负责保卫工作的战士，每人每天发给35个铜仙，官兵都一样。赤卫军没有发给衣服，更没有零用钱，也没有正规的武器，多为土枪和梭镖。赤卫军主要是配合红七军作战，负责运输武器弹药、食品，接送伤病员等。右江赤卫军是志愿兵制，平时不脱产，战时需要集中，即由各村派出一定名额，有些县（如恩隆、思林）各家都要派出，3个月轮换一次。赤卫军集中期间生活费由各级苏维埃政府从打反动派、地主豪绅的缴获中支出，拨给伙食费和粮食，没有薪饷。给养不足时，赤卫军战士要从家里自带部分粮食。

二、财政收入随时局变化而变化

总体来说，百色起义前后财政收入的形式与方式均有较大的不同：起义筹备期间，经费来源主要是中央经费支持、农会会费、党费以及通过统战工作利用国民党政府的财产。左右江苏维埃政权建立初期，苏维埃政府在苏维埃政权所在地宣布废除国民党政府的一切苛捐杂税，建立单一的累进税率；同时，由于革命政权的税收制度还未能立即建立起来，因此在这一时期还需要通过打土豪筹款、摊派和捐款的方式来筹集收入。苏维埃政权巩固时期，工农政府已领导并进行了土地改革，实施分田到户的地区，土地税成为财政收入的主要来源。红色政权处在战争环境下，敌我双方进行激烈战争的时候，战争缴获即成为战时财政收入的主要来源，同时除了税收和战斗缴获，红军和左右江苏维埃政府还采取了群众性的财政动员措施——借谷、捐献及其他措施，来克服战争时期财政所面临的困难。①

三、财政支出实行严格管理制度

百色起义后，红七军最多时达7000余人，衣、食、住、用等项是最大的财政开支。开始时，红七军供给干部每月伙食费12元，士兵每月6元。此

① 中共百色市委党史办公室编：《右江风雷——邓小平与百色起义》，广西人民出版社2004年版。

外，官兵每月发给薪饷 20 元（广西银毫每 16 元等于光洋 1 元），衣服由公家发给。仅薪饷一项每月开支总额就达 30 万银圆以上。后因经费来源困难，中共中央指示要废除月饷，此后不再发放月饷，只发给伙食费、衣物和一些零用钱。各级苏维埃政府的供给，由于经费来源极不稳定，收入极为有限，因此要精打细算，尽量节省开支。红七军和右江苏维埃政府规定：红七军和赤卫军所到之处，都要严格执行军纪，不拿群众一针一线，不损害群众利益；战争缴获、打土豪筹款和没收豪绅地主的财物一律归公；凡应上交的财物应及时上缴，不得截留使用；征收税款要按照规定办法收取，部队不得自行征收，自己支配使用；部队、地方各项支出所需现款，一律按照规定的标准开支，不得随意扩大；等等。严格财经纪律的目的是防止或减少贪污和浪费现象，使部队保持廉洁奉公、艰苦奋斗的精神，使有限资金发挥更大作用、使财力和物资得到合理运用。根据百色县龙篆二都区苏维埃政府的账本（1930 年 4 月 23 日至 5 月 20 日）和凤山县苏维埃政府财政开支簿（1931 年 1 月 9 日至 3 月 9 日）的记录，可以看出当时开支的原则：（1）政府机关工作人员的待遇：所有地方干部，不论职位高低，只支付伙食费；（2）办公费用：办用、墨、纸、火油等，节约使用；（3）交通运输费：交通队派人送文件、信函，送军衣，运输各种物资等，给予伙食费和交通费用；（4）宣传费：派人赶圩宣传、下乡宣传、对外宣传的给予宣传用品和伙食费开支；（5）出差费：工作人员下乡做群众工作、调查、送款、搞土地革命，给伙食补助；（6）医药费：工作人员生病，给予医药费。

第三节　左右江革命根据地财政法制度及其实践

百色起义后，左右江革命根据地陷入了财政困境，军队、赤卫队、党政人员的给养严重不足，左右江各族人民的生活仍然十分贫苦，因此，以邓小平为首的老一辈无产阶级革命家在中央的指示下制定了一系列财政政策。其中主要的财政收入政策有打土豪筹款政策、“寓征于禁”的禁烟政策、新税政策等。为了恢复生产、培育财源，还制定了节约财政开支和发展经济提高生产等财政支出政策。财政政策的制定，不仅稳固了红色政权，充分调动了人民群众投身于革命斗争的积极性，同时也解决了革命根据地的供给问题，为革命斗争的顺利开展奠定了一定的基础。①

一、打土豪劣绅筹款政策

打土豪劣绅筹款实为打击土豪劣绅和反革命势力，罚没其财产，通过没收、罚款、派款等手段，强制收取以供红军、各级苏维埃政府进一步开展革命使用，系左右江革命根据地初期财政收入的重要来源，具体实施做法如下。

（一）实行区别对待

对于劣迹斑斑、态度嚣张的土豪劣绅，不仅要报上级政治机关批准进行处决以打击其嚣张气焰，而且要罚没其财产；对于一些可杀可不杀的小地主一般没收其土地，免除其债权，但不派款或是过分打击他们，留给他们基本的生活资料，给予生活出路。对待富农则是削弱他们的经济力量，进行派款或要求其自动捐款，要求他们依法纳税纳粮。同时还区别对待土豪劣绅和一般工商业者。对待土豪劣绅、地主兼商人，财产只没收一部分，对待中小商人只要求他们自愿缴款即可。同时注重保护商人的正常营业，让中小商人有利可图。

（二）实行精准打击

精准打击即根据敌人实力，结合自身实际进行区分，分力打击。对待反动势力武装强大的地主土豪劣绅，或强大的国民党正规军的反动统治势力，则派红军大部队去打击。赤色地区一般由赤卫队带领群众去打土豪筹款。也就是根据不同的区域打土豪筹款的主体实行不一样的政策，合理使用人力，避免不必要的牺牲或者浪费。

（三）实行先摸底再打击

先摸底再打击即先进行详细调查摸底，再确定打击对象，或者确定打击对象后，亦进行摸底再动手。为了准确无误地打击土豪劣绅，坚持依靠广大

① 周艳娥等编著：《百色起义与财政工作》，广西人民出版社2014年版，第81页。

群众、深入群众做细致调查摸底工作，红七军每到一个地方就深入去了解一个地方，详细了解谁是土豪，其反动程度、社会关系情况、财产状况等，经过周密调查，仔细排查之后再确定打击对象。

（四）实行先批准后打击制度

打土豪前必须经有关领导机关批准，防止自由散乱，打土豪筹款工作必须有组织有步骤地进行，在确定好打击对象后必须报上级有关领导机关批准，经批准后才能打击，不批准则不允许打击。例如，若是部队打土豪筹款，一个团集中驻扎在一处时，需报团政治机关批准，驻地分散时需报营部批准。如果是地方打土豪筹款，一般由乡苏维埃政府批准，有时还需经区苏维埃政府批准，批准后不仅要广张布告宣告土豪劣绅的种种罪行，还要开群众大会讲明党的政策及宣传打土豪的意义，号召群众积极参与到打土豪的队伍中来。[①]

（五）实行筹集财物必须归公造册登记制度

“打土豪要归公”是土地革命战争时期红军的三大纪律之一。打土豪所筹集的款项和物资要集中保管并造册登记，严禁中饱私囊。登记造册的工作，在部队是由政治处或行动委员会负责，在地方上则主要由各级苏维埃政府的经济委员负责。为了保证有限的财政收入不被贪污、侵占和挪用，百色起义后第9天发布的《前委通告（第二号）——关于党的组织工作》第7条提出：“有贪污、破坏党在群众中义信者，毫无疑义地开除出去，必要时可向群众宣布。”红七军主力北上后，《右江上游各县代表大会议案》提出：“没收土豪及战争缴获要归公，不得贪污归私，若要发洋财即是反革命，严格处分不留情。”[②] 因此，打土豪筹得的财物，要求必须由下而上逐级上交，保证部队有足够的给养。造册登记的目的是做到计划开支，避免贪污浪费。

二、重税禁烟筹款政策

由于广西地处边远地区，且云南、贵州两省是旧中国鸦片的重要产地，

① 周艳娥等编著：《百色起义与财政工作》，广西人民出版社2014年版，第93页。
② 周艳娥等编著：《百色起义与财政工作》，广西人民出版社2014年版，第94页。

而百色又地处边陲，交通四通八达，因此有大量的鸦片运过境，同时由于历代政府均对鸦片的种植态度含糊，表面上禁止，但是一向纵容鸦片的买卖，以从中获得大量的财政收入，因此革命根据地，虽然对于鸦片的经营策略是明确严禁，但也明白禁烟是长远的政策，禁绝不急于一时，要走群众路线，搞长期工程，通过长期的反烟宣传，教育群众，同时对过境鸦片课以重税，实现以税养军，变害为利。1930 年 3 月 2 日，中共中央给广东省委转红七军前委的指示中指出："鸦片烟的害处是众人都知道，在赤色区域，当然要禁止吸食。但目前政权还没有稳固，群众对于鸦片烟嗜好，还很深很普遍，他不能以一道命令来禁止贩卖。所以我们目前只能因鸦片的转运这件事情上存在商人的作用，而以加重其税务来解决他。这样做一方面可以利用抽来的税用来暂时解决我们军队中的给养问题，一方面可以使商人转运其他日用品到我们区域来，使我们不至于发生大的恐慌。不过这绝不是唯一的经济来源，只是我们在目前困难环境中的一种并不违背原则的临时办法而已。所以我们还应从群众的本身来做反鸦片的宣传，而且这种宣传尽在右江还不够，还要扩大全国。总之，你们决不要把目前所能收到的鸦片烟税当作唯一长久的经济来源。"[①] 根据党中央的指示，红七军采取了"寓征于禁"的禁烟政策来解决鸦片烟问题，"寓征于禁"是指从禁烟的必要性和可行性出发，以禁烟为原则，又禁又征，禁征并举。也就是说，在根据地内对过境鸦片征收重税后放行的最终目的是禁烟，只不过在困难时期把收重税作为一种禁烟的特殊手段，在当地仍是严禁任何人吸食鸦片烟的。[②]

三、其他财政收入政策

（一）征收商业税

为了保证商业税的开征，在革命根据地红七军成立后，邓小平政委和张云逸军长签署的《中国红军第七军司令部、政治部布告》明确规定，对商民废除苛捐，取消杂税，保护贸易，买卖公平，严守我军纪，绝不扰商民。当

① 中共广西区委党史资料征委会《左右江革命根据地》编辑组：《左右江革命根据地》（上），中共党史资料出版社 1989 年版，第 240 页。

② 周艳娥等编著：《百色起义与财政工作》，广西人民出版社 2014 年版，第 97 页。

时红七军在百色镇，没有没收工商业，市场物价稳定，各商店照常营业，对资本进行开征营业税，采取累进税率，按资本大小进行征收，资本大的多征，资本小的少征。

（二）征收土地税

左右江革命根据地的土地税主要是为筹集粮食解决红军及苏维埃政府的粮食供给问题。主要的工作方式是没收土地主的土地和财产之后，对土地和财产进行补偿，烧毁土地契约，废除债务，根据各地人口，平均分配土地，贫苦农民分得土地后积极投入生产，获得收成之后，不再向地主交租，而是向革命根据地苏维埃政权适当缴纳土地税。

（三）征收农业税

国民党时期，左右江地区实行的大量的苛捐杂税，给当地老百姓带来了沉重的负担，因此，左右江革命根据地苏维埃政府甚至广大农民通过在根据地组织农民协会开展取消苛捐杂税的斗争，1930 年 5 月 1 日，右江苏维埃政府颁布了《土地法暂行条例》，规定取消国民党军阀政府的一切包办税则制，取消厘金，实行单纯的农产累进税。

第四节　左右江革命根据地经济法制度及其实践

经济建设的最终目的在于通过发展生产力来提高人民生活水平。右江革命根据地建立后，邓小平领导开展了一系列经济领域方面的制度建设，主要包括开展土地革命，保护工商业和税收改革等，进行了有益的探索，对提高人民生活水平，实现耕者有其田，激发革命热情，起到了重要作用。

一、实行土地革命

（一）建立土地革命制度

1929 年 12 月，中国红军第七军一成立，就立即颁布《中国红军第七军目前实施政纲》，其中明确提出“没收一切地主阶级土地归乡苏维埃，分给农民”。红七军政委邓小平、军长张云逸和政治部主任陈豪人联名签发的《中国红军第七军司令部、政治部布告》里，号召右江各族人民“组织农协，土地革命，打倒地主，消灭豪绅，租税尽取消，土地归农民”。土地革命制度集中体现在红七军政治部颁布的《土地革命》中的10项规定上，10项规定的主要内容是没收土地、分配土地，主要内容包括：没收地主阶级的一切土地归苏维埃公有，分给农民耕种，不准买卖；凡要耕田的人需向苏维埃领取使用证；年满16岁能自立耕种的分给一份，每份若干亩，由各地斟酌情形，规定以土地的肥瘠、人口的多少为标准，其余的土地按照4岁以上的人口分配之；红军的现役军官有家属者，他本身也可以得一份，分得的土地，得雇人耕种；雇农愿意自己耕种的，要分配土地；增加雇农工钱，减少工作时间，并改良待遇；增加手工业工人的工钱，并改良待遇；分配土地由乡苏维埃执行，县苏维埃指导之；老弱残废孤寡无依无靠的，得由乡苏维埃维持其生活；土地使用人需向苏维埃缴纳一成至二成（税）为行政之用。①

（二）土地革命具体做法

当时，右江地区土地革命的一般做法如下：一是在“鼓动群众”“了解其意义”的基础上，组织以贫农、雇农为核心的阶级队伍，各乡普遍成立了雇农工会，吸收最贫苦的农民参加，这是党和政府在土地革命运动中的依靠力量。二是普查土地和人口，划分阶级成分。各乡苏维埃政府设土地委员，负责调查全乡土地和人口。调查土地范围分为四类：（1）地主豪绅及反革命者的土地；（2）自耕农的土地；（3）佃农领的土地；（4）全乡公有的土地。“全乡土地经过调查后，即由一土地委员分别编号签订。”② 接着，便依靠雇农工会按照《土地法暂行条例》将农村的阶级成分划分为地主、豪绅、富农、中农、贫农、雇农、乡村手工人。三是销毁所有的土地契约和债务契据。例如，当时凤山县盘阳区，在全区群众大会上，把该区的盘阳、法福、弄洪、

① 中共广西区委党史资料征委会《左右江革命根据地》编辑组：《左右江革命根据地》（上），中共党史资料出版社1989年版，第134页。

② 《乡苏维埃政府的组织与工作》，未刊出，原件存广西博物馆。

弄里、福厚、林览等 7 个乡的田地契约、借贷字据全部烧毁。四是没收地主和一切反革命的土地，并征收富农出租的土地，开展对地主豪绅的清算斗争。五是以乡为单位，“按照全乡贫苦无土地的农民人数，由土地委员会决定分配的标准”①，然后召开全乡农民代表大会讨论通过。有的乡把没收来的土地，加上贫农、中农、富农原有的土地，按照全乡人口进行平均分配。还有的乡采用抽多补少、抽肥补瘦的办法，把抽出来的土地分给贫雇农，最后发给土地使用证。②

（三）土地革命的主要经验

左右江革命根据地在土地革命过程中积累了许多有益的经验：（1）实行平等原则。右江苏维埃政府和各县苏维埃政府认真执行党的民族政策，充分发挥让当地各族贫苦农民当家作主的精神，在分配土地时，实行各民族一律平等，不分民族，同样参与分配土地和财产。尤其是过去长期居住在山里、遭受压榨最深重的瑶胞，也同样下山分到一份土地，住进了没收豪绅地主得来的房屋。故他们称赞红七军是“乾人”（壮语是穷人之意）的队伍。（2）坚持实事求是原则。右江苏维埃政府和各县苏维埃政府从右江地区实际出发，把原则性同灵活性结合起来，不搞“一刀切”和包办代替。例如，在开展土地革命过程中，根据各地群众基础和干部条件等不同情况，分别采取三种方式：一是分耕分管，大部分地区采取这一方式。二是分耕共管，少部分地区采取这一方式。三是共耕共管，即成立共耕社，只在群众基础较好的个别乡村（如韦拔群的家乡东里屯和阮殿煊的家乡思林等地）进行试点，没有全面铺开。在试办时，强调“按实际情况进行”，这体现当时对办共耕社慎重的态度与实事求是的精神。又如，规定只要遵守苏维埃政府的法令，即使是地主豪绅也分给一份土地，改变了《井冈山土地法》不分给地主田地的做法。（3）坚持优先培养人原则。红七军前委先后在东兰县武篆区和恩隆县平马镇举办了两期以土地革命为主要内容的党员干部训练班，各县也举办了同

---

① 《乡苏维埃政府的组织与工作》，未刊出，原件存广西博物馆。

② 中共广西壮族自治区委员会党史研究室、中共百色市委员会党史办公室编著：《百色起义史稿》，广西师范大学出版社 2004 年版，第 161 页。

样内容的训练班。学员结业后，在土地革命中起到了很好的骨干作用。右江地区的土地革命运动是第二次国内革命战争时期土地革命斗争的一个组成部分，其经验和教训大大丰富了新民主主义革命的内容。[①]

二、实行商业保护制度

（一）政策制度做法

右江革命根据地工商业保护制度集中体现在：《广西东兰县革命委员会最低政纲草案》规定保护小商人的利益，严禁大商人剥削小商人，取消关卡厘金，废除一切苛捐杂税；《奉议县临时苏维埃政府成立宣言》规定“对于商人，疏通水陆以利行商，维持商场金融”；1930 年由邓小平、张云逸、陈豪人签发的《中国红军第七军司令部、政治部布告》规定“对商民：废除苛捐，取消杂税，保护贸易，买卖公平，严守我军纪，绝不扰商民”“对工人：组织工会，夺取政权，增加工资，减少时间，待遇得改良，失业有保险”；《中国红军第七军目前实施政纲》提出“保护交通和商人营业”。

（二）工商业保护的成效

百色起义前，现代工业在右江地区几乎没有出现，一些行业手工业作坊的技术逐渐成熟，但经营规模小，经济实力不强，加上资本家对工人剥削很重，手工业发展处于缓慢状态；百色起义后，右江地区党组织和苏维埃政府为适应武装斗争需要，支持发展工业、手工业生产，扩大各行业的生产规模，并使之比之前显得更有生气和活力，当时百色城有 200 多家工业、手工业生产加工单位。由于苏维埃政府的重视和制定正确的政策，根据地工业、手工业得到了一定发展[②]：（1）军事工业、军需手工业得到了较好发展。红七军、右江苏维埃政府先后在恩隆、思林、平马等地创办了兵工厂、被服厂和铸银厂，生产各种军需用品。其中平马被服厂创办于 1929 年 11 月初，至 1930 年 2 月，共生产军服 500 多套、棉大衣 200 多件、干粮袋和子弹袋 1500 条、红

---

① 中共广西壮族自治区委员会党史研究室、中共百色市委员会党史办公室编著：《百色起义史稿》，广西师范大学出版社 2004 年版，第 164 页。

② 周吋波等编著：《百色起义与经济工作》，广西人民出版社 2014 年版，第 103 页。

旗400多面、红领带1000多条。[①] 为适应武装斗争的需要，根据地还先后创办了爱桑兵工厂、龙旧造枪厂、龙动造弹厂、布尧造枪厂、板勉屯兵工厂。这些军事工业、军需手工业的发展，既满足了军事斗争的需求，同时也在一定程度上推动了当地经济的发展。（2）工业征税得到了规范。百色起义前，百色当地的苛捐杂税具有随时可变性、临时性、繁重性等特点，不利于社会稳定和生产生活的稳定，不利于经济的发展。红七军成立后，结合根据地的实际情况，在《中国红军第七军目前实施政纲》中宣布“取消一切政府军阀的捐税”“实行累进税，并由苏维埃政府制定标准”，制定了新的税收制度，实行统一的累进税。新税制具有统一性、稳定性特征，对根据地的建设和保证红七军的经费来源发挥了积极的作用，为红七军和苏维埃政府提供了相对稳定的、可靠的财政来源，还可以避免临时性征收和摊派带来的不稳定，对生产生活没有造成冲击，有利于根据地经济社会的有序发展。（3）消弭了恐慌情绪，市场得到了稳定和繁荣。在左右江革命根据地实行土地革命后，面对社会可能出现的恐慌情绪，红七军和右江苏维埃政府因地制宜，制定了一系列“保护交通和商人营业”的政策。这些政策有力地消弭了当地和过往客商的恐慌情绪，使得客商能照常营业、持续开门，云贵等地商人仍到百色进行商贸活动。同时，还颁布了劳动法，调整劳资关系，调动了工人们的生产积极性，加上起义队伍扩大，人员不断增加，对工业和手工业的需求量也在持续增加，一时右江沿岸恩阳、思林各县、各城镇仍呈现出一派繁荣景象。

三、实行税收制度改革

（一）农业税收制度改革

针对国民党统治期间的苛捐杂税给左右江地区广大基层农民群众带来沉重负担的现状，红七军和右江苏维埃政府推行了一系列减轻农民群众负担的政策。其中，右江苏维埃政府颁布的《土地法暂行条例》规定“实行单一的农业累进税”，征收方法是以家庭为经济计算单位，按出产数量征纳5%，对有余粮的家庭，征收另依累进税原则，标准为：有余谷50—100斤者，征收

① 周叮波等编著：《百色起义与经济工作》，广西人民出版社2014年版，第104页。

40%；有余谷100—300斤者，征收50%；有余谷300—500斤者，征收60%；有余谷500—1000斤者，征收70%；有余谷1000斤以上者，则特别征收之。区、乡苏维埃政府负责农业税征收，并规定“苏维埃收得之税项，完全作为政费、红军及赤卫队用费、社会保险、改良农业经济、办理教育、建设之用”①。

（二）工商业税收制度改革

红七军及右江苏维埃政府成立后，制定了保护城镇工商业的政策，《中国红军第七军司令部、政治部布告》规定“对商民：废除苛捐，取消杂税，保护贸易，买卖公平，严守我军纪，绝不扰商民”。对这一政策，当时百色镇坚决贯彻执行，所有商店开门营业，商品价格不变，日常生活所需用品随处能买，满足了根据地红军和群众的日常需要。外省的商人成群结队到百色做生意，人数有增无减。红七军经理处长叶季壮为了鼓励商人在右江开展商贸活动，把商品贸易做大做强，曾设宴招待在右江的商人。同时，在百色保留原来的税务局，通过税务局向商人征收工商税（包括营业税和过境税两种），而对小商小贩实行免税，既减轻了小商小贩的负担，又保护了商人的正当贸易活动，促进了商业的持续发展。

（三）特殊税收制度改革

由于左右江地区交通不便，加上历代土司及国民党军阀对过境货物均课以重税，当地洋货价格十分昂贵，商品过于昂贵则市场交易停滞不前导致税源不足，进而影响税收。而同时，右江地区最重要的贸易来源是鸦片转运贸易，因当时中央及当地苏维埃政府一度想禁止鸦片贸易与没收鸦片，但倘若鸦片贸易被禁止，右江苏区的财源就将濒于枯竭状态，同时因当地商业建立在鸦片贸易的基础上即“此区商品的交换以鸦片为中心”，一旦釜底抽薪没收鸦片，便会使日用商品供给上产生很大的恐慌，无疑会形成税收与市场双输的局面。邓小平等领导结合实际情况，考虑再三，于1930年1月，红七军前

① 中共广西区委党史资料征委会《左右江革命根据地》编辑组：《左右江革命根据地》（上），中共党史资料出版社1989年版，第268页。

委决定“尚不能即刻用焚毁方法，故还是由加重其税务方法，约可收税十余万”[①]，以解决根据地财政困难。征收过境税采取累进税方式，按10%的标准征收，若资本和营业额大，则税率就大；反之，则税率就小。同时，采取区别对待大小商人策略，“对大商人因其已走向反革命，当然要极力打击以至于没收，对小商人因其尚能很安静的营业，明令保护，以便我们在商品流转上不至于常碰到困难”[②]。同时通过鸦片商人来解决根据地商品流通问题，与商人订立合同，要他们从其他白色区转运日用品到红色区来，这样既不违背原则又暂时可以维护市场交易的稳定与日用品的正常供给。

第五节　左右江革命根据地财政经济法制度的成效

一、实践成效

（一）壮大了革命队伍

土地革命使人民群众获得了农村最大的生存与生产资料——土地，获得了实实在在的利益，看到了几千年来“耕者有其田”的愿望得以实现的希望，从被压迫、被剥削到彻底翻身做自己命运的主人，人民群众的革命热情被彻底点燃，革命斗争热情持续高涨，各族群众纷纷响应号召，踊跃参军参战，或者送子女、亲人参军参战，红军的革命队伍迅速壮大。据统计，右江地区实行土地革命后，仅东兰、凤山两县，截至1930年8月，农民参加红军和赤卫队员的人数就有6000多。[③] 据记载，举行百色起义和建立右江革命根据地时，右江地区有20多万农民协会会员，到1930年9月根据地鼎盛时期，右江共有100万各族群众分别参加了农会、雇农工会、妇女会、童子团等团体，

---

① 中共广西区委党史资料征委会《左右江革命根据地》编辑组：《左右江革命根据地》（上），中共党史资料出版社1989年版，第178页。

② 中共广西区委党史资料征委会《左右江革命根据地》编辑组：《左右江革命根据地》（上），中共党史资料出版社1989年版，第178页。

③ 中共广西区委党史资料征委会《左右江革命根据地》编辑组：《左右江革命根据地》（上），中共党史资料出版社1989年版，第424页。

成为根据地建设的主力军。①

（二）解决了军队及苏维埃政府的财政来源问题

右江地处云贵交界处，因此云贵的鸦片主要通过右江向港澳及国外销售，右江财政经济主要来源就在于鸦片贸易，鸦片已经成为右江商业贸易的支柱。面对此类情况，红七军并没有“一刀切”地进行禁烟，而是采用灵活的禁烟政策，通过“寓禁于税”的做法，对过境往来的鸦片贸易苛重税而放行，不仅解决了当地财政的来源问题，也能够更好地解决红七军军需和根据地财政问题。对过往的商人商队，特别是贩卖鸦片烟的商人没有采用扣留等生硬“一刀切”的做法，同时免除许多小商人农民身上的各种税捐，扶持商业继续经营，使得群众情绪逐渐稳定，市场能正常交易，考虑到群众对鸦片烟嗜好有很深的历史渊源和现实背景，不“一刀切”地进行禁烟，以稳妥的方式呵护了市场的交易，稳定了税收，解决了军队政府的财政来源问题。

（三）实现了人民群众的经济利益

这主要体现在开展了土地革命，除去了各种苛捐杂税，大力发展农业，逐步改善人民生活。《中国红军第七军目前实施政纲》提出“没收一切地主阶级土地归乡苏维埃，分给农民，凡没收之土地不准买卖”②。颁布了《土地法暂行条例》和《共耕条例》，规定土地革命的路线政策、土地分配原则和阶级成分划分，成为右江根据地土地革命的依据和准则。右江军民在邓小平等的领导下开展了轰轰烈烈的土地革命，兴起了打土豪、分田地的热潮。对地主土地和富农出租地进行了没收，废除了一系列的苛捐杂税，废除了各种债券，废除了一切封建性的高利贷债务，把土地分给了贫苦农民，激发了右江革命根据地各族群众的革命和生产积极性。同时大力发展农业，改良耕种办法，推行精耕细作，使粮食逐年获得好收成，改善了生活，连接了红军与各族群众的革命桥梁，使各族群众对红军、红色政权更加热爱，踊跃报名参军参战。

---

① 周叮波等编著：《百色起义与经济工作》，广西人民出版社2014年版，第154页。

② 中共广西区委党史资料征委会《左右江革命根据地》编辑组：《左右江革命根据地》（上），中共党史资料出版社1989年版，第105页。

（四）维护了商品流通市场的繁荣

这具体表现在：一是出台政策，维护市场流通与繁荣；二是废除了苛捐杂税，维护了交易枢纽的畅通；三是建立趋势，开辟新市场。其中出台政策保护商户、维护市场流通与繁荣主要体现在《中国红军第七军司令部、政治部布告》《中国红军第八军目前实施政纲》等文件中。1930年初签署的《中国红军第七军司令部、政治部布告》规定："对商民：废除苛捐，取消杂税，保护贸易，买卖公平，严守我军纪，绝不扰商民。"《中国红军第八军目前实施政纲》规定"实行减少工人工作时间，增加工资，制定劳动保护法"①。通过对商民的保护，既使得税收有稳定来源，也在实际上促进了市场的繁荣，满足了各族群众的交易需求，扎实地维护了各族群众的根本利益。

二、理论成效

（一）形成了一系列制度成果结晶

在邓小平、韦拔群的领导下，红七军前委和右江苏维埃政府先后颁布了《土地法暂行条例》和《共耕条例》，而且还印发了《土地革命宣传大纲》《土地问题决议案大纲》等宣传土地革命的资料，深入群众中宣传，发动群众打土豪、分田地，奠定了开展土地革命的思想舆论基础。

（二）培养了一系列土地革命工作人才

在开展土地革命过程中，不仅切实通过革命使得各族群众获得了土地等生存生活资料，同时也在实践中锻炼了队伍，邓小平等领导在开展土地革命的过程中始终重视人才队伍的培养，多次开展训练班培训相关干部群众。其中，1930年4月，在东兰县武篆区的旧州屯举办党政干部参加的训练班，学员约有100人，主要来自东兰、凤山和红七军三纵队的干部。邓小平等亲自给学员授课，讲解了土地革命的方针政策和目的任务，并编印《苏维埃组织和任务》《土地革命的政策和口号》等教材分发给学员。在此前后，东兰、凤

① 周可波等编著：《百色起义与经济工作》，广西人民出版社2014年版，第135页。

山等县也分别举办训练班，轮训本县的党员、干部，参训学员有1000多人。通过培训，提高了一大批党员、干部和骨干的素质，不仅在干部队伍上为右江根据地土地革命做好了准备，而且在思想舆论上也做了充分的动员，有力地推动了右江革命根据地土地革命的开展。

（三）为土地承包责任制作了理论探索

邓小平、韦拔群等开展土地革命过程中，实事求是，不搞“一刀切”，不盲目照搬也不教条主义，而是结合实际，从各地生产差异、生产力落后等实际出发，通过调研和试行，借鉴井冈山经验，形成了富有民族特色的土地政策，既分开土地所有权和使用权，又实行多样的生产方式，即在自愿的基础上，由群众自己选择共耕或分耕形式。分耕就是农民拥有自己的土地，各家各户自行生产，不需要再交地租，劳动成果全归己有，激发了农民的积极性，尊重农民意愿，按农民选择开展共耕和分耕，解决贫苦农民的生活和生存问题。这一土地革命思想为改革开放后家庭联产承包责任制思想的源头，逐渐形成了以土地集体所有制为前提的家庭联产承包责任制的土地思想基础，成为邓小平早期思想的重要内容。

第十一章　左右江革命根据地的军事法制度

军事法是有关国防和军队建设的法律规范的总称。[①] 在左右江革命根据地建立之前，邓小平、张云逸、李明瑞、韦拔群等广西革命领导人就高度重视军队建设，通过组建红七军、红八军和农民赤卫军进行武装斗争，举行百色起义、龙州起义，建立了左右江革命根据地。因此，军队建设和军事斗争在左右江革命根据地的各项工作中始终占据首要地位。特别值得注意的是，左右江革命根据地十分重视军事法制度建设，虽然受革命斗争形势和立法技术限制，左右江革命根据地没有制定过专门的军事法律法规，但有关军队建设的规定在左右江革命根据地制定的《广西东兰县革命委员会最低政纲草案》《中国红军第七军目前实施政纲》《中国红军第七军司令部、政治部布告》《右江苏维埃各级政府组织与职责》等综合性革命法律法规文件中随处可见。此外，红七军、红八军在军队建设实践中形成了许多行之有效的军事制度，只是没有形成成文法而已。这些不成文的军事制度，实质上也构成了左右江革命根据地军事法制度的重要组成部分。虽然受“左”倾冒险主义的“立三路线”错误影响，左右江革命根据地的军事斗争遭受重大挫折，但不可否认的是，左右江革命根据地通过不断完善军事法制度，把红七军建成了一支政治坚定、英勇善战、纪律严明的人民军队，在保卫新生的苏维埃政权、巩固发展革命根据地方面曾经取得了非常显著的成效，其中蕴含的历史经验值得深入总结和研究。

---

① 张文显主编：《法理学》，高等教育出版社2018年版，第108页。

第一节　左右江革命根据地的军事斗争形势

左右江革命根据地的军事法制度，既是贯彻落实党中央的路线方针政策和中国工农红军的建设要求，也是适应左右江地区革命军事斗争形势，根据客观实际而制定的。因此，左右江革命根据地的军事法制度与当时十分复杂严峻的军事斗争形势息息相关。

1929年3月蒋桂战争后，以李宗仁、白崇禧为首的新桂系军阀因战败而下野。6月，南京国民政府任命李明瑞为广西编遣特派员，俞作柏为广西省政府主席。俞作柏在大革命时期受中国共产党的政治主张和工农运动的影响，拥护孙中山的三民主义和“联俄、联共、扶助农工”三大革命政策。俞作柏颇有抱负，他主政广西后，打算借助中国共产党的力量在广西开创新局面，改变广西贫穷落后的面貌。在其弟弟俞作豫（中共党员）的协助下，俞作柏在广西实行扶助农工运动、释放政治犯等进步政策，并请中共中央派干部到广西帮助工作。中共中央和广东省委（当时广西未设省委）抓住机会，相继派出邓小平、贺昌、张云逸、陈豪人等40余名干部到广西，与当时已在广西工作的党员雷经天、韦拔群等一起，积极开展完善党组织建设、发动士兵运动、筹建红军等一系列革命工作。其中，张云逸担任广西警备第四大队大队长兼教导总队副总队长，俞作豫担任警备第五大队大队长。由于共产党员掌握了一定的军事指挥权，广西的党组织建设和农民运动得到恢复和发展，特别是韦拔群、陈洪涛等人领导的东兰、凤山两县的农民自卫军较为壮大，并得到俞作柏、李明瑞拨给的一批枪支弹药，具有较强的军事实力。

1929年9月10日，中共广西省第一次代表大会在南宁召开，会议选举产生中共广西特委，并根据党的六届二中全会精神和中央关于组建红军、成立苏维埃政权的指示，提出深入开展土地革命、建立工农武装、准备武装起义夺取政权等任务。10月，俞作柏和李明瑞响应张发奎，通电反蒋，出兵至广东，但很快就战败，俞作柏出走香港，广西形势顿时恶化。邓小平和广西特委决定将警备第四大队、教导总队和一批党的干部转移到右江地区，李明瑞和俞作豫带领的警备第五大队转移到左江地区，准备创建红军和苏区。

邓小平和中共广西特委到达右江地区后，组织党员干部深入东兰、凤山、奉议（今属百色市田阳区）、平马（今属田东市）、果德（今属平果市）、向都（今属天等县）等县发动农民，开展农民运动，把从南宁带来的5000支步枪大部分用于组织和武装各县的农民自卫军。同时，还采取了一系列措施改造警备第四大队，将部队相对集中，清除反动军官，纯洁队伍，抓紧对官兵的政治教育，发展共产党员，建立完善军队中的基层党组织，确保党对军队的领导，建立各级士兵委员会，实行军事民主制度。此外，解除了位于右江地区的警备第三大队的武装，收缴右江地区各县民团的枪支。11月，根据中共广东省委指示，成立中共广东省委广西前敌委员会，邓小平任书记，统一领导左右江地区的武装斗争。11月底，军队改造工作以及举行武装起义、召开苏维埃代表大会的准备工作基本完成，广西前委决定在广州起义两周年纪念日在百色县（今属百色市右江区）举行武装起义，建立中国工农红军第七军，将广西前委改组为红七军前委。

1929年12月11日，红七军前委在百色召开群众大会，宣布起义，起义部队全部改编为红七军，张云逸任军长，邓小平任政治委员。全军4000余人，长短枪支约3000支，机枪14挺，迫击炮6门，山炮、野炮6门，通信器材和马匹具备。其中，壮族官兵约占全军总人数的一半。

红七军成立时，撤至左江地区的警备第五大队也在加紧进行起义准备工作。1929年11月底，邓小平布置完成红七军成立各项工作后，离开百色，前往龙州，指导策划警备第五大队起义事宜。红七军前委还抽调何世昌等一批党员军官干部到龙州，加强对警备第五大队起义的领导。布置停当后，邓小平于12月上旬取道越南前往上海向党中央汇报工作。

1930年2月1日，广西警备第五大队在龙州宣布起义，改编为红八军，李明瑞任红七军、红八军总指挥，俞作豫任军长，邓小平兼任政治委员。红八军全军约1000人，长短枪支1000余支，机枪1挺，迫击炮1门。红八军成立时，将中共左江军事委员会改组为中共红八军军事委员会，红八军军委受红七军前委领导，何世昌任红八军军委书记。①

---

① 红七军、红八军的人数、编制、装备等情况，参见《中国人民解放军军史》编写组编：《中国人民解放军军史》，军事科学出版社2010年版，第64页。

“红七军、红八军成立后，由于保留薪饷制，官兵每人每月薪金一律20元，加上伙食费、服装费、办公费等，每月需开支10多万元。”① 这显然是左右江革命根据地的财政难以长期负担的。2月初，为解决经济问题、扩大政治影响，红七军前委决定以红七军大部及红八军第一纵队进攻南宁。2月9日，邓小平回到龙州，带回中央指示，电令红七军、红八军停止进攻南宁的行动，紧接着赶赴百色，以制止红七军的冒险行动。但此时红七军已经在进攻南宁的途中作战失利，主力转战桂北，右江革命根据地的百色、奉议、恩隆、思林、果德等县被国民党桂系军阀的部队占领。留守龙州的红八军第二纵队也遭到国民党军队袭击，龙州失守，红八军军长俞作豫在转战过程中牺牲，红八军第一纵队先后转战至靖西和黔桂边。

1930年5月中旬，红七军主力回到河池，邓小平、张云逸、李明瑞率红七军第一纵队、第二纵队到东兰县，召开红七军和右江特委干部会议，决定收复百色和右江沿岸各县，恢复革命根据地，开展土地革命。6月初，红七军陆续收复百色、奉议、恩隆、思林、果德等右江沿岸各县，右江革命根据地基本恢复。同时，红七军前委派出一批党员干部到各县整顿恢复党组织和苏维埃政府，推动土地革命，重新组织农民武装，推广义务农民赤卫军制度，革命根据地所辖各县青壮年男子每年轮流到赤卫军服役3个月。9月，右江革命根据地的农民赤卫军已发展到4路28个营，拥有各式枪支约6000支。由于红色武装力量的壮大，这一时期右江革命根据地得到有力巩固。

1930年10月2日，中共红七军前委在恩隆县平马镇召开扩大会议，中共中央南方局代表邓拔奇传达中央政治局决议和要求红七军攻打柳州、桂林、广州等大城市的指令及整编部队等决定。10月4日，红七军第一纵队、第二纵队、第四纵队从平马、田州等地出发，绕道凌云，向河池集结。10月6日，邓小平从平马前往东兰，在东兰县燕垌村召开百色、奉议、恩隆、果德等县负责干部会议，布置红七军离开根据地后的工作。会后，邓小平与韦拔群率第三纵队前往河池。10月23日，红八军第一纵队300余人在袁振武率领下，在凌云县讲肥村岃里屯（今乐业县同乐镇上岗村）与红七军第一纵队第一营

---

① 《中国人民解放军军史》编写组编：《中国人民解放军军史》，军事科学出版社2010年版，第64页。

会合，开往河池。红七军向河池集结，相当于主动放弃了右江沿岸的革命根据地。1930 年 10 月下旬，国民党桂系军队陆续攻占右江沿岸各县县城。

11 月 7 日，红七军第一次党代会在河池召开。会议接受李立三“左”倾冒险主义的错误指令，动员全军攻打柳州、桂林、广州等大城市，完成南方革命。大会改选红七军前委，邓小平任前委书记，前委在中央南方局代表邓拔奇领导下工作。11 月 8 日，红七军第一纵队、第二纵队、第三纵队、第四纵队和红八军第二纵队整编为红七军第十九师、第二十师、第二十一师。龚鹤村任第十九师师长，李谦任第二十师师长，韦拔群任第二十一师师长（第二十一师兵员不足，只有番号，待重新组建）。整编后举行了阅兵式。11 月 9 日，红七军第十九师、第二十师 7000 多人从河池出发。韦拔群率特务连返回东兰，筹建第二十一师，坚持根据地斗争。

自此之后，红七军主力经桂黔边、湘桂边、粤北，转战至江西的中央革命根据地，与红二十军合编，编入红一方面军第三军团，李明瑞任军长，许卓任政治委员。红七军参加了中央革命根据地第三次、第四次反“围剿”。1933 年 6 月，红一方面军整编，红七军和红二十一军缩编为第三军团第五师。

与此同时，韦拔群留在东兰县继续坚持革命斗争。1931 年 1 月，红七军第二十一师在东兰县正式组建，韦拔群任师长，陈洪涛任政治委员。红七军第二十一师在东兰县那平村举办军政训练班，培养壮汉瑶等各民族干部，根据地建设工作搞得有声有色。3 月，桂系军阀开始全面“围剿”右江革命根据地。中共右江特委、右江苏维埃政府和红七军第二十一师师部转移至东兰县和凤山县交界的西山，在弄垌召开紧急会议，研究反“围剿”计划。在韦拔群领导下，右江苏维埃政府制定《十二条法令》，严厉惩治投敌叛变、泄露秘密、造谣惑众等反革命犯罪。东兰、凤山两县的革命根据地，在国民党的重重军事“围剿”之下仍坚持武装斗争将近两年。直至 1932 年 10 月 19 日韦拔群在东兰县武篆区那烈乡东里屯后山被叛徒韦昂杀害。

韦拔群牺牲后，中共右江特委先后改为中共右江下游临时党委、中共右江下游党委，黄松坚任书记，负责领导整个右江地区革命斗争。这一时期右江地区没有建立苏维埃政权，也没有成建制的红色武装，革命斗争主要以地下斗争方式开展。

第二节　左右江革命根据地军事法制度的主要内容

左右江革命根据地虽然没有制定过专门的军事法律法规，但军队建设始终是左右江革命根据地的首要任务。以保障军队建设为目标的军事法制度，在左右江革命根据地的法制建设中占有十分特殊的重要地位。左右江革命根据地的军事法制度主要包括军事组织制度、政治工作制度、教育训练制度、后勤保障制度、纪律作风制度等。

一、军事组织制度

（一）确立党的领导

左右江革命根据地的红色武装力量包括红军（红七军和红八军）、农民赤卫军、民兵，无论是哪一种武装，都是人民军队。人民军队必须坚持党指挥枪的原则，绝对服从党的领导，坚决执行党的任务。红七军、红八军都是在改造国民党的广西警备第四大队、第五大队以及教导总队的基础上建立起来的，邓小平等人在到广西工作之初，就注重把上层统战工作和基层发动士兵工作结合起来，安排中共党员进入国民党军队，建立中共党组织、发展新党员、宣传党的政策主张，扩大党的影响，张云逸还担任广西警备第四大队大队长。掌握广西军政实权的李明瑞也在邓小平、张云逸的影响下积极转变思想，向党组织靠拢，在1930年1月龙州起义前夕加入中国共产党。邓小平等人对旧军队的改造极有成效，广西警备第四大队、第五大队以及教导总队转化为成立红七军、红八军的基础。此外，韦拔群、陈洪涛等人在东兰、凤山、百色、思林等右江各县开展农民运动，组织农民自卫军也颇具规模。最终，经中共中央批准，在1929年12月11日百色起义时，以广西警备第四大队为骨干、以农民自卫军为主体，成立了一支新型人民军队：红七军。

为了确保党的统一指挥和领导，红七军设立了军前委、纵队党委、营党委、连党支部、班排党小组五级党组织。红七军前委是红七军和右江革命根据地党政军最高领导机关，前委书记为邓小平，前委委员有张云逸（军长）、李谦（第一纵队队长）、韦拔群（第三纵队队长）、雷经天（右江苏维埃政府主席）、何世昌（左江军委书记）等。红七军成立后不久，因邓小平要赴上海向党中央汇报工作，由陈豪人担任前委书记兼军政治部主任。前委之下设有军政治部和3个纵队政治部。政治部为军中党务机关，军政治部下辖总务科、秘书科、组织科、社会科、宣传科、教导大队和宣传队，负责具体执行前委的决定，同时还负责对部队开展政治教育、指导地方党组织开展工作等。3个纵队党委书记，均由纵队政治部主任兼任。

红八军的党组织建设大体与红七军相同，也设有军前委、政治部等机构，军前委书记、政治部主任由何世昌兼任。不同的是，红八军前委受红七军前委领导，以确保党对左右江革命根据地军事的统一领导，红八军政治部还直辖1所军事政治学校。红八军全军共1000多人，兵力规模远小于红七军，且党员较少，只有100多名，但也建立起了10个党支部，营、连均设政治指导员，以确保党的领导贯彻落实到部队基层。

（二）完善组织建制

1929年12月11日百色起义时，广西警备第四大队、教导总队及右江地区各县农民自卫军改编为红七军，军长张云逸，政治委员邓小平，副军长李谦，参谋长龚鹤村，政治部主任陈豪人。红七军成立后，立即完善军事组织建设，在军部设参谋处、政治部、副官处、经理处、军事训练所，军直属机构还有教导队、特务营、山炮连、机枪连、工兵连。红七军全军4000余人，编为3个纵队：第一纵队由原广西警备第四大队大部和教导总队一部编成，李谦兼任纵队长，沈静斋任纵队政治部主任；第二纵队由东兰、凤山等县农民自卫军编成，韦拔群任纵队长，李朴任纵队政治部主任；第三纵队由原广西警备第五大队第五营和恩隆、思林等县农民自卫军编成，胡斌任纵队长，何世昌兼任纵队政治部主任（后改为袁任远）。后第二纵队与第三纵队番号对调。各纵队分别下辖3个营及1个机枪连、1个迫击炮连，第一纵队原系国民党正规军，实力较强，多编1个特务连。营下设连，每连编步枪60支、梭镖20支。

1930年2月1日龙州起义时，广西警备第五大队改编为红八军，李明瑞任红七军、红八军总指挥，俞作豫任军长，邓小平兼任政治委员，宛旦平任参谋长，何世昌（红七军第三纵队政治部主任）兼任政治部主任，甘湛泽任总参议。红八军兵力较少，组织机构设置相对红七军较为简略，军部设参谋处、政治部、副官处、经理处、教导总队，直属迫击炮连、机枪连、卫生队、军事政治学校。红八军全军约1000人，下辖两个纵队：第一纵队司令为何家荣，政治部主任潘思文，参谋长袁振武，军需长钟福祥，下辖3个营；第二纵队司令为宛旦平，未设政治部主任、参谋长、军需长等职，同样下辖3个营。此外红八军还下辖由土匪武装改造而来的4路游击大队，但不编入红八军正式编制（这4路游击大队未经改造，人员政治素质不高，后来大多叛变）。

1930年3月，由于龙州失守，左江革命根据地沦陷，红八军第二纵队解体。11月8日，红七军第一纵队、第二纵队、第三纵队、第四纵队和红八军第二纵队整编为红七军第十九师、第二十师、第二十一师。龚鹤村任第十九师师长，李谦任第二十师师长，韦拔群任第二十一师师长（第二十一师兵员不足，只有番号，待重新组建）。11月9日，韦拔群率特务连返回东兰，筹建第二十一师，坚持根据地斗争。1931年1月14日，红七军第十九师、第二十师转战广西贺县桂岭圩，将部队整编为五十五、五十八两个团。7月22日，红七军与红三军团在江西于都县桥头镇会师，红七军归属红三军团建制。8月初，红七军第二十一师改编为中国红军独立第三师（也称右江独立师）。韦拔群、陈洪涛牺牲后，右江独立师不复存在，但黄松坚等人仍继续在滇黔桂边组织革命武装，坚持游击斗争，只是规模较小，主要任务是杀奸锄特。

（三）实行党政军三合一的领导体制

百色起义前，中共广东省委就在广西设立中共广西前敌委员会，负责领导即将在广西发动的武装起义。百色起义后，红七军成立，中共广西前敌委员会改为红七军前敌委员会。前敌委员会简称前委，是中共中央在革命战争时期为组织领导某一地区的武装起义或重大战役而设立的党的高级领导机关。红七军前委实行党政军三合一的领导体制，既是党的领导机关，负责全军的党组织建设，指导下级纵队党委工作，也是军事领导机关，负责确定重大军事战略方针，同时还是地方行政领导机关，负责组建苏维埃政权、制定政策、颁布法律法规文件等。左右江革命根据地的领导人大多身兼数职，如韦拔群既是红七军前委委员，又是红七军第二纵队（后为第三纵队）队长，还是右江苏维埃政府委员，由来即在于此。左右江革命根据地的基本施政纲领，是以红七军、红八军的名义制定颁布的《中国红军第七军目前实施政纲》《中国红军第八军目前实施政纲》，这也是源于红七军前委的党政军三合一的领导体制。

（四）创立红军、赤卫军、民兵三结合的武装体制

红七军、红八军属于正规军建制。除此之外，右江地区的东兰、凤山、恩隆、思林、果德等县在百色起义前开展农民运动，组建了农民自卫军，百色起义后，各县农民自卫军一部分改编为红七军，一部分改编为赤卫军大队、中队、小队，分别隶属各县、区、乡苏维埃政府，负责执行维护治安、内部肃反等任务。赤卫军战时为军，平时为民，是地方各级苏维埃政府支持军队建设的重要方式，多次输送优秀指战员到红军，为红军提供兵源和人才储备。此外，各村农民群众还组织有民兵。这样就确立了红军、赤卫军、民兵三结合的武装体制，形成了保卫右江革命根据地的铜墙铁壁。如果不是因为受到“立三路线”的错误影响，红七军主力冒险进攻柳州、桂林，国民党军队没有那么容易就攻占右江革命根据地。

二、政治工作制度

（一）完善政治部的机构人员

设置政治部开展政治工作是苏联红军的重要经验，也是红色军队的一大特色。党的六大《关于军事工作决议案（草案）》就对各革命根据地组建红军的工作提出要求：“采用苏联红军组织的经验，实行政治委员与政治部制度。”红七军成立时，按照中央要求设置政治部作为负责政治工作的重要机构。1930 年 3 月 2 日中共中央给红七军前委的指示中明确了政治部的职责地位，是左右江革命根据地军事法制度的重要依据和渊源，指示称：“前委是军队中最高政治指导机关，前委之下有政治部，政治部执行前委的决议，对内实施政治教育，对外参加群众工作。政治部一定要是党的组织，政治工作人员并一定要是党员。政治部的系统，军有军政治部，纵队有纵队政治部，纵

队以下则为政治委员，但军与纵队除政治部以外，尚须另设政治委员，此政治委员在政治上可以指导政治部并得到最高长官会衔施令。”① 红七军严格按照中央指示精神，设置了军政治部，陈豪人任主任，三个纵队分别设立纵队政治部，第一纵队政治部由沈静斋任主任，第二纵队政治部由李朴任主任，第三纵队政治部由何世昌兼任主任（番号对调后改为袁任远）。按照要求，政治部属于党的组织，干部均为党员，政治部受前委领导，负责执行前委决议，同时接受军政治委员的具体指导，是红七军开展政治工作的重要机构。

（二）建立士兵委员会实行军事民主

在军队中实行政治工作制度，是我党我军的光荣传统。开展政治工作的机构组织中，除了军中各级党组织和政治部以外，士兵委员会也是红七军政治工作制度的重要一环。在第二次国内革命战争时期，我们党高度重视开展士兵运动，争取发动士兵参加革命，以建立革命武装。党的六大《关于军事工作决议案（草案）》就要求：“在士兵中作群众的鼓动工作，使士兵群众知道而且接受党的口号（关于本身利益和政治的）。”红七军成立后，立即召开士兵代表大会，在连、营、纵队三级单位建立了士兵委员会，其职责包括：“1. 推动民众的组织；2. 训练士兵并管理士兵日常生活的秩序；3. 审查军队的用费；4. 对军中行政的建议；5. 维持军纪，设立裁判委员会，以解决兵士中所发生的纠纷（如极小的事，可不提裁判委员会解决，可由长官执行，如到战场上军官有执行一切军令之权）。”② 通过士兵代表大会和士兵委员会，普通士兵也能够参与军队内部民主管理和监督，实现了官兵平等，禁绝了旧军队司空见惯的虐待士兵现象，这是历史上前所未有的新鲜事，广大士兵的革命热情大大激发。同时，士兵委员会接受军政治委员和政治部的指导，以防止出现极端民主化和无政府主义倾向。红七军前委和各级党组织、政治部充分发挥士兵委员会参与民主建军、实行官兵平等、开展政治思想宣传等作用，重视纠正士兵委员会中存在的可能妨碍军事行动的不良倾向，积极采纳

① 中共广西区委党史资料征委会《左右江革命根据地》编辑组：《左右江革命根据地》（上），中共党史资料出版社 1989 年版，第 243 页。

② 中共广西区委党史资料征委会《左右江革命根据地》编辑组：《左右江革命根据地》（上），中共党史资料出版社 1989 年版，第 242 页。

士兵委员会提出的合理意见，加强红七军的政治建设。

（三）开展革命宣传活动

红七军、红八军是人民军队，是无产阶级武装。红军的政治工作任务之一就是最大限度地发挥广大士兵的革命积极性，让他们明白为谁当兵、为谁打仗的道理，做军队的主人。为此，红七军实行“早晚点名呼口号，个别谈话，集体的举行报告演讲会，办士兵壁报等等，以启发士兵的政治认识力”①。红七军政治部和下辖各纵队政治部还组织了宣传队，分配到各营、连驻地，广泛开展群众宣传，走村串户，用群众喜闻乐见的说书、唱山歌等方式深入宣讲党的革命纲领，讲解《中国红军第七军目前实施政纲》，张贴《中国红军第七军司令部、政治部布告》，印发《士兵之友》《右江日报》等报刊以及红七军政治部编写的“土地革命”系列丛书，充分发挥了红军既是战斗队又是宣传队的作用。

三、教育训练制度

红七军、红八军的政治工作制度还体现在围绕党的路线方针政策，密切联系实际，有的放矢地加强教育训练，并建立了教育训练制度。红七军、红八军的教育训练，包括政治思想教育和军事教育训练两部分。

（一）加强政治思想教育

红七军、红八军的政治思想教育，特别注重官兵平等和军民团结，树立政治委员和政治机关的威信，重视训练政工干部，使每一个政工干部都学会做政治思想教育工作。红八军成立时，还专门设立了直属军部的军事政治学校，以训练培养军队政工干部。政治思想教育的重点是战时政治思想教育，以保证完成作战任务为最高目标，在部队中宣传发扬革命英雄主义，深入开展杀敌立功、争创楷模活动。战前要进行全体动员，让每位指战员都下定决心，树立战则必胜的信念。政工干部要身先士卒，激励官兵奋勇作战，既反

① 中共广西区委党史资料征委会《左右江革命根据地》编辑组：《左右江革命根据地》（上），中共党史资料出版社 1989 年版，第 242 页。

对鲁莽行动，也反对不敢碰硬。此外，红七军的政治思想教育还注重引导鼓励广大群众自觉参军参战，做好拥军优属工作，解决官兵的后顾之忧，确保他们全力投入前线的战斗。

（二）加强军事教育训练

红七军是以原广西警备第四大队、教导总队和各县农民自卫军为基础改编而来的，其中农民自卫军占多数。所以红七军刚成立时，大部分官兵政治可靠，士气甚壮，但缺乏实战经验，军事素质不高。1931 年 3 月红七军转战江西后，政治部主任陈豪人向党中央汇报红七军工作，作《七军工作总报告》，其中对部分干部的军事素质水平提出批评："一般干部作战经验太少，在隆安战役中，竟有分队在未得到命令之时，敢自动增加前线的事情发生，可见当时干部在军队中习惯尚有未懂的。"① 为此，红七军建立了直属军部的军事训练所和教导队，以加强全军的军事作战训练。为了给红军提供合格兵源和人才储备，左右江革命根据地还重视赤卫军的军事训练工作。1930 年 9 月 19 日红七军前委发布《前委通告（第七号）——目前右江党的工作方针》，要求改造赤卫军，对赤卫军的军事训练工作提出要求："各县编赤卫军一营，由各该县苏维埃直接指挥。各县赤卫军应日经常的集中训练。赤卫军的士兵当兵应有一定的年限（一年或两年），不能随时回家；任意叫人代替。""各乡应有赤卫队的组织，作为赤卫军的预备队，每二日或□日出操训练一次，平时在家种田或做工，有事时马上集中起来，如此才可以避免不参加生产人太多而引起经济恐慌的危险。"红七军的军事教育训练成效明显，历史实践可以证明。后来红七军转战千里，保留了革命火种，一路上屡有胜绩，与之前所进行的严格军事教育训练是分不开的。

四、后勤保障制度

左右江革命根据地军事法的后勤保障制度，主要体现为推行志愿兵役，广泛发动人民参军参战，组织群众支援前线，实行拥军优属等制度。左右江

① 中共广西区委党史资料征委会《左右江革命根据地》编辑组：《左右江革命根据地》（上），中共党史资料出版社 1989 年版，第 368 页。

革命根据地建立后，迅速开展土地革命，没收地主土地分给贫下中农，各族群众翻身解放，革命积极性高涨，纷纷自觉参加或送儿送夫参加红军、赤卫军上前线，民兵组织也发展壮大，为保卫革命根据地、保卫苏维埃政权出人出力、捐款捐物。同时，各级苏维埃政府也制定相关法律法规，实行拥军优属政策。例如，《土地法暂行条例》规定："出外当红军者，亦得分一份土地给其家属，并得请雇农耕种之。"这就保障了红军家属的土地权益，解除了红军官兵的后顾之忧，以鼓励民众踊跃参军，壮大红军队伍。

五、纪律作风制度

不断加强纪律作风建设，建立铁的纪律，这是无产阶级军队的显著特征，也是红军增强和保持战斗力的重要保障。红七军原系旧军队和农民军改编而来，但在改编之前，党组织和党员干部就已经开展士兵运动，驱逐反动军官，惩治腐化变节分子，纯洁了队伍，为将红七军建成一支纪律严明的无产阶级军队做好了充分准备。红七军成立后不久，就发布《中国红军第七军司令部、政治部布告》，规定了"保护贸易，买卖公平，严守我军纪，绝不扰商民""严禁烧杀，保卫安宁，努力来生产，社会得太平"等军纪。1930 年 9 月 19 日，红七军前委发布《前委通告（第七号）——目前右江党的工作方针》，特别强调"严格执行党的纪律，肃清反动腐化的份子，改造党的基础。同时发展贫雇农、工人同志创造新的基础"。《右江苏维埃各级政府组织与职责》还规定了赤卫军的纪律要求，包括"严禁烧杀政策，绝对禁止侵犯群众利益""一切行动要发动群众参加，绝对避免单纯军事行动""肃清内部一切动摇腐化及剥削人的分子""规定当兵年限，严禁自由退伍""加强军政训练""严禁〔格〕军纪风纪""提高进攻精神""绝对禁止收容红军逃兵，收买红军枪弹"等。红七军还编成了《红军纪律歌》，歌词为："我们都是工农出身，工农痛苦知道最深，工农的东西得来不容易，一草一木不得害损；没收豪绅地主的东西，不得自己贪污归私，服从指挥员上缴给养队，遵照规章统一处理；红军处处爱护群众，莫把群众利益害损，若要发洋财即是反革命，严重处分不留情；为要发扬红军的强威，一切行动要听指挥，上级的命令下级要服从，不论官兵不得违背；无论战时平时与行军，爱护群众保护工农，力量真强大打得敌人怕，中国革命才得成功。”[①] 陈豪人在《七军工作总报告》中曾提及红七军在宜北县（今属环江毛南族自治县）城的境遇，值得细思。1930 年 4 月，红七军曾一度在桂黔边开展游击战争，“回师河池路过宜北县城，前次经过宜北群众受豪绅欺骗逃避一空。但我军军纪极好，又做了一番宣传工作，所以此次重返宜北群众甚热烈欢迎，召集一次群众大会，到者千多人，热烈拥护红军，参加红军打豪绅，投军者甚多”[②]。事实证明，红七军的纪律作风制度得到了不折不扣的执行，正是因为这样，红七军才能获得右江地区人民群众的真心拥护支持，力量不断壮大。

第三节　左右江革命根据地军事法制度的历史影响

武装斗争是中国革命胜利的三大法宝之一。左右江革命根据地的军事法制度以法制方式推进军队建设，为对敌开展武装斗争提供制度保障，其中包含着丰富的斗争策略、斗争经验、斗争智慧。左右江革命根据地的军事法制度是在我们党探索武装斗争道路的初期阶段形成的，在内容和形式上都不免存在不够完善之处，但这一套制度不仅在当时在促进红军发展壮大上取得了实实在在的成效，而且在党史、军史和法制史上都具有不容低估的深刻意义。

一、保障人民军队的创建

人民军队与一切旧军队的根本区别就在于有中国共产党的领导。坚持中国共产党对军队建设以及全部军事工作的绝对领导，坚持党指挥枪，是人民军队军事制度的最大特征，也是最大优势。红七军虽然是以旧军队为骨干改编而来的，但通过开展统战工作，中共党员张云逸和俞作豫分别取得了广西警备第四大队、第五大队的领导指挥权，进而有条件开展士兵运动，发展党员，实行民主管理，清算反动军官，对旧军队进行无产阶级改造。就连当时

① 凌绍崇等编著：《百色起义与根据地制度建设》，广西人民出版社 2014 年版，第 107 页。

② 中共广西区委党史资料征委会《左右江革命根据地》编辑组：《左右江革命根据地》（上），中共党史资料出版社 1989 年版，第 371 页。

掌握广西军政实权的李明瑞也深受影响，加入中国共产党成为一名光荣的中共党员。党组织对旧军队的成功改造，为红七军的正式组建打下了良好基础。在广西警备第四大队转移到右江地区后，能够迅速与当地农民自卫军有机整合，化茧为蝶般地转变为一支朝气蓬勃的人民军队。

百色起义后，红七军正式成立。新生的红七军立即按照中央要求，完善各项军事制度，特别是借鉴苏联红军开展政治工作的经验，设立前敌委员会、政治委员、政治部、党委、党支部等党组织，成立士兵委员会，既贯彻党的路线方针政策，确保一切行动听党指挥，又实行官兵平等，民主管理，严格开展政治军事训练，严格执行军事纪律，打造了一支政治、军事、纪律全面过硬的红色铁军。后来，在"左"倾冒险主义错误的影响下，红七军遭遇重大挫折，但仍坚强不屈，经历大小战斗百余次，冲破敌人的围追堵截，历经艰难险阻到达中央革命根据地，表现出大无畏的英雄气概。1931 年 11 月，在中华工农兵苏维埃第一次全国代表大会闭幕式上，中华苏维埃共和国临时中央政府主席毛泽东亲手授予红七军一面锦旗，上面写着"转战千里"四个大字。这表明，红七军是一支得到了党中央高度肯定评价的英雄部队。

二、夺取百色起义、龙州起义的伟大胜利

百色起义、龙州起义之所以能够取得伟大胜利，在边疆民族地区推翻国民党反动统治，建立起左右江革命根据地及苏维埃政权，根本原因之一在于红七军、红八军在中国共产党领导下，制定完善军事制度，开展军队建设，建成了强大的人民军队。左右江革命根据地的军事制度虽然总体上仍处于草创阶段，但内容已较全面，涵盖了组织建制、政治工作、教育训练、后勤保障、纪律作风等方方面面。通过这一系列军事制度的建章立制，既坚持党的绝对领导，保证了人民军队的根本属性，又加强政治军事训练，提高战略战术水平，还严肃军纪，改进作风，维系军民鱼水情，成效显著。

红七军、红八军之所以能够在较短时间内形成一定规模，除了改造国民党的广西警备第四大队、第五大队等旧军队，吸收各地的农民自卫军参加红军成为红军主体，也是红军得以迅速发展壮大的重要原因。农民自卫军除部分参加红军外，还有部分改编为赤卫军和民兵，由各县、区、乡苏维埃政府管理指挥，建立了具有左右江地区特色的红军、赤卫军、民兵三结合的武装

体制。百色起义、龙州起义的胜利，除了红军的奋战之外，赤卫军、民兵也功不可没。至1930年10月，红七军发展壮大到8000多人的规模，而右江地区的赤卫军和民兵则达到10,000人以上。[①] 可见这种红军、赤卫军、民兵三结合的武装体制发挥的巨大作用，使左右江革命根据地拥有了一支实力较强的无产阶级革命武装。

三、开创了工农武装割据新局面

实行工农武装割据，建立红色区域政权，是第二次国内革命战争时期我们党武装斗争的指导思想和基本方针。百色起义和龙州起义后建立起来的左右江革命根据地的工农武装割据，与当时存在的其他革命根据地相比，有一个突出的特点，那就是左右江革命根据地是建立在边疆民族地区。与左右江革命根据地大致同时建立的琼崖、闽东、湘鄂川黔等革命根据地也是位于少数民族聚居地区，但琼崖（黎族、苗族、回族等）、闽东（畲族、苗族、回族等）、湘鄂川黔（土家族、苗族、白族等）的少数民族都不是人口占多数的主体民族，如琼崖地区畲族只占人口的10%，闽东地区的畲族只占5%。而右江地区壮族占人口的85%，是占压倒性主体地位的民族。正是因为地处少数民族地区，红七军、红八军实行官兵平等、民族平等，实行军队民主管理，就具有了特别的意义。这种富有地方特色和民族特色的军事管理制度，激发了少数民族群众参军拥军的积极性，也培养了大批的少数民族干部。据统计，当时有108名壮族人士在右江革命根据地的县级以上党政军群系统中担任干部，[②] 其中就包括韦拔群、陈洪涛、黄大权、黄治峰、黄举平、黄松坚等革命领导人。

此外，左右江革命根据地位于我国与越南交界的边疆地区，这也是同时期的其他革命根据地所不具有的特点。因为地处边疆，特别是与法国殖民地越南相邻，左右江地区人民受法帝国主义侵略压迫，苦难深重，左右江革命根据地的反帝革命形势尤为严峻，反帝斗争任务尤为紧迫。因此，红八军成立后的第一件事，就是颁布反帝革命纲领，并立即付诸行动，将以法国领事

---

① 凌绍崇等编著：《百色起义与根据地制度建设》，广西人民出版社2014年版，第93页。

② 凌绍崇等编著：《百色起义与根据地制度建设》，广西人民出版社2014年版，第93页。

为首的法帝国主义者驱逐出龙州，反帝斗争取得重要胜利。中国共产党能够在少数民族占主体地位的边疆地区成功举行武装起义，推翻帝国主义和封建地主（包括少数民族封建地主）阶级的反帝统治，建成革命根据地，是工农武装割据的一大突破，在党史以及民族史、广西地方史上都具有值得大书特书的意义，可以说开创了一个全新的局面。

四、为毛泽东提出工农武装割据思想积累实践印证

1939 年 10 月，毛泽东在《〈共产党人〉发刊词》中指出："统一战线，武装斗争，党的建设，是中国共产党在中国革命中战胜敌人的三个法宝，三个主要的法宝。这是中国共产党的伟大成绩，也是中国革命的伟大成绩。"① 其中，武装斗争在第二次国内革命战争时期主要体现为工农武装割据。1928 年 10 月至 11 月，毛泽东总结井冈山革命根据地斗争经验，先后撰写了《中国的红色政权为什么能够存在》和《井冈山的斗争》两篇著作，深入阐述了红色政权在中国农村建立和发展的原因与条件，将实行工农武装割据的经验上升为理论，形成了工农武装割据思想。1930 年 1 月，毛泽东撰写《星星之火，可以燎原》，进一步阐述了工农武装割据在中国革命中的地位和作用，指出："……红军、游击队和红色区域的建立和发展，是半殖民地中国在无产阶级领导之下的农民斗争的最高形式，和半殖民地农民斗争发展的必然结果；并且无疑义地是促进全国革命高潮的最重要因素。"②

1929 年 12 月百色起义和 1930 年 1 月龙州起义建立左右江革命根据地时期，正是毛泽东的工农武装割据思想形成和成熟时期。毛泽东提出工农武装割据思想，主要是以井冈山革命根据地的经验为基础，同时也总结、吸收了同时期其他革命根据地的实践经验。左右江革命根据地囊括左江、右江流域和红水河南岸的 19 个县，面积 6 万多平方公里，人口 230 多万，是当时国内最大的革命根据地之一。"红七军和右江苏区的建立，是中国共产党在西南少数民族地区实行工农武装割据的一次成功实践，它使红军和苏维埃运动的影

① 《毛泽东选集》（第 2 卷），人民出版社 1991 年版，第 606 页。
② 《毛泽东选集》（第 1 卷），人民出版社 1991 年版，第 98 页。

响扩大到了壮、瑶、苗等少数民族群众之中。”① 左右江革命根据地坚决开展武装斗争，通过制定完善军事制度建设红军，保卫巩固苏维埃政权，得到中共中央的高度肯定评价，其成功经验为毛泽东形成和完善工农武装割据思想提供、积累了实践印证。

① 《中国人民解放军军史》编写组编：《中国人民解放军军史》，军事科学出版社2010年版，第64页。

第十二章　左右江革命根据地的监察制度

监察制度是国家监督行使公权力的公职人员，开展反腐倡廉，进而推进国家治理体系和治理能力现代化的法律制度。中国共产党自成立以来就高度重视自身纪律作风建设，强调全面从严治党、廉洁自律，同时加强纪律检查，完善监察制度，确保党员干部和一切行使公权力的干部廉洁用权，依法履职。不受约束的权力必然导致腐败，在左右江革命根据地建立后，特别是各级苏维埃政权建立后，一批掌握权力的党员干部甚至是领导干部腐化堕落，是不可否认的客观事实。但我们党在极为严峻复杂的革命形势下，依然重视建立和完善监察制度，通过反腐倡廉、自我革命，始终保持着党的纯洁性。

第一节　左右江革命根据地的廉政建设与监察制度概况

左右江革命根据地自建立以来始终处于战争状态，但是邓小平等老一辈无产阶级革命家十分重视自身建设特别是廉政建设。左右江革命根据地的党员干部、红军官兵和革命群众在抗击反动军阀"围剿"、保卫红色政权的同时，敢于正视革命队伍内部出现的腐败问题，建立和实施监察制度，开展反腐败斗争，纯洁队伍，凝聚人心，增强了革命队伍的战斗力，取得了令人瞩目的历史成效。

一、根据地廉政建设与监察制度的缘起

左右江革命根据地创建过程中，廉政建设始终是一项重要内容，其历史

缘起主要有直接动因和现实考验两个方面。

（一）直接动因：尽可能保证有限革命经费的安全

左右江革命根据地属于广西的老少边穷地区，经济发展水平相对落后，经济条件差，加上敌人的封锁与“围剿”，导致红军和左右江各级党政机关的后勤保障面临严重困难。当时的革命经费主要是源自没收敌人的资产、战争缴获和征税，都是用鲜血和生命换来的。百色起义前，共产党积极开展统战工作，通过俞作柏、李明瑞安排党员张云逸担任广西警备第四大队大队长兼南宁警备司令，因此掌管了国民党当局的部分军械库，把一批军用物资和现金运到百色。1929 年 10 月，邓小平、张云逸到百色后，张云逸以右江督办的名义要求右江地区各县长和税务局局长上缴税款数万银圆。百色起义后，右江革命根据地财政收入来源主要是没收敌人资产和战争缴获。1930 年 1 月，果德县龙马区苏维埃政府没收都阳大地主向永焯 10 万公斤谷子，步枪 7 支。[①] 1930 年 4 月 30 日，红七军第一、二纵队在攻占黔东南地区榕江县的战斗中缴获了几门大炮、600 多支步枪、子弹 10 万多发、无线电台 1 架及众多军用品。[②] 同时，贯彻合理负担政策，即按照资本值向商人征收不同比例营业税。右江地区是云南、贵州鸦片出口的必经之地，鸦片烟过境的收入是主要税收来源之一。百色起义时红七军曾将百色、恩隆、那坡、田州各大商店的鸦片一律没收，作为军饷，又在百色设立禁烟总局，征收鸦片过境税。左江地区也保留了云贵鸦片烟的过境税，按累进制征税，这是特殊环境下实施的一种特殊税种，一定程度上缓解了红军的部分经费困难，也将收税作为禁烟的特殊手段。需要特别说明的是，鸦片在当时仍是严禁吸食。除此之外，当没收敌人的资产、战争缴获和征税无法满足红军的生活需要时，群众还会积极借款或捐献财物帮助红军解决困难。由上可知，当时革命经费来源很不稳定，财政收入有限，红军和各级苏维埃政府机关的经费保障十分困难，必须要精打细算、勤俭节约，保证有限经费的最大化使用。因此，廉政建设是巩固新生苏维埃政权的必要措施。

---

① 平果县志编纂委员会编：《平果县志》，广西人民出版社 1996 年版，第 79 页。

② 莫文骅：《百色风暴》，辽宁人民出版社 1985 年版，第 35 页。

（二）现实考验：以权谋私、贪污腐败威胁新生苏维埃政权

百色起义和龙州起义之后，左右江革命根据地拥有 31 个县、5 万平方公里面积、150 万人口，武装力量空前发展。以原广西警备第四大队和教导总队为底子的红七军三个纵队共 4000 多人，其中工农子弟占 2/3。红八军以原广西警备第五大队为基础扩编，两个纵队共 2000 多人。[①] 党员人数也随之迅猛增加。到 1930 年，红军在河池整编时，党员人数已迅速发展到 2000 人，其中地方党员 1500 人，军队党员 500 人。[②] 经士兵运动争取过来的部分官兵改造不彻底，军阀旧习未改，出现了腐化、享乐、搞特殊化，甚至动摇、变节等现象。中共中央曾做过提醒："中央现在所最大的顾虑的仍是你们部队中兵士群众基础不稳固，随时都有可能发生问题……渐次做到废除薪饷制度，使士兵能更为本阶级利益而斗争。"[③] 由于革命发展迅速，客观上需要大量发展党员，但在当时的形势下，党组织难以对党员的质量一一严格把关，不可避免地造成一些投机分子和腐化分子混进党内，成为腐败的源头。同时也不可否认，一些干部虽然出身贫苦，但在担任一定领导职务后，便滋生封建特权思想，进而导致滥用职权、贪污受贿等腐败行为。例如，1930 年秋，果德县果化区的部分干部竟然劫持侵吞红军的军粮物资，运给滇军谋利，极大地破坏了革命根据地的纪律作风，影响十分恶劣，甚至影响到广大人民群众对苏维埃政权的信任和拥护。如何有效地制约权力，防止干部贪污腐化，是左右江革命根据地面临的迫切任务。

二、根据地廉政建设与监察制度的价值理念

1929 年至 1932 年，邓小平等老一辈革命家在领导左右江革命根据地革命斗争过程中逐步形成的廉政建设思想价值理念，最为鲜明的特色就是把廉洁

---

① 中共广西区委党史资料征委会《左右江革命根据地》编辑组：《左右江革命根据地》（上），中共党史资料出版社 1989 年版，第 16 页。

② 中共百色市委党史办公室编著：《中国共产党百色市历史》，广西人民出版社 2011 年版，第 95 页。

③ 中共广西区委资料征集委员会《左右江革命根据地》编辑组：《左右江革命根据地》（上），中共党史资料出版社 1989 年版，第 258 页。

从政作为领导干部和政府公务人员的首要价值理念与追求，其廉洁价值理念主要体现在五个方面。

（一）为民族独立、人民解放而奋斗的理想信念

坚定的理想信念是革命之基，是中国共产党人的政治灵魂。邓小平等老一辈革命家在创建左右江革命根据地的过程中，全力帮助党政干部和官兵树立和坚定为民族独立、人民解放而奋斗的理想信念。左右江苏维埃各级政府中的干部来自不同地方和不同民族，而且文化水平较低，但在党组织的教育培养下，其理想信念越来越坚定，革命意志越来越坚强。面对敌人的高官厚禄诱惑绝不动心，面对敌人的严刑拷打和血腥屠杀绝不投降，甚至献出宝贵的生命。韦拔群、陈洪涛、陆浩仁、刘伟谋等先烈为革命理想牺牲就是最好的例证。

（二）执政为民、为政清廉的公仆情怀

以人为本、执政为民、为政清廉是衡量廉政建设工作的“试金石”。百色起义和龙州起义后，中共红七军前委和红八军临时前委先后在左右江地区广大乡村逐步开展了土地革命，打土豪、分田地，解决广大贫困农民最关心、最直接、最现实的问题。颁布了有关经济政策，明确要求资本家增加工人工资、实行 8 小时工作制、不准任意开除或打骂工人，从而限制了资本家对工人的剥削，维护了工人的正当权益。红军和苏维埃政府的党政领导干部在建立红色政权、探索革命道路的实践中，始终严守廉政准则，始终保持为政清廉的公仆情怀。1929 年 12 月 15 日，思林县苏维埃政府成立，阮殿煊当选为政府主席，他在履职时就立下秉公办事不谋私利、切实为人民群众谋利益的誓言。“一次，阮主席的母亲见到政府仓库来了一批蜜糖，她想为儿子增加些营养，便到机关领回一些蜜糖回来。这事被阮殿煊知道了，他对母亲说：‘我当主席是为人民谋利益的，与国民党当官的不一样，我们不能搞特殊化！’说得阮母点头称是，于是她把蜜糖退回去了”。[①] 正是有了阮殿煊这些领导的示范带动，当时革命根据地党风政风相当廉洁。

① 凌绍崇主编：《百色起义·红色记忆》，广西人民出版社 2009 年版。

（三）艰苦奋斗、勤俭节约的优良作风

在艰苦卓绝的斗争环境中，红军官兵和苏维埃政府的人员发扬艰苦奋斗、勤俭节约的优良作风，克服生活上的重重困难。在极端困难的时期，红军官兵常常以瓜菜当餐，辣椒水当盐，甚至于吃树根、野菜，过着常人难以想象的生活。[①] 百色起义和龙州起义后，红军官兵和苏维埃政府人员普遍实行供给制，红军干部每月发 12 元伙食费，士兵每月 6 元伙食费，官兵每月发月饷 20 元，衣服由公家发给。后来因经费来源困难，就取消了月饷，只发给伙食费、衣服和一些零用钱。邓小平、张云逸、韦拔群等在领导百色起义和创建左右江革命根据地的斗争中，率先垂范，与群众同甘共苦，不搞特殊化。据记载，1930 年 2 月至 3 月，邓小平由龙州到东兰，沿途都在农户家落脚，睡门板，打地铺，吃玉米粥、猫豆菜，不给群众增加额外的负担。在东兰期间，邓小平和韦拔群、雷经天等一起开展土地革命的试点工作，经常深入村屯调查研究，与农民同吃同住。这样艰苦奋斗、勤俭节约的优良作风，帮助红军和苏维埃政府克服了困难，一定程度上也锻炼和考验了红军官兵和苏维埃政府党员干部及革命群众，使革命队伍更加坚强、更加团结一致。

（四）严明纪律、依规惩腐的廉政决心

党要管党、全面从严治党是党风廉政建设和反腐败斗争最重要的政治基础。左右江革命根据地党组织都能够坚持把纪律要求挺在前面，用严明纪律来约束党政领导干部和党员群众。例如，隆安战斗后红七军撤到东兰县武篆区进行休整，在休整期间，红七军部分指战员反映军长张云逸的胞弟、经理处处长张逸秋在理财工作方面存在问题，张云逸对大家说："我的弟弟有缺点错误，大家要坚决给予揭发、批评，否则发展下去，就会给革命事业带来严重的损失。"随后，张逸秋被调离经理处，由擅长理财的叶季壮出任经理处处长。这一实例表明红军领导人严于律己的廉洁作风，对犯有错误的亲人和身边工作人员决不护私。正是因为有了严明纪律、依规惩腐的决心，革命根据

① 黄祐、覃丽红：《论左右江革命根据地红色廉政文化内涵、特点及当代价值》，载《红色文化资源研究》2016 年第 2 期。

地的红军官兵和右江苏维埃各级政府的公职人员绝大多数能廉洁自律、恪尽职守、勤奋工作，逐渐形成良好的党风和政风。

（五）为官清廉、严以修身的思想觉悟

为官清廉、严以修身的思想觉悟，是筑牢反腐倡廉建设思想防线的基础。在左右江革命根据地的创建和发展中，许多领导干部能做到为官清廉、以律修身，并以自己的模范言行来引领党风和政风。根据有关文献资料记述，1930 年 7 月，奉议县苏维埃政府主席黄治峰带领政府人员回到家乡搞土地革命试点。在分配土地时，他家被定为中农，黄治峰不搞特权谋私，主动要求以亩产最低的标准即每份仅 600 斤来分地，为全乡最低的一级，而其他富农、中农和贫农每户都能分到 800 斤。1930 年 10 月，红七军主力北上时，担任第四纵队纵队长的黄治峰回家提取保存在他家由其堂兄黄经正管理的红军经费，有 1.825 公斤黄金和 17 箱光洋。当时，黄经正考虑到黄治峰家小孩多，将来会遇到许多困难，就劝黄治峰给家中留些钱。黄治峰坚定地拒绝了，并解释说："这是红军的经费，一个铜板也不能动，部队要远征了，军费开销更大，家中再困难，也不能增加部队的负担。"① 左右江革命根据地的革命干部奉行廉洁自律的思想，修身养德，凝聚了人心，极大增强了革命队伍的战斗力。

三、根据地廉政建设与监察制度的历史特征

左右江革命根据地是邓小平理论的发祥地之一，左右江革命根据地的廉政建设是邓小平廉政建设思想在经济社会发展十分落后的边疆地区、少数民族地区的成功实践，有着鲜明的历史特征。

（一）先进性与群众性的统一

左右江革命根据地廉政建设与监察制度是党在根据地的党风廉政建设中培育和形成的廉政方针，具有引领、教育、影响党员干部和红军官兵廉洁价值观念的先进性属性。任何一种思想、制度都有一个"来自谁""为了谁"

① 凌绍崇主编：《百色起义·红色记忆》，广西人民出版社 2009 年版，第 179 页。

“依靠谁”的问题，左右江革命根据地红色廉政建设思想是来自人民群众，为了人民群众，因此，也具有鲜明的群众性特点。一方面，体现出人民群众创造主体的地位；另一方面，实施制度的目标也是为人民服务，人民群众是直接受益者。许多共产党人艰苦朴素、服务人民的清廉故事至今仍在群众中广为传颂。

（二）区域性与民族性的统一

长期以来，左右江地区的各族人民群众遭受土官地主、豪绅恶霸、军阀官吏的残酷统治，过着受压迫、受奴役的悲惨生活。这样的社会政治环境和生产生活环境，使红军官兵和党员干部的理想信念更加坚定，更加坚守廉洁价值观念。与此同时，左右江革命根据地是一个以壮族为主，多个民族杂居的地方。根据地红色廉政多是通过少数民族群众喜闻乐见的表达方式来体现的，有的是用少数民族的语言文字来表达的，如《红军纪律歌》就是以壮族歌谣的形式来宣传红军纪律。

（三）传承性与创新性的统一

左右江革命根据地的革命干部在探索廉政制度建设的过程中，继承了坚贞不屈、顽强拼搏的英勇精神，勤俭节约、艰苦奋斗的优良作风，以民为本、清正廉洁的优秀廉政文化，经过革命时期的淬炼，俨然成为中华廉政文化的精髓，是一种成功的传承。而廉政建设是一个动态的过程，红军官兵和党员干部根据革命斗争的需要和廉政建设的要求，顺应形势发展，创设性提出了为民族独立、人民解放而奋斗的理想信念等五个廉洁价值理念，从这个角度来说，又是在传统廉政制度建设基础之上的一种创新。

第二节　左右江革命根据地的监察制度及其实施

百色起义、龙州起义的成功，红七军、红八军的创立和左右江革命根据地的开辟与发展，都离不开纯正廉洁队伍的保障。邓小平等老一辈革命家通过建立预防和惩治腐败的组织和制度，采取加强组织纪律建设、严肃革命法纪、培养革命理想等方式，有力地反击来自革命阵营内部各种腐化变质思想的侵蚀，取得了反腐败斗争的巨大胜利。

一、激浊扬清：建立预防和惩治腐败的组织和制度

在左右江革命根据地的创建和发展中，左右江革命根据地的党组织能够把纪律要求挺在前面，始终把廉政建设作为重点工作来落实和推进，用严明纪律来约束党政领导干部和党员群众，充分体现了老一辈革命家严明纪律、依规惩腐的治党决心。

（一）加强组织纪律建设，维护党和军队的团结统一

1. 实行党内民主化决策机制。在百色起义和龙州起义期间，红七军、红八军前委和各级党组织都按民主集中制原则建立了严密的组织机构，明确党组织上下级的关系、部队和地方党组织的关系、党同政权及群众组织的关系，作出了个人服从组织、少数服从多数、下级服从上级、全党服从中央的决定。强调党的集中统一原则和分工负责制，要求党的方针政策和重大问题须经党组织集体讨论决定，红七军前委发布的《前委通告（第二号）——关于党的组织工作》规定，党内一切重要问题均应召集各级委员会讨论决定。临时问题及日常细小问题可由书记解决，但解决后应向各委员（干事）报告。用制度，反对家长制和个人独断专行。

2. 加强作风建设。针对左右江地区部分党员干部存在的违反纪律、作风不严等问题，革命根据地的各级党组织克服艰巨困难，坚持把批评和自我批评教育作为有效武器，坚决纠正党内的不正之风。1929 年 12 月 20 日发布的《前委通告（第二号）——关于党的组织工作》就指出要通过批评和自我批评的方式来提高党员和红军的纪律性："支部会议经常有批评一项，每次开会由主席指定二三人为批评对象。"通过发扬民主，开展批评和自我批评，能够及时纠正错误，防微杜渐，总结教训，治病救人，保持党的清廉作风和良好形象。

（二）设置专门机构，奠定组织基础

1. 设立士兵委员会。红七军成立后，在连、营、纵队分别建立士兵委员

会："这个组织的系统，系隶属于军中政治工作系统之下。士兵委员会的作用：1. 推动民众的组织；2. 训练士兵并管理士兵日常生活秩序；3. 审查军队的费用；4. 对军中行政的建议；5. 维持军纪，设立裁判委员会，以解决兵士中所发生的纠纷。"① 这项军队民主制度化的运作方式有利于摒弃旧军队恶习，确保新型人民军队官兵关系的建立。

2. 建立裁判兼肃反委员会。1929 年 12 月，红七军和右江苏维埃政府颁行的《右江苏维埃各级政府组织与职责》明确规定各区、各乡都应当设立肃反委员会。左江革命根据地存续时间较短，形势更为复杂，因此未能像右江革命根据地那样制定颁布有关苏维埃政府组织和职责的法律法规。但也是以裁判兼肃反委员会为临时行使司法审判权的机关。从根据地的历史材料来看，裁判兼肃反委员会是苏维埃政府的核心部门，其主要职责包括："打击土豪劣绅和反革命分子的破坏和反抗；查清混入革命队伍的反革命分子；摸清敌情动向；抓捕混入革命根据地的奸细、特务；镇压经济犯罪和盗窃分子；负责领导机关、领导人和监狱的警戒和警卫；护送秋粮，保护群众利益；禁赌禁烟；维护根据地的社会秩序等。"② 可见，裁判兼肃反委员会担负镇压反革命、管理罪犯、纯洁内部的职责，兼顾了对腐败分子进行抓捕、审判、执刑等工作。

（三）重视制度建设，提供根本保障

根据地关于监察制度的法律法规散见于纲领文件、作风制度、民族制度等文件之中，并没有形成系统性规范，但是从可查知的历史资料中，亦可感知邓小平等领导人对根据地廉政建设的重视程度。

1. 制定纲领性文件直接指导反腐倡廉。红七军前委发布的《前委通告（第二号）——关于党的组织工作》规定了党组织、干部、支部生活、党内民主集中制、党纪等内容，提出了开展批评与自我批评及违纪处分办法。例如，"党的一切决定任何同志均须遵从，不能随便以个人意见而更动之""同志怠

① 中共广西区委党史资料征委会《左右江革命根据地》编辑组：《左右江革命根据地》（上），中共党史资料出版社 1989 年版，第 243 页。

② 凌绍崇等编著：《百色起义与根据地制度建设》，广西人民出版社 2014 年版，第 138 页。

工或表现不好，经警告后仍不改，着即驱逐出党。有贪污、破坏党在群众中信义者，毫无疑义的开除出去，必要时可向群众宣布”。[①] 红七军前委的教材《党员须知》规定了违反党纪的处罚：“口头警告；书面警告；留党查（察）看；革除。”同时坚持惩防并举，强调最大限度地教育、挽救和爱护干部。

2. 加强容易滋生腐败的重点领域的制度建设。在财政制度方面，红七军前委和右江苏维埃政府规定：红七军和赤卫军不得损害群众利益；战争缴获、打土豪筹款和没收豪绅地主财物一律归公；凡应上交的财物应及时上交，不得截留使用；征收税款要按照规定办法，部队不得自行征收，自己支配使用。在土地革命方面，制定了《土地法暂行条例》，明确规定：“分配土地应以人口为标准，以出产之多寡，平均分配之。”土地分配意味着财富重新分配，左右江革命根据地的土地革命紧紧依靠群众，实行严格的按人口平均分配、好坏搭配分配的分地原则，发现问题立整立改，坚决反对土地分配中的腐败现象，公平公正地分配土地，坚持维护大多数贫苦农民群众的根本利益。

为了加强革命根据地内部反腐化、反官僚化和反新豪绅化的斗争，严惩腐败，反腐倡廉，红七军前委、右江特委、右江苏维埃政府以及东兰、奉议、恩隆等县的苏维埃政府，制定了《广西东兰县革命委员会最低政纲草案》《中国红军第七军目前实施政纲》《右江苏维埃各级政府组织与职责》《奉议县苏维埃政府通令》等一系列规范党员干部言行和工作职责的法律法规性文件。值得一提的是，1931 年 2 月，东兰县苏维埃政府在武篆区召开各区苏维埃政府主席会议，制定了惩处反革命分子的《十二条法令》。由于制定了严格的纪律并坚决贯彻执行，有效地遏制了革命根据地内部的贪污腐化现象，锻造了一支纪律严明的革命队伍。

二、除旧布新：严厉打击混入革命队伍的腐败分子

根据地党组织明确了教育挽救和坚决打击有机结合的基本方略，对于腐化分子予以严厉打击，对教育后仍不思悔改的旧军官，该撤职就撤职，该集

---

① 中共广西区委党史资料征委会《左右江革命根据地》编辑组：《左右江革命根据地》（上），中共党史资料出版社 1989 年版，第 127 页。

中教导学习就集中教导学习，该逐出根据地就逐出根据地。①

（一）整顿、改造旧军队

邓小平等中共干部来到广西后，在南宁的旧军队中开展士兵运动，及时整顿、改造了原属国民党当局的广西警备第四大队，转变部队的纪律作风，实行民主管理，提高士兵觉悟，发动士兵与封建军阀作风、贪污腐败行为做斗争。对那些顽固不化的旧军官予以撤换、调离甚至“礼送出境”，惩办了一批广大士兵深恶痛绝的旧军官。对坚持反革命立场的旧军队和土匪武装采取通过军事斗争坚决消灭的政策。例如，对盘踞恩隆县、阴谋破坏百色起义的广西警备第三大队实行缴械，将大队长熊镐逮捕正法。同时，通过拥军优属活动，鼓励城乡民众参军，有计划地增加部队官兵中出身工农群众的比例，选派政治素质和军事素质兼优的学员担任营、连、排指挥员。通过士兵运动的整顿和改造，将旧军队的官僚主义、军阀主义作风一扫而尽，兵痞流氓现象被根本铲除，原属国民党当局的旧军队被改造成为无产阶级革命服务的红色军队，为百色起义奠定了坚实基础。

（二）锻造、淬炼新队伍

左右江革命根据地一方面整顿和改造旧军队，另一方面加强了对由农民、工人和青年学生组成的新兵的思想政治教育和军事训练。红七军在军、纵队、营等各级战斗单位设立政治委员，并设政治部开展政治思想工作，政治委员每天给士兵上政治课 1 到 2 小时，帮助士兵从思想上理解红军为谁打仗这一根本问题。在平马整训期间，为了培养右江地区各级党组织和苏维埃政府的干部，巩固和扩大革命根据地，红七军前委在平马西街开办了两期地方党政干部训练班，邓小平亲自编写教材，登台讲课。这两期训练班为右江革命根据地培养了一批骨干力量，影响十分深远。

（三）严肃革命法纪

在严酷的战争形势下，严惩贪污腐败分子和反革命分子，严肃革命纪律，

① 凌绍崇等编著：《百色起义与根据地制度建设》，广西人民出版社 2014 年版，第 124 页。

尤为必要和迫切。在左右江革命根据地对贪污腐败分子和反革命分子从不姑息纵容。左右江革命根据地的领导干部在铁面执法方面起到了表率作用。例如，在1930年年初，恩隆县苏维埃政府处决了利用职权勒索商人的县苏维埃政府干部黄汉耕。8月，处决贪污红军战利品巨款的思林县赤卫军队长黄金光。9月15日，邓小平到果德县对果化区苏维埃政府主席赵世斋和粮食委员赵世纲侵吞军粮军饷案进行严厉处理。同年秋，撤销动用公款办喜事的奉议县苏维埃政府主席潘宪甫和有经济问题的恩阳县苏维埃政府委员农国威及那坡镇苏维埃政府委员方玉堂的职务。在1930年，韦拔群派东兰县赤卫队老队员黄日幼率领队伍攻打拥有反动武装的地主恶霸罗少修，出发前韦拔群多次劝诫黄日幼严格遵守“三大纪律八项注意”，但黄日幼仍贪污侵占战利品。韦拔群经过调查掌握了确凿证据，虽然黄日幼是老资格的赤卫队员，平时又和韦拔群私交甚笃，但韦拔群不徇私情，坚持按军法处决了黄日幼。

三、弘扬正气：打造廉政建设的舆论阵地

发扬民主，发动群众，激浊扬清，治理腐败，清除反革命分子势在必行。左右江革命根据地采取惩防并举的方针，在全社会大力加强反腐宣传教育。

（一）创办党报党刊

1929年11月初，中共广西前委在百色创办《右江日报》，在百色起义后成为红七军前委机关报。12月，中共右江特委创办特委机关报《红色右江》。龙州起义后，左江苏区政府把《群众报》改为《工农兵》，作为红八军机关报；创办《左江红旗》周刊，作为左江特委机关周刊，[①] 开办社论、评论、专电、工农兵俱乐部等栏目，宣传、解释党的政策和方针及好人好事，扬清风、树榜样。《右江日报》和《工农兵》被称为革命的“螺号”。

（二）谱写和演唱红色歌谣

左右江革命根据地把廉政教育的内容融入左右江各族群众喜闻乐见的歌

---

① 简华春：《左右江革命根据地的反腐倡廉实践》，载《传承》2015年第12期。

谣中。例如，根据地非常流行的《红军纪律歌》：“红军纪律十分的严明，凡我同志须记牢……工农的东西得来不容易，一草一木不得害损。没收地主豪绅的东西，不得自己贪污归私，服从指挥员上缴给养队，遵照规章统一处理。无论战时平时与行军，莫把群众利益侵，若要发洋财就是反革命，严重处分不留情。”① 1929 年年底，韦拔群组织了一支由东兰武篆到奉议百育圩的青年歌队开展长途“歌会”活动，参加“歌会”的群众达万人。

（三）刷写简明扼要的标语和口号

编印、散发、张贴和书写《中国红军第七军目前实施政纲》《中国红军第八军目前实施政纲》《我们的主张》《土地革命》《关于建立苏维埃政权》等文告、传单、标语、口号。例如，当时张贴的标语有：“肃清一切腐化动摇分子”“肃清苏维埃委员豪绅化官僚化”“必办不遵守革命纪律的分子”等。②把中国共产党和政府的主张、施政纲领、军队的任务和纪律广泛地传播到各族群众中。

（四）组织宣传队

邓小平指出：“我们红军每一个战士都要使用两杆枪，除你手上的武器外，还要掌握宣传武器，要做到既是一个战斗员，又是一个宣传员。”红七军和右江苏维埃政府、红八军和左江革命委员会组织宣传队，深入各县城、圩场、村庄，以讲演、演唱红色歌谣、写标语等方式，向群众宣传、讲解党的政治主张及红军和政府的政策、法令。

第三节　左右江革命根据地监察制度的成效

左右江革命根据地对廉政建设和监察制度建设进行了卓有成效的实践探

① 中共广西区委党史资料征委会《左右江革命根据地》编辑组：《左右江革命根据地》（上），中共党史资料出版社 1989 年版，第 117 页。

② 中共广西区委党史资料征委会《左右江革命根据地》编辑组：《左右江革命根据地》（上），中共党史资料出版社 1989 年版，第 320 页。

索，这是革命根据地法制建设中的重大事件，对巩固和发展革命根据地，健全苏维埃政权的法制，改变社会风气都产生了深刻影响，取得了显著的历史成效。

一、党员、干部的廉洁自律意识明显提高

左右江革命根据地建立时，非常缺乏人才，因此，亟须培养大批素质过硬、作风优良的党员干部。左右江地区各级党组织也先后举办了多期学习班、训练班，向党员干部传授党的理论、方针、政策，增强他们的纪律作风。据统计，从1929年年底至1930年10月，红七军前委和右江特委先后在东兰县举办了有各族干部参加的各种训练班7期，另外还举办了2期瑶族干部训练班。“仅东兰县1930年就举办过6期，培训的党员达1000人左右，全县的党员干部基本轮训过一次。”① 1932年4月5日，东兰革命根据地处于艰难的反“围剿”时期，中共右江特委、右江独立师党委在弄京村（今属巴马瑶族自治县西山乡）召开有60多人参加的党委扩大会议，讨论韦拔群提出的“四不顾”，即“革命不顾个人安危，不顾父母、兄弟、姐妹、妻子、儿女，不顾亲戚朋友，不顾家庭财产田园”，以及陈洪涛提出的“金钱万能和金钱万恶”等理想信念和纪律作风问题。② 事实证明，对革命根据地的党员干部进行政治理论、党性修养、革命气节和纪律作风教育，更加能够坚定党员干部把革命进行到底的理想信念，增强拒腐防变的能力。

二、各族农民参与革命的积极性明显增加

左右江革命根据地重视人民教育事业，建设了各种劳动学校和学习场所，在政治教育和文化知识教育中融入党的纪律要求和党员干部的行为准则，注意使用直观、生动的典型事例对党员、干部、群众进行政治理论教育、廉政教育、党的方针政策教育和纪律教育，通过贴近实际的典型案例讲解和分析，从内心激发党员干部对革命的热情，思想觉悟也更高。右江革命根据地使用

① 陆仰渊、王保山、张世泉编：《左右江革命根据地资料选辑》，人民出版社1984年版，第125页。

② 中共广西区委党史资料征委会《左右江革命根据地》编辑组：《左右江革命根据地》（上），中共党史资料出版社1989年版，第127页。

的《工农兵识字课本》指出："苏维埃是最革命的政府与反革命国民党政府、团局不同，所以要反对腐化、官僚化，要举出很革命的贫苦工农分子来当苏维埃委员，帮大家办事，不准剥削者、压迫者来参加苏维埃政府。"① 左右江地区各族群众也通过革命根据地的廉政建设和监察制度目睹革命队伍的严肃纪律和优良作风，越发真心拥护中国共产党和新生的红色政权。他们发展生产、送粮送物，积极到工厂工作，为红军制作衣鞋、枪支弹药，修桥补路、护理伤员，掩护革命同志，踊跃参军支前。据1930年8月形成的一份文献记载："右江地区各族人民参军支前规模空前高涨，仅东兰、凤山两县就有6000名壮、瑶农民参加红七军和赤卫军。"② 红七军成立时，有7000多人，其中壮族、瑶族等少数民族干部官兵占50%以上，到北上时，壮族、瑶族等少数民族干部官兵增加到了80%以上。

三、革命军队的战斗能力、素质得到双提升

红七军、红八军经过艰苦考验，成为纪律严明、战功卓著的新型人民军队。1930年11月，整编后的红七军主力离开右江革命根据地，转战桂黔湘粤赣5省7000余里，经历大小战斗百余次，不屈不挠，挺进赣南革命根据地与中央红军会师。1931年2月，党中央在一份军事报告中称赞红七军说："七军的战斗力相当的强……士兵特别能吃苦，在中国红军中值得注意。"③ 在血与火的斗争中，左右江革命根据地的一大批少数民族革命干部为革命事业献出了生命。右江特委两届委员会的7名壮族委员中有6人牺牲；9个县委、县特支的第一任书记中有6位壮族书记牺牲；右江苏维埃政府两届委员会的13名壮族、瑶族委员中有11人牺牲；12个县的苏维埃政府第一任主席中有9人牺牲；东兰县牺牲的少数民族干部有400多人，居左右江革命根据地之首。④ 从左右江革命根据地成长起来的许多革命干部参加了长征、抗日战争、解放战

---

① 左右江革命历史调查组编：《左右江革命史料汇编：革命文献》（第2辑），广西人民出版社1978年版，第149页。

② 《邓小平与百色起义》课题组编：《邓小平与百色起义》，广西人民出版社2004版，第130页。

③ 黄现璠、黄增庆、张一民编著：《壮族通史》，广西民族出版社1988年版，第232页。

④ 中共广西壮族自治区委员会党史研究室、中共百色市委员会党史办公室编著：《百色起义史稿》，广西师范大学出版社2004年版，第202页。

争，其中一部分身经百战，成为功勋显赫的将军，其中 20 人（壮族 14 人）获得少将以上军衔；新中国成立后，担任省部级以上领导职务的有 23 人（壮族 14 人），为国家建设提供了栋梁之材。

第十三章　左右江革命根据地的文化教育制度

澹澹左江星火燎原，逶迤右江奔流激荡。星火燎原的启程，延续着红色血脉与足迹。90 多年前，革命先辈们在左右江平地惊雷，点亮革命的火种，浴血奋战，在中国西南边疆的少数民族聚居地区建立了革命根据地——左右江革命根据地。在第二次国内革命战争时期，我们党一面实行武装割据，开展军事斗争，保卫新生的苏维埃政权，一面加强根据地建设，开展土地革命，同时发展文化教育事业，为动员、组织和武装工农群众参加革命战争服务。左右江革命根据地的苏维埃政权依据本地实际情况制定了文化教育制度，号召工农群众接受新文化，抛弃落后的封建文化、移风易俗，要求普及并提高士兵、劳动青年和儿童的文化知识，建立和完善教育劳动化，免费教育，创设劳动人民学校，创设通俗图书室、阅报室、夜校，教育不分男女等文化教育制度。左右江革命根据地的文化教育制度富有革命性、创造性，彻底解除了过去反动统治阶级加在工农群众身上的精神枷锁，唤起民众投身革命，取得了显著成效。

第一节　左右江革命根据地文化教育制度概况

一、左右江革命根据地文化教育制度发展的历史背景

1929 年百色起义之后，革命根据地的党和工农民主政府及时制定了革命根据地的教育制度、方针、政策。积极发展普通教育，大力开展党、政、军和平民教育活动，以保证革命战争对人才的需求。1929 年 12 月颁布的《中国红军第七军目前实施政纲》中，明确提出“人民有言论、集会、结社、出版、

罢免之自由”等主张[①]。其中就明确提出文化教育工作方针为“提高文化，普及教育，劳动儿童，免费入学，推翻旧礼教，创造好风俗”[②]。

二、根据地文化教育制度发展的必要性和重要性

（一）提高群众思想认识，团结统一思想

左右江地区的文化发展相对落后，人民群众的封建迷信思想根深蒂固，精神文化生活贫乏。根据地教育方针政策的颁布和实施，目的在于扩大党在人民群众中的政治影响，提高广大人民群众的科学文化水平和思想觉悟，调动群众参与革命的积极性，为左右江革命根据地的发展奠定了坚实的基础。

（二）加强人才队伍建设，激发队伍活力

左右江地区长期处于剥削阶级的反动统治下，人民群众文化知识水平普遍偏低，人才供不应求。因此，左右江革命根据地以培养党政干部为文化教育的首要任务，开办员干部训练班、组织一系列的党政干部培训，不仅提高了广大干部的政治思想素质，还为革命根据地的创建和发展提供了良好的干部条件。

（三）意识阵地宣传影响力需要不断壮大

左右江根据地群众长期缺乏科学的精神生活。文化教育制度不够科学完善，意识形态宣传方式单一、传播范围窄，又遭到敌人不断阻挠，严重制约了左右江地区经济的发展和进步。根据地逐步建立起来的正面意识形态影响力需要不断完善壮大。

三、左右江革命根据地的文化教育类型

（一）党性文化教育

开展经常性的思想政治教育，是党性和阶级性最高和最集中的表现。党

---

① 吴忠才、黄远征、陈欣德主编，中共广西壮族自治区委员会党史研究室、中共百色市委员会党史办公室编著：《百色起义史稿》，广西师范大学出版社 2004 年版，第 215 页。

② 吴忠才、黄远征、陈欣德主编，中共广西壮族自治区委员会党史研究室、中共百色市委员会党史办公室编著：《百色起义史稿》，广西师范大学出版社 2004 年版，第 215 页。

性文化建设是中国共产党组建新型的人民军队的一项重要内容。根据地结合当地实际情况，开展经常性的思想政治教育，把文化宣传教育与当地斗争实际相结合，以培塑党性文化，提升官兵的理想信念为出发点，通过通俗易懂的表演和朗朗上口的民歌、民谣等，深化广大官兵的思想认识，提升其政治觉悟，在思想上信党，在行动上为党，较好地实现了时时处处有党性文化的存在，使红军和左右江革命根据地党的特色鲜明，有力地推动了左右江革命根据地的斗争。

（二）战斗文化教育

战斗文化是部队建设发展中不可或缺的文化形态，是滋养官兵战斗精神的肥沃土壤和不竭源泉。在严酷的战争中，红七军、红八军官兵以勇气、忠诚、纪律和荣誉为导向，创造了生机勃勃的战斗文化。为加强对起义官兵的思想教育，促进立场转变，我党就从政治思想上下功夫，广泛开展了“为谁当兵，为谁打仗”的思想启蒙和政治教育，增强官兵的认同感和归属感。在日常训练和战斗中，加强官兵有关党和红军的性质、任务等政治教育，反对雇佣思想，反对军阀制度，认清军阀的罪恶，诚意地自觉地拥护红军。在部队中，落实民主管理、经济公开、官兵平等制度，使士兵们认识到红军与旧军队的本质区别，精神得到解放。在打土豪分田地中，起义官兵及其亲属一样分得土地，这更加激发了全军将士为工农解放而奋斗的精神，产生了旺盛的战斗力。

（三）廉政纪律文化教育

加强军队铁的纪律教育，提高官兵的精气神，是左右江革命根据地文化建设的重要内容。百色起义和龙州起义后，面对桂系军阀和地方反动武装的军事“围剿”和经济封锁，邓小平等领导人非常重视在少数民族聚居的左右江地区开展反腐倡廉工作，努力打造廉洁政治。红军通过刷写简明扼要的标语和口号，广泛传播反腐倡廉思想。之后还创作了《红军纪律歌》：“红军纪律十分的严明，凡我同志须记牢……工农的东西得来不容易，一草一木不得害损。没收地主豪绅的东西，不得自己贪污归私，服从指挥员上缴给养队，遵照规章统处理。无论战时平时与行军，莫把群众利益侵，若要发洋财就是反革命，严重处分不留情。”[①] 语言简洁，句式整齐，朗朗上口，把红军严明的纪律突出地体现出来。正是依靠这些铁的纪律规定和融入日常生活化的教育，使官兵不断强化纪律观念，自觉服从命令，听从指挥，主动维护群众利益，尊重民族风俗，同左右江苏区壮汉瑶等各族人民建立了密切的关系，赢得了广大群众的信赖和拥护。

四、左右江革命根据地教育制度的发展运用

（一）重视干部培养教育工作

干部教育是苏区教育建设中最先着手进行的。为了解决干部问题，邓小平和前委在部队中“开设政治军事短期训练班，对军官加以训练”“扩大教导总队，从各纵队和地方武装中，抽调班排连及优秀的战士来训练，以讲学、办学方式培养初级干部。早在1925年，韦拔群、陈伯民等在东兰县武篆镇的一座岩洞里开办了东兰第一届农民运动讲习所。1930年，张云逸将其取名为“列宁岩”。讲习所里贯彻理论和实践相结合的原则开展教学，培养出许多农民运动骨干和党政军干部。

（二）创建各级各类学校

1929年12月，右江苏维埃政府颁布了《右江苏维埃各级政府组织与职责》，右江各县苏维埃政府组成人员中设有文化委员，在县、区苏维埃政府中均设有教育领导机构。有的称为“文化委员会”，也有的称“文化委员”，其中规定了各县苏维埃政府内设文化委员会，负责抓文化教育事业。左右江革命根据地的有条件的地方都创立了各级劳动学校，如开办劳动小学、劳动中学。革命根据地普通中小学生沿用旧学校的机构形式，设有校长、教务主任、总务主任等领导岗位，履行职责。普通教师岗位依旧，大部分教师留任，工薪与红军官兵平等。苏维埃政府关心教师工作和生活，发给教师“月饷二十元”，与红军官兵待遇平等，派政工人员送到学校，鼓励教师从事教育，教好学生，培养人才，为革命事业贡献力量。

---

① 梁若婷：《左右江革命根据地的反腐倡廉建设》，载百色纪检监察网2021年6月8日，http：//www.bsjw.gov.cn/2t21/ttdds/bshsgs/s2259.shtml。

（三）开展全民识字运动

1929年12月颁布的《中国红军第七军目前实施政纲》提出“实行平民教育，发展识字运动”①。根据地把教育工作看作是争取战争胜利和苏维埃工作发展的一个重要条件。苏区城乡纷纷举办平民夜校，凡是建立有苏维埃政府或农会的乡村，都建有农民夜校。由于邓小平和前委的重视，从1929年12月至1930年1月，右江各县的农民夜校、平民夜校像雨后春笋般地蓬勃发展。

（四）创办报刊等舆论阵地

报刊是左右江革命根据地进行革命宣传教育和政治思想工作的主要方式，是宣传党的政治主张、方针政策的舆论工具，是整个革命工作不可或缺的组成部分。1929年11月初，邓小平、张云逸等率领党在南宁掌握的广西警备第四大队和广西教导总队部分学员1000多人到右江地区，与当地农民运动相结合准备武装起义。他们利用当地的印刷条件，办起石印的《右江日报》。《右江日报》创办后，紧密配合党的中心工作，注重对对方消息的报道，发挥了舆论宣传作用。1931年年底，陈洪涛在东兰县西山创办油印的《红旗报》，刊登《中国共产党十大纲领》等文件。② 左右江地区广为发行的报刊和工农兵小丛书，宗旨明确，针对性强，刊登的稿件内容丰富，言简意赅，有很强的可读性和影响力，为左右江革命根据地建设做了大量宣传工作。

（五）用群众喜闻乐见的方式开展文化教育

革命根据地还因地制宜，成立俱乐部和宣传演唱队，运用群众喜闻乐见的山歌、文明戏、粤曲、白话戏等形式，大力开展文化娱乐活动，既配合了党的中心工作，又活跃了群众的文化生活。当时流行在东兰、凤山等县的壮语山歌运用多种多样的特定句式，唱出了革命人民的心声。根据地各族人民

---

① 吴忠才、黄远征、陈欣德主编，中共广西壮族自治区委员会党史研究室、中共百色市委员会党史办公室编著：《百色起义史稿》，广西师范大学出版社2004年版，第216页。

② 吴忠才、黄远征、陈欣德主编，中共广西壮族自治区委员会党史研究室、中共百色市委员会党史办公室编著：《百色起义史稿》，广西师范大学出版社2004年版，第218页。

为了庆祝自己翻身解放和土地回归，还广泛运用歌会、文明戏、铜鼓舞、踩堂舞等形式传递思想，抒发情感。除此之外，还大量印发各种文告、传单、标语、漫画等宣传品，将文化教育制度运用落到实处。

第二节　左右江革命根据地的文化制度及其实践

一、社会历史背景

地处滇黔桂三省交界的左右江地区，“经济文化落后，历史上曾被称为‘蛮烟瘴雨’之地”①。在这样生产落后，兵匪横行，生活非常困苦的地区，很多人生病求神问佛，葬坟看风水，迷信鬼神，相信天命，思想十分落后，群众性的精神文化生活贫乏。另外，旧桂系政权崩溃后，新桂系势力随即扩散到左右江地区，对群众进行改良欺骗宣传，如“行二五减租”与“恢复工农运动”的口号的提出，使群众或多或少存在幻想，被资产阶级的改良主义与欺骗政策暂时蒙蔽。党和苏维埃政府取得革命成功的关键在于能够取得广大群众的支持和拥护，以及揭破国民党改良欺骗的宣传，通过各种形式的文化宣传活动，扩大党在人民群众中的政治影响，提高广大人民群众的科学文化水平和思想觉悟，调动群众参与革命的积极性。

二、文化建设

（一）施政纲领、布告、标语、口号等宣传

在左右江根据地建设前期，有关武装起义的布告、标语、口号、实施纲领和其他宣传品，激起广大人民群众的阶级仇恨，为党和苏维埃政府集合群众、组织群众、发动群众起到强有力的宣传作用。这些布告、通告张贴于各地公共场所，群众常常层层叠叠围观，争先恐后，一睹为快，有的还抄录下来，互相传看，宣传发动群众的效果非常好。

① 中共广西区委党史资料征委会《左右江革命根据地》编辑组：《左右江革命根据地》（上），中共党史资料出版社 1989 年版，第 767 页。

1929 年 12 月 11 日，国民政府广西警备第四大队、教导总队和右江农军 2800 余人，在百色举行起义，宣布成立红七军。同月，右江地区先后有 15 个县成立了苏维埃政府或革命委员会。红七军和右江苏维埃政府建立后，立即公布了《中国红军第七军目前施政纲领》和《中国红军第七军司令部政治部布告》，公开申明我党我军为各族人民谋利益的宗旨和革命主张，使广大劳苦群众了解红军和革命，引导他们参加到革命的队伍中来，使我党和红七军在人民群众中赢得更高的威望，为后来根据地的巩固和发展准备了雄厚的群众基础。红七军成立后，政治部编印《土地革命》，提出土地革命总路线、总政策思想，印发了《我们的主张》，大力宣传土地革命的意义和政策。孙中山逝世后，国民党背叛了孙中山，执行反苏反共的政策，利用"三民主义"来作反革命的旗帜，为了揭穿其阴谋，红七军政治部编了《国民党四字经》来揭露国民党法西斯独裁统治的反动实质。

1929 年 12 月，红七军政治部印制了一批揭露国民党罪状的小张传单，其中有一张传单正面列举了国民党反动政府投降帝国主义、出卖民族利益的种种情形，背面是一幅《国民党投降帝国主义》的漫画，画中国民党对"洋大人"打躬作揖，并说"不要生气罢，一切我都服从你就是了"。漫画将国民党投降派的嘴脸刻画得活灵活现，让人痛恨。另有一张传单正面印文字："我们的主张：增加工人工资、减少劳动时间、没收地主土地、分给贫苦农民、红军月饷廿元、官兵待遇平等、优待无辜俘虏、欢迎士兵弟兄、取消许多捐税、人民负担减轻、保护商业交通、红军纪律严明。"背面则印有漫画及口号："兄弟们！大家打死压迫我们的军官，投向官兵平等的红军去！"1930 年，红七军回师右江途中，在河池宿营，在宿营地军部楼上楼下就留下了标语 55 条，漫画 6 幅，书写面积达 98 平方米，详尽宣传了共产党的性质、纲领、革命任务、革命对象、革命前途以及红军的性质和纪律等。

龙州起义后，法国殖民主义者与桂系军阀勾结，封锁中越边境，企图配合桂系军阀摧残革命力量。1930 年 2 月 7 日，邓小平从上海回到龙州，对龙州的反帝斗争进行部署。2 月 12 日，红八军政治部发布《为法帝国主义驻龙州领事馆无理照会告全国民众书》，介绍了龙州人民反帝斗争，严厉谴责帝国主义的侵略行径。

左右江革命根据地还善于运用简洁通俗易懂的口号、标语等方式进行宣传发动。口号、标语政治宣传动员的内容十分丰富，有宣传革命的，如“打倒国民党反动派，中国共产党万岁红军万岁”；有宣传男女平等的，如“男女平权、妇女参政”；有宣传发展教育的，如“兴办学校，发展教育”等。以上脍炙人口的口号，对动员民众投身革命有着重要的推动作用。与此同时，红七军、红八军和左右江地区各级党组织、苏维埃政权书写了大量的标语，如“共产党是无产阶级的政党！”“中国共产党是谋工农利益的党！”“红军是无产阶级的先锋队！”“红军是工农自己的队伍！”“打倒国民党军阀！”“一切权利归苏维埃！”“没收地主阶级的土地分给雇贫农！”等，有力宣传了党的革命思想和主张，是教育、引导、团结、鼓舞民众投身革命和揭露国民党反动派罪行的有力武器。

（二）新闻出版事业

左右江革命根据地创建后，出版事业逐渐规范，印刷报刊进行革命宣传教育和政治思想工作成为革命根据地出版单位最主要的任务。

1929年夏，中共中央派邓小平、张云逸等中共党员领导干部先后来广西，并于当年9月召开会议，广泛发动群众，在右江地区举行武装起义，建立工农武装，夺取政权。为了宣传党的主张和革命斗争活动，党派共产党员、广西警备第四大队政治教官余惠等利用当地的印刷条件，办起了石印版的《右江日报》，张云逸为该报题写报名，当时的石板现收藏于百色起义纪念馆。百色起义的日子是1929年12月11日，而《右江日报》是在百色起义前创办的，因此，这份报纸也成为当时全国唯一的在发动革命武装起义前就创办的报纸。1929年10月22日，邓小平、张云逸从南宁到达百色，把石印的《右江日报》改为铅印，由百色市中印书社印刷，其印刷机从德国进口，现保存在百色起义纪念馆。因此，《右江日报》是“在全国各地武装起义中红军创办的第一家报纸，也是红军中最早创办的一份铅印报纸”[①]。当时的《右江日报》内容有社论、时评，还有专门报道国内外和根据地的专电以及工农兵俱

① 王笠夫：《战斗的号角——论1929年冬红七军创办的〈右江日报〉》，载《广西右江民族师专学报》1998年第1期。

乐部等栏目，信息量较大。[①] 当时红七军的领导人很关心《右江日报》，身为红七军政治委员、前委书记并兼任红八军政委的邓小平同志，十分关心《右江日报》，曾执笔写过社论、评论文章，为宣传革命主张，发动群众参加革命做了大量工作。红七军政治部主任陈豪人等领导人经常到报社指导工作和审阅重要稿件。

继《右江日报》之后，左右江革命根据地的无产阶级报刊蓬勃发展，先后出版的报刊有：广西特委创办的《双十期刊》《双十日刊》《党的生活》《广西农民》；韦拔群还主编了《火花》报，作为宣传革命思想，对学员进行思想政治教育的读物。左江的党组织对宣传工作也比较重视，早在 1929 年 9 月就在龙州创办了《群众报》，后又将《群众报》改为《工农兵报》，并由石印改为铅印，《龙州全市工人第三次代表大会宣言》等重要文件和公告，站在民众的利益立场上，广泛宣传共产党和红八军的主张，激发了左江地区群众的革命斗争热情。另外，还创办了理论性刊物《左江红旗》。除了印刷报刊外，根据地还积极编印教材，如左江苏维埃政府编印“工农兵识字课本”教材，1929 年红七军政治部出版的《土地革命》，邓小平亲自动手编写的《苏维埃的组织与工作》《土地革命的政策口号》《党的问题》等教材。

根据地出版发行工农小丛书，发动工农参加革命，同时宣传党的土地革命政策，为开展土地革命营造舆论。红七军政治部曾在 1929 年 12 月 16 日刊发了名为《打倒国民党》的工农小丛书，提出“国民党统治下没有中国的独立”“国民党统治下没有中国的统一”“国民党出卖工农革命”“国民党是反土地革命的刽子手”等观点，[②] 使群众能够充分认识国民党反动派的真面目，号召大家起来推翻国民党的反动统治。12 月 21 日刊发的工农小丛书《土地革命》，则揭示了中国农民政治、经济等方面的痛苦，指出广大的农民群众都迫切地需要土地革命，并阐明了土地革命的意义、依靠力量、策略等内容。[③]

---

① 莫亚人主编、中共百色市委党史办公室编著：《中国共产党百色市历史》，广西人民出版社 2011 年版，第 10 页。

② 陆仰渊、王保山、张世泉编：《左右江革命根据地资料选辑》，人民出版社 1984 年版，第 186－193 页。

③ 陆仰渊、王保山、张世泉编：《左右江革命根据地资料选辑》，人民出版社 1984 年版，第 207－214 页。

这些报刊和教材，坚持正确的舆论导向，广泛宣传了共产党反帝反封建的民主革命纲领以及革命形势和革命任务，对揭露帝国主义的侵略和反动派的反革命罪行，激励和动员人们进行反帝反封建斗争发挥了积极作用。

（三）文艺宣传工作

1929 年毛泽东在古田会议决议中指出：根据教育士兵和发动群众的需要，必须重视文艺形式的运用。这一决议强调了红军文艺宣传工作的重要性。古田会议后，文艺宣传工作成为党和苏维埃工作的重要组成部分，文艺宣传体制趋于形成。

左右江各级政府建立后，在政府中都设有文化委员会或文化委员（个别区或乡也称宣传委员），统一管理文化教育工作。为使文艺宣传工作得到很好的开展，右江地区苏维埃政府在 1929 年 12 月下发的《右江苏维埃各级政府组织与职责》中明确了县、区、乡文化委员、宣传委员的工作职责，其中规定，宣传委员的第 12 项职责就是“编山歌”；文化委员的第 4 项职责是“指导白话戏社及一切游艺团体”①。通过建立健全文化宣传组织机构，明确文化委员或宣传委员的职责，使党的文化教育宣传工作顺利开展得到强有力的保障。

红七军成立之初，便组建了文艺宣传队。另外，军乐团和由少数民族特有乐器铜鼓组成的铜鼓队也是文艺宣传的重要机构。各级苏维埃政府的宣传队、宣传演唱队“运用当地群众喜闻乐见的山歌、粤曲等形式，大力开展文化娱乐活动，既配合党的中心工作，又活跃了群众的文化生活”②。

在迎送同志和重要的庆祝活动中，还以文娱活动作为情感表达、渲染氛围的重要形式。如百色起义成功后，百色东门坡广场日夜举行了文娱活动，三台同时演出，在广场东边的讲台上专演话剧；在广场的西边临时搭成的舞台上专演歌舞；在广场西边的武庙对面的戏台上专演粤剧，节目新颖，内容丰富多彩。龙州起义胜利后，1930 年 2 月 1 日上午 9 时许，龙州起义大会召

---

① 中共广西区委党史资料征委会《左右江革命根据地》编辑组：《左右江革命根据地》（上），中共党史资料出版社 1989 年版，第 149 – 151 页。

② 中共广西区委党史资料征委会《左右江革命根据地》编辑组：《左右江革命根据地》（上），中共党史资料出版社 1989 年版，第 95 页。

开，全场起立高唱《国际歌》，当晚，又在新填地广场举行庆祝晚会，军民联欢，表演了舞龙，舞狮，话剧，彩调等有地方民族特点和革命色彩的文艺节目。

各少数民族的歌会都具一定规模，特别是壮族的歌圩，它的规模甚大，参与的人数甚多，大歌圩有上万人，小歌圩也有数百人，具有很大的影响力。苏维埃各级政府、红军、农协、妇协、儿童团、少年先锋队和学校等各级宣传队都利用圩场，以唱山歌、对歌等形式，宣传革命工作。1929 年 12 月底，时任红七军第三纵队队长的韦拔群在东兰举办长途歌会，“他们从东兰武篆出发至奉议县（今属田阳县），一路途经七八个大圩场，都进行了演唱和对歌，两县数万群众踊跃前来观看，收到了很好的宣传效果”①。据 1930 年 8 月统计，仅东兰和凤山两县就有 6000 多农民加入了红军，特别是青年农民加入红军服务很踊跃②。通俗易懂的山歌，使农民能够充分领会土地革命的内容和精神，分到土地的农民又以更大的热情支持和参加革命。

三、文化建设的历史影响

（一）推动了左右江革命根据地的创建和发展

左右江根据地党和苏维埃政府通过建立健全文化管理机构，组织开展多姿多彩的文化活动，向广大人民群众宣传了党为人民谋利益的宗旨和反帝反封建反军阀的政治主张。通过文化宣传，广大群众的科学文化水平得到提高，革命积极性高涨，自觉加入反帝反封建反军阀的民主革命中，“右江的农民，差不多都当过赤卫队，军队和农民是结合一致的，血肉相连的”③。行之有效的文化工作，宣传了党的政治主张，宣传了革命道理，动员了广大群众参加革命的积极性，推动了左右江革命根据地的创建和发展。

（二）促进了左右江地区的社会进步和文明传播

面对左右江地区闭塞偏僻，人民群众思想落后的现象，党和苏维埃政府

---

① 中共广西壮族自治区委员会宣传部等编：《百色红旗》，中共党史出版社 2001 年版，第 97 页。

② 中共广西区委党史资料征委会《左右江革命根据地》编辑组：《左右江革命根据地》（上），中共党史资料出版社 1989 年版，第 424 页。

③ 李莉：《左右江革命根据地的革命音乐活动》，载《艺术探索》2011 年第 6 期。

通过一系列文化宣传工作的开展，促进了左右江地区的社会进步和文明传播，如根据地的妇女踊跃参加文化建设活动，她们剪长发、改服装、拆耳环、去手镯，实行婚姻自主，提倡自由婚姻，反对包办婚姻，要求取缔童养媳和一夫多妻陋习等，思想日益开放先进。

（三）改善了根据地的政治经济文化等社会生活状况

长期以来，左右江地区处于封建土司制度的统治，民众受尽各种剥削和压迫，生活极端贫困，毫无政治权利可言。加上近代以来的帝国主义入侵和军阀混战，使得民众更加苦不堪言。在左右江革命根据地建立后，党组织和苏维埃政府立即宣传动员、组织根据地各族群众开展对左右江革命根据地经济、政治和文化建设，极大地改善了左右江革命根据地的社会生活状况。宣传发动土地革命，极大地提高了人民群众的生产积极性，促进了左右江革命根据地的经济发展；不断加强根据地民主政治建设，促进了左右江革命根据地的政治发展；大力发展普通教育和平民教育，促进了左右江革命根据地文化的发展。与此同时，左右江革命根据地的经济政治和社会文化的发展，又极大地促进了各族工农群众更加热爱新生红色政权，更加热爱红军，为保卫和建设左右江革命根据地以及中国革命作出了巨大贡献。

第三节　左右江革命根据地的教育制度及其实践

十年树木，百年树人。伟大、光荣、正确的中国共产党在广西西南部边陲探索和建立的教育制度，为该地区各族人民播撒了自由、民主、平等的种子，指明了人民解脱一切束缚、压迫、剥削、“翻身当家做主人”的出路。90余年来，左右江地区教育事业不断壮大，孕育和培养了许多优秀儿女，带领各族人民艰苦奋斗、百折不挠，促使生产、生活发生了翻天覆地的变化，与全国、全区同步全面建成小康社会。

一、教育方针和政策

为了宣传贯彻中共“六大”精神和“十大纲领”，落实中国革命任务，左右江根据地结合实际，制定了“推翻旧礼教，创造好风俗”[①]“教育劳动化”[②]等教育方针，并配套出台了许多教育政策：（1）平民教育。“实行平民教育，发展识字运动”[③]，普遍提高广大群众的文化水平。（2）免费教育。对劳动儿童、工人子弟等特殊对象免收教育费用。（3）民族平等。在政纲中明确提出“瑶民经济、政治、教育、工资上与其他人民一律平等”。（4）男女平等。“男女教育、经济、政治、工资一律平等。”[④]（5）完善设施。创设阅报室、图书室、劳动学校、夜校、幼稚院等设施。“左右江根据地各县的农民夜校、平民夜校象雨后春笋般地蓬勃发展，凡建立有苏维埃政权的乡村，村村皆建立有农民文化夜校或平民夜校。”[⑤]（6）建立机构。建立文化委员会或者文化委员等教育机构，加强对革命根据地教育的领导。

二、教育制度特点

（一）教育为革命战争服务

当时的教育，无论是制定教育方针、政策，还是形成具体的教育方式、方法等，均是围绕根据地的中心任务而进行的。在教育对象上，保证当时最迫切的需要。准备武装起义时，“在部队中开始进行武装起义的宣传鼓动工作”，“起草和印刷有关武装起义时的布告、标语、口号、实施政纲和其他宣传品等”[⑥]；“根据地形势出现了相对稳定的局面。红七军前委便集中精力，在根据地进行了以土地革命为中心的经济、军事和党政等方面的建设”[⑦]。在

① 中共广西区委党史资料征委会《左右江革命根据地》编辑组：《左右江革命根据地》（上），中共党史资料出版社1989年版，第256页。

② 中共广西区委党史资料征委会《左右江革命根据地》编辑组：《左右江革命根据地》（上），中共党史资料出版社1989年版，第95页。

③ 中共广西区委党史资料征委会《左右江革命根据地》编辑组：《左右江革命根据地》（上），中共党史资料出版社1989年版，第105页。

④ 中共广西区委党史资料征委会《左右江革命根据地》编辑组：《左右江革命根据地》（上），中共党史资料出版社1989年版，第94页。

⑤ 李彦福、韦卫、黄启辉：《浅论左右江革命根据地的教育建设》，载《学术论坛》1986年第6期。

⑥ 中共广西区委党史资料征委会《左右江革命根据地》编辑组：《左右江革命根据地》（上），中共党史资料出版社1989年版，第15页。

⑦ 中共广西区委党史资料征委会《左右江革命根据地》编辑组：《左右江革命根据地》（上），中共党史资料出版社1989年版，第19页。

教育内容上，以土地革命为主要学习内容，同时兼顾不同教育对象施以其他教育内容，比如有针对性的红军战时文化、红色廉政文化、妇女政策、民族政策等。在教育方式方法上，形成了以短为主、长短结合、因地制宜、灵活多样、说唱并举等行之有效的做法。

（二）教育与生产劳动相结合

教育是为了劳动、促进劳动，教育安排要注意适应劳动需要，向受教育者传播劳动生产知识、技能，同时又组织受教育者参加劳动实践并在其中学习。劳动是美德，不劳动者是“寄生虫”，“不劳动不得食”（《工农兵识字课本》第一册第十四课）等，是当时教育者和受教育者的知识体系。

（三）教育面向劳苦大众

劳苦大众亟须“翻身”却又文化程度低，容易受国民党改良主义等的欺骗，不能看真切自己的出路。“在这革命的高潮中——革命与反革命势力的剧烈斗争中，已不容我劳苦民众有袖手旁观的余地了。”① “我们的革命完全是为着工农群众，目前急切的任务是要加紧发动群众……改良其生活状况”②，因此，教育要针对劳苦大众实际实施，为着“服务革命战争”，提高劳苦大众的文化程度。

（四）动员各方力量办教育

革命根据地教育在短期内得以迅速发展得益于各方齐心协力。一是党和政府高度重视。“各县苏维埃政府内设立文化委员会，区和乡苏维埃政府设立文化委员，专人管理文化教育工作。”③ 对于文化教育事业比较落后的地区还“拨出专门经费”④。二是团结、依靠知识分子。对知识分子，实行政治上一

① 中共广西区委党史资料征委会《左右江革命根据地》编辑组：《左右江革命根据地》（上），中共党史资料出版社1989年版，第110页。

② 中共广西区委党史资料征委会《左右江革命根据地》编辑组：《左右江革命根据地》（上），中共党史资料出版社1989年版，第121页。

③ 中共广西区委党史资料征委会《左右江革命根据地》编辑组：《左右江革命根据地》（上），中共党史资料出版社1989年版，第23页。

④ 中共广西区委党史资料征委会《左右江革命根据地》编辑组：《左右江革命根据地》（上），中共党史资料出版社1989年版，第24页。

视同仁、经济上一律平等、工作上相互依靠。三是各地区各领域均参与办学。有条件的地方都创立各级劳动学校和农民夜校。有劳动人民免费学校，有干部训练班或军政学校，有文化讲习所，有幼稚院等，不同的教育设施针对不同的群体，教授的知识也有所区别。

三、教育分类及其实践

根据教育的对象、任务、内容和形式等，大体可以将左右江革命根据地的教育分为普通教育和其他教育，其他教育包括干部教育、工人教育、农民教育、少数民族教育、兵士教育、妇女教育等。

（一）普通教育

普通教育限于当时条件，只有小学教育，县、区、乡都要创办劳动小学，由政府提供经费、选派教师等，对劳动儿童免费入学，讲授政治、军事、文化、劳动等课程，为红军和地方培养革命后备力量。

（二）干部教育

干部教育“主要施以党的基础知识、马克思主义的基本常识，土地革命的意义、政策和策略、日常的工作方法等”①，以及军事政治技术等教育。邓小平、张云逸、雷经天、韦拔群等带头“办训练班训练党的工作的干部人才，再由这些党的干部去经常的在各级进行下层流动训练班去训练党的干部”②。

（三）工人教育

工人教育则主要通过成立工会组织、制定工人运动文件、创办宣传报、举办工人夜读班等进行。同时严厉惩办一批反革命代表，通过为工农群众伸张正义等凝聚起打倒一切反动派的斗争合力。

---

① 中共广西区委党史资料征委会《左右江革命根据地》编辑组：《左右江革命根据地》（下），中共党史资料出版社 1989 年版，第 1153 页。

② 中共广西区委党史资料征委会《左右江革命根据地》编辑组：《左右江革命根据地》（上），中共党史资料出版社 1989 年版，第 199 页。

（四）农民教育

农民教育的主要任务是帮助农民认识文字，扫除文盲。雨后春笋般建立的农民夜校，让农民有效认识土地革命的意义，参与和支持土地革命。“经过土地革命，广大各族农民，更加热爱新生红色政权，热爱红军，踊跃参军参战，支援前线，使红军力量迅速扩大。”①

（五）民族教育

少数民族教育是宣传党的民族政策的有效方式。运用山歌与民族语言等，发动少数民族参与革命，争取民族平等。例如，将“苏维埃成立，各民族平等；打土豪，分田地，大家得翻身”等内容写入民族山歌在群众中传唱。

（六）士兵教育

士兵教育的任务集中在，一是同军阀作风和贪腐行为作斗争，塑造官兵平等新风尚；二是整训部队，提高全军的政治素质和军事技术水平；三是创造红军和对农民进行武装训练，壮大武装力量。

（七）妇女教育

妇女教育通过对妇女施以政治、军事常识、文化知识、妇女解放运动理论、基层工作方法等教育，使妇女挣脱封建礼教的枷锁，成为革命宣传、武装斗争、拥军支前等的急先锋。“通过各种培训和实际工作的锻炼，有一批妇女骨干成长为无产阶级战士。”②

第四节　左右江革命根据地文化教育制度的成效

要使革命成功，就必须发动群众，依靠群众。在左右江根据地建立前后，

---

① 中共广西区委党史资料征委会《左右江革命根据地》编辑组：《左右江革命根据地》（下），中共党史资料出版社1989年版，第1092页。

② 中共广西区委党史资料征委会《左右江革命根据地》编辑组：《左右江革命根据地》（下），中共党史资料出版社1989年版，第1115页。

中国共产党就立足实际采取各种形式教育群众，使马克思主义广泛传播，使党的路线、方针、政策在广大群众中引发共鸣和认同，“让广大群众知道自己的利益，自己的任务”，积极投身革命热潮，推动革命运动快速向前发展。“数千各族工人、农民、红军战士和市民热烈集会庆祝百色起义胜利举行和中国红军第七军的正式诞生”① “在平马镇举行有 1 万多群众参加的、盛况空前的庆祝大会，庆祝红七军成立和右江苏维埃政府成立”② “龙州古城，张灯结彩，红旗飘扬，1 万多军民在新填地广场举行庆祝大会。会上，庄严宣告中国红军第八军和左江革命委员会成立”③ 等，这些场景的描述，生动注脚群众教育的有效性，使之迅速凝聚起发展游击战争摧毁统治阶级促进革命高潮的磅礴伟力。

人才是取得革命成功的关键资源。为了及时解决人才缺乏问题，根据地采取了许多切实有效的短期培训措施，同时注重人才长远培养。革命根据地建立后，短期培训班如雨后春笋般发展，推动识字运动、思想解放、技能提升等大大向前迈进，发展壮大和积累了革命人才资源。党和政府还从中选送优秀学员到外面先进地区学习培训。据统计，“1955 年新中国首次为开国将帅授勋，成长于广西左右江革命根据地的将军共 20 名，其中韦国清、韦杰、覃健等 10 来名将军，都曾参加过红七军及根据地的各类干部培训……黄松坚、黄举平、黄书祥、黄焕章等，几乎都参加过左右江地区的干部教育培训，有些还为根据地的革命斗争献出了宝贵的生命”④。

百色起义、龙州起义为左右江地区的人民送来了马克思主义，使人民群众清楚认识自己的利益，并且团结起来为自己的利益而奋斗。党的路线、方针、政策得到极大宣传，广大群众对此普遍认同。革命火种在左右江地区从星星之火燃成燎原之势。虽然后来左右江革命根据地丧失了，但是革命火种并没有熄灭。土地革命、武装斗争和苏维埃政权的种子在祖国南疆生根发芽、

① 中共广西区委党史资料征委会《左右江革命根据地》编辑组：《左右江革命根据地》（上），中共党史资料出版社 1989 年版，第 15 页。

② 中共广西区委党史资料征委会《左右江革命根据地》编辑组：《左右江革命根据地》（上），中共党史资料出版社 1989 年版，第 16 页。

③ 中共广西区委党史资料征委会《左右江革命根据地》编辑组：《左右江革命根据地》（上），中共党史资料出版社 1989 年版，第 28 页。

④ 翁洁：《左右江革命根据地的干部教育实践与成效》，载《传承》2020 年第 1 期。

茁壮成长，鼓舞着英雄的左右江各族人民，坚持不懈地开展革命斗争，一直至广西全境解放。左右江地区的革命实践，涵养了百色起义精神、龙州起义精神。

受限于地理环境等，左右江地区的普通群众思想意识比较落后。因此，在左右江根据地有关的实施政纲中，均把“发展识字运动”“提高群众智识”等作为开展教育的主要方面来抓。经过农民教育、少数民族教育、妇女教育等有针对性的教育，使广大群众思想发生转变，睁开双眼重新审视这个世界和周围的生产生活环境，敢于同命运抗争，反对剥削、压迫，积极站到革命队列，向着新生活奋斗。“广大妇女开始意识到争取男女平权的意义”，“打破妇女群众的封建宗法社会的一切错误观念”①。这些充分表明，根据地文化教育为当地群众生产生活所带来的巨变。

一、文化制度的成效

在先进文化制度建立的过程中，根据地文化建设取得了很大成效，先进观念，得到迅速发展。根据地文化建设的发展，促进了马克思主义先进思想的传播，也促进了农民运动和体育卫生事业的兴起。

（一）先进观念的发展

1. 妇女地位在根据地内广泛提高

右江革命根据地在右江苏维埃政府的发动和组织下，号召广大妇女参加革命，大力改革婚姻制度，实行男女平等、实行一夫一妻制。为促进根据地经济建设，保障战争物资的供应，根据地政府积极发动妇女参加生产，提高劳动生产能力。妇女劳动生产能力得到根据地的肯定，不仅促进了根据地的经济发展，提高了妇女的家庭地位、社会地位，更使妇女内心自主摆脱了长期以来历史遗留的“夫为妻纲”落后思想，她们内心自主、自强、自立、自信，以崭新的心态投入到社会中。

2. 自由恋爱观普遍发展

“婚姻自由”的观念传入中国后，五四运动时期在广大知识分子和青年学

① 中共广西区委党史资料征委会《左右江革命根据地》编辑组：《左右江革命根据地》（下），中共党史资料出版社1989年版，第1112页。

生中得到传播，但是这种观念仅停留在上层经济、教育条件较好的城市，没有深入渗透到普通群众和广大农村社会当中。妇女地位的提高和一夫一妻制的实行，直接促进了自由恋爱观念的迅速发展。社会地位提高后，妇女摆脱了封建思想道德的压迫，自己的个性和思想得到解放，婚恋关系不再愿意遵守所谓的“父母之命，媒妁之言”。除了倡导婚恋自由，根据地还禁止买卖婚姻，反对包办婚姻，反对虐待、拐卖妇女儿童，通过这些措施，进一步保障了婚姻自由和离婚自由。在根据地时期，思林县坚决反对包办婚姻，为因包办婚姻而结婚的几十人办理了离婚手续。

3. 特色文化——山歌文化发展

左右江革命根据地是少数民族聚居的地区，唱山歌是当地流行的风俗，除此之外，还有白话戏、文明戏、铜鼓舞、踩堂舞等多种形式。作为右江地区的非物质文化遗产，山歌文化不仅在普通群众之间传播，政府也做出许多努力促进山歌文化的发展。根据地时期，成立了俱乐部和宣传演唱队，不仅群众积极参与，县苏维埃政府还会组织宣传委员编山歌、指导白话戏社和一切游戏团体。同时，“歌会”也是青年男女相互认识、相互交往的途径。山歌文化与自由恋爱观念的发展相互促进，相互影响。1929 年年底，韦拔群亲自组织一支青年歌队，由东兰武篆出发，沿途经过东兰江平圩、凤山福厚圩、盘阳圩、恩隆县七里圩、奉义县甫圩、仑圩，最后到百育圩，进行一次长途的“歌会”活动，每到一个地方都与当地群众举行“歌会”，先后参加“歌会”的群众共达七八万人。①

（二）先进文化的传播

1. 马克思主义和革命思想的发展

左右江革命根据地时期，红七军和苏维埃政府通过颁布《中国红军第七军目前实施政纲》，建立无产阶级革命政权，因地制宜制定根据地的方针和政策，发展马克思主义和革命思想。1929 年 12 月，红七军政治部开始编写、出版“工农小丛书”，该丛书共三种本，目前保留有的是第二种本《打倒国民

① 莫亚人主编、中共百色市委党史办公室编著：《中国共产党百色市历史》，广西人民出版社 2011 年版，第 111 页。

党》和第三种本《土地革命》。《打倒国民党》全书分为几个部分，约5000字，主要内容是揭露国民党反动派的种种罪行，指出“国民党统治下没有中国的独立”，“没有中国的统一”，“绝对不能避免军阀战争”，“绝对没有自由”，“苛捐杂税只有增加”，“国民党出卖工农革命”，“是反土地革命的刽子手”，“中国劳苦群众要得到解放，只有起来推翻国民党统治，打倒国民党！”①

1929年11月，在邓小平、张云逸领导下，创办《右江日报》，作为红七军机关报，张云逸同志亲自题写报名。《右江日报》是红军最早创办的铅印报纸，也是当时全国唯一的在发动革命武装起义前就创办的报纸。《右江日报》公开宣传党的主张，向群众揭露国民党反动派的罪行，宣扬马克思列宁主义的无产阶级革命思想和工农武装割据的革命理论，为百色起义的顺利进行奠定了坚实的理论基础和群众基础。

2. 破除迷信，提倡科学

广西因地处偏远，从古代起就存在很多封建迷信活动，骗人钱财的“道公”“巫婆”猖獗。另外，近代以来的“西林教案”事件，也存在许多历史遗留问题。在广西农民运动的进行过程中，开展了扫除封建迷信的活动。但农民运动只解决了部分的封建迷信问题，在农民运动没有辐射到的偏远山村，仍然有“善男信女”传播封建迷信的场所。百色起义后，红七军和苏维埃政府深入群众，推倒庙堂，取缔“巫婆道公”。另外，还通过宣传队大量印发传单、标语、文告等宣传品，组织学生在宣传共产党的方针政策的同时，传播无神论，破除了群众的迷信思想，提倡科学理论。

（三）体育卫生事业兴起

1. 因地制宜发展体育事业

左右江革命根据地地处广西十万大山，山区面积广泛，多河流。在根据地创建初期，百废待兴，苏维埃革命政府重视体育事业的发展，因地制宜地开展了许多群众喜爱的体育运动，如爬山、游泳、打陀螺等。这些体育运动，

① 中共广西区委党史资料征委会《左右江革命根据地》编辑组：《左右江革命根据地》（上），中共党史资料出版社1989年版，第113－115页。

由群众日常的娱乐活动中发展而来，苏维埃政府组织和发展，不仅增强了革命根据地群众的体魄，也为革命的发展打下基础。

2. 疾病防治发展

革命根据地建立后，因战争的需要，在卫生事业上，建立了军医处、卫生队、卫生所等组织机构。这些组织机构作为后方医院和战地临时医院，在卫生和疾病防治方面发挥了重要作用。红七军的军医均是来自广西教导总队的医生，有较高的医疗技术和扎实的医务知识。另外，军部还开办培训班，对卫生员和护士进行专业知识的培训，培训内容包括常见病的预防和治疗、中草药的识别和使用、外伤救治等。右江革命根据地因资金匮乏，又地处山区，中草药资源丰富，因此多使用中草药。虽医疗器械简陋，西药资源紧缺，但后方医院克服困难，因陋就简，在当时已能做腹部外伤、阑尾切除、截肢等战伤处理的外科手术。

针对右江地区卫生条件差，传染病、流行病多发的情况，苏维埃政府也重视日常的疾病预防和治疗工作。从部队开始教育官兵讲究卫生，注意保护环境，到通过走访、宣传等途径向山区、农村里的群众传播卫生防疫知识，调查健康情况。另外，在广大农村采取有效的卫生措施，改善卫生情况，有效控制了传染病、流行病的传播，提高了部队和群众的健康状况。

二、教育制度的成效

（一）劳动人民文化教育水平普遍提高

红七军和苏维埃政府非常重视根据地教育制度的建设，针对少数民族地区教育十分落后的情况，根据实际情况制定教育政策。《中国红军第七军目前实施政纲》提出右江区根据地的教育方针是：“实行平民教育，发展识字运动。”在方针实行的过程中，专门设置文化委员，对学龄儿童和失学群众统计调查，办理学校强制儿童教育。对工农子弟、劳动青年免收教育费，实行男女平等教育、共同教育，妇女在学员中占很大比例。对于瑶族和其他少数民族同等看待。另外，针对劳动人民白天下地干活的情况，开办夜学班、成人教育等多种办学形式。在文化教育较为落后的地区，鼓励群众办学，并建造校舍、聘用教师等，大力发展根据地教育。

左右江革命根据地办学门类齐全，种类多样，许多办学理念十分先进。在推行教育的过程中，根据地结合自身实际，采取符合边区情形的教育措施，另外，对于边区少数民族的习俗予以充分的尊重，针对少数民族边区和广大农村地区制定指导思想和方针政策，这些先进的措施为后来全国广大农村地区办学提供了丰富的经验总结。

（二）初步建立健全根据地教育管理制度

为了改革国民政府旧的教育体制，红七军和苏维埃政府将劳动和教育相结合，设立劳动小学、劳动中学。在百色，右江苏维埃政府把全区唯一的一所中学（广西省立第五中学）改为广西劳动第一中学，红七军军部拨款1000元，援助该校办学，并任命共产党员、县苏维埃政府委员杨柳溪任校长。劳动学校非常注重学习与劳动相结合，学校除了国文、算数、革命史、音乐等常规课程，还设置了射击、投弹、野外训练等课程，除此之外，增设革命理论、军事训练等课程，这对于培养学生革命意识和政治觉悟有着重要作用，教育也为战争提供了很好的服务。

第十四章　左右江革命根据地的统战制度

毛泽东在总结中国革命的基本问题时指出："统一战线问题，武装斗争问题，党的建设问题，是我们党在中国革命中的三个基本问题。……这是中国共产党的伟大成绩，也是中国革命的伟大成绩。"① 诚然，这是毛泽东对中国新民主主义革命经验的基本总结。百色起义、龙州起义以及左右江革命根据地的建设、巩固与发展，与邓小平等老一辈无产阶级革命家有效开展统一战线有极大关系。邓小平在桂期间，从广西实际出发，结合经济、文化、社会实际等多方条件，创造性地开展了统一战线工作，极大地团结了一切可以团结的力量，争取和改造了一批绿林武装、土匪武装、国民党军队、地方实力派以及少数民族武装，各式各样的群众团体参加革命斗争，使得革命队伍不断发展壮大。邓小平等领导的起义以及创立的革命根据地，为探索具有中国特色的革命道路和先进理论提供了有力支撑。

第一节　统战政策与统战制度概况

统战制度的建设，有益于扩充同盟的力量，便于保障我军生产需要和生存发展。邓小平等人到广西后，从广西实际出发，制定了一系列在经济、文化、社会等领域的统战制度并认真付诸实践，实现了广西革命的蓬勃发展，并将革命果实巩固和完善。

---

① 《毛泽东选集》（第 2 卷），人民出版社 1991 年版，第 605 页。

一、统战制度概述

（一）基本含义

统战是统一战线的简称，是指不同的社会政治力量，包括阶级、政党、集团甚至于民族和国家等，在一定历史条件下为了实现共同的奋斗目标，以某些共同利益达成的政治联盟。中国共产党的统一战线是在马列主义理论指导下，为实现各个阶段的战略目标和任务，与其他政党阶级及一切可以团结的力量组成的政治联盟。

统战制度即统一战线制度，指中国共产党在马列主义指导下为了实现各个时期的战略目标和任务，与其他政党阶级及一切可以团结的力量组成的政治联盟共同遵守并按照一定程序办事的规章或机制。

（二）左右江革命根据地的统战制度

1929年7月，邓小平等同志受中共中央委派，以中央代表的身份抵达南宁，同张云逸等同志一同领导广西革命。邓小平到达广西后，深入开展调研，深知革命要取得成功实现建立新中国的目标，光靠共产党和周围的一部分人是极其艰难的，必须要建立广泛的统一战线。因此，邓小平等在广西革命期间，以“发动武装斗争，建立革命根据地”为使命，从实际出发，审时度势，以自己的才智，领导了左右江的工农进行革命，并以大无畏的魄力抵制中央的错误政策，建立起以工会、农会、雇农工会、妇女会、儿童团等一系列革命组织为基础的群众组织，并广泛团结国民党左派官兵等一切可以团结的力量，组成了由工人阶级领导的、以工农联盟为基础的广泛的革命统一战线，顺利实现百色起义、龙州起义，并建立和巩固左右江革命根据地。这一系列大家所共同遵守的，并按照一定程序办事的规章或机制，便是左右江革命根据地统战制度。

二、左右江革命根据地统战制度的内容

（一）经济统战制度

经济统战即经济领域的统战工作，围绕经济建设，立足统一战线的职能

和优势，整合运用一切可用资源，以各种途径和形式，助推发展经济服务的全过程。主要有三层含义：经济统战是经济领域的统战；经济统战手段多样；经济统战有一定的经济目的。左右江革命根据地的经济统战制度，是由工人、农民、小资产阶级和其他革命者组成的统一联盟，是促进土地革命的开展和经济建设的顺利进行所形成的制度；任务便是依靠贫农、雇农，团结中农，联合富农，保护中小工商业者，消灭地主阶级，开展土地革命，进行经济建设，为反抗以蒋介石为首的国民党军事"围剿"提供物质基础；内容主要有农业统战、工业统战和商业统战。

（二）文化统战制度

文化统战即以中华民族优秀传统文化为思想基础，并以实现共同文化理想和整个统战任务为目标，发展文化产业，寻求对中华文化的认同，并由此提升广大统战成员的政治、国家和中华民族认同。左右江革命根据地的文化统战制度，是利用文化功能及其理念促使工人、农民、小资产阶级和其他革命者达成文化共识，形成一个具有统一联盟、共同促成土地革命这一共同目标的制度；任务便是利用文化来广泛宣传中国共产党的主张、宗旨和红军的目的、作用，宣传实现"武装起义""土地革命"的目的、意义、步骤、措施等，使广大劳动者参与其中，共同完成"发动武装斗争，建立革命根据地"的历史使命；内容主要有先进文化、民族文化和大众文化。

（三）政治、社会统战制度

政治、社会统战即以和谐理念，开展统战而推动社会安定，围绕建设和谐社会开展的统战工作。左右江革命根据地的政治、社会统战制度，是促使工人、农民、小资产阶级以及其他革命者达成共识，形成一个和谐统一联盟，一同完成土地革命这一共同目标和谐的制度；任务便是在工人、农民、小资产阶级以及其他革命者中宣传社会和谐理念，倡导建设民主统一的和谐社会，共同致力于实现人民当家作主的历史使命；内容主要有党派和谐、民族和谐和阶层和谐。

三、左右江革命根据地统战制度的目的

（一）实现稳定和社会和谐

实现稳定和社会和谐是社会理想和执政者治理国家的重要目标。文化统战以文化为平台，利用文化资源，借助文化力量开展统战工作，并团结一切可以团结的力量，为民族振兴、国家建设服务。邓小平到广西领导革命工作，与张云逸等结成革命战友，他们肩负摧毁旧世界，建立新世界的历史使命，必须要建立广泛的统一战线才可能使革命取得成功。邓小平利用文化统战，就是要团结俞作柏、李明瑞为首的国民党左派、其他民主党派、无党派人士等一切力量，共同组成工人阶级领导的、以工农联盟为基础的人民大众的革命统一战线，举行百色起义、龙州起义和建设左右江革命根据地，实现党的最终目标。

（二）建立同盟和扩充力量

左右江革命根据地建立以前，广西就有良好的群众基础。右江地区早在1921年9月，韦拔群回到东兰建设改造东兰同志会，开展打土豪分田地的宣传，将右江各族人民号召起来闹革命。1928年9月，中共广西特委派麦锦汉到龙州工作，加强左江的工农运动，成立“左江农民运动指导委员会”，使龙州工农运动得到恢复和发展。10月建立龙州工人赤卫队和下冻区农民赤卫军大队，为龙州起义的胜利创造了条件。

当时的革命形势是与广西的经济状况和社会分层相适应的，要实现成功起义仅仅团结农民是远远不够的，还需要争取工商业等诸多领域成员来组成广泛的革命统一战线。因此，开展经济统战，尤其是对工商业领域的统战工作尤为重要。工人阶级是最坚定的革命者和领导阶级，需要被唤醒。邓小平到广西后，加强了对广西工人运动的领导，通过建立党支部、创建工会、争取下层群众，建立工人群众革命统一战线，极大激起工人参与革命的热情，特别是积极分子起到带头作用。商业是保证生活必需品的重要领域，在百色地区，张云逸亲自出马，到百色商会做动员工作，得到商号的大力支持，为百色起义在经费和物资上增添力量。

（三）保障需要和维持生存

革命中最艰难的就是生存问题，这涉及多方面，不仅是军事问题更是经济问题。开展经济统战就显得尤为重要，实现土地革命后，农民受益更多，激发了他们参与革命的热情，保卫自身利益成为红军的后备军。比如河池地区，“农民平均每人都分得了可供几个月米粮的土地，兼种些玉蜀黍、薯芋等杂粮就够一年的粮食。每家每年收获的谷米至少都已等于反动统治下的中农了。没有了苛捐杂税的剥削，反动势力的压迫，没有种族地方性别的界限，久受压迫欺凌的各族穷苦人民在苏维埃政权下都获得了平等的待遇，得到了同样肥美的土地。宗法封建社会的旧礼教在苏维埃政权下也遇到重大的打击，婚姻自由，妇女获得了解放”①。由此，各族人民踊跃报名参军，支援前线，红军力量得到发展壮大。农民享受土地革命带来的利益，生活得到改善，根据地自然也得到了巩固和发展。

（四）发展经济巩固苏区

为了解决红军的军需，保住革命果实，除了向外攻击敌人的方式外，主要还是要依靠自身发展生产。左右江革命根据地通过土地革命，没收恶霸土地，分给无地或者少地的农民，对各族人民一视同仁，满足了他们对土地的愿望，提高了生产积极性。部队所需的弹药需要通过工业来解决，对原有的工商业进行经济统战，保护城镇中小工商业政策，稳定经济局面，实现“自己动手、丰衣足食”的策略。根据地创办和经营一些工商企业，满足广西根据地生产、生活和战斗需要。

第二节　统战制度及其实施

在广西革命期间，邓小平等老一辈革命家从广西经济、文化和社会现实

---

① 中共中央广西区委党史资料征委会《左右江革命根据地》编辑组：《左右江革命根据地》（上），中共党史资料出版社 1989 年版，第 424 页。

着眼，在各个领域开展统战工作，调动一切积极力量，推动百色起义、龙州起义的顺利进行，促进左右江革命根据地的蓬勃发展。

一、政治领域的统战制度

（一）党派合作

1. 安排党员，肃敌兴我。邓小平通过对俞作柏和李明瑞做工作，安排中共党员进入广西各级军政机关，把中央和广东省委派来的40余名干部派到二人的军政部门担任要职，并逐步感化俞作柏和李明瑞，很快恢复了广西各级党团组织，并打击了国民党反动派。

2. 改造部队，武装工农。邓小平促成俞作柏和李明瑞创办广西教导总队，并由共产党人徐开先和张云逸担任正副总队长，在各连队建立党组织。仅俩月，在教导总队便发展党员300多名。

3. 建立健全党组织。1929年9月10日至14日的中共广西第一次代表大会在南宁秘密举行，选举何誓达为中共广西特委。按照邓小平指示，广西特委派干部到左右江地区去恢复和建立党组织，到9月底，广西健全县委或特别支部9个，正恢复和健全的县委5个，全省党员420人，团员130人。[①]

（二）民族团结

1. 开展民族团结统战工作。右江苏维埃第一届委员会的11名委员中，壮族6名，瑶族1名；各县的苏维埃第一届委员会的103名委员中，壮族77人。少数民族党员表现勇敢，1945年雷经天在《广西的苏维埃运动》中指出："这些干部在革命过程中，只有牺牲，没有叛变。"[②] 在根据地频繁的革命活动中，党政工作队员关心各族人民的痛痒，尊重各民族习惯，改掉具有歧视性的称呼。选用民族干部，"客瑶与无产阶级""跻登为县委委员""苏维埃政府组织……瑶客妇女，都要参加"[③]。这些做法使得根据地有了一批密切联

---

① 中共中央广西区委党史资料征委会《左右江革命根据地》编辑组：《左右江革命根据地》（上），中共党史资料出版社1989年版，第87页。

② 雷经天：《广西的苏维埃运动》，载中共中央广西区委党史资料征委会《左右江革命根据地》编辑组：《左右江革命根据地》（下），中共党史资料出版社1989年版，第610页。

③ 《广西壮族地区革命史料汇编》（内部资料），第86页。

系群众并熟知本地情况的坚强骨干，各族群众有了与自己息息相通的可以直接信赖的带头人。

2. 唤起各族群众的民族解放意识。在党的政策感召下，各族人民积极参政议政，参加红军，给红军送情报、食盐、粮食甚至是生命。为了革命事业，韦拔群一家献出了宝贵生命，其精神和品质一直鼓舞着各族人民。张云逸曾在1961年到韦拔群墓前说："我应该感谢你们，我这个红七军军长，没有右江各族人民的支持就当不成。"

（三）阶层划定

1. 对中小商人进行维护、争取和保护。邓小平认为中小商人尽管属于民族资产阶级和小资产阶级体系，但应该属于革命团结、争取和保护的对象，是工农革命联盟的同盟军和中国革命的重要力量。在统战过程中，采取多项措施保护工商业者，如取消反动政府的捐税，保护交通和商人营业，取消关卡等，使得根据地经济蒸蒸日上。

2. 注意保护中农和富农利益。《前委通告（第七号）——目前右江党的工作方针》指出："机械的执行反富农策略，对于富农无条件的加以烧杀，以致引起农村中的恐慌的现象。全数富农都联络反动起来，中农离开贫农雇农而与富农联络，这一现象若不即加纠正，则土地革命必然地要走入失败的道路。"①

3. 团结争取和改造地方土匪，针对左右江地区匪患严重的实际，对土匪实行统战工作。雷经天要求区别对待土匪，剿抚结合，对于土豪劣绅领导的土匪实施严厉打击；对被逼上山的土匪派人招抚。这些措施，将大部分土匪争取过来，实现了有效统战。

二、经济领域的统战制度

（一）农业

1. 坚持以土地革命为核心的农村革命。红七军政治部编印《土地革命》

---

① 中共中央广西区委党史资料征委会《左右江革命根据地》编辑组：《左右江革命根据地》（上），中共党史资料出版社1989年版，第347页。

详细阐述土地革命的重要性和必要性，指出，“土地集中在地主阶级手中，农民没有土地，或是土地不足，这是农民一切痛苦的根源。农民斗争的第一个主要要求是要得到土地——耕者有其田，这个要求在下层农民——雇农尤为迫切”①，共产党人宣传土地革命的意义是“解放农民”和“打倒帝国主义”。以土地革命为核心，实现“耕者有其田”来解决农业问题并探索革命经验。

2. 改善生产劳动条件和税收制度。广西左右江地区农业生产滞后，农业生产劳动条件差是主要原因。苏维埃政府出台《土地法暂行条例》，对农村阶级成分、没收的土地财产、分配方法、税收和工具等做了详细规定，进一步推动农业生产发展和农民增收。

3. 建立政权保证根据地的存在。苏维埃政权的存在充分代表了农民的民主权利，一方面对人民实现真正的民主，另一方面对剥削阶级实现强有力的专政，打击敌对分子，特别是在保护农民权益上，发挥了重要作用。

（二）工业

1. 实施发展工人党员政策。革命成功的关键在于党的领导，领导工人开展斗争，发展工人党员，并通过他们争取基层群众建立统一战线。1929 年 12 月 30 日，红七军前委颁布《前委通告（第二号）——关于党的组织工作》指出，“地方党部须加紧注意工人中党的组织工作。农村中须注意政治、经济中心之市镇圩场及交通要道的乡村中党的中心工作。而且要特别注意贫农及农村无产阶级”②，规定“最大限度的发展同志，特别是注意在工人中发展”作为“发展组织”第一项。③ 这些做法充分显示了党组织在实践中不断吸收党员，将统战工作落实到基层。

2. 创建工会开展工人运动。1928 年 6 月中共中央就指示工人的统战工作

---

① 中共中央广西区委党史资料征委会《左右江革命根据地》编辑组：《左右江革命根据地》（上），中共党史资料出版社 1989 年版，第 131 页。

② 中共中央广西区委党史资料征委会《左右江革命根据地》编辑组：《左右江革命根据地》（上），中共党史资料出版社 1989 年版，第 125－128 页。

③ 中共中央广西区委党史资料征委会《左右江革命根据地》编辑组：《左右江革命根据地》（上），中共党史资料出版社 1989 年版，第 126 页。

问题，要求“深入群众运用工人统一战线的策略”。在此基础上，右江地区成立百色县工会合会；① 左江地区组成“工人联合总会”，会员达300多人，还组织了工人赤卫队。② 中国共产党通过组建工会，在百色起义、龙州起义前就把工人组织起来，与农民运动相呼应，组成巨大的革命洪流。

3. 维护工人权益政策。百色县工会合会成立后，各行业形成统一战线，革命力量愈加强大起来，红七军颁布《中国红军第七军目前实施政纲》等文件，指出，“实行减少工人工作时间，增加工资”；“增加手工业工人的工钱，并改良待遇”；“星期日休息有工资”；“因工死亡、病者要发给医药费、抚恤金及工资”；“维持失业工人的生活”；“废除旧政府所有恶规例、恶制度”等主张。③ 苏维埃政府保障工人的权益，调动生产积极性，统战工作井然有序。

4. 创办企业。根据斗争需要，苏维埃政府成立兵工厂，1929年底开办爱桑兵工厂设造枪、维修、造弹三个车间。工厂利用简单设备用手工制造新枪支200多支，卖给地方赤卫军战士和当地群众；维修枪支80多支；造子弹6万多发。1930年红七军第三纵队在武缘区勉俄乡板勉屯建立兵工厂，设备是张云逸军长从南宁带来的，有职工60多人，每天生产子弹700至1000发，近一年的时间共造20多万发子弹；造新步枪60多支，修理了一大批枪械，为支援前线做出了贡献。④

5. 实施新工业税收制度。废除了国民党反动政府的田赋、苛捐杂税、厘金的同时，建立适合当地根据地实际情况的税收。如右江地区保留烟草过境税，因此收得10万元税收；向商人收税以累进税办法收取，对小商小贩免税。进口税只缴纳过境税以10%征收，出口免税⑤。

---

① 吴忠才、黄远征、陈欣德主编，中共广西壮族自治区委员会党史研究室、中共百色市委员会党史办公室编著：《百色起义史稿》，广西师范大学出版社2004年版，第55页。

② 吴西：《回忆龙州起义和红八军建立前后》，载中共中央广西区委党史资料征委会《左右江革命根据地》编辑组：《左右江革命根据地》（下），中共党史资料出版社1989年版，第814页。

③ 吴忠才、黄远征、陈欣德主编，中共广西壮族自治区委员会党史研究室、中共百色市委员会党史办公室编著：《百色起义史稿》，广西师范大学出版社2004年版，第177页。

④ 黎灼仁等：《左右江革命根据地的财政经济建设》，载中共中央广西区委党史资料征委会《左右江革命根据地》编辑组：《左右江革命根据地》（下），中共党史资料出版社1989年版，第1096页。

⑤ 黎灼仁等：《左右江革命根据地的财政经济建设》，载中共中央广西区委党史资料征委会《左右江革命根据地》编辑组：《左右江革命根据地》（下），中共党史资料出版社1989年版，第1098页。

（三）商业

1. 制定保护商业政策。苏维埃政府相继出台多项措施。“对商民，废除苛捐，取消杂税，保护贸易。买卖公平。严守我军纪，绝不扰商民”①；“保护交通和商人营业”②；“对于商人，疏通水陆以利行商，维护商场金融”③；“关于商人方面：保护小商人利益，严禁大商人剥削小商人，取消关卡厘金，废除一切苛捐杂税”④。以上措施保持了原有的商业，并在此基础上有所发展，呈现繁荣景象。

2. 实施新税。对商业主要是营业税和过境税。营业税向坐商征收，一个月一次，以实际营业额评定后征收；过境税主要来源是云南的鸦片，采取重税的办法。其他的如入口货物税以价值5%计，生活必需品不收税，出口税只征收过境税10%。⑤ 这些税收制度促进了商业发展，商人不仅没有逃走，反而吸收更多外商来做生意，保证商业稳定和发展。

3. 创办合作社。合作社主要借鉴于韦拔群在东兰的共耕制度。建立合作社，促进商品流通，保证生产稳定，改善群众生活，社员极为欢迎。

4. 开辟商品市场。反动政府多次进行经济封锁，苏维埃政府自行成立圩场，以供商人摆摊卖货，各地商人纷纷前往。

三、文化领域的统战制度

（一）弘扬民族文化

1. 采用唱山歌、演壮戏等形式开展宣传工作。广西各族人民以歌会友，

---

① 中共中央广西区委党史资料征委会《左右江革命根据地》编辑组：《左右江革命根据地》（上），中共党史资料出版社1989年版，第255页。

② 中共中央广西区委党史资料征委会《左右江革命根据地》编辑组：《左右江革命根据地》（上），中共党史资料出版社1989年版，第105页。

③ 中共中央广西区委党史资料征委会《左右江革命根据地》编辑组：《左右江革命根据地》（上），中共党史资料出版社1989年版，第120页。

④ 中共中央广西区委党史资料征委会《左右江革命根据地》编辑组：《左右江革命根据地》（上），中共党史资料出版社1989年版，第94页。

⑤ 吴忠才、黄远征、陈欣德主编，中共广西壮族自治区委员会党史研究室、中共百色市委员会党史办公室编著：《百色起义史稿》，广西师范大学出版社2004年版，第180页。

自幼习歌。1929 年，韦拔群组织革命宣传队举行长途歌会活动，参加的群众多达八万。通过唱山歌、演戏等形式大力宣传党在根据地的主张，抒发人民群众革命斗争热情和对美好生活的向往。

2. 尊重民族习惯。根据地废除对少数民族的歧视称谓，学习使用少数民族语言与群众交流，山歌通俗易懂，生动亲切。尊重瑶胞苗胞等少数民族的风俗习惯，并对不尊重少数民族的士兵以严肃处理。

3. 采取富有民族和地域特色的形式开展活动，以“结老同”“叫老表”等方式与少数民族亲切交融。根据地利用山歌宣传革命理论，山歌内容十分丰富，其中以宣传妇女解放的山歌最为典型，如“妇女们，不读书，被男人看小，遭丈夫毒打，挨家婆臭骂，下贱是妇女。现在是平等世界，是文明世界。妇女们，快自觉起来，起来干革命”①。

（二）传播先进文化

1. 开办农讲所宣传马列主义培养骨干。韦拔群于 1925 年 11 月回到东兰后组织创办农民运动讲习所，讲述革命理论和军事知识，并创办了第二期、第三期培训班，培养了一大批具有先进的马克思主义理论武装起来的革命干部。1926 年 1 月 24 日，龙州总工会发出“快邮代电”组织多项斗争，并宣传了马克思主义。1929 年 12 月 20 日，红七军《前委通告（第二号）——关于党的组织工作》指出：“怎样使红军中及地方党部的组织工作健全起来，实为目前严重的问题”，必须“创造干部分子”，要求在“平马、百色、东兰即开办中坚同志训练班，在短期内施以基本理论至训练”②。这些讲习所和基本方针的落实，推动广西农民运动的全面发展。

2. 创办夜校宣传党的主张和宗旨。《广西东兰县革命委员会最低政纲草案》指出要实现“教育劳动化”③，创办阅报室、图书室、文化讲习所、夜课

---

① 中共中央广西区委党史资料征委会《左右江革命根据地》编辑组：《左右江革命根据地》（下），中共党史资料出版社 1989 年版，第 1153 页。

② 中共中央广西区委党史资料征委会《左右江革命根据地》编辑组：《左右江革命根据地》（上），中共党史资料出版社 1989 年版，第 126 页。

③ 中共中央广西区委党史资料征委会《左右江革命根据地》编辑组：《左右江革命根据地》（上），中共党史资料出版社 1989 年版，第 95 页。

学校、幼稚院、免费学校，实现男女共同教育。从1929年12月至1930年1月不足两月的时间内，左右江各县的农民夜校、平民夜校如雨后春笋般蓬勃发展，仅恩隆县、向都县北区、奉议县仑圩的夜校达160余所。在少数民族教育上，注重瑶族人民文化教育事业的开拓，开设瑶族青年训练班，为瑶族学校配备老师等①。教育为社会服务，根据地的教育主要是围绕革命战争需要来确定的，具有很强的针对性。对党政军事干部的教育，施以党的基本理论知识、马克思主义的基本常识、土地革命的意义等。办学形式也服从于革命战争需要，采取因地制宜和灵活多样的形式。左右江革命根据地的教育无论在理论上还是在实践上，都向其他根据地提供了宝贵的经验，在全国土地革命战争时期的苏区教育史上占有重要地位。

3. 创办报刊宣传党的思想和主义。苏维埃政府关注各族人民的土地问题及解决办法，在此基础上宣传党的主张，极大鼓舞了根据地各族人民的革命斗志。

4. 以布告及漫画形式大力开展宣传活动。针对敌人的污蔑和少数群众不清楚我党的政策情况，党决定深入群众，以漫画、标语等宣传形式唤醒民众，鼓舞战士斗志。

5. 创办培训班对党员和骨干重点教育。红七军《前委通告（第二号）——关于党的组织工作》正确规定了党的建设和基本方针原则，“以最大的力量来注意党的组织问题”②，到1930年3月左江地区党员发展到90余人；1930年6月中旬，右江地区党员发展到1500多人。为了进一步加强党的思想建设，红七军前委还颁布《政治常识问答（党员须知）》等教材资料，对党员广泛开展革命教育，其思想觉悟和文化水平都有了明显提高，革命热情高涨，涌现出一个个坚强的党组织和大批模范党员、干部和战士。

（三）利用大众文化

1. 唱山歌、演粤曲等形式宣传工作。在文化统战过程中，革命先辈们以革

---

① 中共中央广西区委党史资料征委会《左右江革命根据地》编辑组：《左右江革命根据地》（下），中共党史资料出版社1989年版，第1154页。

② 中共中央广西区委党史资料征委会《左右江革命根据地》编辑组：《左右江革命根据地》（上），中共党史资料出版社1989年版，第126页。

命内容融入民间歌谣之中，将山歌转变为战斗的武器。《谁养活谁》歌谣指出“谁养活谁，谁人是牛马，谁个不劳动，哪里去要粮来食，压迫我们做工去养大地主。一粒米十粒汗，剥削我们穷民众，地主不做工，粮食却满仓”①。运用人民喜闻乐见的歌曲宣传革命，如粤曲《端坐兰竹椅》，“同胞们呀，别再怯懦，敌在眼前，枪在手里，我们快起来团结哟”②，极大鼓舞人民的斗争意志。

2. 出版配合党的读物进行宣传。《右江日报》是在全国各地武装起义中红军创办的第一家报纸，也是红军中最早创办的一份铅印报纸③，它公开宣传中国共产党的政治主张和红军的目的任务，揭露土豪劣绅、资本家和国民党反动派压迫剥削工农群众的罪行，大张旗鼓宣传工农武装割据。张云逸说：“宣传工作很重要，我们工农红军不仅要打仗，还要宣传群众、武装群众。一条标语，看来很平常，但它体现了党的性质、纲领和方针路线，对动员群众起来打土豪分田地，建立苏维埃政权，扩大红军，都会起到很大的作用。”④

第三节　统战制度的成效

左右江革命根据地建设时期，以邓小平为主的革命党人从实际出发，高举革命统一战线旗帜，将统战工作作为大事来抓，开展得有声有色。无论在理论还是实践上，都取得了令人瞩目的成绩，为百色起义、龙州起义奠定基础，并为探索具有中国特色的革命道路和丰富统战理论提供有益理论支撑。

一、左右江革命根据地统战制度的特点

（一）在统战实践中坚持实事求是

1928 年召开的中共“六大”对推动中共革命的发展起到积极作用，但其

---

① 梁文化主编：《左右江革命根据地红色歌谣》，广西美术出版社 2009 年版，第 34 页。

② 梁玉珍、陈文静：《浅谈百色起义中灵活多样的宣传方式》，载《百色学院学报》2009 年第 3 期。

③ 王笠夫：《战斗的号角——论 1929 年冬红七军创办的〈右江日报〉》，载《广西右江民族师专学报》1998 年第 1 期。

④ 中共广西壮族自治区委员会党史研究委员会编：《广西革命斗争回忆录》（第 1 辑），广西人民出版社 1981 年版，第 144 页。

中也错误地提出民族资产阶级是“最危险的敌人之一”，“国民党各派完全是反动的”。这种错误认识被后来的“左”倾思想片面发展并极端扩大，给党带来前所未见的危机。邓小平来广西后，对俞、李二人开展工作时，中共仍错误地认为：“不管现时广西军阀口头说得如何漂亮，对群众表示得如何好，只要群众的革命斗争一起，反军阀战斗的斗争一起，凶恶的军阀原形毕露。”[①]这种认识极可能在统战实践中导致关门主义，切断我党与社会其他部分的有机结合。邓小平以大无畏的气概，顶着各方压力，在工作中坚持实事求是的原则，客观分析了俞、李二人的历史与现状，认为：俞、李是大革命的经历者，在革命过程中与我党有过多次接触与联系，具有合作的前景和诚意；俞、李和蒋介石之间存在控制与反控制的矛盾，并于新桂系之间存在颠覆与被颠覆的斗争，具有合作的可能。这样一来，我党与俞、李二人在反蒋反桂问题上是趋于一致的，对俞、李的统战工作有助于发展革命力量，并贯彻了打击敌人的方针。事实证明，邓小平的高瞻远瞩是正确的。

（二）在统战实践中解放思想

邓小平在革命工作和后来的建设新中国进程中从不迷信盲从。在左右江工作期间，他一改统战工作是游离于经济发展、军事进步等业务工作的旧思想，将统战工作结合到经济、军事、民族等诸多问题上来，使统战工作与经济、军事、民族等密切配合，支持和服务于其他各项工作；一改统战工作只是针对党外“高、大、老”，针对中上层工作的旧观念，推进统战工作深入基层，开拓统战工作新领域，为配合与推动根据地经济建设，邓小平曾以布告的形式明令保护中小商人，这也使邓小平在当时受到很多人的非议与批评[②]，但这项措施也促进了根据地商品的流通，确保经济平稳运行；为促进和支持红军的军事工作，邓小平等针对敌军军官和士兵、土匪匪首和匪众开展不同的统战工作，这也使得邓小平在当时受到很多人的指责与

---

① 中共中央广西区委党史资料征委会《左右江革命根据地》编辑组：《左右江革命根据地》（上），中共党史资料出版社1989年版，第64－75页。

② 中共中央广西区委党史资料征委会《左右江革命根据地》编辑组：《左右江革命根据地》（上），中共党史资料出版社1989年版，第218－248页。

谩骂[①]，但这项工作加强了红军的影响力和战斗力；为获取群众对苏维埃政府的支持与信赖，邓小平把党的民族政策融入统战工作中，在与少数民族接触交流中敢于说真话、勇于办实事，有效获取了左右江革命根据地各族同胞的支持，壮大自身力量，也推动少数民族参与革命的积极性。

（三）统战工作必须走群众路线

邓小平一直相信群众，深入群众。到广西伊始他便开展中国共产党与俞、李二人的统战工作，也充分通过多种渠道了解和掌握左右江革命群众的情况，及时调整统战工作的内容和方针；邓小平充分依靠群众，坚持从群众中来到群众中去的工作方法，根据地创办《右江日报》《士兵之友》等刊物，发动广大红军将士积极开展对敌军的统战工作，发动广大干部积极开展对工商界人士的统战工作；邓小平始终活跃在群众之中，他深入左右江革命根据地的土舍茅棚倾听群众呼声，征求群众意见，群众称赞说道“邓政委像我们壮家人一样”[②]，例如，对瑶族同胞的土地分配方案就是邓小平等人合理采纳群众意见而提出的。总而言之，群众路线是贯穿邓小平同志统战实践工作的一条主线，邓小平同志的统战实践便是群众路线的具体实践。

二、取得的实践成效

土地革命时期，“左”倾错误长期在党内占据统治地位，中共六大以后“中间势力是最危险的敌人”这一观点在党内一度盛行。在这种特殊背景下，左右江革命根据地依然能够坚持“因地制宜、实事求是”的原则，尊重地方民族特色，注重心理引导和现实教育，尽可能团结了一切可以团结的力量，借助一切可以借助的机会，最大限度地壮大了我党在祖国西南边陲的力量并孤立了敌人，使得统战工作有效开展，这正是左右江革命根据地在中国革命总体陷入困难时期还能够保持欣欣向荣的重要原因之一，为后期起义和根据地建设提供物质基础、兵源基础、干部基础和舆论基础。

---

① 中共中央广西区委党史资料征委会《左右江革命根据地》编辑组：《左右江革命根据地》（下），中共党史资料出版社1989年版，第412－414页。

② 中共中央广西区委党史资料征委会《左右江革命根据地》编辑组：《左右江革命根据地》（下），中共党史资料出版社1989年版，第682－686页。

（一）战略上配合中央红军主力长征

左右江革命根据地统战工作的顺利进行，为开展武装斗争和党的各项工作提供有力支撑，在一定程度上牵制国民党军队的有生力量，战略上配合红军主力的长征。特别是在中央红军四渡赤水后，为其顺利通过云南，巧渡金沙江，北上川陕地区给予掩护和支援，在中共党史上留下浓墨重彩的一笔。

（二）提高了根据地少数民族群众的政治觉悟

左右江革命根据地最突出的一个特点是建立在少数民族聚居地，少数民族人口占90%以上。在这里开辟根据地颇有难度，由于经济落后，交通闭塞，在长期遭受残酷压迫和剥削的环境下，根据地群众文化水平和素养相对落后。在党的统战工作下，根据地群众的政治觉悟极大提高。在滇黔桂边区各级党委和革委干部748人中，少数民族就占了701人，占93.7%①，这些少数民族干部在根据地建设中，很快将党的统战工作深入群众中。党的统战工作利用各种方式向群众宣传党的民族政策和民族团结平等思想，宣传革命道理，反对苛捐杂税，反对民族压迫和民族歧视，打倒土豪劣绅，打倒贪官污吏，打倒封建压迫夺取政权，推翻一切旧制度。在党的统战工作下，大批优秀的民族干部迅速成长，成为根据地的骨干。

三、取得的理论成效

（一）坚持党的领导

统战工作的顺利展开是党制定正确道路方针指引下进行的。邓小平来到广西后便开展对俞作柏、李明瑞的统战工作，用党的建设推动统战工作顺利进行，一方面推动释放党的骨干，安排到俞、李的军政队伍任要职；另一方面将旧军队改造成优秀的在党的领导下的武装力量。在这样的背景下，积极发展党员党组织。实践证明，在这样的历史背景下，坚持党的领导，用党的

① 庚新顺：《滇黔桂红军游击斗争若干问题研究》，载于中共文山州委党史研究室：《中国工农红军滇黔桂边游击队革命斗争史学术研讨论文》，中共文山州委党史研究室2016年编印，第46页。

建设推动统战工作顺利展开，是左右江革命根据地得以运行的根本保证，这是极具理论意义的。

（二）发展进步势力，争取中间势力，反对敌对势力

团结国民党左派人士，区别对待俞、李等人，李明瑞随后表示“我投奔共产党，心已定，愿已足，今生别无他求，唯矢志共产主义事业”①，这就是邓小平统战工作的重要典范。中小工商业者也是争取的重点，他们与群众一样多受到反动势力的压迫，因此他们也该是团结的力量之一。土匪的争取也是直接体现出党在社会统战中的重大实践。

（三）重视基层群众

团结军民，发展党组织。趁俞、李委托建设广西教导总队之机，安排党员担任各级干部，扩充了工人、农民和学生党员。张云逸在担任教导总队干部期间，改造部队，整顿军纪，使其成为共产党领导的革命武装力量，在队伍中广泛宣传党的革命理论。颁布《土地问题决议议案大纲》《土地法暂行条例》《共耕条例》《土地革命宣传大纲》等系列文件精神，得到各族群众热烈拥戴。在军队中建立士兵委员会，在连营总队建立委员会，建设工会、农会组织，发展各行各业优秀党员。

（四）坚持民族平等

制定正确的民族政策是落实民族团结的主要精神的体现，《广西东兰县革命委员会最低政纲草案》就特别指出，少数民族在受教育上、社会地位上一律平等，废除歧视性称呼，尊重少数民族风俗语言习惯等。在军队中积极宣传民族平等，得到群众支持。在干部选拔任用上，特别是基层多由少数民族担任骨干，为宣传党的政策方针提供有力保障。

总而言之，邓小平通过经济、文化和社会领域的统战工作，取得了一系列开创性工作，为探索中国特色的革命道路和丰富的统战理论提供大量有益经验，邓小平在广西的统战实践是邓小平统战理论的源头，研究邓小平在广

---

① 郝智慧：《邓小平军事生涯》，解放军出版社 1996 年版，第 11 页。

西特别是左右江革命根据地的统战思想和实践，对于理解和掌握邓小平理论，并在新时代认真学习习近平新时代中国特色社会主义思想，实现中华民族伟大复兴具有重要的理论指导作用。

第十五章　左右江革命根据地的民族工作制度

左右江革命根据地，是土地革命战争时期共产党在少数民族聚居地区建立的一块较大的根据地。壮、汉、瑶、苗各族人民在这里谱写的团结战斗的壮丽篇章，为我国民族关系史增添了光辉的一页，为党的民族问题理论和政策提供了丰富的实践经验和依据。

第一节　左右江革命根据地的民族状况、民族政策与民族工作制度

左右江地区是我国少数民族中人口最多的民族——壮族的主要聚居区之一。壮族占这一地区人口总数的85%左右，遍布在左右江地区各县；汉族占人口的10%；瑶族约占4%，分散在东兰、凤山、都安、恩隆（今田东）、果德（今平果）一带山区；南丹、河池北部还有少数苗族群众。左右江地区民族状况的复杂性，决定了左右江革命根据地民族政策与民族工作制度的灵活性、多样性。

一、民族状况

自宋代在广西壮族地区设立土司制度以来，直至1929年才将在左右江地区的最后一批土司废除。土司制度是带有农奴制性质的社会制度。在土官的统治下，土司之间画地为牢，互相殴斗，破坏了民族间的团结。土官对土民生杀予夺，进行残酷的压迫和剥削，严重地束缚了生产力的发展。“改土归流”以后，土司的残余势力依然存在，反动政府又加强了对各族人民

的统治。由于反动统治阶级的挑拨离间，各民族之间存在严重的隔阂。壮族得不到反动政府的承认，被称为愚顽的“土人”。壮、瑶、苗等少数民族均被诬为未开化的“原种人”①。加上交通闭塞、生产落后，各族人民生活异常艰苦。半殖民地中国的“畸形儿”——鸦片贸易在滇桂黔边横行无忌。左右江的重镇龙州、百色，成为“黑货”交易的重要集散地。军阀、土匪在这里争雄称霸，兵匪一家，成为左右江地区的一大患。壮族中的土豪劣绅，不少是土司时代的家族，依然作威作福。汉族中的少数人为官为商，对当地人民压榨盘剥，引起各族群众的不满。大多数的汉族人民则因落难逃荒而来，住在高山深箐里，受当地土劣的欺压和歧视，被称为“湖广佬”。少数民族中受压迫最深重的是瑶族。他们势力单薄，地无一垄，山无一坡，几乎全都种着壮族地主豪绅（称“山主”）的土地，被叫作“山丁”。山丁除了付出产量的一半或2/3给山主作地租外，还要为山主负责抬轿、耕作等无偿劳役，一年四季要给山主送上名目繁多的土特产作贡品。山主可以随意对山丁打骂、罚款，甚至将山丁随土地山林出卖、抵押或转让。山主把山丁叫做“勒瑶”（壮语叫小孩为勒），骂为“臭瑶子”，规定山丁不得读书，不准他们穿唐装和白色的衣服。瑶族人民出圩市常被欺侮，他们的土特产常被掠夺。大革命时期曾任国民党广西省党部青年部长的共产党员陈勉恕和左派人士陈协五，在东兰县作调查时，就指出了这种民族间的不平等和阶级压迫、民族压迫的问题。他们说：东兰民族，分土人、客人、瑶人三种，“土人。……多住山洞，均操壮话”。“从前土人也要为土官服役，……现时各区伕田，均为土豪劣绅占霸埋没；有时还任意驱使人民。不遂，则诬指为匪，或架以种种罪名，送之衙署。”而“客人”，即外地迁来的汉人，“多住山洞，均操国语，土人向耻与伍”。至于瑶族，“另操一种瑶话，多住悬崖陡壁间，年中尚须向土人纳贡也”。“各区绅士，则仍能役使瑶人，责瑶供给木柴，每年又私到岩场中收杂粮捐（每收包粟百斤者抽一毫）。虽然通令禁止，但每每仍勾通官吏前往征收。”再加上“绅董沿袭土司遗制，更常擅用私刑，以武断乡曲。故土人中之贫弱嫉姓，所受

① 广西统计局：《广西年鉴 第一回》，广西省政府统计局1934年版，第155页。

者一重压迫，而客瑶则受二重三重”①。

为了解除阶级和民族的压迫，具有光荣革命传统的左右江地区各族人民曾多次举起刀枪进行斗争。近代史上，在太平天国革命、中法战争、桂西会党大起义和孙中山领导的镇南关起义及辛亥革命中，左右江人民都作出了重大的牺牲。但是，旧民主主义革命没有找到一条解决我国民族问题的正确道路。1919 年，凤山县瑶族邓卜才领导的数千人参加的“合大团”斗争，很快被反动派镇压下去了。曾在左右江地区掀起过巨大波澜的大革命运动，给中华民族的解放带来了一丝曙光，但大地主资产阶级又将革命出卖了，左右江根据地建立的时候，如何处理根据地中的错综复杂的民族问题，是摆在党的面前的一项重要任务。

二、民族政策

制定正确的民族政策，解决民族问题，对完成民主革命任务具有重要意义。当时，党中央已注意到民主革命中的民族问题，但由于缺乏实践经验而没有能作出具体明确的政策规定。1928 年 7 月召开的中共第六次全国代表大会上，作出了《关于民族问题的决议》。该决议指出：“中国境内少数民族的问题（北部之蒙古，回族，满州，高丽人，福建之台湾人，以及南部苗黎等原始民族，新疆和西藏），对于革命有重大意义，特委托中央委员会在第七次大会召开之前，准备中国少数民族问题的材料，以便第七次大会时列入议事日程并加入党纲。”② 这个决议对民族问题作了原则性的规定，对新民主主义革命中如何处理民族问题具有指导意义。在建设右江革命根据地中，中共中央对右江地区民族情况有所了解，并提出明确的处理意见。1930 年 1 月，邓小平和龚钦冰在给中央汇报时，提出右江地区有很多瑶民，经常碰到民族问题。1930 年 1 月初，中央讨论红七军工作后对处理少数民族问题作的结论指出：对于瑶民，“我们主要的要站在阶级观念上去同化他，宣传汉瑶平等待遇，发动其自决权反对汉人（是汉族的统治阶级而不是整个的汉人）的压迫，

① 中共广西区委党史资料征委会《左右江革命根据地》编辑组：《左右江革命根据地》（下），中共党史资料出版社 1989 年版，第 1136 页。

② 中央档案馆编：《中共中央文件选集》（第 4 册），中共中央党校出版社 1983 年版，第 388 页。

尤其要经常地注意他们生活的痛苦，号召他们起来作斗争，反对酋长的压迫，分化其内部”①。1930 年 3 月 2 日，中共中央给广东省委转红七军前委的指示也作了相同的指示。从上述情况看来，中央是非常重视解决少数民族问题的。对右江地区的少数民族问题，提出了实行民族平等，组织少数民族人民进行阶级斗争，以求得民族的解放；尊重少数民族人民的意愿，给少数民族人民自决权；帮助、关心少数民族人民的痛苦等方面的内容。在中央的正确领导和关心下，右江革命根据地制定了正确的具体的民族政策，并在根据地内实施。

（一）民族政策的制定

邓小平领导的红七军前委坚决贯彻党的六大制定的路线方针政策，根据广西各民族实际制定的斗争方向和斗争策略，照顾少数民族的特点，平等对待汉族和少数民族群众，争取各族人民支持革命。在左右江地区，各民族人民长期友好相处，互相尊重，已成这一地区的良好风气。农民运动处于低潮时，各民族人民给农民运动以掩护、支持，保存了农民革命的基本力量，奏响了各民族团结共同对敌的动人乐曲。经过一段时间的积蓄，党领导的农民运动又轰轰烈烈开展起来，民族团结奋斗的乐章再起高潮。在这种情况下制定切合实际的民族政策，自然会水到渠成。

中共广西省第一次党员代表大会后，党组织派钟鼎、严敏、李朴（分别负责军、党、政工作，均为外省籍干部）等到东兰县协助韦拔群工作，一边恢复党组织，发展农民运动，一边调查研究，总结韦拔群在开展农运中搞好民族关系的经验，制定党及其革命政权在这一地区的革命纲领。1929 年 10 月，东兰县革命委员会发布《广西东兰县革命委员会最低政纲草案》，对瑶族人民在政治、经济、文化等方面的权利作了明文规定，“提高瑶民的智识教育”；“瑶民经济、政治、教育、工资上与其他人民一律平等”；“严禁虐待瑶民”；“没收山主的山场、土地、森林，分给瑶民”；“革命的工农兵、瑶民及劳动妇女有居住、行动、集会、结社、言论、出版之自由”。② 这一政策规定

① 中共广西区委党史资料征委会《左右江革命根据地》编辑组：《左右江革命根据地》（上），中共党史资料出版社 1989 年版，第 195 页。

② 中共广西区委党史资料征委会《左右江革命根据地》编辑组：《左右江革命根据地》（上），中共党史资料出版社 1989 年版，第 93－95 页。

各民族在政治、经济、文化、教育以及人身权利方面一律平等，主旨非常明确，即实现民族平等。这一政策虽然只规定了瑶民，其实它也适用于壮、苗等其他少数民族，是东兰革命根据地解决民族问题、处理民族关系的主要政策依据。左右江革命根据地的一系列革命法律法规以及政策性文件，都明确要求在政治、经济、文化、教育等方面执行民族平等的方针，严禁虐待、欺负、歧视少数民族，禁止使用一切歧视少数民族的称呼；坚持民族团结的原则，注意既要团结少数民族干部，也要团结少数民族群众；在经济上扶持少数民族，在文化教育上照顾少数民族，尊重少数民族的传统文化和风俗习惯；对违反民族政策的，一律严肃批评、严肃处理。邓小平在右江各县的壮乡瑶寨，与壮瑶同胞拉家常，勉励各族群众团结起来共同革命；每到一处都对各族同胞说“我们是一家人，不用客气”；了解各民族的风土人情，尊重各族人民风俗习惯。韦拔群是壮族人，为了处理好民族关系，他主动自学瑶语和苗语，和瑶族、苗族同胞打成一片，这些生活中的点滴小事表明了韦拔群对民族团结的重视。领导人的言行，对红军官兵和革命根据地干部群众以较强的约束力和极深的影响，是党的民族政策的重要组成部分，也是右江革命根据地的各族人民团结战斗的强大精神动力。

（二）党的民族政策的贯彻实施

根据地建立前后，各级党组织和苏维埃政府认真实施党的民族政策，以组织、发动、团结各族人民参加革命斗争为目的，在建立和建设根据地实践中正确处理民族关系，解决民族问题，为全党提供了有益的经验。根据地实施的民族政策主要有以下几个方面。

1. 政治方面

左右江革命根据地的各族人民群众有平等的参政议政、参军的权利。邓小平等领导人到广西工作后，非常重视少数民族的农民革命运动，在广西省党代会和农民协会代表大会上，注意安排来自壮、瑶、苗、彝等少数民族的干部参加到领导机关当中担任一定职务。百色起义前夕，百色县召开各族工人代表、农民代表参加的会议，讨论通过了第四大队转变为红军和组织苏维埃政府两个决议，使少数民族群众第一次享受到参政议政的权利。百色起义后，红七军正确处理汉族与少数民族、壮族与汉族及其他少数民族的关系，大量吸收壮族、瑶族的优秀分子到地方党组织和政权机关工作，召开各县工农兵代表会议，选举产生各级苏维埃政府组成人员，规定政府组织结构和职责，对政府进行监督。各级工农兵代表会议中都有壮族、汉族人民代表，在瑶族杂居地区有瑶族人民代表，充分体现了代表的广泛性，发挥了各族人民当家作主的主人翁作用。在政府组成人员中，充分照顾到各族人民的参政权利，右江革命根据地的各级苏维埃政权中，有数量众多的少数民族干部。右江苏维埃政府第一届委员会有 11 名委员，壮族、瑶族 7 人（其中瑶族 1 人），占 63.64%；右江地区各县苏维埃政府第一届委员会 103 名委员，壮族 77 人，占 74.76%；各区、乡苏维埃政府的主要领导，大部分是壮族、瑶族等少数民族干部，东兰县大部分乡的苏维埃政府主席一职由瑶族同胞担任。各族人民有选举权和被选举权，享有参政议政的权利，表明右江地区少数民族人民的政治地位得到了前所未有的提高。在参军方面，红七军的大门向少数民族人民敞开着，壮族、瑶族、苗族青年都享有参加红军的权利。第一纵队、第二纵队吸收了不少壮族青年来补充，第三纵队更是由韦拔群领导的东兰、凤山的壮、汉、瑶族农民军组成，第四纵队也是由奉议、恩隆、思林等县的农民赤卫军整编而成，各县赤卫军则由当地少数民族青年组成。受压迫最深、受旧军队践踏最惨的瑶族人民，积极参加红军，作战勇敢，完全改变了原来受歧视欺凌的地位。在根据地内，壮族、瑶族等民族人民在政治上得到第一次解放，瑶族人民欢呼这次解放是“瑶家的太阳上升啦!”。

2. 经济方面

红军打倒了左右江地区的军阀政权和地主武装，在革命根据地内废除封建徭役和一切超经济剥削，取消苛捐杂税和债务，减少工人工作时间，没收豪绅地主的土地分给贫苦农民，收缴和焚烧土地契约，使各族人民成了生产资料的主人。长期受军阀、地主残酷剥削的各族人民，翻身做了主人，经过实行土地革命，开展清算豪绅地主的斗争，废除地主阶级占有大多数土地的封建土地所有制，没收地主豪绅压榨农民得来的土地和财产，改变了被剥削被奴役的地位，生活得到巨大改善。在土地革命过程中，右江苏维埃政府规定不分民族同样可以参加土地分配，居住在大石山区的瑶民，也可与其他民族人民一样分到壮、汉族地主的土地和财产，可以下山经营和入住地主的房屋。在经济上实行民族平等的政策，给瑶民改变生产条件提供了便利。在分配土地时，一些瑶民不愿下山，苏维埃政府也给他们分山地。

3. 文化教育方面

各族人民享受到特殊的权利。右江根据地实行民族平等政策，弘扬各民族优秀的文化传统，给各民族人民以平等的受教育权利，并对文化落后的瑶民给予特殊照顾。右江苏维埃政府规定县、区、乡都要开办劳动小学，免费招收劳动人民子弟入学，学校所需经费由县苏维埃政府供给。各县苏维埃政府拨专款发展瑶族地区的教育事业，派出教师，免费招收瑶民子弟入学。1930 年年初，东兰县的西山、中山、东山等瑶民聚居的乡，办起了初级劳动小学，招收许多瑶民子弟入学。其中中山的长和瑶族劳动小学是根据韦拔群的提议办起来的，1930 年年初更名为长和瑶族初级劳动小学，有学生 50 余人，开设国文、算术、音乐、革命史四门课程，是当时办得最好的一所少数民族劳动小学。在东兰县、百色县高级劳动小学和各区、乡初级劳动小学中，贫苦的壮族劳动人民子弟也享受到受教育的权利。此外，红七军政治部规定在各地“实行平民教育，发展识字运动”，右江苏维埃政府在广大城乡开办农民夜校和平民夜校，开展平民教育，聘请小学教师和苏维埃政府工作人员免费授课，仅在恩隆县、向都县北区、奉议县仑圩区就有平民夜校 160 余所，使一大批没有上过学的少数民族农民享有了接受文化知识教育的权利。在文化上，根据地注意对少数民族文化传统的利用和保护。东兰县革命委员会规定要创设通俗阅报室、图书室；右江苏维埃政府规定县、区、乡苏维埃政府采用汉、壮、瑶民族文化形式进行宣传鼓动工作，成立白语戏社及游艺团体，设立群众书报社、演讲所、体育场及俱乐部，组织白语戏社等。此外，红七军还采用壮族人民喜闻乐见的唱山歌、演戏剧等形式在城乡进行宣传，以方便少数民族人民接受相关内容。教育文化政策的实施，使右江各族人民得到了一次受教育的机会，对右江革命根据地的建设起到了推动作用。

4. 人身权利方面

给少数民族人民以充分的保护和尊重。根据地在努力实现各民族平等的同时，也给各族劳动人民以平等的人身权利。苏维埃政权规定瑶民与其他民族人民有居住、行动、集会、结社、言论出版自由，用以保护和实现各族人民的人身自由权利。中共中央给红七军指示，号召瑶民起来斗争，“脱离酋长制的领导以求得自身的解放”。红七军和苏维埃政府，领导各族人民砸碎了强加在他们身上的枷锁，给予人身权利。号召瑶民到平地居住，把壮、汉族地主的房屋分给瑶民；鼓励他们赶集出卖山货，交换工业品；与瑶民做生意时等价交换；给瑶民选举权和被选举权，召集瑶民参加讨论苏维埃政府建设大事；禁止使用侮辱性称呼，如不能称瑶民为“勒瑶”“布龙”，不能称汉人为“布滚”。根据地注意保护各族妇女的权益，禁止买卖婚姻，实行婚姻自由；反对包办婚姻和虐待、拐卖妇女，解救丫头。百色县苏维埃政府判决黄家安串卖黎咸华妻黄氏案，准黄氏跟随后夫，判串卖人给黎氏以赔偿；思林县有几十人因属包办婚姻而办理了离婚手续；天保县有30多对青年男女自由恋爱结婚，奉议县给自由恋爱结婚的青年发结婚证书。所有这些，保证了各族人民行使人身自由权利。

5. 风俗习惯方面

尊重少数民族的风俗习惯，遵守少数民族地区的群众公约。在根据地里，红七军和革命队伍中的工作人员，认真执行党的民族政策，严格遵守革命纪律，自觉地为各族人民谋利益。各级领导干部处处关心少数民族人民，经常性地宣传并发动群众开展土地革命，且以身作则，起表率作用。邓小平到壮家瑶寨与群众促膝谈心，百色的街街巷巷，恩隆、思林、天保、东兰等县的山山弄弄，都留下他的足迹，回荡着他谆谆教导的声音。从向都县北区的巴麻乡，思林县兰芳村弄邓屯，那驮屯，一直到东兰县的武篆，再回到恩隆县的平马，邓小平勉励壮、瑶族同胞团结起来，共同奋斗。他在壮家的阁楼里和老百姓吃一样的饭菜，抽本地的烟丝，睡竹垫子，为群众的柴米油盐操心，也非常了解、尊重壮族的风土人情，甚至用几瓢水都能非常体谅挑水人的艰辛。在平马，他看到壮族一个寡妇家破烂不堪的房子，便拿出铜板吩咐战士帮助修好房子。邓小平关心少数民族人民疾苦的一幕幕动人情景，令各族人民难以忘怀。张云逸率红七军主力游击黔桂边过苗山时，开始苗胞由于不明真相而上山躲避，使得红军筹不到粮食。张云逸决定征集住户的粮食、猪和蔬菜，按瑶民的习惯和汉族区的市价付钱，在哪里拿就把大洋留在哪里，并贴上宣传品或找到首领，宣传民族政策和红军宗旨。回师再过苗山时，苗胞出来欢迎，给红军支持给养。李明瑞在凌云处理了一名不尊重少数民族人民风俗习惯、违反群众纪律的士兵，并将处理结果在群众大会上宣布，向群众公开赔礼道歉。张云逸、李明瑞等领导身先士卒，带动各级官兵、各级党组织和广大党员、苏维埃政府成员，与汉、壮、瑶、苗族人民打成一片，根据地内就像革命的大家庭，民族平等、民族团结的政策得到充分体现。

三、民族工作制度

从促进民族团结、维护民族平等、增进各民族共同发展、巩固和发展根据地政权的实际需要出发，右江苏维埃政府和红七军前委结合根据地少数民族的特殊实际，制定出切合根据地实际的民族工作制度，并在实际中认真实行。

（一）民族工作制度的含义

从一般意义上说，民族工作制度是指某个国家和地区的政府或政党为解决其境内民族问题，理顺民族关系而制定的各项规章制度。

（二）根据地民族工作制度建设的主要内容

1. 确立保障少数民族基本政治权利的制度

（1）确立少数民族权利平等的制度

百色起义和右江革命根据地创建期间，红七军和右江苏维埃政府十分注重实行中国共产党民族平等的政策。1930 年 3 月，中共中央在给红七军前委的指示中就指出："广西内部杂居不少的瑶民，这些瑶民虽然大部分同化汉族，然还有不少的种族关系。我们去同化他们一定要站在整个的阶级观点上，注意他们生活的苦痛，宣传汉瑶平等待遇，要发动他们的自决权。"① 右江苏维埃政府和红七军前委坚决拥护中央的决定，认真贯彻民族平等政策，维护民族平等，促进民族团结。《广西东兰县革命委员会最低政纲草案》中规定："瑶民经济、政治、教育、工资上与其他人民一律平等。"② 特别强调对历史上饱受歧视的瑶民平等地位的维护。

（2）制定保障少数民族政治权利和自由的制度

右江革命根据地创建期间，右江苏维埃政府和红七军前委，本着把少数

---

① 中共广西区委党史资料征委会《左右江革命根据地》编辑组：《左右江革命根据地》（上），中共党史资料出版社 1989 年版，第 239 页。

② 中共广西区委党史资料征委会《左右江革命根据地》编辑组：《左右江革命根据地》（上），中共党史资料出版社 1989 年版，第 93 页。

民族从政治压迫下解放出来的政治目的出发，制定出保护和促进少数民族政治权利和自由的一系列制度。1929年10月《广西东兰县革命委员会最低政纲草案》（壬）“关于地方一般的设施”第15条规定：“革命的工农兵、瑶民及劳动妇女有居住、行动、集会、结社、言论、出版之自由。”①《中国红军第七军目前实施政纲》中也指出：“人民有言论、集会、结社、出版、罢免之自由。”②

2. 制定保护少数民族人身权的制度

历史上，各少数民族人民的人身权利经常受到侵犯，得不到保障。右江革命根据地建立后，红七军和右江苏维埃政府十分注重对少数民族人民人身权利的保护，制定了一系列保护的制度。如《广西东兰县革命委员会最低政纲草案》规定“废除包工制”“废除肉刑制度”“严禁虐待雇农”“废除童养媳”“废除使女制度”“严禁男子虐待妇女”“婚姻绝对自由”“严禁贩卖人口”等，都属于对各族人民人身权利的保护规定。

3. 制定促进少数民族经济发展的制度

（1）制定适宜民族地区实际的土地分配制度

为促进民族地区经济的发展，获取成功的土地革命经验，邓小平等深入实际，调查土地革命进行的情况。在取得成功经验的基础上，1930年5月，右江苏维埃政府制定了《土地法暂行条例》，该法是根据地进行土地革命的法律依据。《土地法暂行条例》在制定土地分配原则时，认真落实党的民族平等政策，规定土地分配，不分民族，平等参与，对于瑶民则有特别的政策规定。邓小平在1931年4月给中央写的《七军工作报告》中指出：“瑶民分配山地，有些瑶民不愿下山，则分配山地，田地不够时则将山地分给富农。”③ 这种特殊分耕政策，充分反映右江地区少数民族实际情况，表达了右江地区各族人民的热切愿望，为保证各族人民成为土地的主人，实现“耕者有其田”，提供

① 中共广西区委党史资料征委会《左右江革命根据地》编辑组：《左右江革命根据地》（上），中共党史资料出版社1989年版，第406页。

② 中共广西区委党史资料征委会《左右江革命根据地》编辑组：《左右江革命根据地》（上），中共党史资料出版社1989年版，第94页。

③ 中共广西区委党史资料征委会《左右江革命根据地》编辑组：《左右江革命根据地》（上），中共党史资料出版社1989年版，第406页。

制度保障。

（2）制定保护城镇中小工商业的制度

右江农民运动和右江革命根据地建设期间，右江农民运动领导人、红七军和右江苏维埃政府都制定了保护和促进城市工商业发展的制度。1929 年 10 月制定的《广西东兰县革命委员会最低政纲草案》规定，“（庚）关于商人方面：第一，保护小商人的利益。第二，严禁大商人剥削小商人。第三，取消关卡厘金。第四，废除一切苛捐杂税”[①]。百色起义前夕，邓小平主持召开了百色城商会会议，向商人通报了百色起义的起义时间，告诫他们照旧营业，不必惊慌。1930 年颁布的《中国红军第七军司令部、政治部布告》第 4 条规定：“对商民：废除苛捐，取消杂税，保护贸易，买卖公平，严守我军纪，绝不扰商扰民。”[②]《土地法暂行条例》和《共耕条例》对保护民族工商业、保护贸易、维护商人合法利益也都明确规定，这是保护城镇中小工商业的法律依据。

4. 制定推进民族教育文化事业发展的制度

为了更好促进民族教育文化事业的发展，保障各民族受教育权利，红七军和右江苏维埃政府制定促进民族教育和文化发展的政策。1929 年 10 月《广西东兰县革命委员会最低政纲草案》中规定：“创设劳动人民通俗阅报室”；“创设劳动人民通俗图书室”；“革命的工农兵、瑶民及劳动妇女有居住、行动、集会、结社、言论、出版之自由”[③]。1929 年 12 月制定了《右江苏维埃各级政府组织与职责》，明确规定了苏维埃政府文化委员的职责：“办理群众学校强制儿童教育”“设立群众书报社、讲演所、体育场及俱乐部”“组织白话剧及一切革命团体”等。[④] 1930 年的《中国红军第七军司令部、政治部布告》第 6 条规定，“对教育：提高文化，普及教育，劳动儿童，免费入学，推

---

① 中共广西区委党史资料征委会《左右江革命根据地》编辑组：《左右江革命根据地》（上），中共党史资料出版社 1989 年版，第 94 页。

② 中共广西区委党史资料征委会《左右江革命根据地》编辑组：《左右江革命根据地》（上），中共党史资料出版社 1989 年版，第 255 页。

③ 中共广西区委党史资料征委会《左右江革命根据地》编辑组：《左右江革命根据地》（上），中共党史资料出版社 1989 年版，第 95 页。

④ 中共广西区委党史资料征委会《左右江革命根据地》编辑组：《左右江革命根据地》（上），中共党史资料出版社 1989 年版，第 154 页。

翻旧礼教，创造好风俗”①。这些规定是推进民族教育文化事业发展的制度保障。

5. 制定尊重少数民族风俗习惯的制度

百色起义期间，红七军和右江苏维埃政府在经济、政治、文教等各领域，制定增进和维护民族平等的政策，禁止歧视、虐待、欺负少数民族。百色起义的领导人多次强调，严禁使用歧视少数民族的称谓；注意处理好同少数民族干部、群众的关系，尊重各少数民族的文化和风俗习惯；严肃处理违反民族政策的事件。这些要求，体现党对少数民族的平等对待的政策，也体现了党对少数民族文化和风俗习惯的尊重。

第二节 左右江革命根据地的民族工作制度及其实施

左右江根据地各级党组织，在中央代表邓小平的直接领导下，在实践中找到了许多解决民族问题的好方法、好经验。

首先，领导各族人民坚决执行党的总路线。百色起义和龙州起义前后，邓小平领导的广西党组织，通过会议决议、布告、报纸、标语、小册子和口头宣传等形式，宣传党的“六大”精神，使南疆各族人民从切身的经历体会中深刻地认识到，帝国主义及其走狗的反动统治，是中国人民痛苦的根源，帝国主义和国民党新军阀，是扼杀大革命的罪魁祸首。“我们久受帝国主义压迫摧残的中国人民”，只有团结起来进行斗争，才是“中国民众的唯一出路”，② 为了实现这个革命的总目标总任务，党领导左右江地区各族人民建立了各级工农民主政权——苏维埃政府或革命委员会，实行了旨在推翻封建统治基础的土地革命，建立和加强了人民武装的力量——红七军、红八军和县、区、乡的赤卫队，并在经济、文化等方面进行了许多新的建设。左江地区的各族人民，在党的领导下开展了声势浩大的反帝斗争，发出了反对法帝国主

① 中共广西区委党史资料征委会《左右江革命根据地》编辑组：《左右江革命根据地》（上），中共党史资料出版社1989年版，第256页。

② 中共广西区委党史资料征委会《左右江革命根据地》编辑组：《左右江革命根据地》（下），中共党史资料出版社1989年版，第1136页。

义干涉我国内政的通电，驱逐了法国驻龙州的领事、神父和海关官员。左右江地区的土司残余势力，也受到了沉重的打击，各族人民也在阶级和民族的解放斗争中得到解放。有一首流传的壮族山歌唱道："苏维埃成立，各民族平等；打土豪，分田地，大家得翻身。"① 当时的革命报刊也报道说：东兰、凤山的农民分得了土地粮食，免除了苛捐杂税的剥削和反动势力的压迫，"没有种族地方性的界限"。特别是久受统治阶级"压迫欺凌的瑶民和住在石山洞弄场中最困难的农民在苏维埃政权下获得了平等的待遇，得到同样肥美的土地"。于是，到处出现了"热烈拥护苏维埃和自愿加入红军，为全国革命胜利而奋斗"的热潮。②

其次，针对突出的民族问题，总结经验，制定并着力推行切合实际的民族制度。红七军和各级苏维埃政府认真贯彻执行处理民族关系规章制度，动员和组织发动各族人民参加革命斗争，使民族关系得到妥善处理，民族问题得以合理解决，为党正确处理民族关系进行有益的实践探索。根据地实施民族工作制度的工作主要表现在以下方面。

一、推进民主政治建设

邓小平到广西工作之后，十分重视右江地区的少数民族农民革命运动，在广西省党代会和广西农民协会代表大会上，均安排来自右江地区的少数民族革命领导人参加到领导机关中。百色起义前夕，百色县召开各族工人和农民代表参加的会议，讨论通过了第四大队转变为红军和组建苏维埃政府的决议，让少数民族人民享受参政议政的权利。百色起义后，红七军正确处理汉壮关系、壮族和其他少数民族的关系、汉族和少数民族的关系，大量吸纳壮、瑶等少数民族的优秀成员到各级地方苏维埃政府机关和党组织工作。在苏维埃政府组成人员中，从右江苏维埃政府到乡苏维埃政府，都有较大比例的少数民族成员，有的甚至是清一色的少数民族，充分照顾了各族人民的参政权利。第一届右江苏维埃政府委员会共有 11 名委员，有 6 人是壮族、1 人是瑶

---

① 中共广西区委党史资料征委会《左右江革命根据地》编辑组：《左右江革命根据地》（下），中共党史资料出版社 1989 年版，第 1137 页。

② 中共广西区委党史资料征委会《左右江革命根据地》编辑组：《左右江革命根据地》（下），中共党史资料出版社 1989 年版，第 1137 页。

族，共占63.64%；各县第一届苏维埃政府委员会共103名委员，壮族77人，占74.76%，瑶族居住地的县苏维埃政府委员还有部分瑶族委员；各区乡的苏维埃政府成员，绝大多数由少数民族组成，东兰县的许多乡苏维埃政府委员由瑶族人民担任。同时，各级工农兵代表中都有汉、壮族的代表，瑶族居住地区有瑶胞的代表，展示了广泛的代表性，充分发挥了各族人民当家作主的主人翁作用，少数民族人民的政治地位得到了前所未有的提高，保障了各族人民平等参政议政的权利。

在参军方面，红七军的大门始终向少数民族人民敞开，壮、瑶、苗等各族青年都享有参加红军的权利。第一纵队、第二纵队吸收了不少壮族青年来补充，第三纵队由韦拔群领导的东兰、凤山的壮、汉、瑶族农民军组成，第四纵队也是由奉议、恩隆、思林等县的农民赤卫军整编而成，各县赤卫军则由当地少数民族青年组成。在根据地内，壮、瑶等民族在党的领导下得到第一次解放。瑶族人民历史上受压迫最深、受旧军队践踏最惨，他们积极参加红军，作战勇敢，完全改变了原来受歧视欺凌的地位，欢呼这次解放是“瑶家的太阳上升啦!”。

二、开展土地革命

右江革命根据地创建过程中，红军所到之处，打倒军阀和地主豪绅武装，建立苏维埃政府，废除一切瑶役和超经济剥削，取消苛捐杂税和债务，减少工人工作的时间，没收地主田产分给贫苦农民，收缴和焚烧地契，使各族百姓成为生产资料的主人，彻底改变了各族人民受奴役受压迫的地位，获得经济上的解放。而土地革命更使各族群众平等分得土地；受压迫最深的瑶民得到特殊照顾，他们和其他民族一样分到汉、壮地主的土地财产。那些不愿下山的瑶民，苏维埃政府则灵活分山地给他们。土地革命改变了各族人民生产生活条件，实现“耕者有其田”，经济上得以解放，废除封建土地所有制，保障各族人民经济权利。

三、发展文化教育事业

（一）创办各式教育

右江革命根据地时期，右江苏维埃政府创办各式教育，保证各族群众平等享受教育权利，特别照顾经济文化更为落后的瑶族人民。各地苏维埃政府创办劳动小学，各族子弟免费入学，县苏维埃政府提供学校所需费用。对于瑶族地区，县苏维埃政府拨专款发展教育事业，派出教师，瑶民子弟免费入学。中山、西山是东兰县瑶族聚居地，1930年，县苏维埃政府创办劳动小学，免费招收瑶族子弟入学。其中中山的长和瑶族劳动小学是根据韦拔群的提议办起来的，1930年年初更名为长和瑶族初级劳动小学，有学生50余人，开设国文、算术、音乐、革命史等四门课程，是当时办得最好的一所少数民族学堂。在东兰、百色的高级劳动小学和各区、乡初级劳动小学中，让各族子弟享有接受教育的机会。同时，红七军所到之处，“实行平民教育，发展识字运动”。而右江苏维埃政府在各地创办平民夜校和农民夜校，开展平民教育，聘请小学教师和苏维埃政府工作人员免费授课，让大批从没有上过学的少数民族民众接受文化教育，享受平等教育权利。

（二）发展文化事业

根据地注意对少数民族文化传统的利用和保护。东兰县革命委员会规定要创设通俗阅报室、图书室；右江苏维埃政府规定县、区、乡苏维埃政府采用汉、壮、瑶民族文化形式进行宣传鼓动工作，成立白话戏社等。此外，红七军还采用右江人民喜闻乐见的唱山歌、演戏剧等形式在城乡进行宣传，以方便少数民族人民接受。教育文化政策的实施，使右江各族人民得到了一次受教育的机会，对根据地的各项建设起了促进作用。各级苏维埃政府根据邓小平的要求，创设了白话剧社和白话戏社，利用少数民族的文化形式开展宣传工作，促进了民族文化的发展，也推动了革命的发展。

（三）采取多种形式培养民族干部

红七军和右江苏维埃政府十分重视培养和教育少数民族干部，采用平时宣传教育和集中专门培训相结合的办法，通过开办学习班、训练班、教导队等的形式，从政治、军事、文化等多方面对少数民族干部进行培养，并强调与实践锻炼相结合，在实践中培养。百色起义领导人十分重视对民族干部的培养和利用，他们亲自编写教材，亲自组织讲课，邓小平等领导人起到垂范的作用，先后在恩隆、东兰开办7期党政训练班。同时，在革命实践中磨炼少数民族干部，使他们锤炼成为革命力量的中坚分子。根据相关研究的不完全统计，有108名壮族干部为县级以上党政军群团组织的干部，发挥了核心作用。

四、推进人权事业

右江革命根据地在努力实现各民族政治权利平等的同时，也充分保障各族人民尤其是各族妇女平等的人身自由权，对瑶族同胞，尤其是妇女更是给予特殊保护。一方面，右江苏维埃政权规定各族人民享有平等权，一样有居住、行动、集会、结社、出版、言论自由，以保障各族人民平等的人身自由权。另一方面，以实际行动积极帮助各族人民实现人身自由权。中共中央给红七军指示，号召瑶民起来反抗斗争，“脱离酋长制的领导以求得自身的解放”。红七军和苏维埃政府领导各族人民砸碎了强加在他们身上的枷锁，实现了人身自由。如号召瑶民到平地居住，把壮族、汉族地主的房屋分给他们；鼓励瑶民赶集出卖山货，交换工业品；强调与瑶民做生意对等价交换；给瑶民选举权和被选举权，召集瑶民参加讨论苏维埃政府建设大事；禁止对瑶民使用侮辱性称呼，如“勒瑶”“布龙”。同时，也特别注意对各族妇女权益的保护，禁止买卖婚姻，倡导婚姻自由；反对包办婚姻，禁止虐待、拐卖妇女。百色县苏维埃政府在审理黄家安串卖黎咸华妻黄氏一案中，判准黄氏随后夫，黄家安给黎氏以赔偿；思林县苏维埃政府准予因包办婚姻而要求离婚的几十人办理离婚手续；天保县苏维埃政府则允许30多对青年男女自由恋爱结婚；奉议县苏维埃政府给自由恋爱结婚的青年颁发结婚证书。这些事实表明，右江苏维埃政府采取各种措施保证各族人民的人身自由权利，少数民族的人身自由权得到保障。

五、尊重少数民族的风俗习惯

中国共产党在民族地区开展工作的一项重要政策是尊重少数民族风俗习惯，百色起义的领导人和右江苏维埃政府一直认真贯彻这项政策。

（一）红七军领导率先垂范，尊重少数民族的风俗习惯

为做好革命发动宣传工作，同老百姓一样着装的邓小平，头戴斗笠、脚

穿草鞋，深入壮乡瑶寨，走百色街街巷巷，同群众促膝谈心，他辛勤的足迹遍布百色的山山水水。红军老战士黄美伦在《邓政委来到武篆》中讲道："邓小平来到武篆，深入土舍茅棚与群众促膝谈心，用通俗生动的语言向群众宣传土地革命的意义，拔哥和我爱人经常陪邓政委下乡，看见邓政委在干部或群众家里，同群众一起吃玉米糊、木薯、毛豆，而且吃得津津有味。群众说'邓政委像我们壮家人一样！'。"① 在邓小平、张云逸的带领下，红七军和右江苏维埃政府的各级党员干部严格遵守组织纪律，用实际行动尊重少数民族的各种风俗习惯，严肃处理侵犯少数民族的风俗习惯的人和事。张云逸率领红七军游击黔桂边过苗山时，苗胞因不明真相而上山躲避，红七军筹不到粮食。张云逸决定征用住户的粮食、猪和蔬菜，按瑶民的交易习惯和汉族地区的市价付钱，在哪里拿就把钱留在哪里，并贴上宣传民族政策和红军宗旨的宣传品。红七军回师苗山时，受到苗胞的欢迎，并给红七军给养。李明瑞在凌云处理了一名不尊重少数民族人民风俗习惯、违反群众纪律的士兵，并在群众大会上宣布处理结果，向群众赔礼道歉。红七军领导以身作则尊重少数民族的风俗习惯的行为，鼓舞了各级官兵、广大党员干部，也鼓舞了各族群众，各级官兵、广大党员干部和各族群众紧密团结，一个和睦团结的民族大家庭终于在根据地组建起来，民族平等和民族团结政策的效果开始得以发挥。

（二）结合实际，改革少数民族的不良风俗习惯

右江革命根据地创建的过程中，红七军和右江苏维埃政府根据少数民族的实际，逐步改革少数民族不良的风俗习惯。《广西东兰县革命委员会最低政纲草案》关于"严禁早婚（男子十八、女子十六以上始得结婚）""废除多妻制度""严禁男子虐待妇女""废除使女制度""废除童养媳""废除一切不良风俗习惯（迷信、拜跪及封建式的称呼）""废除肉刑制度"等规定，就是改革少数民族的不良风俗习惯的措施，这些措施改变了少数民族长期以来的一些陋习，激发了少数民族人民参加革命的热情。

---

① 中共广西区委党史资料征委会《左右江革命根据地》编辑组：《左右江革命根据地》（上），中共党史资料出版社 1989 年版，第 682－687 页。

第三节　左右江革命根据地民族工作制度的成效与影响

邓小平等在右江革命根据地积极开展民族工作制度建设，化解了各民族之间的矛盾，激发了各族人民参加根据地建设的热情，促进了左右江革命根据地的巩固和发展，为党的民族工作积累了经验。

一、化解民族矛盾，形成和谐民族关系

如上所述，百色起义之前，右江地区的各民族人民在政治、经济、文化上存在较大差距，民族间存在矛盾，地主、豪绅利用政治上的统治地位对各族人民进行残酷的政治统治，与各族人民存在深刻的阶级矛盾和民族矛盾。百色起义后，红七军和右江苏维埃政府通过党的干部尤其是民族干部，利用各种形式，把党的民族工作制度贯彻到实际中去，用来调整和处理民族问题，理顺民族关系，赢得根据地各族群众的积极拥护。在根据地内，红七军前委通过民族干部宣传和联系群众，与壮、瑶族群众打成一片，通过民族干部把各县各级党组织、苏维埃政府、工会、农会等机构和组织建立起来，然后再通过经学习掌握党的民族工作制度的民族干部把党的方针政策贯彻到群众中去。外来干部和民族干部互相尊重，互相学习，取长补短，共同执政，成为民族团结的典范。在土地革命中，外来干部和各族干部共同为各族人民利益着想，一起打土豪分田地，共同为各族人民解放而努力。在这个过程中，民族干部起到表率作用，把各族群众团结到党的旗帜下，形成了和谐的民族关系。一方面，在反抗阶级压迫、争取民族权利的斗争中，各族人民紧密团结，互相支持，共同战斗。红七军主力北上后，东兰的瑶族群众一如既往地支持韦拔群领导反抗国民党的革命斗争。另一方面，在平常生活里，各族百姓互相帮助，平等友爱，彼此尊重对方风俗习惯，不再用歧视语言称呼对方，汉、壮、瑶不再存在民族压迫的问题，民族歧视得到了消除，民族关系进入了崭新时期，汉、壮、瑶互助团结的民族关系逐渐形成。

二、激发各族人民参加根据地建设的热情，促进根据地的巩固和发展

右江革命根据地创建的初期，“有革命的工农民众20多万人来拥护”①，到1930年9月革命根据地鼎盛时期，有100万人口的规模，为根据地创建初期的5倍。百万群众的积极参与，有力推动了革命运动的发展。

（一）各族人民当家作主，积极投身政权建设

农民运动时期，右江地区各族群众积极参加农协会，成为农协会委员或会员，积极参加农协会活动，为群众说话办事。在百色起义准备之时，广大群众对即将诞生的民主政权投以极大的热情，工会、农会组织工人、农民为新政权的建立做了大量的准备工作。百色县分别召开工人代表会议、农民代表会议，代表各族人民的意愿讨论成立苏维埃政府的大事。1929年12月11日，右江第一次工农兵代表大会召开，80名代表代表各族人民讨论建立苏维埃各级政府、扩大红七军等问题，通过政治纲领，选举右江苏维埃政府领导成员，实现了当家作主的权利。

（二）各族群众积极参加革命队伍

1929年10月22日，邓小平、张云逸率第四大队到百色准备起义，经过宣传发动工作，各族群众积极参加红军和赤卫军，在短短的一个多月里，就有1000多名各族青年加入到第四大队中来。到1930年8月，红七军由4000多人发展到7000多人，新参加红军的近3000人中，绝大部分是右江地区各族青年。一时间，出现了不少妻送夫、父送子参军的感人场景。

（三）各族群众积极配合红军作战

赤卫军和各族群众通过各种形式积极配合红军作战。一方面，赤卫军直接参加红七军的战斗。奉议、恩隆两县农军参加第四大队在平马、那坡收缴第三大队武装的战斗。另一方面，各族群众通过各种形式支持红军对敌作战。

---

① 中共广西区委党史资料征委会《左右江革命根据地》编辑组：《左右江革命根据地》（上），中共党史资料出版社1989年版，第123页。

红七军在攻打隆安、攻打榕江、收复百色、伏击滇军等战役中，各族群众组织担架队、慰劳队、洗衣队等，配合红军作战，给予红军大力支持。在摧毁土豪武装战斗中，“每次都有广大群众参加，且在作战中继续不断地增加群众的数量……当时士气甚盛，士兵时常高兴地说：‘我们的人愈打愈多啊！’”①。据《东兰县志》记载，从 1927 年到 1933 年，东兰县人口由 190,447 人减到 92,851 人，而在减少的近 10 万人中，“有关人士分析……这时期由于桂系军队的镇压，东兰人民有的惨遭杀害，有的被拉到外地出卖和被迫逃往他乡，总共 3 万多人是有的”。② 经过民政部认定，东兰县共有革命烈士 2231 人，由此可估算，东兰县成千上万名各族群众为革命献身。正是由于各族群众的大力支持，红七军才多次粉碎敌人的“围剿”。坚持根据地建设的过程，是一部记载军民共同抗击敌人的革命史，也是根据地各族人民对根据地的贡献的史诗。

（四）各族群众给予红军大量的物资支持

右江地区是一个贫穷落后的地区，各族群众生活极端困苦，经常吃不饱穿不暖，但他们在支持帮助红军上则竭尽全力。他们有的腾房给红军住，有的节衣减食给红军送衣、送粮；更多的是通过发展生产来支持红军，很多人到兵工厂、被服厂、修理队做工，为红军制衣缝被，制造枪支弹药；有的修桥修路；有的护理伤病员；等等。例如，恩隆县车缝工会主席黄木生，把自己家房屋给红军当被服厂房，很多工人则把自己的车缝工具充公，仅 1930 年 2 月，就为红军生产棉衣 700 多套，粮袋、弹带、红领带 2000 多条，红旗 400 多面。又如，1930 年七八月间，东兰县妇联主席黄美伦奉命到西山区弄峰乡筹款，得到群众的支持，筹得 200 多圆银圆。同年 8 月，红七军缺乏军鞋，那马县苏维埃政府干部徐泽长、李凤彰、徐千珍发动坡马村妇女赶做军鞋，一次征得 400 双军鞋；10 月，红七军在河池整编，发动东院区妇女赶制军帽和米袋，仅一天两夜，就赶制军帽和米袋各 1000 多个。在创建根据地的艰苦

---

① 中共广西区委党史资料征委会《左右江革命根据地》编辑组：《左右江革命根据地》（上），中共党史资料出版社 1989 年版，第 360 页。

② 黄相主编、东兰县志编纂委员会编：《东兰县志》，广西人民出版社 1994 年版，第 556 页。

斗争中，奉议、恩阳两县人民为红军提供了4万公斤粮食、800套军衣、12担草鞋。可见，右江各族群众对红军给予了巨大的支持，帮助红军克服各种困难，取得斗争的胜利。

（五）各族群众冒生命危险掩护革命人士

百色起义和龙州起义后，国民党反动政府和军队对左右江革命根据地进行大规模的“围剿”。红七军主力北上后，敌人的“围剿”更为残酷，开展革命工作更为困难。但是各族群众冒生命危险掩护革命人士，使革命力量在“白色恐怖”之下得以生存发展。敌人采取并村等办法把群众集中起来，对群众进行利诱威逼，强迫群众说出革命人士的情况，群众宁死不屈，没有透露半点消息给敌人。1932年10月19日韦拔群被叛徒杀害后，东里屯群众冒着被烧光杀光的危险收殓韦拔群的遗体，安葬在家乡的特牙山上，并建起“红神庙”以作永久纪念。正是各族群众冒险救助，革命火种才得以保存，右江革命根据地和红七军革命的胜利才有可靠的基石。1960年清明节，张云逸到东兰县给韦拔群扫墓，对东兰县领导和群众意味深长地说：“我应该感谢你们，我这个红七军军长，没有右江各族人民的支持就当不成。”① 这不仅代表了红七军对右江地区各族群众的感激之情，而且是党对右江地区各族群众支持工作的充分肯定。

三、为中国共产党处理民族关系政策的制定与理论体系的形成积累经验

右江苏维埃政府制定和实施的民族工作制度，以及因此而积累的民族工作经验，丰富了中国共产党在第二次国内革命战争时期的民族工作制度与理论体系，使中国共产党对民族问题的政策规定在实践中得以具体化。右江革命根据地创建之前，中国共产党尚未在少数民族聚居区建立过革命根据地，对于少数民族问题的认识还停留在文件上，并没有实践基础和经验。百色起义后，邓小平、张云逸等百色起义的领导人把党关于处理民族问题的原则和右江地区具体民族的实际结合起来，制定了包括《广西东兰县革命委员会最

① 中共广西壮族自治区委员会党史研究委员会编：《广西革命斗争回忆录》（第2辑），广西人民出版社1984年版，第166页。

低政纲草案》等在内的一系列民族工作制度，首次系统地阐明了中国共产党民族平等、民族团结的政策主张。同时，在具体进行土地革命时，注意把党的土地革命政策与民族地区的实际情况结合起来，制定了符合右江地区实际的《土地法暂行条例》和《共耕条例》，使根据地的革命建设和民族平等、民族团结工作的推进能很好地结合起来，从而较好地促进土地革命的开展，很好地增进了民族的平等和团结，对今后民族工作的开展有积极的借鉴意义。此外，右江苏维埃政府采取切合壮瑶地区特点的宣传形式宣传党的方针政策，通过举办学习班、培训班等方式培养少数民族干部等方法，为中国共产党做好民族工作，积累了经验。

第十六章　左右江革命根据地的青年和妇女工作制度

中国共产党自成立以来就把保护青年和解放妇女作为重要职责任务。在百色起义和龙州起义后，新生的左右江苏维埃政权制定、实施了一系列培养和保护青年、解放和保障妇女的制度。正是因为有了保护青年和解放妇女的制度，才使得红色苏维埃政权在左右江地区站稳脚跟，并培养出大批的青年和妇女革命干部，使革命队伍不断发展壮大。

第一节　左右江革命根据地青年和妇女工作制度概况

“青年一代是国家、社会、民族的未来。”“妇女能顶半边天。”左右江革命根据地建立后，红色苏维埃政权立即在左右江地区落实党的青年和妇女政策。为了确保青年和妇女制度的发展，中共红七军前委和右江苏维埃政府提出了针对保护青年和解放妇女运动的方针和政策，进一步加强了对青年和妇女工作的领导，特别制定了相关的青年和妇女制度以及政策，采取了多项具体的措施，使得青年和妇女的权益得到了相应的保障和维护。

一、青年和妇女工作制度的含义

自 1929 年 12 月 11 日百色起义的胜利举行和右江革命根据地的成功创建之后，有关青年和妇女工作制度也相应如火如荼地开展了起来。

（一）青年工作制度的含义

青年工作制度是为了加强革命青年组织工作，充分发挥革命青年团结群众、互相教育的作用，帮助青年接受中国共产党的正确指导与教育，培养良好的革命青年制度。

革命根据地青年工作制度是共产主义运动中必须建立并且要永久维系的革命青年组织。它在维持共产主义运动方面发挥着必不可少的作用。当代青年共产主义者在政治、意识形态和实践上都代表着共产主义运动的未来。从这个意义上来说，青年组织的一个关键作用，就是为了明天而准备合格的共产党人。青年工作制度中的革命青年时常会互相教育、学习，而后再对群众进行宣传教育，他们在物质上帮助革命，积极参加政治斗争，从而得到大众团结互助的力量等，为左右江革命根据地的建设贡献了坚实的基础性力量。

（二）妇女工作制度的含义

妇女工作制度是为了加强妇女组织的工作，充分发挥妇女的桥梁纽带作用，为维护妇女的合法权益、妇女切身利益和精神文化需求而建立起的制度。[①]

革命根据地妇女工作制度是中国共产党的首创。自中国共产党成立之后，便将妇女的解放工作与各项工作制度相结合，一方面，鼓励妇女冲出封建主义制度的牢笼，大胆寻求自身权益；另一方面，从各种途径帮助妇女学习文化知识、建立先进组织等，在极大程度上帮助妇女实现了性别解放，也进一步促进了社会的进步。其中，右江革命根据地妇女工作制度的建设尤其展现出了革命的优越性和先进性。

二、青年和妇女工作制度的目的和宗旨

（一）为党组织培养人才

青年一代是一个国家和一个民族的希望和未来，左右江革命根据地所建立的青年制度从青年成长的各个方面进行了相应的规定，分别体现在各行各业的青年受教育问题是否得到了保障、青年工人工作情况的保障是否得到了落实以及青年干部的培养和任用问题是否得到了解决。这些制度的背后都是

① 凌绍崇等编著：《百色起义与根据地制度建设》，广西人民出版社 2014 年版，第 300 页。

在为我党培养一批有力的后备军，使得左右江革命最终取得根本性的胜利。

（二）扩充革命组织队伍

左右江革命根据地刚刚建立没有多久，革命队伍还处于“未成年”的阶段，革命队伍中的干部更是急需培养和训练。邓小平认为需要大力培养干部，要根据当时的实际情况来进行：要积极举办各种类型的培训班，办军政干部学校、党校，在军部教导队中办整训班，虽然这是极其不易的，但是革命事业急需一大批干部的加入，急需人才来扩充革命队伍，所以这就急需培养大量的革命青年和妇女干部人才。

（三）将广大妇女从封建压迫中解救出来

在旧时期的中国，妇女遭受着来自政权、神权、族权的压迫，还会受到来自夫权的压迫。以毛泽东为代表的共产党人早就意识到妇女对于左右江革命的作用不能够忽视，所以在左右江革命斗争的进程中要将广大妇女群众积极解救出来，使她们获得本身就应当享有的权益和自由。广大妇女群众投身到了革命之中，她们为革命工作宣传政府的政策法令、协助政府工作，慰劳红军，转达信件，探听敌情，支援前线等，同时也为左右江革命作出了巨大的贡献。

第二节　左右江革命根据地的青年和妇女工作制度及其实践

青年和妇女工作制度的建设是左右江革命根据地建立前后发展出来的较为完善的根据地制度之一，既有基本方针，又有具体措施，建立了较为完善的制度体系。

一、青年和妇女工作制度概述

（一）左右江革命根据地青年和妇女运动的方针

青年工作制度在不同的时期都与中国共产党的历史进程有着高度的重合，

青年制度的政策与方针，一直都与劳动阶级，即工人、农民运动相互结合。作为中国共产主义先驱的李大钊和陈独秀早将对于青年在思想政治上的引导作为中国革命事业中必不可少的组成部分。尽管当时的中国共产党尚未成立，但是共产主义先驱们已经深刻地认识到青年对于中国革命的重要性。1920 年 8 月，在共产国际的推动下，中国共产党发起组——上海共产主义小组成立，随即推动了北京、武汉、长沙等地方共产主义青年组织的成立。当时的共产主义运动主要是对青年一代进行思想上的指引，为青年参加革命事业指引正确的方向。自此，中国共产党成立后，中国社会主义青年团在中国社会主义青年团第一次全国代表大会上正式成立，其成立对于中国共产党在政治上、思想上以及组织上教育和引领青年提供了坚实的基础，也为后期培养进步青年参与左右江根据地革命起了重要的作用。1922 年，中国共产党第二次全国代表大会通过的《关于少年运动问题的决议案》中特别提出，"革命的教育在无产阶级少年运动当中成了很紧急的需要"，其中把革命教育问题提升成为引领青年的重要议题。1925 年随着国共合作的第一次破裂，中国共产党第四次全国代表大会通过的《对于青年运动之议决案》明确指出，"目前社会主义青年团最重要的青年工作有三方面：青年工人运动，青年农民运动和青年学生运动"。并进一步明确了宣传、组织、教育的方针。在 1929 年 8 月 17 日，《中共广东省委给广西特委的信》第七部分"今后的总路线"第 7 条特别提及，要注意青工、女工等工作。在 1929 年 10 月的《广西东兰县革命委员会最低政纲草案》中也有相应关于青年方面的规定，其中强调了要提高青年的智识、免收青年的一切教育费用、青年工资与成年工资一律平等以及确定雇用青年的童工和女工每日的工作时长不得超过 6 小时。12 月，《右江苏维埃各级政府组织与职责》中专门有关于区苏维埃和乡苏维埃中关于青年委员的组织和职责方面的规定。1936 年，右江革命根据地制定的《革命青年会目前组织简章》专门规定了相关青年制度的具体方针。

位于广西西部的左右江地区，因其地理位置的原因，经济文化较为落后，地处左右江地区的民众常年受到封建思想的影响和教化，导致妇女的地位低下，妇女群众长期受到包办婚姻制度和旧礼教、风俗习惯的压迫和摧残，妇女遭受着严重的苦痛。1922 年，妇女在教育上享受平等权利在中国共产党的二大宣言中早已有所体现，其被列为民主革命时期的奋斗目标之一，提及

"废除一切束缚女子的法律，女子在政治上、经济上、社会上、教育上一律享受平等的权利"。1923 年，在党的三大上通过的《妇女运动决议案》中，更加明确地提出了"男女教育平等"的主张。随后，1925 年 10 月，为了响应中共党组织的号召，即刻在梧州成立了广西的第一个妇女组织——广西妇女联合会。其一经成立，梧州各个阶层、行业的妇女纷纷加入有关于妇女解放、男女平等等革命道理的宣讲队列之中，其中有学校的女教师、女学生，工厂、商店、码头的女工，以及郊区农村的妇女，此外还积极开办了妇女工读学校。1923 年，韦拔群带领东兰县农民武装三次武装攻打东兰县城。之后，在县城召开的欢庆人民武装斗争初次胜利的群众大会上，韦拔群宣布了取消苛捐杂税，废除各种封建压迫剥削的契约，并提出民族平等，男女平权。这是右江农民运动时期关于妇女解放最早提出的口号，也是关于婚姻家庭制度最早的萌芽。1926 年 10 月至 12 月，韦拔群在举办第二届农讲所的同时，在东兰县武篆区育才小学开办了广西第一个妇女运动的讲习所。[①] 当年的冬天，在参加东兰农案调查善后委员会的省党部妇女部干事黄若珊的指导之下，东兰县召开了第一届妇女代表大会，东兰县妇女解放协会相应成立，从而东兰县的妇女运动如火如荼地展开了。1929 年 8 月 17 日，《中共广东省委给广西特委的信》第七部分"今后的总路线"第 11 条中特别提及妇女运动也是党的主要工作之一，要求特委必须纠正过去忽视妇运的错误。同年 9 月，中共广西省第一次代表大会通过的《妇女运动总纲》中要求党组织加强对妇女工作的指导，"指导机关最少要有一个同志负担妇运专责，增加党对妇运的特殊注意"，建立"组织妇女委员会"，还要求"妇女群众的封建必参加阶级性的工会或农会组织"[②]。在同年 10 月 20 日，在《中共广西省委给广东特委的信——关于九、十两月的报告》中，也特别汇报了妇女支部的存在，以及妇联组织停顿的原因。当年 12 月 11 日的百色起义之后，中共红七军前委和右江苏维埃政府提及了对革命根据地妇女工作的关心和重视，其中对妇女工作提出了很多的指示。12 月 18 日的《奉议县临时苏维埃政府成立宣言》中也有关于妇女解放的部分论述，以及《为右

---

① 陈勉恕：《广西东兰农民运动之实际状况》（1926 年 12 月 4 日）。

② 凌绍崇等编著：《百色起义与根据地制度建设》，广西人民出版社 2014 年版，第 301 页。

江苏维埃政府大会告贫苦妇女书》中也指出："男女一律平等！结婚离婚绝对自由！废除买卖式的婚姻及禁止童养媳的制度！反对多妻制！反对奴婢制！禁止人口贩卖！妇女解放万岁！世界无产阶级解放万岁！"在以上这些妇女解放的方针纲领之中，体现了右江革命根据地对于妇女解放运动的高度重视和特别强调，也体现出妇女解放在我党工作中的重要地位，从根本上维护了妇女的基本权益。

（二）革命根据地青年和妇女工作组织形式

依靠群众是党动员群众的组织平台。邓小平在左右江革命根据地的建设过程中，把群团组织建设与党、政、军等组织建设并列为根据地建设的四大内容，依靠群团组织去做党的工作，使之起到了将党的方针政策畅达于群众并得到贯彻实行的保障作用。[①] 在右江革命根据地，基于党的领导下，将青年和妇女工作组织积极地开展起来。

根据1936年右江革命根据地制定的《革命青年会目前组织简章》可知，革命青年会（又称村青会）的宗旨是团结革命力量在中国共产党正确领导下，实行阶级斗争，实行土地革命，实行中国共产党一切政治主张，推翻帝国主义、法西斯蒂、资产阶级、豪绅地主、国民党军阀的反动统治，建立苏维埃政权，实现工农民主政权。该青年会为劳动青年群众团结的过渡机关，是独立组织系统，以村青年会为单一组织式，直属上级指导机关，为当地之县、区革命委员会（下游各县属于下游革命委员会），各革命青年会，一概归属于革命委员会指导之下，开展相关工作安排。参与革命青年会的各个会员的任务主要是：努力执行团体所分配的工作、按期参加各种会议，执行决议案、监督执委会与同志中的工作、贡献工作意见于团体、对同志互相教育，以及宣传教育群众、探查各地状况与敌情报告本会青会、与有革命性青年谈话、介绍新会员入会、尽力在物质上帮助革命、接受中国共产党正确指导与教育，以此提升智识，成为很好的革命青年、实际参加政治等。定期会召开会员大会、小组会议、各组长联席会议、执委会议以及常委处会议，会议中会对本

① 赵连跃：《邓小平在左右江革命根据地时期的群众路线概述》，载《人民论坛》2013年第33期。

周工作经过情况进行汇报、讨论有关党内工作以及如何扩增组织成员、批评和自我批评等。该文件中还严格规定了革命青年会的宗旨、名称、组织系统、会员入会及中心成分、会员任务及权利、执行委员会的产生及小组和执委会的职责、会员月费、经费、纪律、各种会议日期以及附则的内容，无不体现出我党对于右江革命根据地发展青年工作的决心和毅力，以及青年一代对于革命的力量和作用。

对于革命根据地的妇女组织，1929 年 12 月，恩隆县苏维埃政府妇女委员会正式成立，其中设有主席 1 人。1930 年春，思林县妇女部正式成立，设有部长 1 人。各个妇女委员会的主要任务是宣传革命思想，鼓励广大妇女群众冲破封建枷锁，积极投身革命的斗争之中。右江苏维埃各级政府组织对妇女委员会都抱以高度的重视和关注。在区和乡的苏维埃政府组织中都设有妇女委员，其职责为负责全区或者乡的妇女运动，除领导妇女参加一切革命斗争、指导妇女参加阶级组织外，还可以组织妇女形成独立团体、提出妇女切身的迫切需求，但必先注意阶级的要求、解决妇女的一切问题。正是因为右江苏维埃政府对妇女运动的高度重视和积极推进，使得区一级甚至是乡一级的妇女组织都能够成立并快速发展。

党组织能够认识到青年、妇女对于革命的价值，并不遗余力地发展并壮大其组织，唤醒了被禁锢在封建枷锁和牢笼中沉睡的广大青年和妇女群众。在黄美伦所撰写的《邓政委来武篆》一文中，尤其可见红七军前委书记邓小平对于妇女工作的关切程度。邓小平会亲自给学员授课，将妇女翻身解放的问题也联系其中，还会向女学员提出问题："过去妇女受苦受难，走路讲话都抬不起头来。现在为什么能和男人一起参加学习？"最后，邓小平还联系武篆区妇女的实际情况，从妇女过去受到的政权、神权、族权和父权的压迫，说到妇女翻身解放的重大意义。他还赞扬了武篆妇女们的作用：组织妇女赤卫队、配合红军上山剿匪、护理伤病员、做军鞋、做米袋等，同时还指出今后妇女工作的方向。①

① 中共广西区委党史资料征委会《左右江革命根据地》编辑组：《左右江革命根据地》（下），中共党史资料出版社 1989 年版，第 684 页。

（三）左右江革命根据地的青年工作制度

关于根据地青年运动的相关政策分别在青年的教育、青年的工作以及青年干部的培训方面有所体现：

1. 青年的组织和保障工作制度

对于青年工人群体，1929 年 9 月 13 日，广西党委第一次代表大会通过的《广西党政治任务决议案》中关于建立职工运动中就强调："各地党部应当把这工人工作建立起来，没有产业工人的地方，应以手工业工人为中心，同时也要注意青工、女工等工作。创办工会小报以鼓动宣传工人群众。并工人武装纠察队，赤卫队的组织，尤其是尽可能扩大工人军事的训练，使广大工人都受有军事学识。"还一并提出要求，青年工资与成年工资一律平等；确定雇用青年的童工、女工每日工作时间（不得超过 6 小时）；青年不做夜工等。

2. 青年干部培训制度

红七军前委邓小平和右江特委非常重视对于青年干部的培养工作，曾多次举办党政工作培训班，因此培养出一批德才兼备的党政干部，从而极大促进了右江革命根据地各项革命事业的发展和进程。其中，对于少数民族干部的培养更是重中之重。1930 年 4 月和 9 月，邓小平主持前委和右江特委分别在东兰、平马举办了两期党政干部培训班，使少数民族青年干部的理论和革命意识得到极大提升。而后，对于少数民族青年干部的大胆任用也使得其成为左右江革命根据地的中坚力量。

3. 青年教育制度

在文化建设方面，1929 年 12 月颁布的《中国红军第七军目前实施政纲》明确指出，"实行平民教育，发展识字运动"。1930 年年初颁布的《中国红军第七军司令部、政治部布告》也明确提出"教育劳动化""免费入学，推翻旧礼教，创造好风俗"等教育工作方针，创办劳动小学和劳动中学，重视平民教育，"为劳动人民创设通俗阅报室、通俗图书室、人民文化讲习所、夜读学校和免费学校"。各县苏维埃政府成立了文化委员会，实行"提高文化，普及教育，推翻旧礼教"的文化教育方针。因为右江地区群众家中长期都处于贫困的状态，故对于劳动青年的教育免收一切教育费用。为了加强青年的思想工作，在东兰县劳动小学建立了共青团组织和童子团组织，在共青团员覃应机、覃士冕的带动下，有40多名学生参加了红七军。其他学生毕业后，也都参加了赤卫队或到各级苏维埃政府中工作。

（四）左右江革命根据地的妇女工作制度

有关于妇女解放运动有关政策，其中主要包括三个方面：婚姻制度、妇女保护制度以及妇女教育制度。

1. 婚姻制度

在1929年12月18日的《奉议县临时苏维埃政府成立宣言》中关于妇女制度中就明确规定："妇女教育与男子一律平等待遇，女子应有承继财产权，扶助妇女组织，禁止早婚（男女在十八岁以上方可结婚），禁止买卖婚姻，严禁女巫长斋，离婚结婚绝对自由，禁止重婚。"苏维埃政府对于婚姻年龄以及婚姻成立的形式进行了限制性的规定、对结婚的程序进行了简化，并且对于离婚制度进行了相应的规定。这些规定对于当时的右江革命根据地来说，无疑是极具进步意义的，这也是中国革命战争时期婚姻家庭制度建设和实施较为成功的根据地之一。

2. 妇女保护制度

关于1929年10月的《广西东兰县革命委员会最低政纲草案》中就对妇女的保护制度进行了相关的规定，如"废除多妻制度""废除童养媳""婚姻绝对自由"。以及前文中所提及的《右江苏维埃政府妇女会口号》一文中，也指出对于妇女保护的政策和方针。

3. 妇女教育制度

针对妇女教育制度，在毛泽东、邓小平的早期思想中就能见得一二，他们提出男女教育一律平等，无论是男女都享有受教育的权利，女子也能够进学堂读书。在右江革命根据地中，开办了不少妇女训练班和妇女文化夜校，有的领导人还亲自编写教材、亲自给学员上课。各种妇女训练班学习的主要内容是政治、军事常识、文化知识、妇女解放运动理论、基层工作方法等。妇女骨干训练班以学政治、妇女解放运动理论和工作方法为主，兼学文化；妇女文化夜校以扫盲为主，同时宣传革命道理。训练班的学时，长的有2—3个月，短则10天，有的以代训。培训深入到县、区、乡，扩大了妇女干部的受教育面。

二、青年工作制度的具体措施

（一）落实革命青年教育工作

在百色起义前后，右江各县大力举办了农民夜校、平民夜校，仅恩隆县（治平马圩，即今广西田东县平马）、向都县北区（治中和衔，今广西天等县西北向都镇，1951 年撤销，与镇结县合并为镇向县）、奉议仑圩（今属田东县）就有平民夜校 1600 所。东兰县苏维埃政府还在瑶族聚居的西山 16 个乡办起了劳动学校，使适龄人员都享有了免费入学受教育的资格。① 武装起义之后，邓小平也及时制定出一系列针对工农群众青年的教育方针，尤其是提出了“实行平民教育，发展识字运动”的口号，强调文化知识对于青年培养的重要性，只有文化方面得以提升才能实现彻底的翻身和解放。右江苏维埃政府还将原广西省立第五中学创建为广西第一劳动中学。考虑到群众文化基础普遍薄弱，邓小平组织编印由浅入深，兼顾思想性、实践性和知识性的《工农兵识字课本》，作为成人夜校和劳动小学的主要教材，很受群众的欢迎。②

不仅是培养青年的认字读书能力，更是着力于发展青年的思想政治教育，对于此方面更为突出的是加强对青年军官和士兵的教育，号召青年士兵积极参加革命。针对思想政治教育方面的加强是通过党内派出优秀的党员和干部到各地区宣传我党的革命主张，向进步青年学生宣传革命队伍的纪律以及革命思想，从而号召他们参加革命。

（二）培养青年干部人才

左右江革命根据地的发展进程不够快速、迅猛，其中一个十分凸显的问题就在于干部人才的培训和任用上存在一定程度的偏差。干部是革命斗争得以实现的基础，更是革命胜利的桥梁。为了保障左右江革命取得实质意义上的胜利，对于青年干部的培训是必不可少的一个环节。苏维埃政府为了帮助少数民族青年更好地理解革命的政策和方针，便于彼此之间开展沟通和教学

---

① 刘绍卫：《邓小平与左右江革命根据地的群众路线及启示》，载《传承》2014 年第 12 期。

② 赵连跃：《邓小平在左右江革命根据地时期的群众路线概述》，载《人民论坛》2013 年第 33 期。

工作，邓小平、韦拔群、雷经天等领导人在武篆亲自给学员讲课。党政领导干部培训班的学员熟悉本民族的语言、文字，了解本民族的风俗习惯，当地的群众更愿意向他们倾诉心声、反映问题，更乐于接受他们的领导。

1930年，红七军前委曾在平马镇举办了以土地革命为中心内容的党政干部训练班。邓小平亲自给学员讲课，介绍井冈山革命根据地的经验和东兰武篆的做法。韦拔群也在东兰县长江区办了一期苏维埃训练班。现在保存在广西壮族自治区博物馆的这个训练班的学习笔记，在发展农业生产培训方面的内容有："一、开垦—办种杂粮—种植。二、整理水利。三、开矿。四、瘟疫防疫法。五、国家低利贷。六、买卖合作社。"①

（三）加强青年宣传工作

青年的宣传工作对左右江革命斗争也尤其重要，因为增强针对青年的革命思想和理念的宣讲可以广纳贤才、扩充革命队伍。在左右江革命根据地的周围，我党结合左右江的实际情况，为廉政文化建设进行了筑牢。其中包括：创办了党报党刊。1929年11月初，中共广西前委在百色创办了《右江日报》，在百色起义后，其成为红七军前委的机关报。12月，中共右江特委创办了特委机关报《红色右江》。龙州起义后，左江苏区政府把《群众报》改为《工农兵报》，作为红八军机关报；创办了《左江红旗》周刊，作为左江特委机关周刊。同时，谱写和演唱了红色歌谣。苏维埃政府结合少数民族语言，把廉政文化的宣传内容谱写进歌谣之中。还有的通过标写简明扼要的口号，传播反腐倡廉的思想。如《中国红军第七军目前实施政纲》《中国红军第八军目前实施政纲》《我们的主张》《土地革命》《关于建立苏维埃政权》等文告，书写"不借端滋扰良民""不奸淫掳掠""公平交易（不强买强卖）""向各处游击时，不拉夫""官兵待遇平等""内外纪律严明"等标语。② 红七军还组织革命青年到处进行革命理念的宣讲，向更多有志青年传播红色思想。

---

① 胡耀南：《略述右江苏维埃政府土地革命的成绩和经验教训》，载《百色学院学报》2012年第2期。

② 简华春：《左右江革命根据地的反腐倡廉实践》，载《传承》2015年第12期。

三、妇女工作制度的具体措施

左右江革命根据地的妇女工作制度在革命斗争过程中取得了不小的成效和结果，为妇女解放工作积累了很多的经验和成果。妇女解放运动不仅贯彻落实了男女平等的政策制度、大胆任用妇女干部，还鼓励广大妇女积极参加组织活动，为革命奉献出自己的一份力。

（一）贯彻男女平等的政策

男女平等，是指男女两性在政治、经济、文化、社会和家庭等各个方面，享有同等的权利，负担同等的义务。左右江革命根据地中不少的政策和主张都能够体现出男女平等的思想理念，比如，奉议县苏维埃政府成立时的宣言所提及的，妇女教育应当与男子一同享受平等待遇，女子应有继承财产权，禁止买卖婚姻，严禁女巫长斋，离婚结婚绝对自由，禁止重婚等。这些政府政策的出台均有助于这些在右江地区深受封建残余迫害的广大妇女群众获得解放和反抗的机会，使得她们有更多的机会学习文化知识、学习生产技术、参加政治活动，逐渐有了更多选择自己人生的机会和能力，这也促使左右江革命队伍中妇女群众数量急剧增长。她们在革命斗争中帮助受伤的士兵转移、照料受伤官兵、为他们提供革命物质和粮食、打听敌方消息等，左右江革命所取得的胜利成果中不乏她们的身影和奉献。

（二）大胆使用妇女干部

1925 年至 1927 年，韦拔群仿照广州农民运动讲习所的做法，先后在东兰县举办了三期农民运动讲习所，以此宣传革命理念。其中，韦拔群在武篆育才小学开办了第二届农民讲习所，这期讲习所开始大量地吸收青年妇女参加学习，讲解的主要是识字教学以及妇女解放、婚姻自由和男女平等等内容，为的是帮助妇女群众尽早适应妇女解放运动，并鼓励广大劳动青年妇女积极参与革命，在这期讲习所中培养了大批妇女运动的骨干力量。通过党的干部教育课程和讲习所，党培养了大批妇女干部扩充进入干部队伍建设之中。据统计，左右江革命根据地时期，巴马县 11 个区 33 个乡（当时分别属百色、恩隆、东兰、凤山县）的 109 名区、乡妇女委员，都参加过各级妇女干部培训班的培训学习。①

在革命中心地区的基层政权中，有不少妇女骨干还担任着政府各部门的领导，在土地革命中发挥着很大的作用。如恩隆县巴品区（现属巴马县）政府财粮委员马凤玉经常带着孩子到处奔波，为红军筹粮筹款。在一次战斗中，她为掩护苏维埃政府人员转移而牺牲。② 当百色镇成立工会时，不少的码头女工也参与其中。卢群英为苦力工会委员长，她曾带领女工参加罢工，并在红军战士保护下，带领男女工人到百色附近的七塘乡那夏屯豪绅地主的粮仓挑了13船粮食运回百色城内，救济罢工工人和贫民。③

（三）鼓励广大妇女积极参加组织活动

右江工农政权建立后，百色、恩隆、思林、果德、奉议、东兰、凤山、那地、都安等县都有大批女青年参加了红七军和农民自卫军（赤卫队）。其中东兰一县女赤卫队员就有300多名。④ 百色五中有一批女学生直接投身到红七军政治部和经理处的工作之中。各县还有一些女赤卫队员虽然没有正式地参加红军，但也随军一同行动，有的缝衣制鞋、护理伤员；有的通信联络、侦察敌情；有的直接参加战斗。比如思林县韦荣、黄玉娘等13名女赤卫队员参加了攻打思林县府的战斗并取得胜利。后来，韦荣、李开明等5人又参加了隆安战斗。⑤ 那地县巴暮区女英雄班四妹，在大革命时期就参加农民自卫军做侦察工作。她机智勇敢，辗转出入东兰、天峨、凤山、那地之间，顺利完成许多任务。1929年，她任乡赤卫队长时，在赤卫队主力外出的情况下，曾率领一班人杀退200多名敌人的包围和进攻，声威大震。⑥

① 中共广西区委党史资料征委会《左右江革命根据地》编辑组：《左右江革命根据地》（下），中共党史资料出版社1989年版，第1114页。

② 广西妇联编《广西妇女运动史资料汇编》（内部资料）第1辑，第106页。

③ 据广西妇联所存《采访卢群英回忆》（1980年12月10日）。

④ 广西妇联编《广西妇女运动史资料汇编》（内部资料）第1辑，第85页。

⑤ 广西妇联编《广西妇女运动史资料汇编》（内部资料）第1辑，第172页。

⑥ 广西妇联编《广西妇女运动史资料汇编》（内部资料）第1辑，第129页。

第三节　左右江革命根据地青年和妇女工作制度的成效与历史评价

一、青年工作制度的成效与历史评价

（一）培养出更多革命有志青年

红七军以及苏维埃政府的政策和方针中十分注重对于青年的教育，不仅仅只是要求青年学会读书写字，更是要让青年接受革命思想和理念的熏陶，从而立志投身参加革命，壮大我们的革命队伍。只有青年兴、国家才能兴。所以，左右江革命根据地的青年工作制度也对现如今的青年培养、教育工作有一些启迪。现在的青年一代拥有更为完善和健全的教育体系和教学环境，不应当将教学要求还停留在过去的对于读书识字的浅层次要求之上，但是现代青年普遍缺乏对革命和中国共产党的深刻认识和理解，要加强这一代青年对于党和革命的高度认同感和强烈归属感，使这一代青年都争相成为革命有志青年。

（二）青年干部培训制度的完善

左右江革命根据地青年工作制度对青年干部的培训，有利于现如今建设中国特色社会主义制度进程中对各级领导干部培训工作的指导。加大对各级领导干部的培训，使他们将马克思主义中国化的最新理论烂熟于心，能够增强青年干部们面对问题时的处理能力和应变速度，从而进一步提高他们的业务能力，更好地实现为人民服务的宗旨。并且当时的左右江革命根据地还将对青年干部的培训重点落在了廉政文化的教育之上，这样的教育也能够使得监督管理机制更加全面地建成和实现，能够有效地实现青年领导的自律和他律目标。

二、妇女工作制度的成效与历史评价

（一）妇女得到彻底的解放和自由

在左右江革命爆发之前，妇女没有得到彻底的解放和自由，广大妇女群众都深受封建制度的压迫，从而在政治、权利、家庭地位等各个方面都难以得到全面的保障。但是，左右江革命开始之后，苏维埃政府和各级领导相应地提出了男女一律平等、婚姻绝对自由、反对多妻制度、禁止童养媳制度、反对奴婢制、禁止人口买卖、妇女解放万岁等口号。而且还为妇女群众开办妇女讲习所或者男女均可共同学习的学校，从各个方面完善和保障了妇女的受教育权，主要教会了妇女群众解放的革命思想和理念，让她们明白人人平等、男女平等的革命思想。而且妇女解放运动也使广大妇女群众在经济上获得了同男子一样的权利和自由。在左右江革命根据地的建设过程中，广大妇女群众积极投入各项生产建设之中，有的甚至已经成为生产力的主力军。她们为红七军的生产、生活提供了很多经济方面和物质方面的支持，甚至有的妇女还成为医疗、教育、战斗领域的主力，为左右江革命斗争奉献出自己的一份力量。

当时的妇女解放运动和制度对于当今中国特色社会主义道路建设、维护人民当家作主地位有着这样的启发：我们应当完善各项制度，坚持以人民为主，对人民的切身利益更加关切、保证做到人民群众有呼声我党有回应，并且要时刻维护社会的公平正义、始终把人民的利益放在第一顺位来进行安排和考虑。

（二）激发了广大妇女群众的革命志愿

左右江革命根据地的建设进程使广大妇女群众更能够清晰地认识到，只有自己高举起革命的大旗，自己亲身参与到革命的过程中，才能使自己得到解放、获得自由。正是因为有苏维埃政府的广泛宣传和各级领导，尤其是在右江前委书记邓小平同志的极力主张之下，广大妇女群众在各个方面都体会到了自己当家作主的权利，不单单是政治方面，还有受教育的权利方面，以及关系到她们自身最基本的妇女权益保障问题都得到了很好的落实。所以身处左右江革命根据地的广大妇女群众对红七军有高度的信任和深厚的感情，并由此对革命斗争产生了强烈的热情和志愿，积极地投身于左右江革命的建设队伍之中，为革命建设添砖加瓦。

左右江革命根据地妇女工作制度建设取得如此成果，苏维埃政府对于革命信念的宣传是必不可少的一个环节。正是有了革命信念的大力宣传，才使得广大妇女群众明白了男女平等、妇女解放、公平正义的真实内涵，也正是有了这些宣传，才使得广大妇女群众第一次有了追求自身权益的机会。

第十七章　左右江革命根据地的党内法规

党内法规是党的中央组织以及中央纪律检查委员会、中央各部门和省、自治区、直辖市党委制定的规范党组织的工作、活动和党员行为的党内规章制度的总称。左右江革命根据地建立时，还没有“党内法规”这一概念，但左右江革命根据地的党组织根据实际情况，制定了一系列有关党的领导、党的组织、党的建设、党的纪律等的规章制度，实质上属于党内法规。这些党内法规对左右江革命根据地坚持党的领导、完善党的组织、加强党的建设、执行党的纪律起到了指导作用，其中规定的路线方针政策直接影响着左右江革命根据地的建设、发展以及土地革命、军事斗争的动向，是左右江革命根据地法制建设的重要组成部分，值得深入研究。

第一节　左右江革命根据地的党的建设

一、成立左右江革命根据地党的最高领导机关

1929 年 10 月 30 日，中共广东省委建立中共广西前敌委员会。1929 年 12 月 11 日，红七军成立后，中共广西前敌委员会随即改为中共红七军前敌委员会，委员 7 人，即邓小平、陈豪人、张云逸、李谦、韦拔群、雷经天、何世昌，以邓小平、陈豪人、张云逸 3 人为常委，邓小平任书记（1929 年 12 月至 1930 年 2 月邓小平赴中央汇报工作期间，陈豪人为书记）。[①] 红七军前委受中

① 吴忠才、黄远征、陈欣德主编，中共广西壮族自治区委员会党史研究室、中共百色市委员会党史办公室编著：《百色起义史稿》，广西师范大学出版社 2004 年版，第 117 页。

共中央直接领导，办公地点设在百色县粤东会馆，是红七军、红八军和左右江革命根据地党政军最高领导机关，下辖红七军、红八军以及左右江地方各级党组织。

1930 年 7 月，在邓小平领导下，红七军在恩隆县平马镇进行整训，一共整训了 3 个多月，史称“平马整训”。通过整训，红七军建立了更为完整的党组织体系和领导指挥体系，改组了前敌委员会，前委下设纵队委员会，纵队委员会下设各营委员会，营委员会下设连党支部。前委之下还设立军政治部和各纵队的政治部。政治部是部队中党的机关，执行前委的决议，负责在部队内部实施政治教育，并对地方党组织有领导和指导责任。纵队党委由纵队政治部主任、营党委由营政治委员担任书记。平马整训之后，中央革命根据地“三湾改编”、古田会议所确立的“支部建立在连队上”“党指挥枪”等组织原则在红七军中得到严格、坚决的贯彻，加强了党对军队的绝对领导，发挥了军队党组织的战斗堡垒作用，极大地增强了部队的凝聚力、战斗力，为后来红七军挥师北上、转战千里打下了坚强的政治基础、组织保障和思想条件。当时，左右江地区全军党员从最初的 300 余人，到 1930 年 11 月发展至 500 人。[①] 红七军前委作为左右江地区党组织最高领导机关，负责领导根据地的全面工作，先后在前委第二、六、七号通告中，发出了关于党的工作的指示，并创造性地开展一系列左右江革命根据地党的建设工作，使左右江革命根据地党组织得到了前所未有的蓬勃发展。

二、健全红七军各级党组织

1927 年“四一二”反革命政变后，新桂系在全省大举“清党”“清乡”，广西党组织遭到严重的摧残。当时，有 50% 以上的党员与广西特委失去了联系，而且特委及各县机关多不健全，不能有计划、有系统地指导下级[②]；同时，党的群众基础较差，城市工作也未普遍地开展。1929 年夏，国民党左派俞作柏、李明瑞主政广西，俞、李二人想借共产党的力量来巩固自己的地位。

① 吴忠才、黄远征、陈欣德主编，中共广西壮族自治区委员会党史研究室、中共百色市委员会党史办公室编著：《百色起义史稿》，广西师范大学出版社 2004 年版，第 117 页。

② 广西壮族自治区档案馆编：《广西历史档案资料选编》（第 1 辑），第 377 页。

中共中央和广东省委决定利用这一有利时机，在广西大力发展革命力量，分别调邓小平、张云逸、陈豪人等数十位党员干部到广西开展工作，并成立了中共广西军委。①

在中共中央代表邓小平等党员干部的统一领导下，中共广西军委和广西特委卓有成效地进行统战、兵运工作，大力发展了工农运动，党组织得到了恢复。中共广西省第一次代表大会通过的《广西党政治任务决议案》对广西以前党的工作做了总结，认为以前“党的中心工作未有建立起来；工人散漫没系统及没计划；因与上级党部隔阂，对于党的一切政治主张，工作策略及面临问题组织不十分正确；宣传工作不能深入群众；群众中没建立党的支部活动”②。而到了 1929 年 9 月中共广西省第一次代表大会召开时，全省已健全的中共县委和县特支有 9 个，正在恢复和健全的县委有 5 个，全省党员发展到 400 余人。③ 1929 年 12 月，红七军第一纵队、第二纵队、第三纵队及所属各营成立了党委，1930 年 8 月，第四纵队委员会成立。至 1930 年 9 月，全军建有 4 个纵队党委、12 个营党委、43 个党支部，全军党员由最初的 300 余人发展到 500 人。④ 同时，在俞、李的广西教导总队和广西警备第四、五大队亦发展了一批党员，建立了党的秘密组织。

三、建立左右江地方党组织

中国共产党恩隆、奉议特别支部是左右江地区的第一个党组织，它是马克思列宁主义与大革命时期右江农民运动相结合的产物，也是全国较早的党组织之一。1926 年四五月间，中共南宁党组织将在广西省国民党省组织部任秘书的余少杰（黄埔军校三期生）派到驻防恩隆县平马镇的国民革命军范石生军部（后整编为第十六军）政治部任职，领导右江革命斗争和

---

① 《对广西红军工作布置的讨论》（1930 年 1 月）；陈豪人：《七军工作总报告》（1931 年 3 月 9 日）。

② 左右江革命历史调查组编：《左右江革命史料汇编：革命文献》（第 2 辑），1978 年版，第 73 页。

③ 《邓小平与百色起义》课题组：《邓小平与百色起义》，广西人民出版社 2004 年版，第 124 页。

④ 莫亚人主编，中共百色市委党史办公室编著：《中国共产党百色市历史》，广西人民出版社 2011 年版，第 117 页。

党建工作。[①] 余少杰到右江后，非常重视农民运动，及时和恩隆、奉议等县农运领袖滕德甫、黄治峰、李汉生等建立起密切的关系。7月后，中共南宁地委又派严敏来右江协助余少杰开展党建工作。8月，发展滕德甫等入党。同年秋，余少杰在恩隆县百定村召开恩隆、奉议两县党员会议，宣布成立中共恩隆、奉议特别支部（亦称田南党部），[②] 余少杰任书记，直属中共南宁地委领导。随后，两个特支发展了数批党员，使特支成为右江地区革命斗争的坚强核心。[③]

1927年大革命失败后，余少杰、严敏、韦拔群等中共党员在恩隆县农村成立了广西临时军政委员会，领导右江地区农民运动。1927年4月到5月，桂系军阀先后破坏了中共广西特委和南宁、梧州等地的党组织，接着又将右江地区作为"剿办"的重点，对开展农民运动的恩隆、奉议等几个县实行军事包围和经济封锁，并调集反动军队镇压农民运动。因与上级党组织失去联系，成立仅一年的中共恩隆、奉议特别支部等右江地区党组织面临着严峻的考验。"党的领导力量更薄弱，右江十多县中仅东兰、平马、思林、奉议四五县有党的组织，且只有同志三四人、七八人不等。"[④] 1929年9月中共广西省第一次代表大会结束后，共产党员雷经天等人到右江地区发展党组织，至10月下旬邓小平同志率部队到百色时，地方党员已有五六百人。[⑤] 当时各县党组织也有了很大发展。东兰县委是右江地区最早成立的县委，1929年10月底，东兰县委指挥千余农军占县城，颁布了《广西东兰县革命委员会最低政纲草案》，提出了建设革命政权的各项方针和任务。此后，中共东兰县委加紧发展区、乡党组织，大力扩大常备农军武装至1200人。百色起义前，全县党员发展至数十人，为右江各县党组织之冠。百色起义后，经过一段时间的工作，凤山、恩隆、奉议、思林、向都、果德等县也都相继成立县委会，百色县成

---

① 黄一平、雷经天：《广西建党的经过》（1945年1月31日）；《黄家植谈广西省国民党党部的这种情况》（1979年8月）。

② 《恽代英代表南方局给中央的信》（1927年10月24日）；《中共广西特委书记邓拔奇给中央的报告》（1928年5月1日）。

③ 中共广西区委党史资料征委会《左右江革命根据地》编辑组：《左右江革命根据地》（下），中共党史资料出版社1989年版，第1164页。

④ 黄植勉主编，中共百色市委党史办公室编：《右江风雷——邓小平与百色起义》，广西人民出版社2004年版，第191页。

⑤ 黄植勉主编，中共百色市委党史办公室编：《右江风雷——邓小平与百色起义》，广西人民出版社2004年版，第192页。

立临时县委，凌云县建立县特支，那马县成立支部、总支部，整个右江地区党组织得到迅速发展，有效地指导了各级苏维埃政府的工作。

1930 年 4 月，根据党中央关于广西右江地区“特委一定要成立”的指示，中共右江工委改为中共右江特委，书记仍为雷经天。右江特委隶属红七军前委领导，下辖右江革命根据地内各县党组织。改选后，大力开展各级苏维埃政权和群众组织建设；扩大赤卫军组织，发动赤卫军参加红军；推行土地革命，打击地主豪绅的反抗等。根据前委通告精神，加强党的组织建设和思想建设，进一步健全党的组织系统，并先后在前委第二、六、七号通告中，发出了关于党的组织工作的指示，要求各级党部“以最大的力量来注意党的组织问题”“开办中坚同志训练班”“创造干部分子”。当时，军队和地方党政领导机关分别举办了党员干部、军政干部、妇女干部、瑶族干部等训练班；举办了教导队和军事政治学校，提高干部的政治思想水平和军事技能。外地干部与本地干部团结合作，并注意选拔、培养少数民族干部。① 到 1930 年 10 月至 11 月初河池整编前，右江根据地所辖 15 个县中，有 10 个建立县级党组织，地方党员发展到 1500 人，② 其中大多数为少数民族党员。1931 年 4 月 29 日邓小平在给中央的《七军工作报告》中说，右江地方党组织“共有千余党员，成份上是雇农贫农占多数，余为中农，还有很少数的富农及知识分子（都是比较老的党员）”③。

左江地区的党组织相对右江地区而言较为薄弱。1929 年 9 月，中共党员何建南、麦锦汉等人根据广西特委指示，在龙州县下冻区农村成立了左江地区第一个党小组，但正式党员仅有 4 人。10 月 20 日，俞作豫等率广西警备第五大队进驻龙州，成立中共左江军委（后亦称五大队前委），书记徐开先（后叛变），委员俞作豫、宛旦平等，受广西军委领导，同时亦受广东省委指挥。此时，左江军委领导的军队党员 10 多人，地方党员数人④，共计 20 余人。1929 年 12 月中旬，邓小平和何世昌、严敏等到达龙州后，立即召开有 20 余

① 吴忠才、黄远征、陈欣德主编，中共广西壮族自治区委员会党史研究室、中共百色市委员会党史办公室编著：《百色起义史稿》，广西师范大学出版社 2004 年版，第 117 页。

② 莫亚人主编，中共百色市委党史办公室编著：《中国共产党百色市历史》，广西人民出版社 2011 年版，第 95 页。

③ 中共广西区委党史资料征委会《左右江革命根据地》编辑组：《左右江革命根据地》（上），中共党史资料出版社 1989 年版，第 405 页。

④ 涂振农：《红军第七军报告（给苏代会）》（1930 年 5 月 9 日）。

人参加的党员干部会议，传达中央指示，制定了龙州起义和创建红八军计划大纲。会后，前委即抓紧改造部队和筹建地方政权等工作，并在四个营建立起党支部，从而加强了对部队的领导。党组织在左江地区的建立和发展促使龙州起义的条件迅速成熟。①

1930 年 2 月 1 日，龙州起义胜利举行，成立了红八军和左江革命委员会，中共左江军委改组为红八军军事委员会，下辖第一纵队党委、第二纵队第一营营委、第二营支部和军政治部支部及军校特别支部，共有党员 96 人②，其中力量最强的第一纵队党组织是在中共中央代表邓小平的直接指导和帮助下建立健全的。地方党也由军委和县委召开联席会议，决议组织左江特别委员会，特委领导龙州、上金、凭祥、崇善、养利等县党组织。但党员“大部份是新加入，没有受过党的教育，质量很薄弱”③。1930 年 2 月 7 日，邓小平从中央回到龙州，主持召开红八军和地方党部的干部会议（亦称特委、军委联席会议），根据中央指示决定了红八军和根据地的工作方针。会议还决定红八军临时组织一个由军事委员会改组成立的前委，与此同时，还改组了中共左江特委：由涂镜吾接替王逸任书记，加强前委对地方党的领导。龙州县先后建立了 3 个中共支部和一个中共特支，党员 70 多人，上金、凭祥建立特别支部，崇善、养利等县也建立了中共支部。到了 1930 年 5 月，左江特委下辖特支 3 个，支部 9 个，全地区党员由原来的 30 余人发展到 98 人。④

第二节　左右江革命根据地的党内法规及实施

一、党内法规的概念

治国必先治党，治党务必从严，从严必依法度。中国共产党自成立以来

① 中共广西区委党史资料征委会《左右江革命根据地》编辑组：《左右江革命根据地》（下），中共党史资料出版社 1989 年版，第 1170－1171 页。

② 中共南宁地委组织部等：《中国共产党广西壮族自治区南宁地区组织史资料》，广西人民出版社 1994 年版，第 31 页。

③ 《左江特委报告》（1930 年 2 月 8 日）。

④ 中共广西区委党史资料征委会《左右江革命根据地》编辑组：《左右江革命根据地》（上），中共党史资料出版社 1989 年版，第 304 页。

就把管党治党作为党的建设的一项重大任务。党内法规，是伴随中国共产党近百年革命、建设、改革的历史而存在的制度现象，是中国共产党管党治党、执政治国的重要依据，是中国共产党制度治党、依规治党的实践产物，自中国共产党诞生之时即已存在。“党内法规”作为一个概念，则是在中国共产党发展到一定阶段才提出来的。第一次正式提出“党内法规”概念的是毛泽东。1938 年 9 月 29 日至 11 月 6 日，中国共产党在延安召开第六届中央委员会扩大的第六次全体会议。会上，毛泽东作了《论新阶段》的政治报告，指出：“必须重申党的纪律：（一）个人服从组织；（二）少数服从多数；（三）下级服从上级；（四）全党服从中央。谁破坏了这些纪律，谁就破坏了党的统一……为使党内关系走上正轨，除了上述四项最重要的纪律外，还须制定一种较详细的党内法规，以统一各级领导机关的行动。”① 第一次将“党规党法”概念写入中共中央文件，是 1980 年 2 月中国共产党第十一届中央委员会第五次全体会议。这次全会通过的《关于党内政治生活的若干准则》要求：“全党同志一定要振奋革命精神，彻底肃清林彪、‘四人帮’的流毒，排除各种干扰和阻力，把维护党规党法，切实搞好党风这件关系到四个现代化的成败，关系到党和国家前途和命运的大事做好，使我们党成为更加团结一致，更加朝气蓬勃，更加具有战斗力的无产阶级先锋队组织。”在 1981 年 6 月召开的中国共产党第十一届六中全会上，“党内法规”这一概念第一次写入了中央文件。这次全会通过的《关于建国以来党的若干历史问题的决议》明确指出：“中央和各级纪律检查委员会的建立，《关于党内政治生活的若干准则》和其他有关党内法规的制定，各级党的领导机关和纪律检查机关为纠正不正之风所做的工作，提高了党的战斗力。”1990 年 7 月，中共中央制定《中国共产党党内法规制定程序暂行条例》，以党内法规的形式明确了“党内法规”的概念和效力。这意味着“党内法规”一词不再仅是文件用语或领导讲话用语，而真正成为在党内具有法规效力的规范用语。1992 年 10 月中国共产党第十四次全国代表大会，则将“党内法规”的概念写入党章，这次会议修改后的《中国共产党章程》明确规定，党的各级纪委的主要任务之一是“维护党的章程和其他党内法规”。此后，“党内法规”一词的使用频率就逐渐提高了。

① 《毛泽东选集》（第 2 卷），人民出版社 1991 年版，第 528 页。

特别是中共十八大以来，以习近平同志为核心的党中央高度重视党内法规制度建设，就加强党内法规制度建设作出一系列重大决策部署。伴随着2012年《中国共产党党内法规制定条例》《中国共产党党内法规和规范性文件备案规定》《中共中央办公厅关于开展党内法规和规范性文件清理工作的意见》相继印发，“党内法规”概念在党内法规和中央文件中出现的频率明显提高。2014年中共十八届四中全会通过的《中共中央关于全面推进依法治国若干重大问题的决定》明确将“形成完善的党内法规体系”确立为建设中国特色社会主义法治体系的重要组成部分。2016年，《中共中央关于加强党内法规制度建设的意见》印发施行。2019年，《中国共产党党内法规制定条例》修订出台。目前，“党内法规”已经成为一个被广泛使用的重要概念，不仅在中国共产党党内被领导同志、各级党组织和广大党员经常使用，而且逐步发展成为社会公众关注的热词和学界研究的热点。①

2019年修订出台的《中国共产党党内法规制定条例》第3条明确规定：“党内法规是党的中央组织，中央纪律检查委员会以及党中央工作机关和省、自治区、直辖市党委制定的体现党的统一意志、规范党的领导和党的建设活动、依靠党的纪律保证实施的专门规章制度。”这是中共中央提出的具有规范效力的定义，也是最权威的关于“党内法规”概念的界定。

二、党内法规的主要内容

（一）党的领导法规

党的领导法规，是规范中国共产党对各方面工作进行领导的活动的党内法规。左右江革命根据地建设制度是在特定的历史条件下进行的。百色起义、龙州起义之所以取得成功，左右江革命根据地各项事业之所以取得成就，取决于中国共产党的坚强领导。

1929年12月20日，红七军前委发布《前委通告（第二号）——关于党的组织工作》，该通告是左右江革命根据地党组织比较系统全面规定了党建纲领的文件。该通告指出：“党能否加强对于红军的领导，并在工农群众中建立

① 宋功德、张文显主编：《党内法规学》，高等教育出版社2020年版，第14－16页。

巩固的基础，则与红军的前途及右江各县群众工作均有莫大的关系。”[①] 该通告还确定了党组织系统，“1、前委之下，各纵队设队委。2、纵队之下，各营设营委。3、每连队设一支部，军官与士兵同志混合组织。4、各营委及各支部由各直属队委指挥。教导队支部、训练所支部、政治部支部、军部支部及特务营营委直属前委指挥”[②]。并规定中共红七军前委是左右江革命根据地党的最高领导机关，左右江“地方党部与所在地军队中最高党部发生平行关系，但受前委之指挥”[③]。该通告还明确规定了各级苏维埃政府及青年团、工会中的党组织的关系和地位：“党绝不能命令群众或群众团体，如苏维埃、工会等；党在群众指导机关中，如有三同志，即须组织党团，暗中起领导作用。”[④] 红七军前委编印的学习资料《党员须知》规定：“党的组织系统，以共产国际为最高指导机关，其下为各国共产党中央执行委员会、省委员会、县委员会、支部。”[⑤] 根据这些原则，左右江革命根据地建立了关系明晰的各级党组织，为实现党的统一领导奠定了坚实的基础。

（二）党的组织法规

党的组织法规是全面规范中国共产党各级各类组织的产生、组成、职权职责等内容的党内法规。左右江革命根据地党的组织制度是中共红七军前委根据中国共产党的组织制度，借鉴井冈山等革命根据地的党建经验，并立足于左右江党组织实际，在领导左右江地区革命的过程中，逐步形成的、规范各级党组织和全体党员的制度体系，是左右江地区党组织开展党的建设的基本准则。

---

① 中共广西区委党史资料征委会《左右江革命根据地》编辑组：《左右江革命根据地》（上），中共党史资料出版社 1989 年版，第 125 页。

② 中共广西区委党史资料征委会《左右江革命根据地》编辑组：《左右江革命根据地》（上），中共党史资料出版社 1989 年版，第 125 页。

③ 中共广西区委党史资料征委会《左右江革命根据地》编辑组：《左右江革命根据地》（上），中共党史资料出版社 1989 年版，第 125 页。

④ 中共广西区委党史资料征委会《左右江革命根据地》编辑组：《左右江革命根据地》（上），中共党史资料出版社 1989 年版，第 127 – 128 页。

⑤ 中共广西百色地委党校编：《广西右江革命根据地党的建设》，中共中央党校出版社 1989 年版，第 79 页。

1. 党员发展制度

发展党员制度对确保党员质量意义重大。为保证党员队伍质量，左右江地区党组织制定了较为严格的党员发展程序和入党标准。中共红七军前委发布的《前委通告（第二号）——关于党的组织工作》第2条指出："地方党部（特别是百色、平马、那坡）须加紧注意工人中党的组织工作。农村中须注意政治、经济中心之市镇圩场及交通要道的乡村中党的中心工作。而且要特别注意贫农及农村无产阶级。"① 第9条规定"发展组织"把"最大限度的发展同志，特别注意在工人中发展"② 作为第一项。在右江苏维埃政府编印的《工农兵识字课本》第2册中阐明："很忠诚、很勇敢、有阶级觉悟、能够牺牲切决心革命的分子，才能加入共产党。加入红军的，并不是加入共产党，要在红军中表现出勇敢、坚决、能遵守红军纪律，不怕辛苦，懂得政治的分子，才能加入共产党。"③ 可见，左右江革命根据地在建党过程中，既根据斗争的需要、先进分子的要求和意愿，积极开展组织发展工作，扩大革命力量，反对关门主义，又坚持发展标准，不滥竽充数，反对"拉夫"入党现象。同时，加强积极分子入党前和入党后的教育，提高其思想觉悟。④ 此外，坚持按程序开展组织发展工作。成立审查小组，对拟发展对象的历史、表现进行审查，认为其具备入党条件的，则由正式党员做介绍人，组织入党宣誓仪式。⑤ 正是对入党关的严格把握，使左右江地区党员的政治素质得到了保证。

2. 党支部制度

党支部是党的最基层组织，左右江党组织充分认识到党支部在革命斗争中的战斗堡垒作用，对支部的地位、支部会议、支部工作、支部学习、支部组织生活等方面做了相关规定，为左右江革命根据地党的基层组织建设提供

---

① 中共广西区委党史资料征委会《左右江革命根据地》编辑组：《左右江革命根据地》，中共党史资料出版社1989年版，第126页。

② 中共广西区委党史资料征委会《左右江革命根据地》编辑组：《左右江革命根据地》（上），中共党史资料出版社1989年版，第127页。

③ 左右江革命历史调查组：《左右江革命史料汇编：革命文献》（第2辑），1978年版，第145页。

④ 凌绍崇等编著：《百色起义与根据地制度建设》，广西人民出版社2014年版，第52页。

⑤ 中共广西区委党史资料征委会《左右江革命根据地》编辑组：《左右江革命根据地》（上），中共党史资料出版社1989年版，第127页。

了制度保障。《前委通告（第二号）——关于党的组织工作》指出："1、支部会议应多讨论本支部的实际问题，决议之后，即须分配工作，使每一个同志均担任一种工作。2、支部人数多时分小组，小组会议多讨论党的基本理论问题。3、按月交党费东毫一毫。4、每两天同志向支部书记或组干作口头报告工作至少一次，各下级机关向上级机关作书面报告至少每周一次。5、支部会议应经常有批评一项，每次开会由主席指定二三人为批评之对象。"① 根据以上精神，左右江地区党组织加强了党支部制度建设。一是"每个同志都要编入支部；每个同志都要支部分配工作"②。二是制定支部书记职责，即"召集干事和支部会议；提出全支部的工作方针；了解每个同志的性情和能力；了解群众的情绪和要求；经常向上级的指导机关（区或县委）作工作报告，按时收党费"③。三是确定党员与支部的关系，即按时参加支部会议、按时交纳党费、切实执行支部会议分配的工作、在支部会议上报告工作并接受批评、在群众中起核心作用、开展相互批评与督促、讨论并了解党的理论与政策等。四是制定支部会议制度，即"召集会议的技术；开会前的准备；开会的时间，不可过长；每次开会，一定要有结论；每次会议，都要有同志的工作报告，审查同志工作；定期开批评会；支部会议，切不可忘记发动群众斗争的工作；注意发展党的组织"④。

3. 请示汇报制度

为及时准确掌握情况，沟通信息，左右江地区党组织规定：上级须听取下级意见，下级要向上级请示和汇报工作，上下级之间要互通情况，互相支持和监督。1929 年，右江党组织颁布《关于各级党委请示报告制度的决定》，对请示报告制度作了具体明确的规定。一是对各级党组织的要求：部队支部每星期向上级口头报告一次，区委每半个月向上级口头报告一次，县委（县

① 中共广西区委党史资料征委会《左右江革命根据地》编辑组：《左右江革命根据地》（上），中共党史资料出版社 1989 年版，第 126 页。

② 左右江革命历史调查组：《左右江革命史料汇编：革命文献》（第 2 辑），1978 年版，第 212 页。

③ 左右江革命历史调查组：《左右江革命史料汇编：革命文献》（第 2 辑），1978 年版，第 212 页。

④ 左右江革命历史调查组：《左右江革命史料汇编：革命文献》（第 2 辑），1978 年版，第 213 页。

工委、县特支）和部队团委（直属营党委）每月向上级书面报告一次，有重大事情则必须及时报告。二是对党委书记的要求：各级党委书记要经常按期向上级作包括军事、政治、群众运动、农村政策、整党、经济、宣传、义教等方面内容的综合性报告，要求有动态、问题倾向及解决办法，有分析和结论，还要说明优缺点。三是各县各主力团的方针政策工作计划、任务实施和掌握的反动头子名单，要报上级批准，上级可修改或取消。四是关于各级党委的规定：发给下级的相关指示与答复，应同时发给上级；下级的重要报告也应转报上级。五是党员、干部的管理：各级领导干部填写自传以便党组织及时掌握情况，党政干部的任用要经过上级党委批准，对党员的各种处分要报相应党委审批、备案等。[①] 同时，指示各级党组织“多召集活动分子会，报告各种重要问题；每礼拜召集常委、支部书记、干事联席会议”[②]。如此，使党在思想上、组织上、行动上达到集中统一。

4. 民主集中制的议事规则

1929 年 9 月 13 日，中共广西省第一次党代会通过《广西党政治任务决议案》，对民主集中制的要求是“从党基本支部去做起，建立中心支部，实行真正民主集中制，发展党内政治讨论”。[③] 左右江各级党组织认真贯彻该决议精神，把民主集中制建设纳入工作和议事日程。在《前委通告（第二号）——关于党的组织工作》中，主要对党组织系统的确定、支部生活的健全、集体指导、民主化的实行、纪律执行、秘密工作和地方党部的健全等有关民主集中制的工作原则作了具体规定。

第一，规范党内民主化的议事秩序。左右江革命根据地的党组织对党的重要工作和重大问题，要求必须经过集体讨论，发扬党内民主，最大限度调动普通党员的积极性、主动性和创造性，在统一认识的基础上作出决策，反对家长式的个人独断专行的错误倾向。《前委通告（第二号）——关于党的组织工作》第五大问题提出：“注意集体指导”，并规定了三条：“1、党内一切

① 凌绍崇等编著：《百色起义与根据地制度建设》，广西人民出版社 2014 年版，第 57－58 页。

② 中共广西区委党史资料征委会《左右江革命根据地》编辑组：《左右江革命根据地》（上）中共党史资料出版社 1989 年版，第 126 页。

③ 中共广西区委党史资料征委会《左右江革命根据地》编辑组：《左右江革命根据地》（上），中共党史资料出版社 1989 年版，第 60 页。

重要问题召集各级委员会讨论决定。2、临时问题及日常细小问题可由书记解决，但解决后应向各委员（或干事）报告。3、在指导机关中同志（如前委委员或队委、营委委员、支部干事）应经常的注意党的工作问题，不可一切问题推在书记身上。”① 1929年《关于各级党委请示报告制度的决定》中指出：“各级党委及其负责人对于带有全党性全面性的问题，应根据上级传达发言，不得标新立异，自以为是。县委（县工委、县特支）、团委会（直属营党委）不经请示批准，不得自行对外发表政治性的谈话，以及政治性的行政谈判。”②在红七军主力北上后的革命低潮时期，右江党组织面对“白色恐怖”，尤为注意强调党的统一意志和行动。红七军前委关于党组织工作的第二号通告中第六大问题提出“实行民主化”：“党内一切问题如无极端秘密性者，均交各级指导机关及各支部讨论；指导机关争执之问题可请上级决定，但尽可能召集党员大会解决。”③ 根据以上精神，凡涉及党内事务，特别是重要方针政策和重大革命斗争，都尽可能先在党员、支部及各级党委中进行讨论，广泛听取各方面意见后才做决定，进而组织实施。前委和右江特委发布的各种通告和文件，在文后都要求各级党组织对其开展讨论，提出意见和具体落实实施办法。如1930年9月9日发布的红七军《前委通告（第六号）——目前政治形势和右江党的策略》要求：“各级党部得到此通告后，必须立刻召集会议详细讨论，并决定执行通告的工作计划，报告前委、右委为要。”④

第二，建立分工明确、团结协作的领导体制。红七军前委的教材《党员须知》在具体明确规定区委会书记、组委、宣委、妇委、兵委、工委等的工作职责后，指出：“分工是为了工作的顺利，使每一个委员明确负责他们的专门工作；同时不能各干各的，党领导的某一部分工作，应经常地将自己的工

① 中共广西区委党史资料征委会《左右江革命根据地》编辑组：《左右江革命根据地》（上），中共党史资料出版社1989年版，第126－127页。

② 未刊出，原件存百色起义纪念馆。转引自吴忠才、黄远征、陈欣德主编，中共广西壮族自治区委员会党史研究室、中共百色市委员会党史办公室编著：《百色起义史稿》，广西师范大学出版社2004年版，第130页。

③ 中共广西区委党史资料征委会《左右江革命根据地》编辑组：《左右江革命根据地》（上），中共党史资料出版社1989年版，第127页。

④ 中共广西区委党史资料征委会《左右江革命根据地》编辑组：《左右江革命根据地》（上），中共党史资料出版社1989年版，第337页。

作和计划提到执委会报告，使大家了解，同时也得到大家的帮助，然后工作才有系统。”① 根据民主集中制原则，左右江党的各级领导机关都设置不同的领导职务，分工掌握各自权力，但各领导职务不是孤立或相互排斥的，而是发扬民主，相互协作的。例如在红七军前委，书记邓小平负责红七军和左右江革命根据地党政军的领导指挥，同时前委各委员都有相应的分管工作：张云逸任红七军军长，陈豪人任军政治部主任，雷经天任右江特委书记、右江苏维埃政府主席，李谦、韦拔群则是红七军纵队队长，何世昌为左江军委书记，形成了一个坚强的领导集体。其他各级党组织，也同样实行既集中统一又民主协作的领导体制。

第三，确立服从原则。左右江地区注意民主与集中的有机结合，指出“实行民主化时仍须保持民主集中制之确立，须防止极端民主化之现象”②，并在《党员须知》中指出极端民主化的危害极大，相当于无组织：极端民主化必然导致无政府状态，只有个人意见，没有整体意见；并非所有事情都要经过讨论才能执行，否则最终都不能实行；应坚持少数服从多数的原则，否则党员的行动不能服从上级党部命令，则更不能普遍执行。因此，《党员须知》中规定：“民主集中制就是党的主要问题应该集体的讨论和集体的决定，一切问题在未决定之先，党员可尽量讨论，发表个人意见。但在成为决议以后，只有绝对服从决议，上级机关应采纳下级机关意见，下级机关要绝对服从上级机关的指示。”③ 在《政治讨论提纲与政治名词解释》中，也对“什么是民主集权制”做出解释，即“一切问题在未决定以前，人人都有发表意见的权限，叫作民主，既经决定后，下级绝对服从上级，个人服从团体”。④ 由于左右江党组织旗帜鲜明地反对极端民主化，使民主集中制原则在党内得到较为全面有效的贯彻与实行。

---

① 中共广西百色地委党校编：《广西右江革命根据地党的建设》，中共中央党校出版社 1989 年版，第 82 页。

② 中共广西区委党史资料征委会《左右江革命根据地》编辑组：《左右江革命根据地》（上），中共党史资料出版社 1989 年版，第 127 页。

③ 中共广西百色地委党校编：《广西右江革命根据地党的建设》，中共中央党校出版社 1989 年版，第 78 页。

④ 左右江革命历史调查组：《左右江革命史料汇编：革命文献》（第 2 辑）1978 年版，第 199 页。

（三）左右江革命根据地党的建设法规

1. 特殊历史时期的秘密工作建设

革命战争年代，反动政府极端敌视共产主义思想和共产党，血腥镇压中国共产党人。中国共产党的革命任务十分艰巨，且充满危险。因此，在夺取全国政权以前，中国共产党处在“非法”的地位，只有坚持秘密建党原则，才能获得生存和发展。1921 年 7 月召开的中国共产党第一次代表大会通过的党纲第 6 条明确规定：“在党处在秘密状态时，党的重要主张和党员身份应保守秘密。”1922 年 7 月，中共二大把保守党的秘密作为党的纪律，写进党章，“泄露本党秘密”必开除。1926 年 1 月，中共中央组织部颁布通告组字第三号《加强党的秘密工作》，强调“秘密我们的组织，极关重要的”“组织上秘密既是保护组织，既是看重革命。不守秘密，既是变相的告密，是破坏组织的行为”。5 月，中共中央机关报《校刊》发表《秘密工作常识》，提出了 30 条具体要求。1927 年大革命失败后，“八七”会议确定中国共产党实行全面秘密化。1929 年年初，中央决定成立秘密工作委员会，年底制定了《秘密工作条例》。1930 年 4 月，中央发出关于秘密工作的指示，要求“从事秘密工作的人员都必须有职业掩护，不得暴露身份”。① 根据以上精神，左右江党组织从开始创建到百色起义之前，始终注意做好秘密建党工作。

左右江革命根据地创建以后，即便是党得以公开活动，仍坚持秘密建党原则，做好随时转入地下的准备，从而为革命保存有生力量。正如《党员须知》所言：“我们的敌人到处窥伺我们，假使我们没有秘密工作，是会受到敌人的摧残的。”② 左右江革命根据地建立后，尽管党执掌了政权，拥有革命武装和革命组织，得以公开活动，但党组织对革命斗争的长期性、艰巨性、复杂性和曲折性始终保持清醒头脑，极为重视党的秘密组织建设，为困难时期党组织转入地下斗争做精心部署。1930 年 9 月 19 日红七军《前委通告（第七号）——目前右江党的工作方针》，对“建立秘密党的基础”进行分析，指

---

① 凌绍崇等编著：《百色起义与根据地制度建设》，广西人民出版社 2014 年版，第 48 页。

② 中共广西百色地委党校编：《广西右江革命根据地党的建设》，中共中央党校出版社 1989 年版，第 86 页。

出“目前各县党部应由半公开的状态转变入秘密的组织，这是极重〈要〉问题，假使党在此时不能建立起秘密工作，则政治变动或红军出外游击时，反动力量一到，一切工作必定□蹋乏。过去各县党部丝毫没有注意到秘密工作，一切负责同志都兼作苏维埃工作，一切同志都是挂红带的……”①。因此，要求各地党组织立即纠正不注意秘密工作的错误，强调“党要秘密机关，秘密交通路线的建设。党的干部要有一部份专做秘密工作，不参加苏府及群众的组织，只有秘密党的组织建立起来，将来白色势力到来时，党才能继续着活动”②。百色起义后仅9天，即在红七军《前委通告（第二号）——关于党的组织工作》中要求“注意秘密工作”，严格规定“未经党允许之同志绝对不准公开出来；党的一切内部文件、名单仍须绝对守秘密；地方党部须要即刻建立适于斗争的秘密机关；地方党部各级指导机关应有候补组织”③。随着形势的变化和斗争的需要，又适时提出建立秘密党，党组织由公开、半公开转入秘密组织状态。此外，秘密工作的常识作为党员培训的内容，写进了《党员须知》，主要内容有：未经党的许可，绝对不能说出自己的共产党员身份；未经支部许可介绍，不准同其他同志谈党的关系；可以个别认识各支部的同志；同志见面要自然，表示毫无关系，表现不要过于亲密，在非同志面前，不准说党内的事情；无机会开会，可改为个别谈话；党的决议案及策略，不准同非同志谈，以免泄露党的秘密；开会时如遇到非同志，即改说其他问题，不能慌张；要保护党的领导人等。④

对秘密建党原则的坚持，使右江党组织经受住了严峻考验，为以后长期坚持斗争打下了良好的根基。1930年11月红七军主力北上后，在敌众我寡、血雨腥风的情况下，右江党组织率领根据地军民进行了艰苦卓绝的反“围剿”斗争，并迅速改变党组织的存在形式，设立与战争环境相适应的斗争机构，设法保护党的组织不被破坏。已被打散或破坏的党组织，则尽快重新组织起

---

① 中共广西区委党史资料征委会《左右江革命根据地》编辑组：《左右江革命根据地》（上），中共党史资料出版社1989年版，第345页。

② 中共广西区委党史资料征委会《左右江革命根据地》编辑组：《左右江革命根据地》（上），中共党史资料出版社1989年版，第346页。

③ 中共广西区委党史资料征委会《左右江革命根据地》编辑组：《左右江革命根据地》（上），中共党史资料出版社1989年版，第127页。

④ 凌绍崇等编著：《百色起义与根据地制度建设》，广西人民出版社2014年版，第61－62页。

来，坚持革命斗争。只要有党组织的存在，就有党员和革命群众的活动，就有党的政纲和战斗口号的宣传。1932 年 6 月，桂系军阀第三次大举进攻根据地，右江独立师在师长韦拔群、政委陈洪涛的带领下，从东兰县西山转到东山活动，留在西山的共产党员在一度与党组织中断联系的情况下，一面派人积极联系上级，一面暗地斗争，组织革命同盟，为以后重建党组织作了准备。1932 年年底根据地逐渐丧失后，党组织并未就此一蹶不振，经过整顿和恢复，逐步适应了长期隐蔽斗争的需要，很快打开局面，让革命的旗帜始终在西南边疆飘扬。到 1949 年 9 月，右江各县党组织发展到 14 个，党员 1300 多名；有游击队员 5800 多人，民兵 10,000 多人，为解放广西作出了重大贡献。①

2. 加强思想建设

百色起义、龙州起义之前，左右江革命根据地的党组织和后来进驻部队的党组织，对于学习革命理论已有一定的基础。百色起义、龙州起义后，左右江党组织更加重视制度化的理论学习，完善了党内学习制度，规定了各级党组织的理论学习、培训干部的任务。在前委发布的第二号通告第三部分“创造干部分子”中，提出“平马、百色、东兰即开办同志训练班，在短期内施以基本理论之训练”②。根据红七军前委的指示精神，左右江革命根据地各级党组织不断深化理论学习，加强了党的思想建设工作。

为落实前委通告的精神，右江特委和各县县委相继举办各类训练班、培训班、学习班，对广大党员进行教育培训。1930 年 3 月，前委书记邓小平在思林县真良村组织了一期党政干部培训班并亲自为学员讲课。同年 4 月，红七军前委和右江特委在东兰县武篆区旧州屯组织了为期一个月的党员训练班，为右江各县党组织培训干部 200 多人。邓小平每三天即给学员授课一次，使用的教材也是邓小平亲自编写的，深受学员欢迎。现在保留下来的三篇教学笔记《政治常识问答（党员须知）》《革命常识问答（党员须知）》《经济教授提纲》，就是当年培训用的学习资料。《政治常识问答（党员须知）》较为全面、系统、通俗，主要内容是阐述共产主义思想体系，属于基本教程。《革

① 凌绍崇等编著：《百色起义与根据地制度建设》，广西人民出版社 2014 年版，第 62 页。

② 中共广西区委党史资料征委会《左右江革命根据地》编辑组：《左右江革命根据地》（上），中共党史资料出版社 1989 年版，第 126 页。

命常识问答（党员须知）》的内容主要是政治、经济、哲学等基本问题和当时党的相关政策，内容比较广泛。《经济教授提纲》主要是讲授马克思主义政治经济学常识的教材。这些资料对于帮助党员干部学习领会马克思列宁主义基本理论、理解贯彻党的路线方针政策和形势任务，发挥了重要的作用。在1930年，东兰县举办过六期这样的培训班，培训的学员达1000人次以上，全县的党员干部绝大多数都参加过培训。1930年7月，红七军陆续收复被国民党军队占领的右江各县。为学习贯彻右江苏维埃政府制定的《土地法暂行条例》《共耕条例》《土地问题决议案大纲》等革命法律法规，在右江革命根据地全面实施土地革命，红七军前委在恩隆县平马镇西街组织了一期右江党政干部训练班，邓小平、雷经天等领导人亲自授课，分析国内外政治经济形势和党中央有关土地革命的政策、指示，介绍此前东兰、凤山等县开展土地革命试点的经验。右江各地党组织多次举办过这样的培训班。红七军主力撤离根据地前夕，右江特委在东兰武篆开办“军政训练班”，邓小平亲自上政治课，培训留在根据地坚持革命斗争的干部。[①] 通过加强思想建设，右江革命根据地的党员干部的政治思想和工作水平都大为提高。

3. 重视纪律建设

左右江革命根据地的党组织始终坚持把加强纪律建设作为头等任务来抓，以维护党的团结统一、提高凝聚力和战斗力。红七军《前委通告（第二号）——关于党的组织工作》对“严格执行纪律”作出指示：“下级机关须服从上级机关的命令；党的一切决定任何同志均须遵从，不能随意以个人意见而更动之；同志怠工或表现不好，经警告后仍不改，着即驱逐出党。有贪污、破坏党在群众中义信者，毫无疑义的开除出去，必要时可向群众宣布。”[②] 红七军《前委通告（第七号）——目前右江党的工作方针》强调要“改造赤卫军”，“严格执行党的纪律，肃清反动腐化的分子”。[③] 根据以上精神和要求，左右江革命根据地的党组织不仅规定了严明的党纪、政纪、军纪，还制

① 凌绍崇等编著：《百色起义与根据地制度建设》，广西人民出版社2014年版，第54－55页。

② 中共广西区委党史资料征委会《左右江革命根据地》编辑组：《左右江革命根据地》（上），中共党史资料出版社1989年版，第127页。

③ 中共广西区委党史资料征委会《左右江革命根据地》编辑组：《左右江革命根据地》（上），中共党史资料出版社1989年版，第346页。

定了严格的纪律检查制度，对违纪行为作出严肃处理。《党员须知》中阐明了违反党纪的四种处分类型，即口头警告、书面警告、留党察看、革除，与现今党内五项处分大体一致。《红军纪律歌》中唱道：“红军纪律十分的严明，凡我同志都要记清，这是我军主要的生命，沿着革命前途飞进。我们都是工农出身，工农痛苦知道最深，工农的东西得来不容易，一草一木不得害损。没收豪绅地主的东西，不得自己贪污归私，服从指挥员上交给养队，遵照规章统一处理。红军处处爱护群众，莫把群众利益害损，若要发洋财即是反革命，严重处分不得留情。为要发扬红军的强威，一切行动要听指挥，上级的命令下级要服从，不论官兵不得违背。”① 红七军的标语口号中，也有不少关于纪律方面的，如“不拉夫不发洋财”“不借端滋扰良民”“不奸淫掳掠”“公平交易”“不强买强卖”等，保证了红七军的战斗力和人民军队的本色。

但对于违纪行为的处罚，党组织同时也坚持“处罚不是惩办，而是着眼于教育”的原则。《党员须知》规定：“党的处罚不是惩办主义。无论何人决免不了一时错误，若无教训的精神，徒呆板的惩办，是堵同志革命的道路，是减少革命的力量。所以，对于同志的错误，应深刻的批评，应严肃的处罚，不能放宽一丝一毫。但是要说服他，要想方设法纠正他，即犯了比较严重的错误，也要在工作中去纠正他。若是对革命绝望的人，当然要开除他。在党内决没有死刑的处罚，即是反革命的，但是开除之后，所凭革命政府的处罚。”② 使犯错误较轻的同志有机会改正错误，继续为党工作，实现促进团结、治病救人的目的。

4. 探索作风建设

党的作风是党的性质和宗旨的集中体现，作风建设的效果如何，直接关系到革命根据地的人心向背，关系到党的群众基础。习近平总书记在十八届中纪委二次全会上的讲话指出：“工作作风上的问题绝对不是小事，如果不坚决纠正不良风气，任其发展下去，就会像一座无形的墙把我们党和人民群众隔开，我们党就会失去根基、失去血脉、失去力量。”因此，左右江革命根据

① 左右江革命历史调查组编：《左右江革命史料汇编：革命文献》（第 2 辑）1978 年版，第 151 页。

② 中共广西区委党史资料征委会《左右江革命根据地》编辑组：《左右江革命根据地》（上），中共党史资料出版社 1989 年版，第 92－93 页。

地十分重视作风建设。

不可否认，左右江根据地的一些党员干部存在违反纪律的现象。革命根据地党组织在缺乏经验的情况下，在极其艰苦的环境中坚持开展批评和自我批评。1929年12月20日，红七军发布《前委通告（第二号）——关于党的组织工作》，要求通过批评和自我批评的方式来提高党员和红军的纪律性："支部会议经常有批评一项，每次开会由主席指定二三人为批评对象。"① 通过开展批评和自我批评，能够发扬党内民主，总结经验，改正问题，促进工作。此外，《右江上游各县革命代表大会决案》还指出："各个同志们，谁有缺点、毛病，经大家互相斗争批评，要纠正同志的贪污腐化，斗争上有言论斗争、文化斗争，总而言之要排除那不好的，转向好的。"② 正确开展批评与自我批评是马克思主义政党保持党的先进性和纯洁性的途径，也是增强党的团结和战斗力，防止党员干部僵化和腐败的有力武器。如《前委通告（第七号）——目前右江党的工作方针》要求："肃清苏维埃中官僚化的现象，如讨小老婆，乱用公款，怠工，不接近群众等，推动苏维埃委员到群众中去接近群众，做群众工作。"③ 批评与自我批评是左右江革命根据地探索作风建设的重要举措，革命根据地的党员干部都要接受来自党内同志和人民群众的批评，并且要自觉开展自我批评，营造廉洁自律的组织氛围，为提高革命根据地的士气和战斗力起到了不可替代的作用。

第三节　左右江革命根据地的党内法规的成效

一、严格党纪党风，永葆党的纯洁性和战斗力

左右江革命根据地是在复杂艰难的条件下建党和发展党的，一些动机不

① 中共广西区委党史资料征委会《左右江革命根据地》编辑组：《左右江革命根据地》（上），中共党史资料出版社1989年版，第126页。

② 中共广西区委党史资料征委会《左右江革命根据地》编辑组：《左右江革命根据地》（上），中共党史资料出版社1989年版，第458页。

③ 中共广西百色地委党校编：《广西右江革命根据地党的建设》，中共中央党校出版社1989年版，第344页。

纯的分子趁机混入党内和革命队伍中，或谋私利，或投敌叛变。党内法规为党组织和党员提供了较为明确的方向指引，规范了党的领导和党的建设活动，各级党组织民主生活制度得以建立健全，有利于发现和解决党员中存在的各种问题，严厉制裁和清除混入党内的投机分子，增强党的纯洁性和战斗力，对进一步增进人民群众对中国共产党领导核心地位的认同，不断巩固党的执政地位和执政基础具有重要意义。

二、增强党的凝聚力，建立与群众的血肉联系

严格的党员管理和有效的党员培训制度，使左右江党组织和广大党员的革命性、先进性得到了较好发挥，在各族群众中赢得了广泛赞誉，建立了密切的党群、干群关系。在各个时期中共红七军前委、红七军以及苏维埃政府发布的各种文件中，都能找到代表人民利益的内容。从根据地党组织的领导人到普通党员，都在行动中自觉维护群众利益，关心群众疾苦。群众的革命热情空前高涨，也给以革命大力支持，他们腾出房屋、送粮送物，发展生产，自觉到工厂工作，制军衣军鞋、枪支弹药，修桥补路、护理伤员，掩护革命人士，踊跃参军支前。1930 年 9 月，左右江革命根据地有 100 万名群众拥护、参加革命，是根据地初建时期的 5 倍；先后有各族青年 4000 多人参加红军，参加赤卫队万人以上。“每次战斗都有广大群众参加，且在作战中不断地增加群众数量。”① 张云逸曾说：“我这个红七军军长，没有右江各族人民的支持就当不成。”②

三、有力推动左右江革命根据地各项事业的发展

党组织培养出来的广大少数民族干部深入基层工作，不仅有效推动了左右江革命根据地的文化教育、政权建设、宣传工作、群众工作、妇女工作等事业的发展，而且还深入推进了左右江一带土地革命的开展，为左右江地区的各族群众带来了粮食大丰收。一时间，东兰、凤山一带洋溢着歌颂共产党

---

① 中共广西区委党史资料征委会《左右江革命根据地》编辑组：《左右江革命根据地》（上），中共党史资料出版社 1989 年版，第 360 页。

② 中共广西壮族自治区委员会党史研究委员会编：《广西革命斗争回忆录》（第 2 辑），广西人民出版社 1984 年版，第 166 页。

的歌声，歌词唱道："跟着共产党，翻身各有份，不论老和少，人人有田耕"，"土地都平分，不准谁偷懒，家家有谷收，人人心喜欢，粮食吃不完，团结更增产"。①

四、培养一大批党的优秀干部

左右江革命根据地的党组织非常重视党员和干部队伍建设，注重培养党员干部成长为革命根据地党政军各方面的人才。在革命根据地的建设中，既有邓小平、张云逸、雷经天、李谦等政治素质好、工作水平高的外来党员干部发挥领导作用，也有韦拔群、陈洪涛、黄松坚等大批土生土长的少数民族党员干部为革命作出奉献与牺牲。少数民族党员干部大多数淳朴善良、热爱家乡，优势在于能够吃苦耐劳、立场坚定、不怕牺牲，但由于长期封闭，经济文化落后，政治理论、文化知识和工作能力需要提高，左右江革命根据地的建设过程中，一批少数民族党员干部成长为革命的中坚力量。参加百色起义、龙州起义的许多指战员后来又经历了红军长征、抗日战争、解放战争，成为战功赫赫的将军，有20人获得少将以上军衔（12人是壮族）；中华人民共和国成立后，就任省部级以上领导的有23人（其中12人是壮族），成为新中国的栋梁英才。另外，据不完全统计，1929年12月至1932年11月，左右江革命根据地每3名少数民族干部就有1人牺牲。东兰县牺牲的少数民族干部就达到400多人。雷经天在《广西的苏维埃运动》一文中指出，"这些干部在革命斗争过程中，只有牺牲，没有叛变"②。正是对左右江革命根据地少数民族党员干部牺牲奉献精神的高度评价和肯定。

五、为实事求是思想的形成提供了实践典范

左右江革命根据地在开展党的建设工作时，既坚决执行中央的决定，又创造性地根据广西的实际，通过开展士兵运动，成功改造了旧军队，而不是简单粗暴地将其消灭或与其敌对，从而建立了党领导下的红军和赤卫队，发

① 张声震主编：《壮族通史》，民族出版社1997年版，第544页。

② 中共广西区委党史资料征委会《左右江革命根据地》编辑组：《左右江革命根据地》（下），中共党史资料出版社1989年版，第610页。

展壮大了革命武装力量。这与同一时期全国其他地区的革命根据地和红军的创建方式是不一样的。首先，左右江革命根据地的领导人依据广西革命工作实际，扬弃了俄国十月革命“以城市为中心”的模式，突破了当时党内占主流地位的“城市中心论”（当时中共中央和广东省委都指示广西党的工作中心在南宁、柳州、梧州三大城市），正确选择较为偏远、落后的左右江地区为广西革命立足点，成功领导发动百色起义和龙州起义，创建了左右江革命根据地，实现了广西党的工作重心由城市到农村的战略转移，形成了广西革命武装斗争的新高潮。其次，左右江革命根据地的领导人客观地分析了当地党组织的现状，并根据左右江地区经济不发达、产业工人少、少数民族成分多等特点，制定了符合根据地实际情况的发展党员的政策措施，如开展与俞作柏、李明瑞的统战工作，迅速恢复和扩大党的力量；在发展工人入党的同时，以农村的无产阶级和半无产阶级——雇农和贫农作为发展党员的重点对象；建立一支由少数民族优秀分子组成的党员队伍等。实践证明，邓小平在广西开展党建工作的一系列措施是成功的、正确的，为党的实事求是思想路线的形成提供了实践典范。

第十八章　左右江革命根据地的反帝斗争与国际法实践

毛泽东在《中国革命和中国共产党》一文中指出："既然现阶段上中国革命的敌人主要的是帝国主义和封建地主阶级，那么，现阶段上中国革命的任务是什么呢？毫无疑义，主要地就是打击这两个敌人，就是对外推翻帝国主义压迫的民族革命和对内推翻封建地主压迫的民主革命，而最主要的任务是推翻帝国主义的民族革命。"① 反帝反封建是中国共产党领导的新民主主义革命的基本纲领，左右江革命根据地建立后，新生的红色政权按照中央有关会议和政策精神，先后颁布《中国红军第七军目前实施政纲》《中国红军第八军目前实施政纲》等纲领性文件，把反对帝国主义、扩大反帝运动、驱逐帝国主义出华、取消帝国主义一切在华特权等作为任务目标。龙州长期遭到法帝国主义的侵略，各界群众深受其害。龙州起义后，法帝国主义诬蔑诋毁红军，威胁以武力阻挠革命，反帝斗争形势尤为紧迫。左江革命委员会通过召开反帝群众大会，强烈声讨法帝国主义，宣布收回法国驻龙州领事馆和海关，驱逐法国领事和其他官员，没收领事馆和海关为反动分子窝藏的武器和财物。在驻越法军派出两架飞机入侵我国领空时，红八军坚决予以还击，击落其中一架飞机。左江革命根据地的反帝斗争，完全符合近现代国际法的各项基本原则，是正义的国际法实践，为解放后我国废除与帝国主义国家签订的不平等条约、取消帝国主义国家一切在华特权积累了有益经验，对当前我国开展国际法律斗争也具有一定的启示意义。

---

① 《毛泽东选集》（第 2 卷），人民出版社 1991 年版，第 636 - 637 页。

第一节　左右江革命根据地的反帝政策

中国共产党从成立起，始终把反帝反封建作为民主革命纲领的基本内容，旗帜鲜明地反对帝国主义的侵略和压迫。1922 年中共二大明确地提出反帝反封建的民主革命纲领，即“消除内乱，打倒军阀，建设国内和平；推翻国际帝国主义的压迫，达到中华民族完全独立；统一中国为真正的民主共和国”，作为党的最低纲领。1928 年中共六大通过的政治决议案提出了中国革命的十大政纲，其中第 1 条是“推翻帝国主义的统治”，第 2 条是“没收外国资本的企业和银行”。

左右江革命根据地建立后，迅速制定了一系列法律法规文件贯彻落实中共六大有关决议。《中国红军第七军目前实施政纲》第 1 条明确规定：“扩大反帝运动，用民众革命力量驱逐帝国主义出华，取消帝国主义在华一切特权。”红七军政治部 1929 年 12 月 21 日发布的宣传资料《土地革命》中深刻揭露了帝国主义对中国尤其是中国农民的剥削和压迫：“外国资本家的火车轮船到了中国的腹地；洋货跟着到农村，农民的手艺不能做了！（如纺线和榨油的减少）外国资本家的银行，设满各大都市，军阀、官僚、地主、买办们的金钱有保管的地方，他们就加紧剥削农民！外国资本家又放债到农村，和收买土地收买平易的货物，他——帝国主义又同军阀官僚勾结借钱，卖枪给他们打仗，争官，把一切矿产租税当给洋大人，我们农民要赔大批的冤枉债！”①

《中国红军第八军目前实施政纲》第 1 条就开宗明义地规定：“扩大反帝运动：用群众革命力量，驱除帝国主义出华；没收帝国主义在华一切资本企业；取消帝国主义在华一切特权；不准基督教在华活动。”② 1930 年 2 月 12 日召开的龙州全市工人第三次代表大会通过并在《工农兵报》上发表《龙州全市工人第三次代表大会宣言》，进一步揭露：“我们知道帝国主义，不仅在

① 中共广西区委党史资料征委会《左右江革命根据地》编辑组：《左右江革命根据地》（上），中共党史资料出版社 1989 年版，第 129 – 130 页。

② 中共广西区委党史资料征委会《左右江革命根据地》编辑组：《左右江革命根据地》（上），中共党史资料出版社 1989 年版，第 203 页。

殖民地半殖民地的国家内，压迫、剥削无产阶级的工人，对本国内的无产阶级工人也是一样的尽量压迫和剥削的！尤其处在半殖民地、产业落后的中国工人，外受帝国主义的压迫、剥削，内受帝国主义走狗——军阀、资本家、地主、豪绅、贪官、污吏层层压迫和剥削！试看全世界近数十年来的历史，简直是一部争斗的历史，一天天的剧烈，以致于短兵相接。帝国主义、军阀、资本家、豪绅、地主、贪官、污吏无日不在我们身上加紧榨取，压迫我们的反抗，各地工厂的增加时间，减低工资，用合理化的生产方法，使大多数工人失业致于饿毙！禁止工人集会，封闭工人工会，拘捕努力工人，枪杀罢工工友，国内大多数手工业早已破产，陷全国工人于绝境。”①

百色起义和龙州起义前夕，帝国主义势力在右江地区的活动不多。但以龙州为中心的左江地区自清末以来就长期受法帝国主义的侵略，各界群众因帝国主义剥削压迫而直接遭受的苦难尤为深重，反帝斗争的形势任务尤为紧迫，人民群众开展反帝斗争的愿望尤为强烈。龙州起义后，法帝国主义对新生的红色苏维埃政权极为仇视，发表公开照会诬蔑诋毁红军，威胁以武力阻扰龙州革命。因此，龙州革命军民在左江革命委员会（相当于苏维埃政府）的领导下，开展一系列驱逐法帝国主义势力、收回国家主权的反帝革命运动，取得了显著的成效。

第二节　龙州的反帝斗争

一、法帝国主义对龙州的侵略

1883 年至 1885 年中法战争后，法国强迫清政府在天津签订《中法会议简明条约》和《中法越南条约》。通过这两个不平等条约，法国攫取了在广西、云南通商和修筑铁路等特权。此后，法国又强迫清政府签订《中法续议商务专条》，指定辟龙州为通商口岸，龙州因此成了广西最早的陆路通商口岸（北海开埠先于龙州，但当时北海属广东）。

① 中共广西区委党史资料征委会《左右江革命根据地》编辑组：《左右江革命根据地》（上），中共党史资料出版社 1989 年版，第 213 页。

龙州位于广西左江上游，南与法属越南接壤，东北通南宁，水陆交通便利，是中越边境的一个古商埠，也是边陲重镇和关防要地。清光绪十五年（1889 年），法国政府派领事安迪前来龙州筹建领事馆，领事馆建于龙州城镇南门丽江对岸的萎园角。光绪二十二年（1896 年），法国在龙州县城利民街建造两幢结构相同的法式二层楼房，拟作火车站使用，后因修建铁路计划不成，将该国驻龙州领事馆转移至此。从 1889 年至 1949 年开馆期间，法国政府先后派出 28 位领事、副领事到龙州任职，在馆内设有武官、文案、医生等职位。法国在设立领事馆的同时设立海关，龙州海关公署初址在龙州县城南门街陈勇烈祠，署内机构有税务司、副税务司，其中设秘书课、税务课、会计课、稽查课及海关警队。海关由中法双方共管，首任税务司由法国政府聘请的美国人柯尔乐担任，中方则由太平思顺道蔡希邠兼任海关监督。这是广西最早的通商口岸、最早的外国领事馆、最早的海关。后来，法国又在龙州建立电报局、电话局、银行、天主教堂等机构设施。

长期以来，龙州的经济贸易、财政税收、金融货币、交通通信、文化宗教乃至部分行政、司法权都被法帝国主义把持，商品交易只能使用“法光”（法国硬币的俗称），还要被法国政府抽税，国家主权遭到严重侵犯，地方经济受到明目张胆的掠夺与盘剥，人民群众深受鸦片毒害和宗教麻痹，生活苦不堪言。龙州的法帝国主义还与当地的地主土豪劣绅相互勾结，狼狈为奸，联合起来榨取民脂民膏。龙州乃至整个左江地区实际上沦为“半殖民地”区域，社会各界群众对法帝国主义的殖民侵略深恶痛绝。

龙州在法帝国主义侵略下的状况，正如红八军政治部在《为法帝国主义驻龙州领事馆无理照会告全国民众书》中所说：“数十年来，我们中国人民，在残酷无情的帝国主义侵略压迫下，无理的给帝国主义订下一个枷锁——不平等条约，什么领事裁判权、外人居留地、内河航运权等种种吃亏的事从此开始，由是而帝国主义过剩的商品得以来到中国销流，缺乏的原料又得在中国搜取，中国人民在各帝国主义军事政治经济压榨底下，痛苦的地方，实在不堪言状了！”①

① 中共广西区委党史资料征委会《左右江革命根据地》编辑组：《左右江革命根据地》（上），中共党史资料出版社 1989 年版，第 205 页。

1930年2月龙州起义后，法帝国主义者对新生的左江苏维埃政权和红八军极为恐慌和仇视。法帝国主义者向国民党广西省政府发出照会称："近日龙州治安情形混乱，情势严重，倘使时局不再安定，为保护敝领事职权及领署安全需要起见，越南总督拟派武装卫队十五名及机关炮车一辆暂驻敝署以资卫护。现今龙州地方全陷股匪握中，专事种种出轨行为，加以实行共产，公然于城市散布激烈传单，鼓动民众作过激行为。"又称："敝领事亦觉自危，诚以暴民宣传否认一切治权一切秩序，祸乱之来，可立而行。……倘使共产主义仍听其蔓延龙州，敝领事唯有立请越南政府派遣指定之武装卫队来署卫护。"①

法帝国主义者之所以仇视左江苏维埃政权和红八军，是因为左江苏维埃政权和红八军一开始就旗帜鲜明地提出了"扩大反帝运动，驱逐帝国主义出华"的革命目标。并且，左江地区与越南山水相连，左江地区红色革命的成功，必将鼓舞和促进越南的红色革命，直接动摇法帝国主义对越南的殖民统治，这是法帝国主义极其害怕的。左江革命委员会成立后，立即开展土地革命，没收地主土豪劣绅的财产。一些地主土豪劣绅遂将财产转移至法国龙州领事馆内，以求庇护。法帝国主义本来就与龙州当地的地主土豪劣绅沆瀣一气，拼命为地主土豪劣绅提供保护，使他们能够逃避革命群众的清算。因此，法国领事特别重视领署的"安全"，将革命群众诬蔑为"股匪""暴民"，甚至赤裸裸地叫嚣武装威胁，企图用武力来阻挠龙州军民的革命活动。

二、龙州革命军民反对法帝国主义的斗争

法帝国主义的挑衅，激起了左江革命根据地军民的无比愤慨。历史和现实的教训，使红八军和左江革命委员会深刻地认识到："我们之受帝国主义军阀压迫摧残的中国人民，乃由于人民群众不团结所致。为要解除痛苦和争取应有的自由平等，必须团结起来，以激烈的革命手段去推翻压迫阶级的统治"；"实行反帝国主义军阀和推翻国民党反动的统治，建立民众自己的政

---

① 中共广西区委党史资料征委会《左右江革命根据地》编辑组：《左右江革命根据地》（上），中共党史资料出版社1989年版，第206页。

权”；“为解除我们的痛苦和争取中国权利，必须准备同一切反动派斗争”。[①] 红八军和左江革命委员会的领导人邓小平、李明瑞、俞作豫、何世昌等人经过认真研究，认为法帝国主义外强中干，不足为惧，决定顺应民心，发动群众开展和扩大反帝斗争，将法帝国主义势力驱逐出中国。

1930 年 2 月 12 日，中国红军第八军政治部在《工农兵报》上发表《为法帝国主义驻龙州领事馆无理照会告全国民众书》，明确提出反对法帝国主义干涉中国革命的几点主张：“1. 中国人民在中国境内谋解放运动不受任何帝国主义干涉。2. 中国广西左江民众为彻底解除痛苦和无压迫，必要实行自卫！并且要坚决的执行革命的外交。（1）收回海关。（2）没收法人基督教堂。（3）取消赴越护照费。（4）收回领馆，驱逐领事出境。（5）没收法在龙〈州〉资本企业。3. 如法越南政府真派兵进中国广西左江爆发战争，责任应由法越南政府负责。4. 反对法越南政府勾结或买□中国反动政府压迫工农群众解放运动。全国的工人们、农人们、士兵们、学生们及商人、一切被压迫的人们！时机迫切了，我们不要徘徊观望，我们唯有赶快团结起来，为解除我们的痛苦，和□中国权利，必须准备同一切反动派奋斗，最后〈胜〉利必属归于我们啊！”[②]

1930 年 2 月 19 日，左江革命委员会在龙州新填地广场举行声讨帝国主义罪行的群众大会，左江革命委员会秘书长林礼以及工农兵各界代表，先后在会上控诉帝国主义特别是法帝国主义侵犯我国主权之罪恶，愤怒声讨法帝国主义多年来在龙州的恶劣行径，严厉驳斥法帝国主义者的造谣污蔑。群情怒不可遏，会后游行示威，高呼“打倒番鬼老”“打倒帝国主义”的口号。游击队伍由左江赤卫大队作前导，数千群众挥拳举旗一呼而涌过铁桥，直奔到利民街，冲进法领事馆，包围海关楼和天主教堂等机构，查获一批长短枪支及子弹、一箱手榴弹、一台收发报机、鸦片若干以及地主土豪劣绅窝藏的金银财物，其中仅“法光”就有 15 万元。在法国人开办的所谓“慈善”机构的“育婴堂”，还发现有被法帝迫害致死的不少婴儿遗骸，血的事实戳穿了法帝

---

① 陆仰渊：《百色起义与龙州起义》，上海人民出版社 1989 年版，第 120 页。

② 中共广西区委党史资料征委会《左右江革命根据地》编辑组：《左右江革命根据地》（上），中共党史资料出版社 1989 年版，第 207 页。

的伪善面孔，更激怒广大军民对法帝国主义的仇恨。红八军派一连士兵把法国领事嘉德夫妇、武官、传教士童钺等七八人押送到镇南关，将其驱逐出境。海关税务司额格里闻讯仓皇逃至彬桥乡，用5000元越钞寻人带其出境，狡猾的额格里预先在越钞上加盖一个符号，出境后宣称该项越钞已作废。额格里逃跑了，群众恨得把牙齿咬得咯咯响，齐声骂道，"番鬼老，你跑得了和尚跑不了庙"，接着愤怒的群众提两桶鹰牌"亚细亚"火油倒在板壁上，掏出火柴点着火，风乘火势，火助风威，整个海关楼埋在大火中。[①] 反帝大会还用英法两种文字电告全世界。

与此同时，正在左江上游崇善县协助地方建立红色政权的红八军第一纵队协同崇善县革命委员会带领群众搜查法国教堂，驱逐传教士童斯托出境，并没收土豪劣绅藏在教堂的财物，分发给劳苦大众。

事后，法帝国主义恼羞成怒，扬言派5架大型战斗机、400磅炸弹和500精兵，联合桂系及其他国民党军阀，进攻龙州的苏维埃政权。当时的中共中央机关刊物《红旗》向全国呼吁："我们必须动员全中国的革命群众起来援助龙州的苏维埃，起来反对帝国主义的压迫，反对国民党军阀。"党中央的支持和全国革命群众的声援，鼓舞了左江地区革命军民反帝的斗志。1930年3月25日左右，法国驻越军队派出飞机悍然入侵龙州、凭祥、宁明的中国领空，进行滋扰侦察，红八军战士集合一班步枪射手，以房檐为隐蔽，待法国飞机窜入，即密集射击，被击中的一架飞机在宁明坠毁。红八军击毙驾驶员1人，击伤俘获机员2人（经医治后押逐出境），缴获机枪1挺，手枪几支，炸弹10余枚，让法帝国主义者威风扫地。[②] 当时报载法国政府曾就此事向国民党南京政府抗议，国民党当局虽然被迫表示愿意缉凶赔礼道歉，但实际上是不了了之。在此之后，法帝国主义多次怂恿、催促国民党军阀进攻龙州。1930年3月20日，国民党军队突然袭击龙州，红八军被迫撤往凭祥，左江革命根据地被国民党军队占领，这与法帝国主义的暗中支持有很大关系。

---

① 吴西：《回忆龙州起义和红八军建立的前后》，载《学术论坛》1978年第1期。

② 韦英思：《红八军打下首架外国入侵敌机》，载《传承》2021年第1期。

第三节　龙州反帝斗争的国际法依据及影响

国际法的历史非常悠久。可以说，只要有国家，有国际社会，就有国际法。在第一次世界大战后，鉴于战争带来的巨大灾难和惨痛教训，各国先后签订了《凡尔赛和约》《日内瓦议定书》《洛迦诺公约》《非战公约》《和平解决国际争端总议定书》等国际条约，确立了国家平等、民族自决、禁止战争、和平解决国际争端、相互尊重主权和领土完整等国际法原则，标志着"传统国际法已逐渐变革，现代国际法开始形成"①。

1930 年龙州起义时，现代国际法已经初步形成体系，国际联盟也已经成立 10 年，国家主权和领土完整应当受到国际社会尊重的理念、原则已经深入人心。不过，由于历史的局限性，这些国际法理念、原则在贯彻落实的过程中仍然困难重重。例如，日本作为《国际联盟盟约》和《非战公约》的缔约国，却发动侵略中国的"九一八"事变，入侵中国东北，严重侵犯中国主权，国际联盟大会除了通过一个迁就日本的决议之外，未能采取任何公正有效的措施进行干预，最后事件以日本退出国际联盟而告终。国际联盟在历史上发挥的作用远远不如预想，但这是世界上第一个以维护和平与安全为宗旨的普遍性国际组织，是人类历史上对和平解决国际争端的一次重要探索，为后来联合国的成立提供了直接借鉴，意义依然不可低估。

1930 年 2 月龙州反对法帝国主义的一系列斗争，完全符合《国际联盟盟约》《非战公约》等国际法文件规定的原则和精神，是正义的国际法实践。当然，目前尚未发现资料表明龙州起义的领导人是有意识地运用国际法来开展反帝斗争，但中共中央在制定反帝政策时已对当时国际社会通行的国际法原则和精神有所考虑，龙州起义的领导人基于对党中央制定的反帝政策的准确理解，基于维护国家主权和民族独立的朴素认知，所开展的反帝斗争与国际法原则及精神若合符契，对中华人民共和国成立后的反帝斗争亦不无启发，值得深入研究。

① 杨泽伟：《宏观国际法史》，武汉大学出版社 2001 年版，第 191 页。

一、龙州反帝斗争的国际法依据

（一）符合相互尊重主权和领土完整原则

主权原则是现代国际法体系的基础，否定国家主权等于否定国际法本身。领土是国家行使主权的特定空间，是国家生存发展的物质基础，尊重一国主权，首先应当尊重他国的领土主权，尤其要尊重他国领土的完整性。相互尊重主权和领土完整，是国家与国家之间平等交往的基本前提。国际法不允许任何国家以任何手段对他国领土进行蚕食、占领或肢解，坚决反对任何侵略他国领土和鼓动分离、肢解他国领土的行为或图谋。[①] 国际法既然反对侵略，当然也就允许遭受侵略的国家进行反抗，针对侵略行为进行自卫还击。如果不允许自卫还击，相互尊重主权和领土完整原则也就无从谈起。

19 世纪末 20 世纪初法国根据中法战争后两国签署的一系列不平等条约对龙州进行占领控制，是对中国领土的非法侵略，也是对中国主权和领土完整的严重侵犯。龙州起义后，左江革命委员会组织中国军民将非法占据龙州、破坏中国主权的法国领事、传教士等侵略者驱逐出境，没收其武器、财产，在法律性质上属于自卫还击，目的是排除妨害、恢复原状，并非无缘无故的暴力行径，而是合理合法的正义之举。

（二）符合民族自决原则

民族自决原则是指受到外国奴役和殖民统治的被压迫民族，有自主决定自己命运，摆脱殖民统治，建立本民族独立国家的权利。国际法的民族自决与国内法的民族自治是两个不同层面的问题，民族自治是在主权国家内部各民族聚居区的管理形式和权限。在当代，民族自治原则经过《联合国宪章》《公民权利和政治权利国际公约》《国际法原则宣言》确认，已成为世界各国普遍承认的国际法原则。

在 1930 年 2 月龙州起义时，尚不存在《联合国宪章》《公民权利和政治权利国际公约》《国际法原则宣言》等国际公约。但民族自决原则最早是在第

① 王虎华主编：《国际公法学》，北京大学出版社 2015 年版，第 55 页。

一次世界大战过程中提出来的，经过《凡尔赛和约》《圣日耳曼和约》《特里亚农和约》等国际法文件确认，波兰、匈牙利、捷克斯洛伐克等国依据民族自决原则成为独立的民族国家，克罗地亚、斯洛文尼亚、波斯尼亚等国依据民族自决原则与塞尔维亚共同组建新的南斯拉夫王国，表明在20世纪20年代后民族自决原则不仅得到了国际社会的普遍认可，而且已在实践中有所运用。[①] 法国对龙州的占领控制，实质上是把龙州当作法国的殖民地或半殖民地进行殖民统治，龙州人民对法国殖民统治进行反抗，将代表法国殖民政府的领事、武官、税务司等人员驱逐出境，使龙州得以摆脱法国的殖民统治和奴役，管理控制权回归中国政府（时为左江革命委员会），这完全符合当时国际社会普遍承认的民族自决原则，是一次对民族自决原则的生动实践。

（三）符合互不侵犯原则下合法使用武力的情形

互不侵犯原则，是指各国在交往中不得以违反国际法的任何方式使用武力或以武力相威胁，侵犯他国的主权、领土完整或政治独立，不得以战争作为解决国际争端的手段。互不侵犯原则是从国家主权原则中直接引申出来的一项重要国际法原则，其根本内涵是禁止非法使用武力，但允许合法使用武力。从现行的国际法规范和实践来看，合法使用武力的情形主要包括：（1）根据联合国授权采取的武力行动；（2）在遭受外国侵略时进行的武装自卫；（3）殖民地、半殖民地人民为争取民族独立而进行的武装斗争。[②]

1930年的龙州反帝斗争，不仅有道义上的谴责，更有直接将法国殖民势力驱逐出境的武力行动。龙州军民对法国殖民者使用武力，是“殖民地”或“半殖民地”人民为争取民族独立而进行的武装斗争，属于国际上合法使用武力的情形，符合互不侵犯原则。1930年3月25日左右，法国驻越军队派出两架飞机进入龙州、凭祥、宁明一带的中国领空，这毫无疑问是对中国领空的非法侵略，红八军战士击落其中一架飞机，这是在遭受外国侵略时进行的武装自卫，同样符合互不侵犯原则下合法使用武力的情形。

---

① 杨泽伟：《宏观国际法史》，武汉大学出版社2001年版，第209页。

② 王虎华主编：《国际公法学》，北京大学出版社2015年版，第57页。

（四）符合领事关系法

领事是指一国派遣驻他国特定地区执行保护派遣国及其公民和法人在当地合法权益的特定机构或个人。领事关系法是关于领事关系的建立、领事的派遣和接受、领事职务、领事特权和豁免等原则及规则的总和。领事关系法的一项重要内容是领事官员的特权与豁免，包括领事官员人身在一定限度内不受侵犯、司法和行政管辖豁免、作证义务豁免、免纳关税、免受查验等。驻在国给予领事官员一定的特权和豁免，不是为其提供个人特殊利益，而是在于确保领事官员能够有效执行其职务。

但是，19 世纪 80 年代以来法国派驻龙州的领事，情况比较特殊，需要具体分析。首先，在中法战争之后，中法之间不是正常、平等的外交关系，两国签订的割让龙州权益的《中法会议简明条约》《中法越南条约》《中法续议商务专条》都是不平等条约，所以，法国驻龙州领事不是保护法国公民和法人在华合法权益的普通领事官员，而是法国帝国主义侵略中国龙州、对中国龙州进行殖民统治的“急先锋”，该领事和领馆人员都是侵略者，不应享有正常领事关系下的领事特权与豁免。其次，领事特权与豁免是以领事职务的存在为前提条件的，领事职务可因多种事由而终止，常见的有派遣国终止有关领事的职务并通知驻在国、领事被宣告为不受欢迎或不能接受的人、派遣国与驻在国发生战争、领事关系断绝等。当领事职务终止时，领事特权与豁免自然也就不复存在。1930 年的龙州反帝斗争中，红八军政治部发布《为法帝国主义驻龙州领事馆无理照会告全国民众书》，公开宣布：“中国广西左江民众为彻底解除痛苦和压迫，必要实行自卫！并且要坚决的执行革命的外交。（1）收回海关。（2）没收法人基督教堂。（3）取消赴越护照费。（4）收回领馆，驱逐领事出境。（5）没收法在龙〈州〉资本企业。”法国驻龙州领事不但在龙州作威作福，享受侵略者的红利，而且肆意干涉中国内政，对龙州起义指手画脚，甚至威胁要派出武装部队进驻龙州，严重侵犯中国主权，是引发龙州反帝斗争的根本原因和直接诱因。红八军既然公开宣布“收回领馆，驱逐领事出境”，表明左江苏维埃政权已经断绝与法国的领事关系，法国领事也已经成为国际法上“不受欢迎或不能接受的人”，该领事职务终止，不享有领事特权与豁免。龙州革命军民将侵略中国、干涉中国内政的法国驻龙州领事驱逐出境，并不违反国际法，而且具有充分的国际法依据。

（五）符合战争与武装冲突法

第一次世界大战后，各国先后签订《日内瓦议定书》《非战公约》等国际条约，确立了调整和规范各交战国之间、交战国与非交战国之间、交战国与中立国之间的关系以及交战行为的法律原则、规则和制度，初步形成了现代意义上的战争与武装冲突法。战争和武装冲突法最重要的内容之一，就是禁止和限制作战手段和作战方法，包括禁止使用极度残酷的武器、禁止不区分军队与平民的无差别攻击、禁止背信弃义的战争行为、保护平民、不得虐待伤病员和战俘等。

龙州开展反帝斗争时，虽然参与斗争的群众对法帝国主义极为痛恨和愤慨，但还是保持了高度的理性和克制，仅针对法国领事、武官、海关关长、税务司长、传教士等，没收其财产，驱逐出境，而对开办医院、学校、商店的法国医护人员、教师、商人，有罪则罚，无罪不问，体现了龙州革命群众开展反帝斗争的灵活性和策略性。龙州反帝斗争不但合理合法，而且有节有制，完全符合战争与武装冲突法的人道主义精神。这也表明，龙州起义的领导群体已具有开展国际斗争的意识，在理念上是非常先进的。

龙州反帝斗争时，还没收了领事馆中的武器和财产以及法国在龙州的资本企业（主要是银行、邮局、电话局、电报局等公共企业）。按照国际惯例，在交战状态下，凡是敌国的国家财产，均可没收、使用，但使领馆除外。[①] 法国驻龙州领事馆并非合法的外交代表机构，而是依据不平等条约设立的殖民统治机构，实质上是殖民者和侵略者，因此红八军政治部代表左江革命委员会公开宣布取消法国驻龙州领事馆和海关，并对法国领事馆和海关使用武力，虽未宣战，但实际上可以说已处于交战状态，此后法国派飞机入侵，红八军将法国飞机击落，也表明当时法越政府与左江苏维埃政权已有武装冲突之实。在此情况下，左江革命委员会没收法国领事馆的武器和财产以及法国在龙州的资本企业，系在战时没收敌国国家财产，亦符合国际惯例。

综上所述，龙州反帝斗争的一系列行动，都完全符合国际法的原则和精

---

① 王虎华主编：《国际公法学》，北京大学出版社 2015 年版，第 559 - 560 页。

神。正是因为如此，左江革命委员会和红八军将龙州反帝大会及反帝斗争的情况用英法两种文字电告全世界，占据了国际法和国际道义的制高点，对法帝国主义形成了国际舆论压力。法帝国主义者此前曾叫嚣要派出武装卫队和机关枪炮车进驻龙州，最终并未实现，这一方面是因为法帝国主义色厉内荏、外强中干的本质，另一方面也是因为龙州反帝斗争完全合理合法，法帝国主义慑于红八军的英勇战斗表现和国际上的舆论压力，只能对此事不了了之。

二、龙州反帝斗争的历史影响

（一）龙州反帝斗争使中国革命的内涵与外延得到新的拓展

龙州起义既是土地革命战争时期中国共产党独立领导的各族人民英勇反击国民党反动派的武装起义，更是从龙州实际情况出发开展的反对帝国主义的斗争。其反帝斗争拓展、丰富了土地革命战争时期中国共产党领导的中国革命的内涵，使该时期中国共产党领导的中国革命的主要任务从反对国民党恐怖统治，扩展为既反抗国民党的反动统治，又抗击法帝国主义的侵略，得到中共中央的高度肯定。当时主持中共中央工作的李立三在1930年3月20日的《红旗》杂志上发表《赤色的龙州》，对龙州反帝斗争给予高度评价："这一种英勇的反帝国主义的革命手段，在数天内的政权，他已经做了国民党军阀政府数十年所不能做所不敢做——不是，实在是所不愿做的事。实现了中国共产党之反帝国主义政纲，开辟了中国革命的新纪元，在中国革命的发展将有非常伟大的历史意义。"①

（二）龙州反帝斗争鼓舞了全国各地乃至国外的反帝斗争

1930年3月12日，中共中央发出九十二号紧急通知，指出："左右江数十万群众的反地主豪绅国民党的武装斗争，成立了数十县的苏维埃政权，其影响所及，不仅使西南半壁的反动统治急剧动摇，而且直接促进了安南的革命运动。这一革命形势之发展自然引起了法帝国主义的严重注意，而阴谋破坏。"号召全党"立即拥护龙州苏维埃，反对帝国主义干涉中国革命的工作"，

---

① 中共广西区委党史资料征委会《左右江革命根据地》编辑组：《左右江革命根据地》（上），中共党史资料出版社1989年版，第251页。

在上海、天津、武汉、香港、广州、奉天、哈尔滨、青岛、厦门等重要城市，组织群众到法领事馆前示威，以至发动群众开展反法帝国主义以及一切帝国主义的直接行动。李立三在上述《赤色的龙州》一文中也号召："我们必须动员全中国的革命群众，起来援助龙州的苏维埃，起来反对法帝国主义的压迫，反对国民党军阀。龙州苏维埃照耀了我们，惊动了我们，号召了我们，我们要发动最广大群众的革命示威行动，来拥护龙州苏维埃！"①

龙州的反帝斗争不仅激励了中国人民反帝的志气，对当时全国人民的革命斗争产生积极的影响，而且还促进了越南反抗法帝国主义的革命斗争。龙州本来就是中越两国商贸和人员往来的集散地，1930 年龙州起义和龙州反帝斗争之后，前往龙州从事革命活动的越南反法志士特别是越南共产党人不断增多，龙州成为越南共产党领导本国开展反法斗争的后方基地，成为越南共产党海外革命基地的重要组成部分。越共开国领袖胡志明、国会领导人黄文欢、首任国防部长周文晋等数十名元老，均曾长期在龙州活动。长期以来，龙州成为越南共产党人心目中的革命圣地，甚至被誉为"越南的延安"。②

（三）龙州反帝斗争为新中国的反帝政策提供了有益的历史经验参照

龙州反帝斗争证明了后来毛泽东同志的正确论断："一切反动派都是纸老虎。"③ 这一论断是我们党开展反帝斗争、选择斗争策略的重要基本前提。中华人民共和国成立后，中国共产党领导全国各族人民坚决取缔帝国主义国家的在华一切特权，具有临时宪法性质的《共同纲领》规定："对于国民党政府与外国政府所订立的各项条约和协定，中华人民共和国中央人民政府应加以审查，按其内容，分别予以承认，或废除，或修改，或重订。"至此，100 多年来殖民主义、帝国主义强加给中国的不平等条约体系束缚彻底解除。

帝国主义国家的在华特权，包括帝国主义国家在华企业的经营特权。如何对待外国在华企业，成为新中国反帝斗争面临的一大问题。1950 年 6 月朝鲜战争爆发，以美国为首的西方国家采取了一系列敌视新中国的政策，对新

① 中共广西区委党史资料征委会《左右江革命根据地》编辑组：《左右江革命根据地》（上），中共党史资料出版社 1989 年版，第 252 页。

② 罗殿龙：《龙州起义反帝斗争的再认识》，载《文史春秋》2021 年第 12 期。

③ 《毛泽东选集》（第 4 卷），人民出版社 1991 年版，第 1195 页。

中国实行封锁禁运。1950 年 12 月 28 日，中国政府颁布《关于管制美国在华财产冻结美国在华存款的命令》，宣布："中华人民共和国境内之美国政府和美国企业的一切财产，应即由当地人民政府加以管制，并进行清查"，"中华人民共和国境内所有银行的一切美国公私存款，应即行冻结。"1951 年 5 月 13 日，中央人民政府发出《关于处理美国在华财产的指示》，规定对美国财产的处理原则，包括征用、代管、征购、加强管制等四种方式。此后，中国政府根据国际形势先后征用、管制了美英两国一批企业的财产，包括征用美孚、德士古、中美三家美资石油公司除其总公司和分支机构的办公处以外的全部财产，征用英资亚细亚火油公司、英联船厂及马勒机器造船厂、电车公司、自来水公司和英资隆茂洋行、太古公司在上海、天津、武汉、广州的全部财产。朝鲜战争结束后，我国加速对内外资私营工商业的社会主义改造。1953 年，中国共产党在过渡时期总路线中提出，私营工商业要进一步纳入国家资本主义体系，帝国主义在华企业也要转变为社会主义的人民的企业，成为社会主义性质的国民经济的一个组成部分。这一时期，中国政府主要采取对价转让等较为温和的方式，加速对外资企业的社会主义改造。"到 1956 年，90% 以上在华外资企业已转让给中国。1962 年随着最后一批外资企业歇业，除金融业外，中国对外资企业的改造全部完成。"①

新中国之所以能够在较短时间内完成对西方国家在华企业的社会主义改造，重要原因之一是中国共产党在新民主主义革命时期就已经有过没收、接管帝国主义在华资本的成功经验，其中就包括龙州起义的反帝斗争中没收法国领事馆、海关、教会财产的经验。龙州反帝斗争最大的经验，就是敢于斗争，从战略上藐视帝国主义敌人，只要有广大中国人民做后盾，外强中干的帝国主义也就没什么可怕的。不过，与龙州起义时相比，在新中国成立后，中国政府的政治、经济、军事实力远胜以往，在反帝斗争中所能采用的策略、手段自然要丰富得多，对帝国主义在华资本可以采用征用、征购、代管、管制、转让等手段，而不仅仅是单一的通过武力进行没收了。

---

① 孙玉琴：《建国初期我国对西方在华企业的政策演变及其效应》，载《国际商务（对外经济贸易大学学报）》2012 年第 6 期。

（四）龙州反帝斗争对当前开展国际法律斗争有一定启示作用

当前，国际局势风云变幻，世界正经历百年未有之大变局，中美战略博弈也进入了相持阶段的关键时期。在这个关键时期，中美战略博弈将会在更广领域、更深层次全面展开，其中就包括法律领域。最近几年，美国朝野一致反华的态势已基本形成，2022 年美国参众两院共提出涉华提案 142 份，4 部已经正式成为法律，旨在强化与中国科技竞争的《2022 年芯片与科学法案》也得以“无障碍”通过，表明美国“以法制华”已成常态。面对来自美国的法律挑战，我们必须坚定不移地统筹推进国内法治和涉外法治，大胆开展国际法律斗争，通过健全反制裁、反干涉、反“长臂管辖”的制度机制，推进域外适用法律体系建设，推动制定完善对外关系法、外国国家豁免法、外国代理人法等法律规范，丰富国际法律斗争武器库，占领国际法治制高点。

毛泽东在《目前抗日统一战线中的策略问题》中提出了中国共产党开展对敌斗争的三个原则，即自卫原则、胜利原则、休战原则，并指出：“这三个原则，换一句话来讲，就是‘有理’，‘有利’，‘有节’。”① 毛泽东作出上述论断的时间是 1940 年 3 月 11 日，是在 1930 年 2 月龙州反帝斗争的 10 年之后，但这一论断中包含了中国共产党开展对敌斗争的普遍规律。龙州反帝斗争之所以取得胜利，正是因为符合这一普遍规律，有理、有利、有节，占据国际法和国际道义的制高点，挫败了法帝国主义武装干涉中国革命的企图。首先，龙州反帝斗争完全符合国际法的原则和精神，是正义的行动，这是“有理”；其次，龙州反帝斗争依靠人民群众，坚决驱逐法帝国主义侵略者，极大地鼓舞了革命军民的士气，这是“有利”；最后，龙州反帝斗争保持了相当的理性、克制，只是将侵略者驱逐出境，没有对其赶尽杀绝，在当时的形势下，可以说是避免矛盾激化升级的有效斗争策略，这是“有节”。当前我们开展国际法律斗争，应当借鉴龙州反帝斗争的成功经验，坚持有理、有利、有节三原则。所谓“有理”，就是我国的国际法律斗争应当以促进和平以及和平解决争端为目标，这样才能使我国的国际法律斗争区别于单边主义和霸权主义的“法律战”，进而抢占国际道义的制高点，争取更多的国际支持；所谓

---

① 《毛泽东选集》（第 2 卷），人民出版社 1991 年版，第 750 页。

"有利"，就是我国的国际法律斗争既要大胆又要稳健，要讲究策略，争取得道多助，力求妙算制胜；所谓"有节"，就是我国的国际法律斗争要有所为有所不为，应当有明确的针对对象和精准的打击手段，快速、高效破敌制敌，避免打击范围过大而引发不必要的争端，以有利于分化、瓦解敌对阵营，最终实现"用规则说话，靠规则行事，维护我国政治安全、经济安全，维护我国企业和公民合法权益。"①

① 习近平：《论坚持全面依法治国》，中央文献出版社2020年版，第256－257页。

第十九章　左右江革命根据地的法制人物与法制思想

在左右江革命根据地的法制建设过程中，邓小平、韦拔群、雷经天等代表性人物发挥了至关重要的领导作用。他们积极开展左右江革命根据地的政权建设和法制建设，运用法制思维和法制手段贯彻、落实党的路线方针政策，提出一系列具有开创性、革命性、前瞻性的理论主张，形成了具有左右江革命根据地特色的法制思想。这些法制思想传承至今，是我们党在新民主主义革命初期探索法制建设的历史阶段留下的宝贵财富，其中包含的精神内核对当下正在开展的社会主义法治建设亦不无启发。

第一节　邓小平及其法制思想

一、邓小平在左右江革命根据地的活动

邓小平（1904—1997），四川广安县人，伟大的无产阶级革命家、政治家、军事家、外交家，中华人民共和国开国元勋之一，中国共产党第二代领导核心，马克思主义者，同时也是中国人民解放军、中华人民共和国的主要领导人之一。1904 年 8 月 22 日，邓小平生于四川省广安县协兴乡牌坊村，曾使用邓先圣、邓希贤等名字。1919 年秋，考入重庆勤工俭学留法预备学校，翌年到法国留学。1922 年留法期间，邓小平参加了旅欧中国少年共产党（后改为旅欧中国共产主义青年团），1924 年 7 月成为中国共产党党员，并当选为旅欧共青团执行委员会书记局委员。1926 年 1 月，邓小平前往苏联，到莫斯科中山大学学习。1927 年春离苏回国。1927 年 4 月，蒋介石发动“四一二”

反革命政变，第一次国共合作破裂，同年8月7日邓小平在武汉参加中共中央紧急会议，年底随中央机关迁往上海。1928年至1929年，邓小平任中共中央秘书长。

1929年5月，统治广西的桂系国民党军阀李宗仁、白崇禧在蒋桂战争中战败，出走香港。俞作柏成为广西省政府主席，李明瑞成为广西部队编遣特派员，主政广西。俞作柏、李明瑞为巩固其地位，防止被蒋介石吞并，主动提出与中国共产党合作。中共中央抓住机遇，派邓小平为中央代表，化名邓斌，到广西领导革命斗争。在邓小平等人的推动下，俞作柏、李明瑞释放了部分被监禁的共产党员和进步分子；任命共产党员张云逸为广西警备第四大队大队长兼教导总队副队长；任命俞作豫（共产党员，俞作柏胞弟）为广西警备第五大队大队长；开放工农运动；承认韦拔群领导的东兰农民自卫军。9月中旬，邓小平等人在南宁组织召开了中共广西省第一次代表大会，传达中共六届二中全会关于建立红军和开展苏维埃运动的指示，并根据中央决定，将广西省委改组为广西特委，何誓达任广西特委书记，归广东省委领导。10月初，俞作柏、李明瑞仓促发动的反蒋斗争失败。10月中旬，邓小平、张云逸率所掌握的广西警备第四大队和教导总队近2000人离开南宁，于10月22日经右江水路到达百色，准备武装起义。12月11日，邓小平、张云逸领导的广西警备第四大队、广西教导总队和韦拔群等人领导的右江各县农民自卫军共4000余人在百色举行武装起义，成立中国工农红军第七军，张云逸任军长，邓小平任政治委员。同日，在恩隆县平马镇（今田东县城）召开右江地区第一届工农兵代表大会，选举产生了右江苏维埃政府。百色起义后，红七军颁布《中国红军第七军目前实施政纲》，右江苏维埃政府颁布《右江苏维埃各级政府组织与职责》，开始了左右江革命根据地的法制建设进程。

俞作柏、李明瑞反蒋失败后，邓小平领导下的中共广西特委还决定，由广西警备第五大队大队长俞作豫率所部撤离南宁，开赴龙州，与当地工农运动结合，准备武装起义。12月上旬，邓小平到达龙州，召开党员干部会议，布置龙州起义工作。两天后，邓小平取道越南前往上海向党中央汇报工作。1930年2月1日，广西警备第五大队和龙州工人赤卫队、农民赤卫队共2000余人，在龙州举行武装起义，成立中国工农红军第八军，俞作豫任军长，邓小平兼任政治委员，宛旦平任参谋长，何世昌任政治部主任，李明瑞任红七军、红八军总指挥。接着成立左江革命委员会。

1930 年 2 月 7 日，邓小平回到龙州，召集特委、军委联席会议，传达中央指示，决定改组中共红八军军事委员会为中共红八军临时前敌委员会，邓小平任书记，何世昌、俞作豫、宛旦平、涂镜吾为委员。2 月 12 日，红八军颁布《中国红军第八军目前实施政纲》。

1930 年 2 月 28 日，邓小平率红八军第一纵队攻打靖西县，红八军临时前委书记由何世昌代理。3 月初，邓小平为传达中央指示，离开靖西经天保、向都县境前往右江地区。4 月初，邓小平来到东兰县，与雷经天、韦拔群、陈洪涛等一起总结凤山县中亭乡创办共耕社的经验，开展土地革命试点工作，制定了《土地法暂行条例》《共耕条例》《土地问题决议案大纲》等重要法律法规文件。同时开办党政干部训练班，学习贯彻党的土地革命政策，为深入推进土地革命打牢组织基础。

1930 年 5 月中旬，邓小平、张云逸、李明瑞率红七军第一纵队、第二纵队到东兰县，召开红七军和右江特委干部会议，决定收复百色和右江沿岸各县，开展土地革命。6 月初，红七军陆续收复百色、奉议、恩隆、思林、果德等右江沿岸各县县城。10 月 6 日，邓小平从平马前往东兰，在东兰县燕垌村召开百色、奉议、恩隆、果德等县负责干部会议，布置红七军离开根据地后的工作。会后，邓小平与韦拔群率第三纵队前往河池。11 月 7 日，红七军第一次党代表大会在河池召开，会议接受李立三“左”倾冒险主义的错误指令，动员全军攻打柳州、桂林、广州等大城市，完成南方革命。大会改选红七军前委，邓小平任前委书记，前委在中央南方局代表邓拔奇领导下工作。2 月 14 日，邓小平、李明瑞率红七军五十五团到达江西崇义县，决定取消前委，组建团委，由邓小平任书记。2 月底，红七军团委派邓小平前往上海向党中央汇报工作，团委书记由佘惠担任。

至此，邓小平完成了他领导左右江革命根据地和红七军、红八军的历史任务。此后，红七军按照中央指示，先与红二十军合编，后与红三军团在江西于都县桥头镇会师，红七军编入红三军团建制，继续在长征、抗日战争、解放战争中发挥重要作用。右江革命根据地在韦拔群、黄举平、黄松坚等人领导下，成立中共桂西区特委和右江上下游革命委员会，保存了党的组织和干部队伍，坚持开展革命斗争，始终高举红旗，直到全国解放。

二、邓小平在左右江革命根据地的法制思想

在百色起义和龙州起义前，广西左右江地区属于典型的半封建半殖民地社会，农民饱受封建地主、军阀和帝国主义的剥削压榨，生活困苦不堪。因此，在左右江地区开展革命，中心任务是开展土地革命，重新分配土地给农民，将广大农民从封建土地制度中解放出来。邓小平到左右江地区工作后，积极推动开展土地革命，特别是在东兰期间，他与雷经天、韦拔群等共同研究制定《土地法暂行条例》《共耕条例》《土地问题决议案大纲》等法律法规文件，为深入开展土地革命、巩固革命根据地的群众基础提供了法律制度依据。邓小平在左右江革命根据地的法制思想，主要体现在这几部土地革命法律法规文件中。

（一）运用法制手段贯彻党的路线方针政策

右江苏维埃政府颁布的《土地法暂行条例》《共耕条例》《土地问题决议案大纲》等法律法规文件，都是根据党中央的路线方针政策制定的，具有很强的政治性、政策性。1928 年 7 月至 8 月，中共六大在莫斯科召开，通过了《政治决议案》《土地问题决议案》《农民问题决议案》等民主革命十大纲领，明确了土地革命的路线、政策、策略，主要内容包括：（1）民主革命的中心任务之一是采取彻底的平民式的推翻地主阶级私有土地制度，实行土地革命。所以农民运动的中心口号，是没收地主阶级的土地交由农民代表会议（苏维埃）处理。土地斗争主要的敌人是豪绅地主。（2）无产阶级在乡村中的基本力量是贫农，必须在农民组织中，巩固贫农与雇农的思想上和组织上的领导权。（3）中农是巩固的同盟者，与中农联合，是保证土地革命胜利的主要条件。（4）对富农要根据他对革命的态度而采取区别对待的策略。（5）赞成平分土地的口号，同时加以批评。（6）保存商业的货物交易，战胜均产主义的倾向。

1929 年 9 月 10 日，邓小平到广西工作后不久，就在南宁市津头村召开中共广西省第一次代表大会，邓小平传达了中共六大及六届二中全会确定的路线，通过了《广西党政治任务决议案》等九个问题的草案大纲。在邓小平的领导和主持下，中共六大提出的有关土地革命的路线方针政策，在右江苏维

埃政府颁布的《土地法暂行条例》《共耕条例》《土地问题决议案大纲》等法律法规文件中均有所体现。

（二）充分体现法制的平等性、民主性

百色起义前，右江地区在国民党反动军阀统治下，农民遭到封建剥削压榨，少数民族深受压迫歧视，大部分土地集中在豪绅地主手里，农民直接占有的土地极少，壮、瑶、苗等少数民族群众被驱赶到土地贫瘠的石山地区，生存环境极为恶劣。右江苏维埃政府自成立伊始就致力于改变这种人压迫人的不平等社会状况。邓小平主持制定的《土地法暂行条例》《共耕条例》《土地问题决议案大纲》都体现了对平等、民主原则的执着追求。《土地法暂行条例》规定没收地主土地和富农多余的土地分配给无地或者少地的农民使用，土地人均一份，居住在大山里的少数民族也可以移居到平地，和当地汉族群众一样平分土地。根据《共耕条例》，各族群众一律平等，不论是汉族群众还是壮、瑶、苗等少数民族群众，都可以同样参加共耕社，共同管理共耕土地，可以参加乡苏维埃会议，参与民主管理，对共耕社的纪律规定提出修改意见。各族群众拥有平等的民主权利，不仅可以参加乡苏维埃会议，还可以参加县、区乃至右江苏维埃会议，通过苏维埃会议决定革命根据地的制定法律法规、维持纪律、分配土地、惩治土豪劣绅等重要工作事项。

在邓小平等人的领导下，左右江革命根据地的一系列革命法律法规，让左右江地区各族群众推翻了地主、军阀、帝国主义的统治，在左右江地区的历史上首次实现了人民当家作主。《土地法暂行条例》《共耕条例》《土地问题决议案大纲》的规定极大地满足了各族群众对平等、民主的追求，激发了群众的革命热情，巩固了右江革命根据地的群众基础，有利于右江革命根据地的发展。在红七军主力部队离开右江革命根据地后，右江革命根据地仍能在国民党军政当局的“围剿”下长期坚持革命斗争，很大程度上就是因为右江革命根据地实行的一系列具有平等性、民主性的法律法规制度，得到了当地各族群众发自内心的拥护和支持，故而具有“野火烧不尽，春风吹又生”的顽强生命力。

（三）特别强调法制的民族性、地域性

广西左右江地区是多民族聚居区，其中壮族人口占70%，瑶族占6%，此外还有汉族，以及苗族、彝族等少数民族。在历史上，不论是汉族还是壮族、瑶族、苗族、彝族等少数民族群众都深受封建豪绅地主特别是土司的压迫，生活状况极为悲惨。清王朝灭亡后，北洋政府和南京国民政府废除了土司制度，但各县的县长和县政府官员多由原来的土官充任，实际上换汤不换药，压在各族人民身上的负担没有任何减少。新旧桂系的大小军阀在左右江地区拥兵自重，割据一方，云南的滇系军阀也经常出兵劫掠右江沿岸各县。左右江地区的壮族地主豪绅与汉族军阀相互勾结，霸占了大部分的土地山林。以东兰县为例，占人口总数不到10%的大小豪绅地主，占有全县70%以上的土地，三石乡、中和乡一带的土地，绝大部分被梁士训、杜瑶甫两家地主占有，无地、少地的农民只能靠租佃地主土地才能生存。而梁、杜两家地主收的田租很高，上等田的田租为收获量的2/3，中等田为3/5，下等田为1/2，此外佃户还要为地主家服无偿的徭役。国民党桂系军阀政府实行民族压迫和民族歧视政策，认为壮族是“蛮夷”，强迫壮族群众“同化”，壮族人民没有任何政治权利，得不到尊重。人口较少的瑶族更是被赶到杳无人烟的石山深处，只能利用大石山的少量贫瘠土地种野菜、杂粮度日，有的甚至过着原始的狩猎生活。饱受压迫和欺凌的东兰各少数民族群众走投无路，在韦拔群等农民运动领袖的带领下，反抗国民党军阀的反动统治，开展了影响巨大的东兰农民运动。百色起义和龙州起义后，农民运动迅速扩大到左右江地区各县，在红七军、红八军前委，左右江特委和苏维埃政府的领导下，汉、壮、瑶、苗、彝等各族群众积极投身革命，围绕群众最关心的土地问题开展了土地革命。

1930年4月，邓小平在东兰县召开会议，与雷经天、韦拔群、陈洪涛等一起研究深入推进土地革命的问题。邓小平介绍了中央革命根据地在赣南、闽西开展土地革命的经验，为众人讲解中央革命根据地颁布的《井冈山土地法》《兴国县土地法》，并结合他在百色、龙州工作期间的亲身调查，认为广西左右江地区的情况与赣南闽西的情况不完全一样，开展土地革命既要学习中央革命根据地的成功经验，又要结合左右江地区的实际。根据会议精神，右江苏维埃政府制定了《土地法暂行条例》《共耕条例》两部重要的土地革

命法律法规。此前韦拔群、韦箐等人已经在凤山县中亭乡开展土地改革试点，创办共耕社，在群众中宣传党的土地革命政策，清查土地、人口，销毁地主豪绅的田契、地契，对土地进行平均分配，不论民族、年龄、性别、籍贯，一律按人平均分配土地，已经取得一定的成效，为土地革命打下了坚实的群众基础。《土地法暂行条例》《共耕条例》在凤山县试点的基础上，更加强调按人平均分配土地，这是在深入总结东兰、凤山等地土地革命经验的基础上提出来的原则，同时，《土地法暂行条例》《共耕条例》也充分考虑了基层的实际，规定由区、乡苏维埃讨论决定分配土地的具体办法，在分配土地时各区、乡的土地可以相互调配，“土地面积按出产之多寡计算是延续右江地区的习惯做法，客观上有利于克服土地肥瘦不均的问题”①。《土地法暂行条例》《共耕条例》的规定，集中体现了邓小平等革命领导人关于土地革命的思想主张，既贯彻了党的土地革命政策，又反映了右江地区各民族群众反对民族压迫、要求民族平等的迫切愿望，起到巩固右江革命根据地的作用，促进了右江革命根据地的蓬勃发展。

（四）注重法制程序

法律制度特别注重程序。法律程序是约束权力、保护权利的重要机制，是进行理性决策的有效措施，也是确保法律适用结论妥当性、实现公平公正的前提。“程序将决定权分解于程序过程中，通过功能分化和角色分派来完成决定，每一程序环节、每一角色都有自己的独特价值和特定目标，限制或阻隔了对事件之结果或法律外目标的过早考虑，从而大大限制了权力恣意妄为的空间。”②

《土地法暂行条例》《共耕条例》的规定体现出对法制正当程序的高度重视。《土地法暂行条例》明确规定：“分配土地应以乡为单位，由乡苏维埃召集大会或代表会议讨论执行，由县、区苏维埃切实指导之。”③ 《共耕条例》

---

① 牙远波：《代表农民利益的〈土地法暂行条例〉和〈共耕条例〉——右江革命根据地土地立法述评》，载《河池学院学报（哲学社会科学版）》2005年第6期。

② 张文显主编：《法理学》，高等教育出版社2018年版，第265页。

③ 中共广西区委党史资料征委会《左右江革命根据地》编辑组：《左右江革命根据地》（上），中共党史资料出版社1989年版，第266－267页。

规定共耕社的成员都可以对共耕纪律提出修改的意见和建议，但共耕纪律的修改必须经过乡苏维埃代表大会讨论决定，否则不具有法律效力。可见，《土地法暂行条例》《共耕条例》都特别注重通过乡苏维埃代表大会或代表会议的形式来确保土地的分配方案、共耕纪律的公平公正，突出了正当程序对人民权利的保护，具有高度的合理性。

（五）实行法制创新

1929 年 12 月百色起义前，中央革命根据地曾经制定过两部“土地法”，即 1928 年 12 月的《井冈山土地法》和 1929 年 4 月的《兴国县土地法》。左右江革命根据地制定《土地法暂行条例》，就是落实中央革命根据地两部“土地法”的一项法律措施。在制定《土地法暂行条例》时，邓小平、韦拔群等人根据左右江地区特别是东兰县的实际情况，在中央革命根据地“土地法”的基础上，总结经验，吸取教训，进行了一定的法制创新。这主要体现在以下几个方面。

1. 在《土地法暂行条例》中规定了阶级划分和敌我划分的标准。《土地法暂行条例》制定于 1930 年 4 月，当时右江苏维埃政府成立不久，还没有来得及制定有关阶级划分和敌我划分的法律法规，实践中存在着阶级划分和敌我划分标准不明的情况，一些地方甚至出现了错杀、滥杀的现象。阶级划分和敌我划分不仅是土地革命中分配土地的前提，而且涉及革命根据地的团结稳定。鉴于此，邓小平等人经过研究，决定以制定《土地法暂行条例》为契机，明确规定阶级划分和敌我划分的标准，即“没收一切反革命的财产、土地，及反革命之标准如下：（甲）勾结一切苏维埃之敌人（即一切反革命派）或与之作侦探，或在经济上帮助敌人者；（乙）阴谋企图倾覆苏维埃政府者；（丙）反抗苏维埃政府之法令者；（丁）进行反苏维埃政府之小组织”[①]。这是中央革命根据地的两部“土地法”以及其他革命根据地的土地法律法规都没有的内容，可以说是左右江革命根据地独树一帜的法制创新。

2. 纠正了土地革命中的一些“左”倾错误。在我们党探索土地革命的早

---

① 中共广西区委党史资料征委会《左右江革命根据地》编辑组：《左右江革命根据地》（上），中共党史资料出版社 1989 年版，第 266 页。

期阶段，不可避免地存在一些“左”倾错误，甚至把土地革命理解为农民对地主的复仇，因而出现了一些过激的做法。例如，1928 年 12 月的《井冈山土地法》就明确规定“没收一切土地而不是只没收地主土地”，“土地所有权属政府而不是属农民，农民只有使用权”，“禁止土地买卖”，而有的地方不分青红皂白，对地主及其家属一律不分配土地，等等。右江苏维埃政府颁布的《土地法暂行条例》规定只没收地主土地、富农的多余土地、公共土地，对中农的土地则给予保留。在分配土地时，有所区别地对待地主，明确指出“不是消灭地主生命个体，而是消灭地主阶级”，只要地主不反对苏维埃政府且已改造好的，也可以分得土地，并不仅仅因为出身是地主就不分土地。在土地分配方法上，右江苏维埃政府也因地制宜、多有创新，如“以肥补瘦”等，都是中央革命根据地和其他革命根据地的土地法律法规所没有的。右江苏维埃政府的这些土地法制创新，更加符合右江地区的社会实际，为实施《土地法暂行条例》、贯彻党的土地革命政策打下了坚实基础。

3. 创新税制，实行累进税率。中央革命根据地和其他革命根据地的土地法律法规都是实行固定税率，例如，《井冈山土地法》规定了 15%、10%、5% 三种税率，以 15% 的税率为主。右江苏维埃政府的《土地法暂行条例》规定了 5% 的基本税率，在此基础上实行超额累进税，即“剩余较多之农民，得于征收单一税百分之五外，以累进税为原则，由乡、区苏维埃决议征收之。其标准如下：（一）有余谷五十斤至一百斤者，征收百分之四十；（二）有余谷一百斤至三百斤者，征收百分之五十；（三）有余谷三百斤至五百斤者，征收百分之六十；（四）有余谷五百斤至一千斤者，征收百分之七十；（五）有余谷一千斤以上者，即特别征收之”。之所以规定较重的累进税制，理由在于贯彻平均分配土地的原则，保护贫农的利益，防止土地再次变相集中到部分富农和中农手里，产生新的地主阶级，这在开展土地革命的初期阶段是非常必要的，符合右江地区农业经济原始、落后的客观现实，不能简单以高度发展的现代市场经济眼光来看待。

4. 创造和尝试了新型农业合作化形式。《井冈山土地法》对土地没收后分配给农民耕种的形式有一些简略的规定，包括由苏维埃政府组织模范农场和农业合作社等形式，但缺乏进一步的具体规定，更没有实践经验。右江苏维埃政府颁布的《共耕条例》非常难能可贵地在总结韦拔群在东兰县开展共耕试点改革实践经验的基础上，对共耕社的组建、运作作了细致规定。这是全国革命根据地的第一部有关农业合作社的专门法律法规，不仅开创了革命根据地土地法制的先例，而且为解放后开展的农业合作化运动提供了宝贵的经验。

第二节　韦拔群及其法制思想

一、韦拔群的革命活动生涯

韦拔群（1894—1932），广西东兰人，壮族，曾用名韦秉吉、韦秉乾、韦萃，壮族人民的优秀儿子、卓越的农民运动领导人、百色起义领导人之一、中国工农红军高级将领、中国工农红军第七军和广西右江革命根据地领导者之一。韦拔群早年曾在东兰县高等小学堂、庆远府中学堂和广西法政学堂读书。1916 年年初，韦拔群组织农民武装赴贵州参加讨袁护国军，曾在贵州讲武堂学习，毕业后在黔军部队任参谋。1920 年，受五四运动影响，韦拔群脱离黔军，赴广州参加马君武等人组织的“改造广西同志会”。1921 年，韦拔群回东兰开展农民运动，先后组织“改造东兰同志会”“农民自治会”“农民自卫军”，指挥农民自卫军三次攻打东兰县城，驱逐旧桂系军阀政府任命的县知事和团总。1925 年年初，韦拔群再赴广州，在广州农民运动讲习所学习，当年 4 月结业后回东兰继续从事农民运动，9 月 15 日在东兰县武篆区善学乡北帝岩（后改称列宁岩）开办广西最早的农民运动讲习所，培养农运干部，组建农民协会和农民武装，农民运动的影响力迅速扩大到右江地区的百色、奉议、恩隆、果德、凌云、凤山等县。1926 年，东兰县成立革命委员会，韦拔群任主任，同年冬，韦拔群加入中国共产党。1929 年 10 月下旬，韦拔群等指挥农民自卫军攻下东兰县城，东兰县革命委员会迁入县城，发布了在左右江革命根据地法制建设史上具有重要地位的《广西东兰县革命委员会最低政纲草案》。

1929 年 12 月 11 日，百色起义爆发，中国工农红军第七军成立，韦拔群任红七军前敌委员会委员、红七军第三纵队司令员。同日，右江第一届工农兵代表大会在恩隆县举行，大会决议成立右江苏维埃政府，选举雷经天为政府主席，韦拔群等为政府委员，颁布《右江苏维埃各级政府组织与职责》等法律法规文件。1930 年 4 月，邓小平来到东兰，与韦拔群等人一道组织开展土地革命的试点工作，研究制定《土地问题决议案大纲》《土地法暂行条例》《共耕条例》等土地法律法规文件。

1930 年 10 月，红七军前委在恩隆县平马镇召开扩大会议，中共中央南方局代表邓拔奇传达中央政治局决议和要求红七军攻打柳州、桂林、广州等大城市的指令及整编部队等决定，要求红七军各纵队往河池集结。10 月 6 日，邓小平与韦拔群率红七军第三纵队前往河池。11 月 8 日，红七军在河池进行整编，红七军第一纵队、第二纵队、第三纵队、第四纵队和红八军第二纵队整编为红七军第十九师、第二十师、第二十一师，龚鹤村任第十九师师长，李谦任第二十师师长，韦拔群任第二十一师师长。因第二十一师兵员不足，只有番号，亟待重新组建，韦拔群率特务连返回东兰，筹建第二十一师，坚持根据地斗争。

1931 年 1 月，红七军第二十一师在东兰正式组建，韦拔群任师长，陈洪涛任政治委员，下辖第六十一团、第六十二团、第六十三团和独立团共四个团。同时成立师党委，陈洪涛任书记，韦拔群、黄松坚为常委。第二十一师组建后，韦拔群、陈洪涛等人不断巩固和扩大东兰革命根据地，在东兰县那平村举办军政训练班，培养壮、汉、瑶等各族干部。

1931 年 3 月，国民党桂系军阀开始全面“围剿”右江革命根据地。中共右江特委、右江苏维埃政府和第二十一师师部转移至东兰县和凤山县交界的西山，组织开展反“围剿”军事斗争。4 月 17 日，红七军第二十一师第六十三团攻占凤山县城。8 月初，中共两广省委派陈道生到东兰县西山，传达中央关于纠正立三“左”倾冒险主义错误和整顿红军、改组地方革命政权等指示。中共右江特委、红七军第二十一师党委在东兰县泗孟乡丘拔屯召开会议，将红七军第二十一师改编为中国红军独立第三师（也称右江独立师），保留原有三个团的番号，通过整顿队伍，持续开展反“围剿”军事斗争。

1931 年 11 月 7 日，中华苏维埃第一次全国代表大会在江西瑞金召开，威望卓著的韦拔群虽未出席会议，仍当选为中华苏维埃共和国临时中央政府执行委员。11 月中旬，在韦拔群领导下，戎马倥偬之余的红军独立第三师党委在东兰县西山弄索出版《红旗报》创刊号，积极宣传党的政治主张。12 月下旬，因军事斗争形势严峻，红军独立第三师党委在东兰县西山朝马垌召开会议，决定缩编部队，取消团营连编制，化整为零，组成杀奸团分散活动。

1932 年 8 月，国民党桂系军阀对东兰、凤山革命根据地进行第三次“围剿”。10 月 19 日，韦拔群在东兰县武篆区那烈乡东里屯后山的赏茶洞，被叛徒韦昂杀害。

韦拔群是卓越的广西农民运动领导人、百色起义领导人之一、中国工农红军高级将领，他在广西左右江地区参与建立革命根据地，坚持开展土地革命和武装斗争，创下丰功伟绩。尤其值得注意的是，韦拔群在建设左右江革命根据地时非常重视法制建设。1913 年，年方 19 岁的韦拔群曾在广西法政学堂特别科（预科）就读，虽然他只读了一年就因为不满学校充斥“读书做官”的思想风气而退学，但法学强调人民权利、追求公平正义的理念对韦拔群还是有着一定的影响。后来韦拔群在东兰举办农民运动讲习所，使用的教材中就有《法律概论》《国际法草案》等法学书籍，可见韦拔群有着不同凡响的法律思维和法律眼光，在中国共产党早期领导人中非常难得。1929 年东兰县革命委员会建立后，韦拔群制定颁布《广西东兰县革命委员会最低政纲草案》，明确宣告了人民的基本权利，号召各族群众打破封建制度枷锁，求得自身的解放。1930 年 4 月，邓小平、韦拔群、雷经天等革命领导人研究制定《土地法暂行条例》《共耕条例》《土地问题决议案大纲》等土地法律法规文件，为开展土地革命，巩固和扩大革命根据地作出了贡献。在东兰县革命根据地反“围剿”斗争中，韦拔群发布了严惩反革命分子和叛徒的《十二条法令》。这些法律法规文件和左右江革命根据地的法制建设实践，反映了韦拔群等领导人在中国革命斗争早期阶段对法制建设的思考，其中蕴含的法制思想和精神蕴涵值得深入研究。

二、韦拔群的为民思想

中国自古以来就有“为民请命”“为民除害”等朴素的为民思想。中国共产党成立后，把为中国人民谋福利、为中华民族谋复兴、以人民为中心、坚持人民至上、全心全意为人民服务作为初心和宗旨，带领团结全国各族人民夺取了中国革命的伟大胜利。坚持以人民为中心既是习近平新时代中国特色社会主义思想的重要内容，也是中国共产党人百年来不断奋斗前进的根本动力。

韦拔群早年深受孙中山三民主义思想影响，他“坚信孙中山‘民族、民权、民生’三民主义已成为时代潮流，意识到只有实行三民主义，中国方有出路，因而他更为笃信三民主义，成了孙中山先生的忠实信徒”①。以人民为中心、一切为了人民的崇高理想，早已深深烙印在韦拔群的信念之中。后来，韦拔群加入中国共产党，进一步坚定了以人民为中心、为人民服务这一共产党人最鲜明的思想品格，他一生探索救国救民真理，心系民生疾苦，提出了许多解决与人民群众切身利益相关问题的重要观点和主张，实质上就是以人民为中心的思想反映，彰显了中国共产党人的初心和使命。韦拔群的为民思想，主要体现在《广西东兰县革命委员会最低政纲草案》中。据考证，《广西东兰县革命委员会最低政纲草案》系韦拔群在 1929 年 10 月攻下东兰县城后亲自执笔起草，经东兰县革命委员会开会讨论后又增补了部分条文。②《广西东兰县革命委员会最低政纲草案》固然是东兰县革委会集体智慧的结晶，但韦拔群在起草过程中是最重要的执笔人，该草案的主要内容反映了韦拔群的革命法制思想，其中有不少规定是韦拔群的为民思想的直接体现和生动实践，值得深入研究。

（一）反对剥削

韦拔群年轻时曾到贵阳、武汉、上海、广州等地游历，在广州农民运动讲习所学习，他很早就认识到，在旧中国半封建半殖民地社会，人民群众的一切苦难，都来自封建地主阶级和官僚买办资产阶级的剥削和压榨。1921 年 9 月，韦拔群与东兰的一批进步青年成立改造东兰同志会，开展农民运动。为宣传革命道理，韦拔群创作了一首山歌《闹起革命把头抬》：“右江青，红河红，天下工农一样穷。为何穷？是贪官污吏、土豪劣绅，剥削我们工与农。工与农，快起来，闹起革命把头抬。打倒贪官污吏、土豪劣绅，从此不受穷。”③ 用通俗易懂的语言和东兰各族群众喜闻乐见的山歌，把工人农民因遭

---

① 黄现璠、甘文杰、甘文豪：《韦拔群评传》，广西师范大学出版社 2008 年版，第 24 页。
② 黄现璠、甘文杰、甘文豪：《韦拔群评传》，广西师范大学出版社 2008 年版，第 322 页。
③ 黄相主编，东兰县志编纂委员会编：《东兰县志》，广西人民出版社 1994 年版，第 758 页。

受剥削而受穷的道理讲得明明白白。

1921年，韦拔群从广州回到东兰后，把自家剥削贫雇农的各种契约当众全部烧毁，并宣布："从今天起，凡租种我家的田地，一律归租佃户主所有；凡借贷我家的债务，一律予以免交。"① 以最有力的自我革命的方式宣传了反对剥削的思想理念。1923年，韦拔群带领农民武装攻下东兰县城，在欢庆胜利的群众大会上，韦拔群宣布取消苛捐杂税，废除各种封建压迫剥削的债务契约。1929年10月下旬，韦拔群指挥农民自卫军再次攻占东兰县城，成立东兰县革命委员会，并制定了《广西东兰县革命委员会最低政纲草案》。该草案规定了对工人的权利保障："1. 废除包工制。2. 确定雇佣工人工作时间每日不得超过八小时以上。3. 免收工人子弟一切教育费用。4. 没收地主土地，分给工人耕作。5. 确定工人每日最低工资二毫。"规定了对农民的权利保障："1. 废除钱粮清赋。2. 实行焚烧契约债券。3. 实行不交租、不还债。4. 没收地主、豪绅的土地，分给贫农。5. 免收佃雇农子弟的一切教育用费。6. 严禁虐待雇农。"还针对旧军阀政府对商人的剥削，规定了对商人的权利保障："1. 保护小商人的利益。2. 严禁大商人剥削小商人。3. 取消关卡厘金。4. 废除一切苛捐杂税。"这些规定均着眼民生，具有强烈的反封建、反剥削的革命性，同时也是韦拔群为民思想的生动实践。

需要注意的是，《广西东兰县革命委员会最低政纲草案》中规定的"废除钱粮清赋""焚烧契约债券""不交租、不还债"都是有所特指的，并非完全不征收任何税赋、不用交任何租金、不用偿还任何债务。一切政权都要靠税收来维持财政运行，要是民众都不交税，那就不可能建立和巩固红色政权。实际上，在东兰农民运动期间，农会作为乡村政权也是要征收单项农产税的，并非完全不收任何"钱粮清赋"。《广西东兰县革命委员会最低政纲草案》规定的只是纲领性的原则、口号，没有进一步细化的操作细则。为此，韦拔群编写了《革命常识问答》，对这一问题作了解释，"问：不交租，是单指田租而言，或兼货品而言？不还债，是单指高利贷而言，或兼□□而言？不纳税，是指关税同粮税而言，或兼累进税而言？答：指田租、高利贷、过去军阀政

① 秦海燕：《试论韦拔群与右江根据地土地革命运动》，载《百色学院学报》2012年第1期。

府的税而言”[①]。用自问自答的方式，说清楚不交租是指不交地主的田租，不还债是指不还土豪劣绅的高利贷，不纳税是指不交纳军阀政府的苛捐杂税，都是有特定含义的。

（二）主张平等

韦拔群主张平等，包括民族平等、男女平等、官兵平等。东兰县是壮族聚居的地方，同时杂居汉族、瑶族、苗族等民族。在旧社会，汉族、壮族的封建地主官僚对瑶族人民采取压迫歧视政策，把瑶民驱赶到土地贫瘠的山区，课以繁重的徭役，瑶族人民生活困苦且备受歧视。韦拔群在东兰开展农民运动后，极力改变瑶族人民受压迫、受歧视的状况。据雷经天回忆：“韦拔群在东兰、凤山工作，与瑶民的关系很好，过去当地的汉人叫瑶人为‘瑶子’，但韦拔群称瑶人为‘瑶友’，瑶人非常高兴，对韦拔群的信仰极高。”[②]《广西东兰县革命委员会最低政纲草案》专门规定：“瑶民经济、政治、教育、工资上与其他人民一律平等。”为了团结和争取瑶族同胞参加革命，韦拔群还努力学习瑶族语言，注重加强对瑶族同胞的教育培训，培养选拔了一批优秀的瑶族干部，韦拔群的部队中就有许多瑶族人。韦拔群对瑶族的政策同样适合其他少数民族，成为左右江革命根据地解决和处理民族问题的主要政策依据。[③] 在农民运动中贯彻民族平等的政策是韦拔群领导的东兰农民运动的一大特征，为后来中国共产党制定和实行正确的民族政策提供了有益的经验积累。

韦拔群十分重视解放妇女，将解放妇女作为农民运动的重要纲领和任务。解放妇女的首要任务，就是要打破男尊女卑的封建纲常伦理，实现男女平等。《广西东兰县革命委员会最低政纲草案》对男女平等以及妇女权利保障作了规定：“1. 废除娼妓制度。2. 废除多妻制度。3. 废除使女制度。4. 废除童养媳。5. 男女教育、经济、政治、工资一律平等。6. 婚姻绝对自由。7. 严禁男子虐待妇女。8. 废除结婚费用。”东兰农民运动和妇女运动的发展，婚姻自由、男女平等、妇女解放的宣传普及，使各族妇女的婚姻观念发生了巨大变

---

① 黄现璠、甘文杰、甘文豪：《韦拔群评传》，广西师范大学出版社 2008 年版，第 322 页。

② 中共广西区委党史资料征委会《左右江革命根据地》编辑组：《左右江革命根据地》（下），中共党史资料出版社 1989 年版，第 609 页。

③ 黄修卓、简华春：《韦拔群对广西农民运动的贡献》，载《兰台世界》2013 年第 1 期。

化，也争取到广大妇女对革命的真心拥护和支持，不少妇女甚至直接投身革命，参加红军或赤卫军，参与当地苏维埃政权建设，为巩固和发展革命根据地作出了贡献。

1916年，韦拔群曾组织农民武装赴贵州参加讨袁护国战争，目睹了旧军阀军队中军官压迫、虐待士兵的陋习，对此深恶痛绝。在建立农民自卫军后，韦拔群在部队中极力提倡官兵平等，坚决破除军官压迫、虐待士兵的陋习。特别是在东兰县革命委员会成立后，韦拔群在《广西东兰县革命委员会最低政纲草案》中对军队中的官兵平等和军事民主管理制度作了规定："1. 废除肉刑制度。2. 官兵待遇平等。3. 军队财政公开。4. 决定士兵服役时的待遇担负家庭的生活（伤亡兵待遇）。5. 决定士兵退伍时的待遇，要有田耕有屋住。6. 提高士兵智识教育。"这些有关官兵平等和军事民主管理制度的规定，后来为红七军、红八军所继承沿袭，成为左右江革命根据地军事制度的直接渊源之一。

（三）发展教育

韦拔群重视在人民群众中发展教育、普及文化的工作。在开展农民运动的最初阶段，韦拔群就开始利用壮语山歌来宣传革命道理，对人民群众进行革命启蒙教育，后来又探索出开设农民讲习所、文化讲习所，兴办学校、图书室等多种形式的教育方式，为推动右江革命根据地文化教育事业做出了贡献，也为革命事业培养了一大批后备力量。韦拔群仿效广州农讲所的做法，在东兰县举办广西最早的农民运动讲习所。他亲自给学员讲课，还带领学员深入农村进行社会调查和宣传，帮助组织农会、农军，参加当地清算地主豪绅的斗争实践，有效提高学员从事农民运动的实际工作能力。他先后举办了三期农讲所，为右江地区各县培训了600多名农运骨干，为推动农民运动的发展创造了有利条件。①

随着革命形势的深入发展，韦拔群又将目光投向兴办学校的教育事业上。1929年中共东兰县委员会成立，在韦拔群的领导下制定颁布《广西东兰县革命委员会最低政纲草案》，对发展各方面的教育事业作出规定，包括"提高瑶

---

① 田光灿：《论韦拔群的民生观》，载《商业文化（学术版）》2009年第8期。

民的智识教育”“提高士兵智识教育”“提高劳动青年的智识教育”“免收劳动青年一切教育费用”“创设劳动人民文化讲习所”“创设劳动人民夜课学校”“提高劳动儿童的教育（设立幼稚院）”“创设劳动人民免费学校”“实行男女共同教育”“瑶民经济、政治、教育、工资上与其他人民一律平等”等。虽然只是原则性的规定，但囊括了民族教育、军事教育、儿童义务教育、青年教育、成人教育等各项教育事业，其中包含的教育理念即使以今天的眼光来看也很先进。韦拔群还提出了“教育劳动化”的教育纲领，要求从县到区、乡普遍开办劳动小学，招收贫苦子女及革命烈属子女入学，培养革命后备力量。上述教育法规、政策的制定和实施，使广大劳动群众及其子女享受到了前所未有的文化教育权利，充分体现出翻身做主人的新气象，对右江革命根据地的巩固发展起到很大促进作用，也在意识形态上构建了韦拔群为民思想的文化内涵。

（四）救济贫苦

韦拔群自幼生长于东兰，虽然他的原生家庭是富裕之家，但他每日耳濡目染东兰各族民众受压迫受剥削的贫苦生活，加上后来游历外省，参加了广州农民运动讲习所的学习，对这种社会现状及其产生的原因有着越发深刻的认识。早在 1922 年东兰农民运动初期，韦拔群就发布过一篇题为《敬告同胞》的文告，阐述他的基本政治主张。韦拔群在《敬告同胞》中称：“我国的内乱，都是由军阀争夺地盘，政客互夺饭碗，官僚专铲地皮，绅士争食弱肉，田主掳掠农民，富翁盘算贫者，兵灾匪祸，饥饿死人，到处皆是。”① 对国内民众贫苦生活的痛心疾首，溢于言表。因此韦拔群主持制定《广西东兰县革命委员会最低政纲草案》，在规定“地方的一般设施”时提出：“创设贫民救济所。”这一规定旨在救济帮助那些因天灾人祸而无家可归的贫民、儿童等。在东兰县革命委员会初建时期，面临反革命势力的围攻堵截，财政状况拮据，能够毅然作出如此规定，殊属不易。这一规定是韦拔群为民思想的突出体现，是韦拔群把马克思主义和东兰实际相结合的一次创举。在当时全国各革命根据地颁布的政纲中，规定了“创设贫民救济所”的唯有东兰一地，

① 黄现璠、甘文杰、甘文豪：《韦拔群评传》，广西师范大学出版社 2008 年版，第 43 页。

因此有学者指出："这是模范共产党员韦拔群人道主义思想的集中体现，充分反映出壮族英雄韦拔群身上闪闪发光的人道主义领袖人格，同时开了中共党史上所有政纲中绝无前例的先河。"①

三、韦拔群的土地法制思想

1927年，毛泽东领导秋收起义，建立了井冈山革命根据地，后转战赣南闽西，建立中央革命根据地，开展土地革命运动，打土豪、分田地、废除封建剥削和债务，满足农民对土地的需求。毛泽东总结井冈山革命根据地和中央革命根据地土地革命实践经验，制定了《井冈山土地法》和《兴国县土地法》。各革命根据地借鉴中央革命根据地的经验，先后开展了土地革命运动。左右江革命根据地曾派黄松坚（时任凤山县苏维埃政府主席）到上海向党中央汇报工作，黄松坚回来后汇报了中央革命根据地的工作情况和经验，并带回了《井冈山土地法》《兴国县土地法》等文件资料。在邓小平的指导下，韦拔群深入学习和研究《井冈山土地法》《兴国县土地法》，在借鉴了中央革命根据地经验的基础上，结合右江地区的实际，制定并颁布了《土地法暂行条例》《共耕条例》，对土地革命的意义、方针政策、阶级成分的划分、土地分配原则等问题作了具体明确的规定，领导右江革命根据地人民深入开展土地革命，在土地革命中发挥了重要作用。

《土地法暂行条例》《共耕条例》两部法律法规文件是左右江革命根据地土地法律制度的基石，也是左右江革命根据地法制建设中成就最高、内容最完备的立法成果，对于推动和保障土地革命具有重要意义。《土地法暂行条例》《共耕条例》是在以邓小平为书记的中共红七军前委领导下制定的，但两部立法均以韦拔群在东兰县中亭乡开展土地革命和共耕社试点工作所积累的经验为基础，同时吸收了韦拔群早年在东兰开展农民运动的成功做法，可以说是韦拔群关于土地革命和土地法制的思想主张的集中体现和立法结晶。

（一）满足农民的土地需求，壮大革命队伍

韦拔群很早就认识到，旧中国农民受贫受苦的根源在于封建地主豪绅官

① 黄现璠、甘文杰、甘文豪：《韦拔群评传》，广西师范大学出版社2008年版，第329页。

僚的剥削，为了反对剥削，解放农民，就要实行土地革命，把土地分给农民，满足农民对土地的需求。实行土地革命靠的不是别人，正是农民自己，因此要广泛宣传发动农民参加革命，清算霸占土地的地主豪绅，没收其土地财产重新进行分配。在百色起义前，韦拔群就已经在东兰县领导农民运动，探索土地革命。1929 年 10 月韦拔群主持制定的《广西东兰县革命委员会最低政纲草案》就提出："没收地主、豪绅的土地，分给贫农。"废除了封建地主大量占有土地的土地所有制，改变了地主阶级剥削农民阶级的生产关系，实现"耕者有其田"，解决农民的土地问题，满足农民的土地要求。百色起义后，红七军颁布《中国红军第七军目前实施政纲》，再次强调："没收一切地主阶级土地归乡苏维埃，分给农民，凡没收之土地不准买卖。"实行了土地革命的右江革命根据地的广大农村呈现一派欣欣向荣的气象，翻身后的农民，在分配给自己使用的土地上耕种，生产积极性空前提高，粮食产量增加，生活大为改善。爱唱山歌的右江地区农民群众欢天喜地，编了很多歌唱土地革命的山歌，唱道："跟着共产党，翻身各有份，不论老和少，人人有田耕。""田地都平分，不准谁偷懒，家家有谷收，人人心喜欢，粮食吃不完，团结更增产。"① 热情赞颂中国共产党领导土地革命的丰硕成果。在邓小平、韦拔群等人的领导下，右江革命根据地所辖各县的土地革命深入开展，到 1930 年 11 月红军主力挥师东进时，右江大部分地区已经完成土地革命。农民得到了梦寐以求的土地，获得土地革命带来的实惠，积极参加革命，极大地推动了革命根据地建设并壮大了革命队伍。

1930 年 2 月，左右江革命根据地创建不久，韦拔群贯彻中央指示，在东兰县继续深入开展土地革命，在武篆的东里、旧州，兰木的定桃，泗孟的屯长，太平的纳腊等地，相继成立了童子团、少年团、运输队、草鞋队、缝衣队、交通队、给养队、耙田队、破坏队、侦察队、牧牛队，有的为红军侦察敌情，有的为红军送饭菜、茶水到阵地上，有的为红军抬伤员、修桥架路，有的为红军带路和筹集粮草等，对支援红军作战以及保卫右江革命根据地作出了重要贡献。当时东兰参加赤卫军的妇女达 300 多名，可见土地革命后的

① 吴忠才、黄远征、陈欣德主编，中共广西壮族自治区委员会党史研究室、中共百色市委员会党史办公室编著：《百色起义史稿》，广西师范大学出版社 2004 年版，第 155 页。

参军风气之盛。1931 年 8 月 1 日中共中央南方局代表邓拔奇在给中央的报告《目前广西的政治形势》中说："东、凤两县的农民群众已经真实的得到土地革命的利益，生活上获得相当的改善了。因此他们是热烈的拥护苏维埃和自愿加入红军为全国胜利而奋斗（1930 年 8 月统计，东、凤两县农民加入红军的已有 6000 余人，特别是青年农民加入红军服务的踊跃）。"[①] 红七军的兵力规模迅速发展到近万人，扩大了工农成份，提高了政治素质，大大加强了革命武装力量。可以说，右江革命根据地巩固、发展，是与土地革命的深入开展分不开的。

（二）创新土地革命模式，丰富土地革命法制理论

《井冈山土地法》规定了"分配给农民共同耕种"，但《井冈山土地法》和《兴国县土地法》都是以"分耕"为分配方法。韦拔群在东兰开展土地革命时，没有照搬中央革命根据地的做法，而是实行以"分耕"为主，以"共耕"为辅的土地革命政策，在条件允许且农民自愿的基础上，成立"共耕社"进行共耕。在土地私有观念根深蒂固的情况下，韦拔群大胆否定土地私有制，对我国几千年的小农经济模式进行改革，成立"共耕社"，领导人民进行共同耕种。实践证明，这种生产模式符合当时的革命形势和社会生产需求，东里屯当年成功抗旱，取得大丰收就是最好的例证。"共耕"是一种大胆的探索，创造出新的农业生产组织形式，极大地丰富了土地革命实践经验，也是新中国成立初期的"人民公社"在土地革命时期的萌芽。[②]

1930 年 5 月，红七军前委和右江苏维埃政府转移到东兰后，在韦拔群开展农民运动和土地革命实践经验的基础上，制定了《土地法暂行条例》《共耕条例》，进一步深入推进右江苏区的土地革命工作。以《土地法暂行条例》《共耕条例》为代表的右江革命根据地土地法制是在借鉴《井冈山土地法》《兴国县土地法》经验的基础上制定的，但不论是在立法内容的详尽程度还是立法技术的成熟程度上，都有所超越。其中的重要原因之一，就在于韦拔群

① 中共广西区委党史资料征委会《左右江革命根据地》编辑组：《左右江革命根据地》（上），中共党史资料出版社 1989 年版，第 424 页。

② 秦海燕：《试论韦拔群与右江根据地土地革命运动》，载《百色学院学报》2012 年第 1 期。

等人在立法前曾有多年的土地革命实践，在东兰农民运动时期已经对土地革命积累了许多宝贵经验和成功做法，故能在立法时“日日新，又日新”。

《土地法暂行条例》对农村中的地主、豪绅、富农、中农、贫农、雇农、乡村手工业者等7种阶级成分进行分析和划分，明确了土地革命中谁是中坚力量，谁是打击对象的革命目标，避免在革命当中出现极“左”或者极右的错误倾向，有利于形成正确的政治导向，也便于实践操作。这是根据左右江革命根据地实际情况而作的有针对性的规定，是《井冈山土地法》和《兴国县土地法》所没有的。

《土地法暂行条例》制定了对富农和反革命分子的正确政策。对中间阶级即富农阶级的土地如何处理的问题，各革命根据地有不同的规定。在《井冈山土地法》中，富农土地跟地主土地一样是要被没收的。《兴国土地法》则取消了这一规定。右江革命根据地的《土地法暂行条例》明确规定“没收一切反革命的财产、土地”，并规定了认定反革命的标准，划清了农村的阶级阵线。按阶级立场而不仅仅是阶级成分来平分土地能较好地限制富农，即如果富农能保持中立或站到革命方面，就不没收他们的土地，不触动他们经济利益。在分配土地方面，较之《井冈山土地法》《兴国土地法》不同的是以粮分田，以产量来计算田亩，规定“分配土地应以人口为标准，以出产之多寡，平均分配之”，同时强调分配土地时，以耕为基础，除了“抽多补少”外，还增加了以“土地的肥瘦及人口之多少为标准”，对乡与乡之间“土地与人口之比，相差太远时，可由县、区苏维埃用移民等办法解决之”，这样就避免了分配土地时出现肥瘦不均、数量不均和贫雇农分得坏田的现象，符合右江地区的实际情况，受到农民群众的欢迎。①《土地法暂行条例》中关于土地分配方法和农村阶级成分的划分后来都被其他革命根据地土地立法所借鉴，而它所规定的不仅没收地主阶级的土地还要没收地主阶级的财产的做法，则被1932年12月28日中华苏维埃共和国《中央土地人民委员部训令第一号——为深入土地斗争，彻底没收地主阶级财产》所吸收采纳。

《土地法暂行条例》还规定没收豪绅地主、反革命的耕田工具，均分给无工具或少工具之农民使用，如不够分配，则由苏维埃从耕具多的农民处出借

---

① 秦海燕：《试论韦拔群与右江根据地土地革命运动》，载《百色学院学报》2012年第1期。

给无工具的农民，从而解决了生产工具不足的问题，这也是同一时期其他革命根据地的土地法所没有的规定。《土地法暂行条例》之所以能够作如此细致的规定，无疑是得益于韦拔群此前开展农民运动和共耕试点工作所积累的宝贵经验。在税收方面，《土地法暂行条例》规定的累进税制也比同时期中央革命根据地的土地法有所创新，且更加具体、易于操作。《共耕条例》又更进一步规定了共耕社的管理，其中不仅有农业生产工具的管理和分配，而且有土地管理和社会公共事业的规定，甚至连伙食的准备、肥料的处理等事务都无分巨细地规定到了，也可以说是《土地法暂行条例》的一部实施细则。

实践证明，在韦拔群土地法制思想和土地革命实践经验基础上制定的《土地法暂行条例》和《共耕条例》，作为保障实施土地革命的法律手段是成功的。两部条例的制定和实施，不仅推动了右江地区土地革命运动的蓬勃发展，而且极大地完善了土地革命立法，丰富了土地革命法制理论。

（三）为中国共产党新民主主义革命时期的土地政策提供实践依据

我们党在新民主主义革命时期的土地政策的形成，是一个长期的历史过程，在20世纪20年代末，我们党的土地政策尚处于探索阶段。韦拔群在创立和发展革命根据地的过程中，把解决土地问题作为革命最基本的任务，提出土地革命口号，制定土地革命纲领，颁布土地革命政策，领导农民武装夺取政权，没收土豪劣绅土地，建立革命政权，用土地号召群众、团结人民、支持革命，为我们党在新民主民主革命时期土地政策的形成积累了丰富经验。韦拔群与邓小平、雷经天、陈洪涛等人在东兰县武篆区中亭乡、东里乡试办共耕社，研究制定《土地法暂行条例》《共耕条例》，结合右江地区实际，制定切实可行、具有伟大实践和创新意义的土地改革具体措施：对土地所有权问题，明确土地一律归苏维埃所有；对土地问题的处理，明确“没收分配土地必要遵照右江苏维埃政府决议案”，坚决“没收豪绅地主的土地，没收一切出佃的土地，分给贫苦无地或少地农民、雇农”，实行“平分土地”和“共耕”，给群众发“土地使用证”；组织移民以解决人多地少的矛盾；明确规定农具分配、人均土地分配标准，工人及红军家属的土地分配等问题；对参加红军或赤卫军人员及家属、烈士遗族，合理分配，谨慎处理，适当照顾，实施“以乡为单位，以人口为标准，以出产之多寡，平均分配，抽多补少，抽肥补瘦”分配土地；等等。尤其是以产量来计算田亩数、以粮分田的做法，避免了肥瘦不均现象，取得了宝贵的经验，并被中央革命根据地和其他革命根据地所借鉴。在韦拔群的领导下，东兰县率先在右江地区完成了土地革命任务，废除了封建土地所有制，实现“耕者有其田”，翻身农民的革命和生产积极性空前高涨，更加热爱新生红色政权和红军，有力地推动了根据地的巩固和农业生产的发展。邓拔奇在《目前广西的政治形势》中说：“其中土地革命运动最普遍最深入的地方，首推东兰、凤山两县，那里农民革命运动的历史已有十年了。”① 韦拔群在右江地区开创了具有伟大实践意义与探索意义的土地革命先河，为中国共产党制定、完善新民主主义时期土地革命政策提供了实践依据。

四、韦拔群的刑事法制思想

左右江革命根据地的红色苏维埃政权没有制定过系统的刑事法律法规，也没有建立法院、检察院等专门司法机关，但运用刑罚手段来打击反动分子、保卫新生的红色苏维埃政权，在当时是客观现实需要，因此，右江苏维埃政府和左江革命委员会均设立裁判兼肃反委员会临时代行司法职能，审理刑事案件，惩治土豪劣绅和破坏革命的反动分子，巩固和发展革命根据地。在右江苏维埃政府建立之前，韦拔群领导下的东兰县革命委员会以农民协会为临时司法机关，审判、处决了一批土豪劣绅和叛徒，保障土地革命的开展。

在政治形势复杂、军事斗争频繁的革命根据地，刑事司法的主要任务是处理严重的反革命和叛变等案件。尤为可贵的是，韦拔群在处理刑事案件时，非常注意审判的程序。左右江革命根据地没有制定刑事诉讼程序方面的法律法规，名义上适用中央革命根据地的刑事诉讼程序规定，但实际上，左右江革命根据地严重缺乏法律人才，也普遍缺乏法律程序意识，很多案件是抓捕后立即处决，甚至存在滥杀、错杀的现象。鉴于此，韦拔群强调要经过审判程序查清事实后才能定罪处刑，不得滥捕滥杀。例如，1926 年 12 月 26 日，东兰县武篆区约里农会逮捕了在“东兰惨案”时出卖农友的叛徒黄海驹，韦拔群

① 中共广西区委党史资料征委会《左右江革命根据地》编辑组：《左右江革命根据地》（上），中共党史资料出版社 1989 年版，第 423 页。

并未立即处决黄海驹，而是由农会成员组成法庭对黄海驹进行公开审判，在查明黄海驹叛变革命、出卖农友的全部事实后，才将黄海驹押送枪决。[①] 在清算罪大恶极的大地主杜瑶甫的时候，韦拔群也没有直接处决杜瑶甫，而是由农会干部组成法庭公开审判杜瑶甫，允许杜瑶甫及其家人与农民代表进行辩论，在查清楚杜瑶甫的全部罪行，并向群众公开宣布之后，才由农会法庭决定处决杜瑶甫，没收其全部土地和财产。

韦拔群在处理刑事案件时，还注重运用证据来查明案件事实，在查清楚事实后才慎重决定案件的处理。本来，左右江革命根据地的红色苏维埃政权没有制定过刑事法律法规，更没有关于证据法的规定，但基于共产党人实事求是的精神，韦拔群还是要求各级裁判兼肃反委员注重调查收集证据，特别是口供以外的其他客观证据，在证据确凿的情况下，才处以极刑，不得滥杀无辜。例如，凤山县农会的组织部长韦瑞棠曾接受国民党特务给予的120块光洋，韦拔群先后派肃反委员覃秀华、韦瑞清调查此案，两位肃反委员查到韦瑞棠已将120块光洋中的60块交给其父亲，29块随身携带，但还有31块下落不明。韦拔群认为事实尚未查清，亲自出面走访韦瑞棠身边人员，终于查清楚韦瑞棠送30块光洋给一个女的，准备娶她做小老婆，还有1块招待朋友吃喝用去了，这样就证实了韦瑞棠确实贪污120块光洋的事实。[②] 在查明事实后，韦拔群才痛下决心，将韦瑞棠枪决。韦拔群之所以重视证据，主要是为了制止、纠正当时根据地存在的滥捕、滥杀的错误倾向，维护红色苏维埃政权的公正和权威。韦拔群常说："铲错了苗，来春可以再种，杀错了人，就不能起死回生。"[③] 以此告诫各级裁判兼肃反委员务必要重视调查证据，在确保查明事实后才能决定案件处理，不可草菅人命。

1931年年初，面对桂系军阀在东兰革命根据地发动的全面"围剿"，韦拔群在东兰县武篆区主持召开了东兰县各区苏维埃政府主席参加的紧急会议，研究革命形势，制定对敌斗争策略，颁布了处罚叛徒和变节动摇分子的《十二条法令》。《十二条法令》每一条均以"杀"字结尾，属于绝对确定的法定

① 黄现璠、甘文杰、甘文豪：《韦拔群评传》，广西师范大学出版社2008年版，第151页。

② 中共广西区委党史资料征委会《左右江革命根据地》编辑组：《左右江革命根据地》（下），中共党史资料出版社1989年版，第1133页。

③ 凌绍崇等编著：《百色起义与根据地制度建设》，广西人民出版社2014年版，第148页。

刑，以现代的眼光来看，似乎颇为残酷。但我们更应当看到，当时刑事法制的主要任务在于与地主土豪劣绅及其他反革命分子进行殊死斗争，保卫新生的苏维埃政权，保住政权安全，才能谈下一步的法制建设，这与现代刑事法制重在保障人权、维护公平正义大不相同，需要我们运用历史唯物主义和历史辩证法的观点来看待。《十二条法令》规定的绝对确定的法定刑，是在桂系军阀发动全面"围剿"的严峻形势下制定的，这涉及敌我之间的生死斗争，不宜以和平年代的标准来苛责先贤。从历史事实来看，《十二条法令》具有极强的震慑力，对打击动摇变节分子，保卫新生的苏维埃政权，发挥了重要的作用。《十二条法令》的存在，也是右江革命根据地在韦拔群等革命领袖牺牲之后仍然能够长期坚持斗争，直到迎来全国解放曙光的重要原因之一。

第三节　雷经天及其法制思想

一、雷经天的革命法制生涯

雷经天（1904—1959），原名雷荣璞，号经天，广西南宁人。其父雷在汉是南宁辛亥革命的元勋。1904 年农历五月二十四日，雷经天生于广西南宁津头村雷家大院。他少年时就读于广西省立第一中学，1923 年考入厦门大学理科，1924 年转入上海大夏大学。1925 年，雷经天参加"五卅运动"，成为中国共产主义青年团员，同年，经恽代英、贺昌介绍，雷经天加入中国共产党。

1926 年初，雷经天在广州黄埔军校任政治部宣传科长。1926 年 7 月，任国民革命军第六军政治部宣传科科长，参加北伐战争。1927 年初，调任第六军政治部九江留守主任。"四一二"反革命政变后，调任武汉第三十六军第一师政治部主任。"宁汉合流"后，调任叶挺部第十一军二十四师六十团党代表，参加南昌起义。起义部队失败后，雷经天转移到香港疗伤。1927 年 12 月 11 日，雷经天任广州工人赤卫队总指挥部政治部主任，率领工人赤卫队攻占广东省长公署，13 日掩护战友撤退。但是，1928 年 1 月初中共广东省委通过《关于广州暴动问题的决议案》，错误指责"雷荣璞同志临急欺骗潜逃，应即开除党籍"。1928 年春，周恩来代表中共中央宣布撤销广东省委决议，恢复雷经天党籍。

1928 年 1 月底，雷经天以中共广东省委特派员身份回到南宁工作。1928 年 6 月，中共广西特委扩大会议在贵县心圩街召开，雷经天在会上当选广西特委常委，负责领导南宁及右江地区各县的革命斗争。1929 年 1 月，中共中央决定成立广西省委，文沛任省委书记，雷经天等为省委委员，省委机关设在南宁市中山路，省委秘书处设在南宁津头村雷经天家。4 月，中共中央决定改组广西省委为广西特委，雷经天任代理书记，领导广西全省斗争。

1929 年 7 月蒋桂战争后，俞作柏、李明瑞主政广西，积极与中共合作，并邀请中共中央派员来广西工作。中共中央和广东省委调派邓小平、张云逸等党员来到南宁，通过统战工作和兵运改造，我党实际控制了广西警备四大队、五大队、教导总队等 3 支武装部队。1929 年 9 月 10 日，中共广西省第一次代表大会在雷经天家秘密召开。会议通过了《政治决议案》，提出了组织工农红军、准备武装起义、创立苏维埃政府、实行土地革命等新民主主义革命任务。会议决定由雷经天任右江工委书记，带领一批党员到恩隆县成立右江农民协会办事处。

1929 年 10 月初，俞作柏、李明瑞仓促发动讨蒋战争，不久即失败，广西政局为之突变。10 月 8 日，雷经天在右江地区的奉议、恩隆等县准备武装起义工作。10 月下旬，邓小平、张云逸率领广西警备四大队和教导纵队抵达百色。在邓小平的领导下，雷经天加速进行武装起义的准备。10 月 28 日，雷经天指挥农军配合广西警备第四大队，一举围歼盘踞恩隆县的敌视工农运动的广西警备第三大队，为百色起义创造了有利的条件。

1929 年 12 月百色起义后，中国工农红军第七军成立，雷经天任红七军前委委员。同日，右江地区第一届工农兵代表大会在恩隆县平马镇召开，决议成立右江苏维埃政府，雷经天当选右江苏维埃政府主席。此后，雷经天作为中共右江特委书记和右江苏维埃政府主席，主持右江革命根据地的政权建设、法制建设和社会经济建设，先后建立了 9 个县委和 18 个区委、16 个县级苏维埃政权，建立了右江赤卫军总指挥部和 15 个县赤卫军，约 1.5 万人，还建立了 5 个县总工会、7 个县妇女组织和青年组织。

1930 年 4 月，在邓小平领导下，雷经天到东兰武篆进行土地革命试点。邓小平、韦拔群、雷经天等经过研究，制定了《土地问题决议案大纲》《土地法暂行条例》《共耕条例》，在条件成熟的东兰、凤山、奉义、恩隆、思林、果德等县分田、分地、分山林，推动土地革命，壮大革命队伍。

1930 年 6 月 11 日，李立三主持的中共中央政治局通过《新的革命高潮与一省或几省首先胜利》的决议，命令“红七军离开右江革命根据地，向东发展，打下柳州、桂林，在小北江建立革命根据地，阻止两广军阀，不得有一兵一卒向北增援，保证以武汉为中心的一省或几省的首先胜利，最后打下广州完成南中国革命”。为此，右江各县的赤卫队全部编入红军，地方干部全部调入军队工作。雷经天表示反对，被扣上“反对扩大红军”“右倾保守”“富农路线和生活腐化”等帽子。11 月，红七军召开第一次党代会，雷经天被撤销右江特委书记和右江苏维埃政府主席职务，还被错误地开除党籍。虽受到沉重的政治打击，但他并未因此消极，跟随红七军转战桂、黔、湘、粤等省，以一个普通战士身份参加战斗和宣传工作，以博大的胸怀对待革命生活与个人委屈。

1931 年 4 月，红七军在江西永新县召开第二次党代会。会上批判了李立三“左”倾路线错误，并给雷经天平反，恢复了他的党籍。1931 年秋第三次反“围剿”胜利后，由于中央苏区肃反扩大化，雷经天被错误当作改组派遭到逮捕，第三次被开除党籍，并送到中央国家政治保卫局审查。所幸的是，负责审查的邓发、陈慧清了解雷经天的个人历史，留他在保卫局工作，才免遭杀身之祸。

1934 年 10 月，中央红军开始长征，雷经天被编入中央军委干部团，先后以战士、文书、侦察员、伙夫等身份参加长征。1935 年 10 月中央红军长征到达陕北后，雷经天被任命为中央粮食部秘书科长。

1937 年 7 月 9 日，陕甘宁边区高等法院成立，谢觉哉、董必武先后任院长，雷经天先任审判庭庭长，10 月任代院长。1939 年 1 月，陕甘宁边区第一届参议会选举雷经天为高等法院院长。雷经天任高等法院院长期间，先后制订《陕甘宁边区高等法院组织条例》《陕甘宁边区高等法院分庭组织条例草案》《陕甘宁边区县司法处组织条例草案》《陕甘宁边区民刑事件调解条例》《陕甘宁边区的司法制度》，推动完善边区司法制度。提出“廉洁、明辨、公平、正直、果敢、强毅、详细、谨慎”的训条，作为边区司法干部处理案件的原则。雷经天作为陕甘宁边区法制委员会委员，还参与了陕甘宁边区《婚姻条例》《土地条例》《议会选举条例》《劳保条例》等40多部法规的制定。

雷经天在高等法院院长任内办了几件有重大影响的事，如审理著名的“黄克功案件”，得到毛主席的高度肯定评价；审判“汉奸吉思恭案”，挫败敌特混入边区搞破坏的阴谋；通过调查研究及时总结、推广“马锡五审判方式”，得到了党中央的肯定；等等。雷经天的司法工作，为边区稳定、巩固与发展作出了贡献，得到了国内外进步人士、边区干部群众的赞颂。为表彰雷经天的贡献，边区劳动生产大会特授予他特等劳动模范工作者的光荣称号。

1945年4月，雷经天以西北局候补代表身份列席党的七大，会议期间，调任八路军南下三支队政委，又奉调赶赴东北，任八路军冀热辽军区副政委。1947年，中国人民解放军两广纵队成立，雷经天任政委，参加淮海战役和进军大西南。

1949年10月，雷经天任广西省人民政府第三副主席。1950年6月，任中华人民共和国最高人民法院中南分院院长。1953年司法改革时，雷经天因工作中的一些失误被给予留党察看两年的处分，1954年6月因同样的原因，又受到中央人民政府政务院对他撤销本兼各职的处分。1954年4月雷经天调任汉口港务局副港长，1955年调任最高人民法院督导员。

1956年雷经天调往上海，任华东政法学院院长、党委书记。1958年9月7日，华东政法学院、上海历史研究所、上海财经学院、复旦大学法律系、中国科学院上海经济研究所等单位合并成立上海社会科学院，雷经天任院长，这是新中国最早建立的综合性、单独建制的哲学社会科学研究机构。1959年，正当上海社科院各项工作走上发展道路时，雷经天因肝病住进医院治疗。当时雷经天的病情比较严重，却适逢反右运动，有人贴他的大字报，说他是老右派，逼迫他从医院出来接受批判，这无疑加重了其病情。1959年8月11日，雷经天因病逝世。上海市委为他举行了公祭并批准为烈士。

1984年8月2日，中共上海社会科学院委员会受上级委托，对1953年6月27日中共中央中南局给予雷经天的处分和1954年6月7日中央人民政府政务院的处分提出复查报告，认为雷经天在处理某些问题时有些主观主义，自以为是，不能正确对待和处理来自各方面的批评意见，存在一些缺点和错误，属于批评教育问题，但原处分决定无限上纲，对他作出“隐瞒错误，抵抗批评，进行非组织活动及在工作上严重失职错误”的认定，并给予“留党察看两年、撤销本兼各职”的处理是错误的。因此，建议撤销原处分，为雷经天恢复名誉。经上海市纪委讨论上报，中共中央纪委于 1984 年 12 月 31 日批准同意。至此，雷经天在最高人民法院中南分院院长任内所受两次处分才得以撤销并恢复名誉。此时距处分作出已经 30 年，距雷经天逝世已经 25 年。公正虽然迟来，但也足以告慰雷经天的在天之灵了。①

雷经天的人生经历十分坎坷复杂，遭遇了多次惊涛骇浪的冲击。他光是被开除党籍就有三次，其中一次是在 1930 年 10 月召开的红七军第一次党代会上，此时距离他担任右江苏维埃政府主席还不到 1 年。右江革命根据地时期保存下来的历史资料本来就不多，再加上雷经天曾被开除党籍的敏感身份，有关雷经天在右江革命根据地时期的历史资料竟是付诸阙如。解放后雷经天曾撰写《自传》《广西的苏维埃运动》等回忆文章，但出于各种原因，均未涉及他本人在右江革命根据地的工作情况。倒是他在陕甘宁边区高等法院工作时期的档案资料保存非常完整，详细反映了雷经天对革命根据地法律和司法制度的观点主张，因此，雷经天的法制思想集中体现在陕甘宁边区高等法院时期。但是，综观雷经天丰富的工作履历，他的法制思想绝不是凭空产生的。因右江苏维埃政权实行“议行合一”“肃反委员会代行司法权”等体制，雷经天在担任右江苏维埃政府主席期间，不可避免地要从事大量立法、司法的工作，这些宝贵的实践经历，必然给他个人的法制思想带来影响。在陕甘宁边区高等法院工作时，雷经天多次提道：“在苏维埃政权工作中，在广西做过一个时期的司法工作，那时很多案子主要是我自己负责的。”② 可见，雷经天十分珍视自己在右江革命根据地的司法工作经历，这段经历无疑是他后来在陕甘宁边区提出一系列司法主张的思想源头。右江革命根据地的红色法制基因，以雷经天为媒介在陕甘宁边区得到传承，雷经天所坚持的司法为大局服务、司法为民、走群众路线、重证据不轻信口供等思想主张和做法，一直传承至今，成为中国特色社会主义司法制度的光荣传统和优良作风。

---

① 陈其钦：《雷经天的法治人生》，载《世纪》2015 年第 1 期。

② 刘全娥：《陕甘宁边区司法改革与“政法传统”的形成》，人民出版社 2016 年版，第 72 页。

二、雷经天的新民主主义司法思想

雷经天担任陕甘宁边区高等法院院长（包括代院长）的1937年至1945年，正是我们党的新民主主义革命的政治路线丰富发展完善的时期。在这一历史时期，经过全党上下不断摸索探究，从理论和实践上逐渐明确了新民主主义革命的对象、任务、性质、动力和前途等问题。雷经天作为边区政权中司法工作的主要负责人，对新民主主义革命时期的司法问题作了深入思考，形成了一系列有关司法工作的思想主张，可以说是新民主主义司法思想的集大成者。新民主主义司法思想的基本观点和做法，雷经天称为"承受过去苏维埃时代司法制度的革命传统"，① 历史地延续到了新中国，深刻影响着当前中国特色社会主义司法制度的政治基础、整体架构、核心理念、功能定位乃至具体的程序运作方式。

雷经天的新民主主义司法思想，最早在1938年8月的《陕甘宁边区的司法制度》一文中初现雏形。在1940年年底的边区政府学习研究会上，雷经天在会上作《新民主主义的司法制度》报告，对"新民主主义司法制度"创立的根据与特点、"新民主主义司法权"的运用等问题进行分析，不断深化对新民主主义司法的认识。

（一）关于司法权的性质

雷经天指出，司法权是一种国家权力，是暴力机器。他把历史上的权力行使方式分为独裁（绝对集权）、分权及民主集权三种，苏维埃政权的行使方式就属于民主集权。新民主主义的司法工作就是新民主主义政权工作的一部分，是民主集权的一种，体现了法律与政治的关系。"司法工作也是在政权工作的整个领导之下执行政治任务的，否则，就会使司法工作和整个的政权工作脱离开来，就不能完成整个政治工作的使命。这是法律和政治的关系，也是司法工作的政治目的。"②

雷经天对于新民主主义司法权的认识，是他的新民主主义司法思想形成

① 刘全娥：《陕甘宁边区司法改革与"政法传统"的形成》，人民出版社2016年版，第41页。

② 刘全娥：《雷经天新民主主义司法思想论》，载《法学研究》2011年第3期。

的主要基础，也是其新民主主义司法思想中最为本质和核心的内容。雷经天认为新民主主义的司法权具有平等性、统一性（指审判权、检察权与司法行政权均统一由法院行使）、民主性。其中最重要的是民主性。雷经天指出："新民主主义司法制度的建立，也是以人民为基础。"因而人民得自行选举仲裁员、检察员，组织人民法庭，参加公审，以及成为陪审员，直接参与司法权力的行使。"这就是说我们的工作态度不是独裁的、秘密的，而是民主的、公开的"，具体的表现为"人民可以派代表参加审判，例如召开公审大会，由群众参加直接发表意见"①。

（二）关于司法为大局服务

雷经天担任陕甘宁边区高等法院院长时期，最大的大局就是坚持抗战，夺取抗战胜利。因此，边区司法必须围绕抗战这个大局，为抗战服务。雷经天指出："边区司法工作的主要任务是保障抗战胜利，保卫民主政权，保持革命秩序，保护人民利益。"雷经天还引用毛泽东的话来说明："我们的法院，它不管别的，专门对付汉奸，对付破坏法律的人；以国法制裁破坏团结、破坏抗战的分子。"他强调："这是目前司法工作最主要的任务，新民主主义的司法制度，必要适合于实现这一任务的需要。"②

雷经天关于司法为大局服务思想对抗战时期边区司法实践产生了重要影响。1937 年 10 月，雷经天公开审判"黄克功案件"，在判决书中指出，黄克功"不顾目前抗日救国的重大任务，破坏红军铁的纪律，违反革命政府的法令，自私自利，以最残忍的手段杀害革命的青年同志，当兹暴日侵凌，国家危急，民族的革命战争正在紧张的时候，对于此种在革命营垒中的败类，应给以严厉的制裁，以维革命的纪律"③。因此对黄克功判处死刑，也是从服务抗战大局的角度来考虑的。可见，司法为大局服务的思想，在陕甘宁边区时期就已经存在，并且深入贯彻到司法实践中。

---

① 刘全娥：《雷经天新民主主义司法思想论》，载《法学研究》2011 年第 3 期。

② 刘全娥：《雷经天新民主主义司法思想论》，载《法学研究》2011 年第 3 期。

③ 赵金康：《试论雷经天的司法思想》，载《史学月刊》2008 年第 10 期。

（三）关于司法组织

毛泽东在《新民主主义论》中明确指出新民主主义政权的政体形式为民主集中制，“只有民主集中制的政府，才能充分地发挥一切革命人民的意志，也才能最有力量地去反对革命的敌人”①。陕甘宁边区政府即采取了这一政体形式，在议行分立的政权模式下，以行政兼理司法的方式将司法组织系统纳入政府的领导之下，法院隶属于政府部门，与政府各厅并列。1943 年的《陕甘宁边区简政纲要》中明确提出，“边区政府本身需要首先贯彻民主集中制及统一领导的精神”，“边区政权既是人民自己的政权，则行政与司法的分立也就没有意义”。

对于边区政治体制中司法从属于行政的关系，在第一届参议会通过《高等法院组织条例》时，雷经天说：“我就明确提出高等法院直接受边区政府的领导、边区参议会的监督；县的裁判员，就是县政府的一个工作部门，受县长的管辖。”② 陕甘宁边区政权建立时，并未成立专门的检察机关，而是实行审检合署，检察权独立行使，检察署受高等法院管辖。雷经天也主张，检察权与审判权之间不是相互制约的关系，而是分工协作的关系。但到了 1942 年 10 月，受整风运动的影响，雷经天主张废止检察制度。他认为审判与检察的分立导致互相掣肘，影响司法效率，而边区法院通过走群众路线就能够行使司法权，为群众解决问题。“因此，检察制度就没有继续存在的必要。”③

关于审级问题，当时陕甘宁边区的司法体系面临一个理论难题。那就是，在抗战时期，由于国共合作，边区名义上接受南京国民政府领导，边区政府只是一个地方政权，那么，陕甘宁边区的高等法院和国民政府的最高法院是否具有下级审和上级审的关系？陕甘宁边区高等法院审判的案件能否上诉至国民政府的最高法院？关于这一问题，雷经天认为，边区的司法权最终归属于边区政府，既反对与国民政府最高法院衔接形成三级三审，也不赞成在边区实行三级三审制，边区的社会状况适宜于采取两级两审。同时，边区政府

---

① 《毛泽东选集》（第 2 卷），人民出版社 1991 年版，第 750 页。

② 刘全娥：《陕甘宁边区司法改革与“政法传统”的形成》，人民出版社 2016 年版，第 74 页。

③ 刘全娥：《雷经天新民主主义司法思想论》，载《法学研究》2011 年第 3 期。

有权受理不服二审的民刑案件，命令原审机关重审或自行处理，并有死刑案件的复核权。各县的死刑判决由县裁判委员会决定，但必须呈请边区政府批准。这种变通措施既可以避免因三级三审的程序繁琐而致使案件拖延，又以政府审查把关的方式保证审判公正。因而，“表现出来是两级两审的形式，实际上是三级三审”①。

（四）关于司法队伍建设

受经济社会文化环境的制约，陕甘宁边区司法干部队伍的整体文化水平很低。雷经天对此并不讳言，他在边区第一届参议会的司法工作报告中指出：“边区二十县的司法干部全部是工农分子，没有中学生出身的，文化上一般说不高，没有哪一个人研究过法律，没有当过法官。他们的文化水准就是能看懂文件，以及做简单的报告。”尽管如此，这支司法队伍仍是边区司法工作的主要力量，他们经历过严酷的革命斗争考验，大多数人政治素质过硬，能够基本胜任边区的司法工作。雷经天是大学生出身，属于知识分子，但他的革命经历使他在感情上更为认同工农分子出身的司法干部。雷经天并不讳言工农司法干部文化水平偏低、工作思路简单化、工作方式方法上需要适应抗战的新环境等缺点，但他认为，这些缺点是能够克服的，可通过理论学习、业务培训等方式解决。

雷经天也贯彻当时党的知识分子政策，接受甚至欢迎有法律专业背景的知识分子进入边区司法机关。但在实践中，雷经天对于外来知识分子有一些排斥。长期从事革命斗争的经验以及边区复杂的政治社会环境，使他对于外来知识分子怀有高度的警惕甚至怀疑、防范心理。雷经天认定：“现在算起来可以说，在外来的知识分子干部中有百分之九十以上是有问题的，没有问题的是少数。”②

雷经天的上述观点也决定了高等法院对干部的选拔标准。在 1943 年年底司法工作检讨会议上，雷经天提出司法干部的选用条件：“最主要的必须忠实

---

① 赵金康：《试论雷经天的司法思想》，载《史学月刊》2008 年第 10 期。

② 刘全娥：《雷经天新民主主义司法思想论》，载《法学研究》2011 年第 3 期。

于革命事业，能够奉公守法，刻苦负责，并了解新民主主义法律的精神。”①主要强调政治素质和个人品格，至于业务能力方面，只要求“了解新民主主义法律的精神”即可。以现在的眼光来看，这一要求未免过低，但在当时的形势和环境下，如此要求是符合边区政权实际特别是干部队伍实际的。

（五）关于司法依据

在陕甘宁边区的司法实践中，是否能够直接援引适用国民政府制定颁布的《六法全书》，是一个存在重大争议的问题。在中国近代法制史上，《六法全书》是一部立法水平较高的法律汇编，国共合作使《六法全书》在边区具有理论上的合法性，但边区政府与国民政府的特殊关系又使《六法全书》的地位非常尴尬，不能简单地照搬适用。从当时的历史形势看，陕甘宁边区的法律规则供给不足是客观现实，边区司法实践存在选择性援用《六法全书》的需求。雷经天主张，国民政府不违反抗战利益、人民利益的法律，可以成为边区司法的法律依据。但是，援用国民政府的法律须结合边区环境、抗战需要及当地的具体情形，有条件地补充性援用。实践中，边区法院援引《六法全书》条文作为法律依据的案例为数不少。从边区高等法院的档案看，1937 年就有援用的案例，1942 年至 1943 年尤盛。②

1943 年年底，援用《六法全书》成为敏感的政治问题。1943 年边区政府司法工作检讨会议将《六法全书》等国民政府制定的法律定性为大地主、大资产阶级性质的法律，采取了全面否定的态度。但雷经天仍然坚持在边区立法尚不完备的情形下，国民党的法律可以用作参考，如在遵守边区政府法律的情况下，可以参考国民政府优待抗属办法、民法债务编、民法亲属编等。可见，在政治立场与司法实践需要之间，雷经天采取的是一种较为务实的态度，体现了原则性与灵活性的结合。

（六）关于诉讼程序

在雷经天看来，国民政府的诉讼手续繁琐，人民怕告状，而边区司法机

① 刘全娥：《雷经天新民主主义司法思想论》，载《法学研究》2011 年第 3 期。

② 刘全娥：《雷经天新民主主义司法思想论》，载《法学研究》2011 年第 3 期。

关要在诉讼程序上使人民有自由诉讼的权利，给人民最大的便利。雷经天在《陕甘宁边区的司法制度》中指出，边区政权是人民的政权，司法应当简化诉讼程序，建立便利民众的诉讼制度。首先是程序便利，尽量为百姓提供方便，不讲求诉状形式，不限制起诉主体，不收诉讼费用等。其次是司法民主。最能体现新民主主义司法民主性的是“公审大会”，群众可以派代表参加并直接发表意见，可以通过陪审员、群众团体的代理等形式参与和监督司法。最后是接近群众。司法人员在诉讼活动中要接近群众，民事案件要当面讲道理、做调解，刑事案件则采用谈话说服、注重证据收集，反对“苦打成招”等。

主张司法便民，可以说是雷经天法制思想的一大亮点。雷经天的司法便民主张得到边区政府的高度认同。1939 年 4 月 4 日颁布的《陕甘宁边区抗战时期施政纲领》中明确规定“建立便利人民的司法制度”。边区政府在第一届、第二届参议会上的工作报告中均将便利民众的司法程序视为抗日民主政权的一大特色。

同时，雷经天也认识到，过度的“便利”也会导致缺乏规范，实践中可能会产生审级混乱、当事人缠讼、司法人员不堪重负、司法的权威性受到质疑等问题，最终反而不利于人民。在 1941 年 10 月第一届司法会议的报告中，雷经天要求司法审判活动的所有环节都要遵循一定的规范，无论是起诉、审判、制作判决书、送达、上诉等环节都应遵循一定的程序，必要时还是要摆设法庭，不能简单地用公审大会代替法庭。①

（七）关于证据

雷经天十分重视证据在审判中的作用，他强调：“在边区处理任何的案件，一方面根据法律的条文，同时要特别根据事实，说明理由，而斟酌法律上所规定的刑罚加以判决。”此外，雷经天对被告人口供的作用也进行了客观中肯的评价：“所谓重证据不重口供，不是完全不要口供的意思，倘口供是正确的、真的、实际的，那我们为什么不要呢？”②

---

① 汪世荣等：《新中国司法制度的基石：陕甘宁边区高等法院（1937—1949）》，商务印书馆 2011 年版，第 269 页。

② 赵金康：《试论雷经天的司法思想》，载《史学月刊》2008 年第 10 期。

雷经天在边区高等法院工作期间审判的几起重大案件，都体现了他的证据思想。例如，在审判“黄克功案件”时，被告人黄克功到案后承认了杀害刘茜的事实，但认为其不是故意，是枪走火，其未打算致刘茜于死地。雷经天经过反复查证，在案发现场找到了黄克功射向刘茜的第二颗子弹壳和死者身上中第二枪的部位，证明了黄克功是故意杀人而非枪走火，认定黄克功逼婚不成而故意杀死刘茜的事实。在审判“汉奸吉思恭案”时，他当庭出示了吉思恭化装时穿的衣服，指引日寇飞机轰炸信号用的白纱布、白旗、无线电等罪证，使吉思恭认罪伏法，最终对吉思恭判处死刑。

雷经天的一系列司法主张与当时所处的政治形势、社会环境密切相关，镌刻着时代的特殊印记，其中不免带有一些历史局限性，有些观点甚至是错误的。例如，雷经天一味强调审判权与检察权的协同，忽视了两者相互制约的一面，甚至主张取消检察机关，这就违背了控审分离的近现代司法规律，可能导致司法擅断，反而不利于实现司法公正。雷经天主张司法便民，简化诉讼程序，同时也降低了对程序公正的要求，否定了诉讼程序的独立价值，助长了“重实体、轻程序”的倾向。但不可否认，雷经天的新民主主义司法思想以及司法工作主张，代表我们党在红色政权草创初期对法制建设的深入思考和大胆探索，是边区司法制度建设的思想源泉和理论基础，其中的许多成功经验和优良传统，已经化为红色法治基因，融入中国特色社会主义司法制度的血脉，并将继续世代传承下去。

第二十章　左右江革命根据地红色法制的基因传承与血脉赓续

2022年8月16日，习近平总书记在考察辽沈战役纪念馆时指出：“红色江山来之不易，守好江山责任重大。要讲好党的故事、革命的故事、英雄的故事，把红色基因传承下去，确保红色江山后继有人、代代相传。”红色基因是历史的积淀，源自党的百年奋斗史，包括新民主主义革命时期我们党开始探索法制建设的奋斗史，百年党史所形成的红色基因中，自然也包含了红色法制基因。这些红色法制基因，早已镌刻史册，升华为我们党的精神文化的一部分，经过一代又一代中国共产党人的传承弘扬，塑造着中国共产党的革命法制文化传统，形成了中国特色社会主义法治道路，融入了习近平法治思想，并将持续转化为建设中国特色社会主义法治体系和全面依法治国的强大精神动力。我们尝试着对照习近平法治思想所要求的“十一个坚持”，不难发现其中大部分可以在左右江革命根据地的法制建设史中找到思想源头。我们研究左右江革命根据地法制建设史，最终目标只有一个，那就是更好地传承红色基因、赓续红色血脉，更好地理解习近平法治思想的历史逻辑，更好地学习贯彻习近平法治思想，坚定不移走中国特色社会主义法治道路，把法治中国建设向纵深推进，为全面建设社会主义现代化国家提供有力法治保障。

第一节　坚持党的领导

习近平总书记在纪念辛亥革命110周年大会上指出：“实现中华民族伟大复兴，必须有领导中国人民前进的坚强力量，这个坚强力量就是中国共产党。”建党100年来，中国共产党历久弥新，带领全国人民夺取了一个又一个的伟大胜利，领导中国人民从站起来、到富起来、再到强起来，创造了历史的辉煌和世界的奇迹。1840年第一次鸦片战争后，中华民族进入了低谷期，经历了屈辱史，民族独立、民族复兴深植几代人内心。100年前，中国和历史选择了共产主义、选择了中国共产党。100年后，中国共产党还给中华民族一个生机勃勃、日益强盛、越发自信的国家，成就了历史伟业。中国的革命、中国的发展、中国的富强都离不开中国共产党的领导。

坚持党的领导，在左右江革命根据地建立时期，主要体现在：一是左右江革命是在中国共产党统一领导中国革命下开展的。20世纪初，俄国革命的枪炮声，为中国送来了先进理论——马克思列宁主义，在马克思列宁主义的影响下，中国新民主主义革命以五四运动为开端，中国开始寻求社会主义道路，在国际共产组织的帮助下，中国工人阶级逐渐成为中国革命领导的核心力量，无产阶级逐渐登上历史舞台。左右江革命正是在中国共产党探索中国革命道路的过程中进行的，是中国共产党领导中国革命的一部分。二是左右江革命是由中国共产党领导的。1921年9月，韦拔群回到东兰，开始宣传马克思列宁主义理论思想，组织进步青年到群众中开展宣传，组建农军，发动农运，随后，在中国共产党的领导和支持下，发动百色起义、龙州起义，建立左右江革命根据地，拯救各族群众于水深火热之中。为了推翻封建制，巩固革命政权，先后在左右江根据地进行制度建设，包括党的组织制度、政府组织制度、军事制度、民主政治制度、法制、教育制度、文化制度、经济制度、统战制度、民族工作制度、财政制度、妇女工作制度建设，其中制定的《广西东兰县革命委员会最低政纲草案》《中国红军第七军目前实施政纲》《右江苏维埃各级政府组织与职责》《中国红军第八军目前实施政纲》《共耕条例》《土地问题决议案大纲》《土地革命问题》《目前政治形势与右江党的策略》《革命青年会目前组织简章》一系列政策法律文件，奠定了根据地建设法制建设的基础。这些法律制度的建设和实施，推动了左右江各项建设的发展，百色起义、龙州起义之所以取得成功，以及各项事业之所以取得成效，取决于中国共产党的坚强领导。三是左右江革命的成功是中国共产党运用马克思列宁主义解决中国实际问题的体现。1922年3月，以韦拔群为代表的革命先驱，召集进步青年举行革命同盟，同年10月，召集东兰、凤山、百色、恩隆等县革命青年百多人结盟，揭开了右江农民运动的序幕。1923 年，在中国共产党领导的工人运动的影响下，韦拔群领导的东兰农军揭竿起义，经过两次起义失败后，第三次在右江多地农军支持下，农运取得短暂的胜利，随后在反革命势力压迫下，不得不退守武篆，领导农运的韦拔群等人遭到反革命势力的“围剿”。几经辗转，1925 年，韦拔群到广州进入第三届广州农民运动讲习所学习，系统学习了帝国主义侵略简史、政治经济学概要、农民运动之理论和军事训练等课程，学习彭湃领导的广东海陆丰农民运动经验，并开始接受中国共产党的农运方针，同年 4 月，韦拔群等人回到东兰，继续组织农民军队，发动农民运动，宣传革命理论。同年 10 月，中国共产党在广西在梧州成立中共梧州支部，这是中共在广西最早组织，同时拉开了中国共产党领导广西革命的序幕。中国共产党在广西的早期组织，迅速在广西宣传革命理论，吸收先进革命和进步青年学生。余少杰是第一位到右江地区活动的中共党员，余少杰在右江地区迅速开展党建工作，至 1926 年 8 月，成立中共恩奉特支，党员发展到 8 人，同年 11 月，中共东兰支部成立。中共恩奉特支和中共东兰支部的成立，右江地区的农运得以在中共领导下，有组织有计划地开展起来，随后发动了一系列农运，消灭土豪劣绅，开展土地革命，建立新政权，颁布法律规范文件，发展经济文化事业。右江革命根据地各族人民从封建压迫中解放出来，人人分到田地，翻身做了主人。四是左右江革命的成功经验包含了中国共产党始终走群众路线，把革命与群众密切联系在一起。为了保护来之不易的土地，维护新政权，各族群众纷纷投身革命。这为南宁兵变后，广西革命工作重点向左右江地区转移提供了群众基础。1929 年 10 月 22 日，邓小平等人率领的武装部队到达百色山城，完成挺进左右江的任务，随后，迅速与右江农民运动相结合，缜密地筹划武装起义，做好建立红军和革命根据地的准备工作。为此，确定了四项重点准备工作：一是在部队和群众中公开宣传共产党的主张，广泛发动群众；二是整顿、补充部队，建立政治工作制度；三是组织和武装群众，发放枪支给当地农军，以便进行反帝反封建斗争；四是继续清洗部队中的反革命分子。经过紧锣密鼓的准备，在左右江各族群众的热烈拥护下，同期 11 月，龚饮冰秘密回到百色，传达中共中央的指示，即批准在左右江武装起义，建立红军和根据地，颁给中国红军第七军的番号，委任红七军领导干部。同年 12 月 11 日，即广州起义两周年之际，邓小平、张云逸、韦拔群、雷经天等人发动和领导了震撼南疆的百色起义，在军部门前（粤东会馆）随着庄严的军旗冉冉升起，红七军正式宣布成立。同日，第一届右江工农兵代表大会在平马召开，选举产生了右江苏维埃政府，创建了右江革命根据地，点燃右江地区“工农武装割据”的星星之火。1930年2月1日，共产党领导下的龙州起义爆发，创建了中国红军第八军和左江革命根据地。至此，左右江革命根据地的建立把左右江连成一片，它们共同接受中国共产党的领导，扭转了农运时期各自为战、力量分散、革命不彻底的局面，标志着左右江地区革命进入新的发展阶段，也是革命最鼎盛的时期。左右江革命根据地是党中央领导下建立的革命政权。

百色起义、龙州起义是中国共产党继南昌起义、秋收起义、广州起义等之后发动的武装起义，是中国共产党在探索中国革命道路过程中的一次重要尝试，在中国革命历史上占有重要地位。武装起义后在游击区建立苏维埃政权，开创了党领导武装起义的一种全新模式，也是党在少数民族地区、边境地区建立革命根据地的典范。党的领导是革命成功的根本保证，开创了左右江革命的历史新纪元。

中国共产党成为执政党，是历史的选择、人民的选择。邓小平指出：“没有共产党的领导，肯定会天下大乱，四分五裂。历史事实证明了这一点。……没有党的领导也就不会有社会主义制度。”[①] 党的领导，是中国特色社会主义最本质的特征，也是社会主义法治建设成败的关键。中国共产党领导法制建设成功的关键在于其代表最广大人民的根本利益，集中反映最广大人民的根本意志。因此，只有在中国共产党，这个代表先进阶级、以马克思主义科学理论为指导、按照民主集中制组织起来、能够代表全体中国人民根本利益的党的领导下，中国才有可能建设社会主义法治国家。当前，在全面推进依法治国、建设社会主义法治国家的使命和任务中，面对各种问题和挑战，只有坚持在党的领导下，才能确保“良法”可立，确保社会主义法制原则的贯彻，确保司法机关正确执法，才能通过法制有力地保障全体人民的根本利益。

---

① 邓小平：《党员要遵守党的纪律》，载《邓小平论党的建设》，人民出版社1990年版，第191页。

第二节　坚持以人民为中心

人民是历史的创造者，坚持以人民为中心既是社会主义法制建设的经验总结，又是新时代全面推进依法治国的基本遵循。习近平总书记提出："全面依法治国最广泛、最深厚的基础是人民，必须坚持为了人民、依靠人民。""推进全面依法治国，根本目的是依法保障人民权益。"这一重要论断旗帜鲜明地回答了法治中国建设为了谁、依靠谁、保护谁的问题，生动诠释了习近平法治思想始终坚持以人民为中心的根本立场，饱含着真挚深厚的爱民、亲民、为民情怀。

坚持以人民为中心的法制建设理念，在革命战争时期，主要体现在法制建设依靠人民，保障人民当家作主的主体地位。左右江地区交通闭塞、经济文化落后、人民生活疾苦，并不具备革命取得成功的经济社会条件，但就是在这么一个偏僻落后的地区，发动的系列农运得到当时中共中央的关注，并指派以张云逸、邓小平等人为代表的中共中央代表来到广西指导农运和兵运并发展党的组织，到左右江地区建立革命根据地，成立苏维埃政府，建立"工农武装割据"。为了把各族人民从封建压迫中解放出来，为了实现各族人民对法制和人权的渴望，也为了巩固人民政权。1929 年 10 月，韦拔群领导农运攻占东兰后，迅速制定了《广西东兰县革命委员会最低政纲草案》，百色起义、龙州起义后制定了《中国红军第七军目前实施政纲》《中国红军第八军目前实施政纲》，三部法律性质的文件为苏维埃政府的建立和运行奠定了法律基础，成为苏维埃政府的施政纲领，开创了根据地法制建设新篇章。《中国红军第七军目前实施政纲》共有 16 条纲领，前 3 条提出反对帝国主义、推翻军阀和乡村豪绅地主，第 6 条规定没收一切地主土地分给农民，实现各地农民获得土地的愿望，第 5 条规定减少工人工作时间增加收入，第 7 条规定赋予人民言论、集会、结社、出版自由的权利，第 8 条规定提倡男女平等，第 13 条规定实行平民教育均是为了实现各族人民对保障人权的期待，第 10 条、第 14 条规定取消苛捐杂税，把各族人民从重捐重税中解放出来，在 16 条纲领中，与各族人民切身利益相关的纲领就有 10 条以上，实现了各族人民对美好生活的不懈追求。良法是实现善治的前提，良法善治是美好生活需要的重要内涵。基于两部纲领性文件建立的法律制度，是为了把各族人民从封建剥削中解放出来，做自己的主人，做土地的主人。1930 年 4 月，邓小平、雷经天、韦拔群、陈洪涛等人在一次会议中讨论如何进行土地革命的问题，随后，为推动土地革命全面铺开，相继制定了《土地法暂行条例》《土地问题决议案》《共耕条例》等法律性文件，成为左右江地区开展土地革命的依据和准则。土地革命使农村中封建、半封建生产关系得到彻底改变，彻底消灭了延续两千多年的封建剥削所有制，实现了“耕者有其田”，土地回到农民的手里，各族人民体验翻身解放的欢乐，生产积极性空前提高，生活得到初步改善，各族人民也更加拥护中国共产党。此外，左右江地区长期沿袭封建社会的土司制度，帝国主义侵华后，又受到西方神学宗教的侵染，各族群众深受其害，中国共产党领导左右江革命后，深刻意识到这一点，在制定的一系列法律性文件中，强调人人平等权利，废除一切封建压迫和以传教为由侵害人身的行为。左右江建立新政权后，同时废除了以各种形式存在的封建压迫，最明显体现在倡导男女平等、婚姻自由、平民教育、各民族平等，此外，还赋予各族人民言论、集会、结社、出版、罢工自由等权利，切实保障人民主体地位，充分激发人民的主体作用，使人民真正成为国家的主人。例如，1929 年 12 月 18 日制定的《为苏维埃政府大会告贫苦妇女书》中提倡道：男女一律平等！结婚离婚绝对自由！废除买卖式的婚姻及禁止童养媳的制度！反对多妻制！反对奴婢制！禁止人口贩卖！妇女解放万岁！世界无产阶级解放万岁！其真正改变了妇女的历史地位，获得广大妇女支持。左右江法制建设取得明显成效，最关键的是充分调动人民的积极性，广泛发动各族人民，与封建压迫斗争，宣传马克思列宁主义、民主与科学思想。1930 年 1 月，邓小平到上海向中央汇报工作时，就明确提出了今后的工作任务是“一切工作向着群众”“扩大宣传”等，这些意见和建议得到时任中央军委书记周恩来的肯定，这些意见建议在根据地广泛实践。各地党组织领导、各族人民广泛参与，利用夜校授课、集会、革命歌曲、公开审判、公投等形式，广泛宣传根据地的法制思想和法律制度，得到各族人民群众的广泛支持，通过广泛宣传，使党的法制理念、法律制度被广大群众知晓，提高了人民群众的思想觉悟和法制思维，进而形成主动遵守法律、依法办事、通过法律途径维护自身权利的行为习惯和思维。

“民之所向，政之所行”是中国共产党始终保持与人民群众紧密联系的关键所在。在战乱时期，左右江根据地以人民为中心建立了法制，在政权组织法、土地法、刑事司法、民事法规等领域都有所涉及，虽然制定的规范性法律文件并不多，但在每一部法律性文件中，都能看到以人民为中心这一根本立场。进入新时代，人民对美好生活需要日益广泛，不仅对物质文化生活提出了更高要求，而且在民主、法制、公平、正义、安全、环境等方面的要求日益增长。但不管在过去的战乱年代，还是当下的和平发展年代，抑或未来，民主、法制、人权、公平、正义、安全等，正是评价法律是否为“良法”的重要尺度，集中体现了“良法善治”的内在要求。只有把这些价值标准融入法制建设之中，推动社会主义法制从“有法可依”迈向“良法善治”的新境界，创造一个民主有序、公平正义、长治久安、和谐稳定的法制环境，人民才能不断获得更多的“美好生活”体验。法制建设应深刻体现以人民为中心、为人民谋幸福的出发点和落脚点。在法制建设过程中，要充分重视群众对法制建设效果的评价，把时代作为出卷人，把党作为答卷人，把人民群众作为阅卷人，法制建设要体现人民利益、反映人民愿望、维护人民权益、增进人民福祉。

第三节　坚持革命法制道路

中国共产党领导下的中国革命走的是一条农村包围城市、武装夺取政权的正确革命道路。在夺取革命政权，建立革命根据地后，制定在根据地实施的法律法规，为新中国在全国范围内的法制建设积累了宝贵经验，成为中国法治发展道路的起点。共产党领导的革命根据地，必须废除资产阶级的法律制度，建立具有中国特色的新型人民民主专政的政治制度和法律制度，而百色红色法制建设正是从右江革命根据地的法制建设的历史经验中总结出来的。左右江革命根据地法律规范是在战火纷飞、根据地建设的大背景下建立起来的，是为革命服务的需要，是为维护政权服务的需要。

左右江革命政权存在时间短，战事频繁，没有充足的时间制定系统的法律规范，但在根据地基本确立了政权的法律规范，主要体现在四个方面。

一是制定根据地的民主法制。1929 年 10 月，韦拔群带领民兵攻占东兰县后，制定了《广西东兰县革命委员会最低政纲草案》，内容涉及农民、工人、军人、瑶民、青年、妇女、商人、文化、基础设施等九个方面和一个附录，对东兰政府的最低工作要求和职责进行了规范。[①] 同年 12 月，颁布了《当前中国红七军实施政纲》，在草案的基础上，对红七军工作的主要任务和职责作了进一步充实和细化。同期颁布的《右江苏维埃各级政府组织与职责》，是根据地政府建立政权机构和实施权力比较完备的规范性文件，也是当时比较全面的政府组织法，集中反映了根据地无产阶级和广大人民群众迫切需要建立和掌握人民民主政权的热切期盼，得到了根据地各族人民的热烈拥护。二是制定土地法律规范。在全国革命根据地轰轰烈烈开展土地革命时期，1930 年 4 月，在邓小平的组织下，根据地也进行了土地革命的尝试，制定和通过了《土地法暂行条例》和《土地问题决议案》，同期又制定了《共耕条例》。这些规定的实施，为根据地开展土地革命提供了法律依据，从另一个角度讲，要争取根据地人民群众对革命战争的支持，就必须使农村生产力得到解放，使"耕者有其田"，让农民成为土地的主人。三是制定刑事法律规范。1929 年 10 月，韦拔群组织的中共东兰第一次党代表大会通过了包含刑事法律规范的《广西东兰县革命委员会最低政纲草案》，标志着右江革命根据地的刑事立法和司法的产生。[②] 同时，为打击投敌叛变，镇压反革命分子，巩固革命果实，1931 年 2 月制定颁布《十二条法令》，[③] 这是一部明确规定反革命罪等十一种判处死刑的犯罪情形的专门刑事法律规范。此外，在红七军和政府制定的其他法律规范和政策命令中，刑事法律规定散落其中，虽然在革命时期，没有形成系统完整的刑事法典，但散落的刑事法令和规范填补了刑事立法的空白，也侧面反映了中国共产党建立下的革命政权，通过立法实现社会管理功能，重视根据地社会秩序的恢复。四是制定民事法律规范。当时根据地的局势不稳定，在桂系、伪政府、国民党、地方豪绅等多股势力的影响下，根据地群众很难回归稳定的生产生活，因此根据地很难建立统一的民事法律规

① 凌绍崇等编著：《百色起义与根据地制度建设》，广西人民出版社 2014 年版，第 133 页。
② 凌绍崇等编著：《百色起义与根据地制度建设》，广西人民出版社 2014 年版，第 135 页。
③ 凌绍崇等编著：《百色起义与根据地制度建设》，广西人民出版社 2014 年版，第 136 页。

范，民事法律规定散见于红七军和政府制定的其他法律法规和政策命令中，但这并不代表对民事立法的不重视，如为了促进根据地妇女解放，实现男女平等，婚姻自由，在《中国红七军目前实施政纲》等纲领和政策文件中，也有不少关于婚姻家庭的规定。为了保证各项法律制度的实施，在政府组织内部成立肃反委员会，成为当时的司法组织机构，乡级政府设置裁判兼肃反委员会，行使审判权。

根据地法制建设的过程，也是无产阶级政权建立的过程，虽有曲折，但在不断的尝试中，政治效果、社会效果、法律效果都在一定程度上得到了实现。一是实现了巩固民主政权，捍卫革命胜利果实的政治效果。土地革命在民主政权的领导下，一扫封建旧势力的压迫剥削，各族群众从地主豪绅手中夺取土地，废除高利贷的盘剥，取消苛捐杂税，经过不懈斗争和艰苦奋斗，从漫长的黑夜中惊醒，一跃翻身解放成为国家的主人。政府建立的法制进一步确认了这场革命的胜利，激发了广大人民群众的革命热情，各族人民为了支持来之不易的土地和民主政权，为保卫自己的土地、政权和法律，纷纷投奔革命队伍。1930 年根据地鼎盛时期，各族群众有 100 万人参与到革命队伍中，参军参战、参政议政、帮助革命、掩护革命志士，推动革命运动的发展。各族人民也从革命斗争、法制建设和实施中看到，只有拥护民主政权，才能从地主买办阶级的剥削压迫下解放出来，而苏维埃民主政权只有在革命根据地才能放射民主的曙光，寄托人民对解放和民族独立的希望。左右江革命根据地法制建设开创了民主法制保障民主政权的新历史，也为后来巩固民主政权提供了宝贵经验，民主法制在民主政权的建立和施行中发挥着不可替代的政治效果。二是实现了以人民为中心，维护各族人民的利益社会效果。首先，赋予各族人民各种权利是政权建立法律制度的核心内容，这与以往其他政权组织建立政权时为少数利益群体服务不同。在根据地为数不多的几个法律和法律性文件中，都以人民权利为核心进行立法。其次，将便民利民作为根据地司法工作的基本原则，《广西东兰县革命委员会坐地政纲草案》规定了“取消一切诉讼手续费”“取消呈状公文格式”等内容，对于简化诉讼程序，降低诉讼成本，减少诉讼障碍，方便群众参加诉讼，具有十分重要的作用。最后，把维护各族人民合法利益作为司法工作的落脚点，裁判兼肃反委员会是司法审判机关，司法工作者即委员会成员需要从执行委员会中挑选品德修养高、阶级成分好的人员组成，必须具备鲜明的政治立场、品行端正、办事公道、实事求是、不公报私仇、不贪污贿赂等素质，在司法实践中，能够深入基层，听取群众意见，秉公办事，自觉拥护各族人民的合法利益。革命根据地的法制建设和司法实践，践行了走群众路线，接受群众评议，求真务实的工作方式和工作作风。这与当前以人民为中心的法治理念不谋而合，是中国共产党领导下法制建设一贯的立场，再次证明了中国共产党始终与人民群众保持血肉联系。左右江革命根据地法制建设的历史，就是党和人民群众密切联系的历史，人民立场是法制建设的根本立场，在完成全面推进依法治国的时代使命中，这应该成为我们坚定的选择和最正确的路线。三是实现了推动立法工作，积累法制建设经验的法律效果。民主政权建立时间虽短，法制建设还存在诸多不完善之处，但这是在共产党领导下，在少数民族地区建立新政权的一次伟大尝试，也是少数民族地区建立系统民主法制的第一次尝试，其中涌现出的开拓创新、勇于尝试的精神，为红色革命精神奠定了基础，民主法制建设中的坚持党的领导，坚持以人民为中心，坚持社会主义法制思想，注重人权法制建设等法制理念，为红色法制建设留下宝贵经验。同期制定的适合民族地区的《土地法暂行条例》、探索农业合作化的《共耕条例》等法律规范，为后来左右江地区坚持走社会主义法制建设道路，坚持民主法制建设提供了有价值的借鉴和参考。同时为左右江地区保存红色法制建设的历史经验，成为传承红色基因，赓续红色血脉最宝贵的红色资源和精神财富。

中国共产党深刻总结法治建设正反两方面的经验教训，最终走出了一条中国特色社会主义法治道路。党的十八大提出，法治是治国理政的基本方式，要加快建设社会主义法治国家，全面推进依法治国；党的十八届三中全会提出建设法治中国的目标，以及包括法治领域改革在内的全面深化改革的任务；党的十八届四中全会是我党历史上第一次专门以法治为主题的中央全会，作出《中共中央关于全面推进依法治国若干重大问题的决定》。党的十九大提出中国特色社会主义进入新时代，把全面依法治国确定为新时代坚持和发展中国特色社会主义的基本方略之一。党的十九届四中全会提出在法治轨道上推进国家治理体系和治理能力现代化。2020 年出台的《民法典》，成为我国第一部以法典命名的基本法律。2020 年 11 月中央召开全面依法治国工作会议，确立了习近平法治思想在全面依法治国中的指导地位。法治道路，是中国发展的出路，也是实现现代化建设目标的方向，我们要坚定不移走中国特色社会主义法治道路。

第四节 坚持依宪执政

宪法是国家的根本法，是治国安邦的总章程，是全面依法治国的总依据，全面贯彻实施宪法，是全面依法治国、建设社会主义法治国家的首要任务和基础性工作。我国宪法以国家根本法的形式，确认了中国共产党领导人民进行革命、建设、改革的伟大斗争和根本成就，确立了工人阶级领导的、以工农联盟为基础的人民民主专政的社会主义国家的国体和人民代表大会制度的政体，确立了国家的根本任务、领导核心、指导思想、发展道路、奋斗目标，规定了中国共产党领导的多党合作和政治协商制度、民族区域自治制度以及基层群众自治制度等一系列基本政治制度，规定了社会主义法制原则、民主集中制原则、尊重和保障人权原则等一系列重要原则，规定了实行社会主义市场经济，推动物质文明、政治文明、精神文明、社会文明、生态文明协调发展等一系列大政方针，反映了我国各族人民的共同意志和根本利益。

左右江革命根据地建立的苏维埃政权隶属于中央苏区。中央苏区，又称中央革命根据地，地跨赣、闽、粤三省，是土地革命战争期间中国共产党领导人民创建的全国最大的一块革命根据地，是全国苏维埃运动的中心区域，也是中华苏维埃共和国党、政、军首脑机关所在地。左右江革命根据地实行的法律制度也是以中央苏区的法律制度为根本遵循的，1931 年 11 月，中华苏维埃第一次全国代表大会在瑞金召开，会议通过了《宪法大纲》，它是中国共产党领导人民制定的第一部宪法性文献，左右江革命根据地按照《宪法大纲》确立根据地执政原则和开展各项工作：第一，在根据地范围内的各县、乡镇建立起工农民主专政的苏维埃政府；第二，在建立起的苏维埃政府施行民主集中制的工农兵代表大会制度；第三，在根据地确立各族人民在政治上、经济上、文化上的各项基本权利；第四，确立以反帝反封建的革命纲领作为工农民主专政的基本任务。《宪法大纲》是中国人民宪政运动史上第一部由劳动人民当家作主、确保人民民主制度的根本大法，是中国共产党领导人民进行彻底反帝反封建，实行工农民主专政的伟大纲领，调动了人民参与革命和建设根据地的热情。左右江革命根据地建设过程中，制定的《当前中国红七军实施政纲》《右江苏维埃各级政府组织与职责》《土地法暂行条例》《共耕条例》《十二条法令》等都是为实现《宪法大纲》原则而制定的，具有可执行的实践效果。

“法者，国家所以布大信于天下。”宪法是国家最大的公信于天下的法律文献。宪法集中体现了党和人民的统一意志和共同愿望，是国家意志的最高表现形式。我们应以宪法为根本遵循，在传承红色法制基因基础上，不断实现现代化法制建设的使命。首先，要坚持正确政治方向，坚定不移走中国特色社会主义政治发展道路。其次，坚持人民主体地位，切实保障公民享有权利和履行义务。最后，坚持依法治国基本方略，促进依宪执政全方位落实。

第五节　坚持提升治理能力

习近平总书记指出，“人类社会发展的事实证明，依法治理是最可靠、最稳定的治理”，“法治是国家治理体系和治理能力的重要依托”。党将全面依法治国引入国家治理，并将法治作为推进国家治理体系和治理能力现代化的重要抓手和依托，是中国法治理论和法治实践中的一项伟大变革。国家治理离不开法治，不仅取决于我们国家治理的性质和方向，还取决于法治本身的价值内质和外化功效。

左右江革命根据地建设之前，左右江地区，是一个以小农为主、封建专制和人治传统久远、民主法治意识严重缺乏的社会。面对这样一个千疮百孔的旧社会，加之战时情况瞬息万变，所以，只有建立集中统一和能够临机处置的领导体制才能适应这种环境，中国共产党就是在这样一个环境下，在中共中央的统一领导下，带领左右江地区各族人民推翻封建专制，建立苏维埃政权，并建立与之配套的制度。其中，《中国红军第七军目前实施政纲》作为当时的施政纲领，是党领导根据地建设的根本遵循，施政纲领与以往的制度最本质的区别是，施政纲领代表最广大人民的根本利益，这也成为根据地从“人治”走向“法制”的早期经验。法制可以大大削弱人治带来的专政弊病，在法制状态下，社会治理和人类活动都有规则依据，法律成为人们生活、工作、学习的行为准则，是人人都必须遵循的行为规范。由此，人们清楚什么可以做、什么不可做，怎样做和如何做，以及违反行为规则会有什么不利后果，社会变得可预期，社会治理的效果能够最大限度满足人民群众的期待，同时成为人人拥护的治理模式，也为全民参与共治提供价值经验。

"立善法于天下，则天下治；立善法于一国，则一国治。"法律是治国之重器，良法是善治之前提，法制是最优的治理模式，能够有效提升治理能力。法治社会治理重在法治，只有法治才是社会治理的强大保障，只有深入推进法治才能实现社会治理升级。提升社会治理能力的法制必须要求所立之法是良法，所执之法是良法，所司之法是良法，所守之法是良法。由此，人民群众才会对国家和社会产生广泛的认同感，使尊法、信法、守法、用法、护法成为全体人民的共同追求，国家才会和谐稳定。左右江地区有着红色法制建设的历史经验，对法制的信赖和推崇有着先天的基因，正因如此，在进行现代化建设过程中，我们更应信赖法制，沿着法制的道路，不断提升社会治理的能力，不断提升平安建设的效果，用法制手段缩短与发达地区的差距，筑牢法制之基、彰显法制之力、厚积法制之势。在推进红色法制传承与发扬过程中，我们应该与时俱进，在传承中实现进步和发展，坚持在法治的框架下全面推进依法治国，深入推进法治建设融入思维、融入实践，把法治建设与保障社会公平正义紧密结合起来，把推进依法治国与切实保障人民权利紧密结合起来，把平安建设的目标与实现社会公平正义和尊重保障人权的价值追求紧密结合起来，不断加强对社会公平正义的法治保障，不断满足左右江地区各族人民群众对美好生活的新期待。

第六节　坚持建设法制体系

法度者，正之至也。我们党自成立之日起就高度重视法治建设，改革开放和社会主义现代化建设新时期，我们党提出"科学立法、严格执法、公正司法、全民守法"的方针，确立依法治国基本方略，把建设社会主义法治国家确定为社会主义现代化的重要目标，逐步形成以宪法为中心的法律体系。

具体到左右江革命根据地，在党的领导下，左右江革命老区人民深刻认识到法律体系建设对社会发展和人民幸福的重要作用。一是积极传承红色传统，赓续红色血脉，做到了以法制护航党和人民事业发展的一贯坚持。在革命时期，1930年，邓小平、韦拔群、雷经天等领导干部在试点经验和深入调查的基础上，经会议讨论制定了右江革命根据地的《土地法暂行条例》《土地问题决议案》《共耕条例》等规范性文件，为根据地进行土地革命、规范政权建立初期行政行为、合理分配土地要素、争取广大人民群众支持提供了法律依据和指引。二是订立刑事法令服务革命大局。1931年2月，韦拔群在右江革命根据地主持制定专门的刑事法令，即《十二条法令》，规定打击投敌叛变行为，镇压反革命分子的斗争任务和盗窃罪、反革命罪等11种明确罪行，充分体现了根据地刑事法令服务大局，惩恶扬善的内涵特点。三是以先进民事法律思想改善民风民俗。党领导下的右江革命根据地，虽然没有专门制定统一的民事法律规范，但在红七军、右江苏维埃政府制定的其他法律法规和政策命令中，已经包含一定数量的民事法律条文，在引导民众建立正确价值观念、调处纠纷、促进妇女解放和男女平等方面有重要的推动作用。

“治国无其法则乱，守法而不变则衰。”随着形势发展和时代变化，我们党充分认识到法律体系必须随着时代和实践发展而不断发展，要统筹谋划和整体推进立改废释纂各项工作，加快完善中国特色社会主义法律体系，使之更加科学完备，统一权威。

一是加强重点领域立法。为进一步贯彻落实党和国家事业发展部署和要求，回应人民群众期待，左右江地区稳步推进重点领域工作，对涉及全面深化改革、推动经济发展、完善社会治理、保障人民生活、维护国家安全的法律抓紧制定、及时修改。当前，左右江地区正积极推进科技创新、公共卫生、生物安全、生态文明、防范风险、涉外法治等重要领域立法，健全市域治理急需的法律制度、满足人民日益增长的美好生活需要必备的法律制度，填补空白点、补强薄弱点。

二是加强新兴领域立法。在新环境、新形势下，数字经济、互联网金融、人工智能、大数据、云计算等新技术新应用快速发展，催生一系列新业态新模式，但法律制度的滞后性使解决新兴产业衍生出的安全、道德、治理课题存在一定的现实困难。要处理好这些问题，一方面要继续大力发展新兴产业和应用，不断探索新技术的合理便捷运用；另一方面要在充分研究的基础上完善法律法规和标准规范，对新产业、新技术加以引导和规制。要及时跟进研究相关法律制度，加快推进新兴领域的立法工作，抓紧补齐法律短板，以良法善治保障新业态、新模式健康发展。

三是加强涉外领域立法。为妥善处理涉外关系，加快涉外法治工作战略布局，近年来，我国制定出台出口管制法、不可靠实体清单规定等，完善外商投资国家安全审查制度，加快我国法域外适用的法律体系建设。加强涉外领域立法，要全面梳理和检视法治领域斗争的现状和趋势，针对短板弱项，制定对策措施。左右江地区地处祖国西南边境，其中右江地区与越南直接接壤，是“一带一路”建设和“中国—东盟”大局发展的重要门户。百色、河池两市在国家、自治区的法治战略部署下，积极根据本地实际情况制定涉外法制法规，推动商贸、通婚等重要事业工作向规范化、合法化发展。

四是助推法典化进程。党的十八大以来，我们党顺应时代发展要求和人民群众期待，于2020年5月28日十三届全国人大三次会议审议通过了中国第一部以“法典”命名的法律规范——《民法典》，标志着新时代我国社会主义法治建设迈上了一个新的台阶。《民法典》系统整合了新中国成立70多年来长期实践形成的民事法律规范，汲取了中华民族5000多年优秀法律文化，借鉴了人类法治文明建设有益成果，是一部固根本、稳预期、利长远，具有鲜明中国特色、实践特色、时代特色的基础性法律，为其他领域立法法典化提供了很好的范例。在《民法典》的基础上，全国人大常委会2021年度立法工作计划中明确提出，要总结编纂《民法典》的经验，适时推动条件成熟的立法领域法典编纂工作，研究启动环境法典、教育法典、行政基本法典等条件成熟的行政立法领域的法典编纂工作。左右江地区位于人口构成、生态环境等多方面区位特点鲜明的祖国边境地带，在践行《宪法》和《民法典》、反映人民群众期待诉求、助推国家法制体系建设上也发挥着重要作用。

第七节　坚持依法治国、依法执政、依法行政

在全面依法治国、建设法治中国的国家大业系统工程中，坚定坚持依法

治国、依法执政、依法行政共同推进，坚持法治国家、法治政府、法治社会一体建设是个中要义。习近平法治思想深刻阐述了在全面依法治国的工作布局下解决法治建设中不协调不平衡、各自为政、争权诿责的问题，强调在法律制度的框架规范下增强系统性、整体性、协同性，开创法治中国建设的新局面。

百色起义后，左右江苏维埃政府相继制定和颁布了红七军、红八军施政纲领、政纲草案、政府组织与职责等纲领性、宪法性文件，明确政权的工农民主特质，确立了党领导下的民主选举和区域治理制度，以法律形式规范了土地革命、反帝反封建、群众自治和新文化传播等各项根据地重要事业的发展。革命时期工农民主政权在左右江地区的建立和发展，是当时新兴民主政治制度在民族地区的有益探索，为全中国的解放壮大了群众基础，是我们当前党和国家事业发展的重要参考。

当今，在国家富强、民族复兴的重要时间节点，坚持依法治国基本方略，传承左右江革命根据地红色法制精神，赓续革命精神血脉，必须做到依法治国、依法执政、依法行政三者的有机联结、共同推进。

习近平法治思想深刻提出，依法治国是坚持和发展中国特色社会主义的本质要求和重要保障，是实现国家治理体系和治理能力现代化的必然要求，事关党和国家长治久安。没有全面依法治国，我们就治不好国、理不好政。要使全面依法治国的基本方略能够在各地各级得到贯彻实施，必须坚持根据党的主张和人民意志健全国家和地方法律体系，为国家权力的行使筑牢制度保障，使执政、行政在具体实施过程中走好中国特色社会主义道路。

依法执政是确保党的主张在国家发展事业中具体实现的重要依托。我国的法律法律法规经严格程序科学制定，从宪法到行政法规、地方性法规都充分体现人民群众对协调解决社会问题、促进社会发展的意志和愿景。因此，为人民服务的宗旨必然要求党在执政过程中善于使自身的主张通过法定程序成为国家意志，既使党的路线、方针、政策的贯彻执行得到国家权力的支持和保证，又引导和带领人民群众一同向国家富强、人民幸福的目标共同努力奋斗。具体到左右江地区，党在地方的执政与群众的生活距离更近，需要协调和处理的问题更为细致，更要增强法治意识，坚持以法治的理念、体制、程序开展工作，将党中央依法执政的法治理念进一步制度化、规范化、程序化。

依法行政是各级政府活动的基本准则。作为行使国家权力、执行国家行政职能的机关，行政机关的产生和运行都存在合法性要求，因此，依法行政是全面依法治国向纵深推进的主线之一。执法是行政机关履行政府职能、管理经济社会事务的主要方式，各级政府必须依法全面履行职能，坚持法定职责必须为、法无授权不可为，健全依法决策机制，完善执法程序，严格执法责任，做到严格规范公正文明执法。

坚持法治国家、法治政府、法治社会一体建设。党的十九大明确要求，到 2035 年法治国家、法治政府、法治社会基本建成，各方面制度更加完善，国家治理体系和治理能力现代化基本实现。这就要求各地各级将依法治国、依法执政、依法行政有机结合、统筹推进，坚持和实现法治国家、法治政府、法治社会的一体建设。以建设法治国家为目标，建设中国特色社会主义法治体系；以建设法治政府为重点任务和主要工程，在党的领导下、在法治轨道上开展工作，推进职能科学、执法严明、公开公正、智能高效、廉洁诚信、人民满意的重点工作；以法治社会为基础，全社会共同参与，营造信仰法治、公平正义、守法诚信、充满活力、和谐有序的社会主义法治社会。三者相辅相成，同步规划、同步实施，相得益彰。

第八节　坚持全面推进科学立法、严格执法、公正司法

立法、执法、司法是全面依法治国的关键环节和重点任务，随着现实环境的变化发展，一些突出的矛盾和问题需要我们进一步把握、协调和解决。习近平法治思想深刻阐释了立法科学性、执法严格性、司法公正性的学理内涵、目标导向和重要举措，是建设中国特色社会主义法治体系在新时代的重要指引。

左右江革命根据地的法制实践为我们提供了党在特定历史时期关于立法、执法、司法探索的宝贵经验。在立法环节，左右江革命根据地在党的领导下以马克思主义为指导思想，参照中央苏区法规、政令，结合左右江地区实际

情况，经调研、研讨、试点等前期准备，通过民主集中制决议的方式制订了纲领性文件和刑事、民事、土地革命等相关规范性文件。可以看出，虽然战争环境异常艰难，党的力量相对薄弱，但当时的立法工作已经有先进的理论指引和制度参照，实事求是的前期工作使党的主张与左右江地区实际结合得更加紧密，立法过程已经具备现代立法程序的基本雏形，充分体现立法在党的事业中的重要性和科学性。在执法环节，各个纲领性文件明确了左右江革命根据地政权和行政组织机构的职责，具体的法令和文件则明确了行政活动的界限，并由此产生了调查委员、肃反委员等专门的岗位和制度，这就使民主政权的运行有了充分合理的依据，为党和人民事业的发展提供了制度保障，与习近平总书记提出的“将权力关进制度的笼子”理念相符，保证了执法的严格性。在司法环节，左右江地区建立民主革命根据地后，在马克思主义的指引下，将近代司法理念传入区域治理社会环境，从根本上改变了根据地司法的出发点，确立了以人民为中心、为人民服务的司法内核；同时，革命根据地的苏维埃政权通过建立裁判兼肃反委员会临时行使司法职能的方式，实施法律政策，保障土地改革，保护各族人民群众利益，打击反革命分子的气焰，有力地巩固了革命根据地，体现了司法的公正性。左右江革命根据地法制建设的宝贵经验和红色法制精神，应当进一步传承和赓续，这就要求我们在以习近平法治思想开辟的社会主义法治建设新局面下，以新时代中国特色社会主义法治理论为指导，坚持推进科学立法、严格执法、公正司法。

建设法治中国，必须运用科学理论和方法，加强和改进立法工作，不断提高立法质量和效率，以高质量立法保障高质量发展，推动全面深化改革、维护社会大局稳定。“立善法于天下，则天下治；立善法于一国，则一国治。”要把握尊重和体现客观规律的科学立法核心，在时代和实践发展的基础上，针对经济社会发展过程中出现的重要问题不断完善法律体系，加强规划，突出重点，使法律准确反映发展要求，更好协调利益关系，发挥立法的引领和推动作用，以良法促进发展、保障善治。要提高立法工作质量和效率，以促进经济社会发展、提高国家重大战略发展质量为目标，有针对性地开展法治保障工作，做好法律的立改废释工作，确保调处社会问题、维护保障民生于法有据；要勇于担当，及时制定和审议法律法规草案，协调解决立法分歧和突出问题，避免立法项目久拖不决，切实提高立法工作效率，促进立法工作与经济社会同步发展。要健全立法立项、调研、起草、论证、协调、审议等制度机制，提高立法的针对性、及时性、系统性、可操作性，促进立法工作在充分结合客观实际的基础上，按照科学规划、严格程序稳步高效开展，不断完善中国特色社会主义法律体系。

建设法治中国，必须把握全面推进依法治国的重点，保证法律严格实施，坚持严格执法。行政执法直接关系群众对党和政府的信任、对法治的信心。习近平同志深刻指出："法律的生命力在于实施。如果有了法律而不实施，或者实施不力，搞得有法不依、执法不严、违法不究，那制定再多法律也无济于事。"因此，应该严格依照法律规定开展与基层和群众联系最紧密的行政执法工作，完善执法权力运行机制和管理监督制约机制，统一执法尺度，促进执法进一步规范化。要推进严格规范公正文明执法，准确把握社会心态和群众情绪，规范执法言行，加强执法司法衔接，让违法者敬畏法律，树立和巩固执法公信力。要深化行政执法体制改革，加快建立权责统一、权威高效的依法行政体制，强化对行政权力的制约和监督，做到依法设定、规范、制约、监督权力，完善执法源头治理和队伍建设，通过深化执法领域改革，推动行政执法工作公正、文明、有序开展。

建设法治中国，必须清楚认识公正司法对人民切身利益、社会公平正义的重要意义，坚持推进公正司法。习近平同志为司法机关确定了"努力让人民群众在每一个司法案件中都能感受到公平正义"的工作目标，这就要求我们深刻理解公平正义是司法灵魂和生命理念内涵，明确司法工作促进社会公平正义的核心价值导向。要以深化司法体制改革，建设公正高效权威的社会主义司法制度为推进国家治理体系和治理能力现代化的重要措施，以提高司法公信力为根本尺度，扎实推进司法责任制、政法机关机构、司法队伍管理等方面制度深化改革，确保司法权力的行使审慎高效，司法行为经得起法律和历史的检验。要强化对司法权力的制约监督，通过制度建设、队伍建设着力解决司法权力制约监督不到位的问题，铲除不良做法和腐败现象滋生蔓延的土壤，落实对司法权的法律监督、社会监督和舆论监督，回应人民群众关于公正司法的殷切期盼。

第九节　坚持统筹推进国内法治和涉外法治

统筹推进国内法治和涉外法治，既是实现中华民族伟大复兴的中国梦的必要保障，也是维护世界和平稳定与繁荣发展、构建人类命运共同体的必由之路。在全球治理体系发生深刻调整，制度竞争成为国家间最根本竞争的时代背景下，中国共产党及时提出统筹推进国内法治和涉外法治的重大战略部署，通过统筹国内国际两个大局，办好发展安全两件大事，既聚焦重点又统揽全局，有效防范各类风险叠加，加强海外利益保护，有助于确保海外重大项目和人员机构安全，有效维护国家主权、尊严和核心利益。

我们党向来重视涉外法治。在第二次国内革命战争时期，涉外法治主要表现为运用国际法开展反对帝国主义的国际斗争。左右江革命根据地建立后，迅速落实党中央的路线方针政策，不仅大力推进国内法制建设，组建立法、行政、司法等政权机关，完善刑事、民事、土地、财经、文教等法律制度，而且重视涉外法制，善于运用国际法规则，开展反帝斗争，取得了重大成效。在左右江革命根据地建立时，左江地区的龙州县长期遭受法帝国主义侵略，苦难尤为深重，反帝形势尤为迫切。新生的左江革命委员会和红八军不惧法帝国主义的威胁恫吓，召开群众反帝大会，发布《为法帝国主义驻龙州领事馆无理照会告全国民众书》，宣布收回法国设在龙州的领事馆和海关，驱逐法国领事出境，没收法国在龙州的资本企业，用英文和法文两种文字电告全世界，并付诸行动。嗣后法国驻越军队派两架飞机入侵龙州、凭祥、宁明一带的中国领空，红八军坚决予以反击，击落其中一架飞机，俘获一名法国飞行员。龙州反帝斗争完全符合当时国际法上已经普遍承认的尊重主权和领土完整、民族自决、互不侵犯等原则，符合领事关系法、战争与武装冲突法中的人道主义精神，合理合法，有节有制，占据了国际舆论的制高点，使法帝国主义武装干涉中国革命的企图归于破产。龙州反帝斗争既体现了高超的斗争策略，也包含着深刻的法律智慧，是运用国际法规则开展国际斗争的一次成功实践。

龙州反帝斗争不仅拓展了中国革命的内涵与外延，而且为当前我们坚持统筹推进国内法治和涉外法治留下诸多启发。一是要有国际斗争意识和国际斗争思维。国际法的规则不是国际法学家在书斋中研究出来的，而是各国运用实力相互斗争博弈的结果。当然，由于形势变化，现在的国际斗争不是像龙州反帝斗争那样直接使用武力的斗争，而是要提高我国依据国际法参与国际治理的能力，尤其是要着力增强规则制定能力、议程设置能力、舆论宣传能力、统筹协调能力；积极参与制定海洋、极地、网络、外空、核安全、反腐败、气候变化等领域国际规则的制定；推动变革全球治理体制中不公正不合理的安排，推动国际货币基金组织、世界银行等国际经济金融组织切实反映国际格局的变化，特别是要提高新兴市场国家和发展中国家的代表性和发言权，推动各国在国际经济合作中权利平等、机会平等、规则平等，推进国际关系民主化、法治化，努力使全球治理体制更加平衡地反映大多数国家意愿和利益；旗帜鲜明地维护以联合国为核心的国际体系和以国际法为基础的国际秩序，坚定维护多边主义和以世界贸易组织为核心的多边贸易体制，保障发展中国家的正当发展权益；提高国际法在全球治理中的地位和作用，确保国际规则有效遵守和实施，坚持民主、平等、正义，不断提升国际法治水平。二是要树立全球视野和国际法思维。站在两个大局相互联系的高度，统筹考虑和综合运用“两个市场”“两种资源”“两类规则”。对内，要追求公平正义、共同富裕、社会和谐、依法治国；对外，要主持公道、捍卫公理、伸张正义，摒弃丛林法则，坚持大小国家一律平等，坚持反对任何形式的霸权主义，反对以大欺小、以强凌弱、以富压贫，反对干涉别国内政，坚持对话谈判解决问题，坚持推进国际关系民主化法治化，构建人类命运共同体。三是要乘势而上、顺势而为。近期中国在应对突发公共事件、处理主权国家间各种利益冲突等方面积累了丰富经验，取得的成就备受瞩目，我们有条件、有必要统筹推进国内法治和涉外法治，坚持开放包容理念，加强与各国在法治领域的交流合作，共同促进国际法治发展。在参与国际治理变革的过程中，充分了解各国法律制度，才能最大限度地预判制定什么规则可以最大限度地促进国际合作，设置什么议题可以受到国际社会最广泛的欢迎，提出什么倡议能够团结绝大多数的力量。在各国千差万别、不断发展变化的法律体系中找到最大公约数、扩大合作面，引导各方形成共识，制定符合各方利益的国际规则，推动构建人类命运共同体。历史和现实相贯通、国内和国际相关联、理论和实践相结合，这是习近平新时代中国特色社会主义思想在法治领域的生动体现。

第十节　坚持建设法制工作队伍

法制工作队伍建设对全面依法治国至关重要，建设一支德才兼备的高素质法制工作队伍，打造政治过硬、业务过硬、责任过硬、纪律过硬、作风过硬的政法队伍体系，是全面依法治国，加快建设社会主义法治国家强有力的组织和人才保障。“得其人而不得其法，则事必不能行；得其法而不得其人，则法不能济。人法兼资，而天下之治成。”法制工作队伍是法律运行和推动法治文明进步的专门重要力量，队伍素质决定了法制建设的质量和水平，队伍发展的深度和高度决定了法治文明进步的程度，在法治工作政治性、专业性、技术性日益复杂的今天，法制工作队伍在全面依法治国方略的贯彻落实中发挥着不可或缺的重要作用。

我们党从中央苏区和革命根据地时期开始就高度重视法制工作队伍建设。以左右江革命根据地为例，在特殊的历史背景下，党领导下的左右江工农民主政权成立了革命委员会、工农兵代表大会等立法权力机关，人员构成突出红色政治属性、吸纳各民族工农阶级群众，保证了立法环节的政治性；左右江红色政权依照自行制定的有关法规、政策，扎实开展土地革命和反帝反封建斗争，成立裁判和肃反委员会，对任职人员的阶级成分和个人品德有受剥削苦难最深重、同豪绅地主的阶级仇恨刻骨、立场坚定、品德端正、实事求是、办事公道、不谎报事实、不受贿贪污、不公报私仇的明确要求，在法令的贯彻执行和反革命裁判过程中保证了法制队伍的业务、责任、纪律、作风过硬。传承红色法制基因，赓续革命法制血脉，要求我们在法制工作队伍上提高重视、科学谋划、精确实施，以“五个过硬”为建设目标，为全面依法治国的法制实施提供坚强有力的组织和人才保障。

一是建设政治忠诚的法制工作队伍。习近平同志对法治工作队伍建设的总要求，排在首位的是队伍思想政治素质提高，明确指出社会主义法治工作队伍必须忠于党、国家、人民和法律，政治忠诚是法制工作队伍素质的总定位，体现法制工作政治性与业务性的有机统一。二是建设业务精尖的专门法制队伍。从思想政治建设、队伍管理监督制度建设、业务素质能力建设着手，坚持把政治标准放在首位，通过完善权力运行和监督机制聚焦和回应人民群众反映强烈的执法不严司法不公问题，以培训、交流等业务学习方式促进法制队伍专业思维、素质和能力提升，满足日益变化新形势下调处法律和社会问题的实际需求。三是通过完善制度机制，建设守纪律、受监督的纯洁法制工作队伍。法制工作队伍代行国家立法、执法、司法的重要职能，这就要求广大政法工作者以身作则，做维护和遵守各项纪律的模范和表率，相关制度机制必须健全，筑牢忠诚防线，明确法纪红线，以制度方式制约监督法制权力的运行，抵挡歪风邪气、腐败侵蚀，促进法制工作各环节、各岗位、各人责任落实到位，纪律严格严明，作风廉洁清正。四是加强专家队伍、服务队伍等法制工作重要队伍建设。重视和发展法学专家队伍，促进中国特色社会主义法学理论创新，在新形势新环境下推动中国全域和区域法学理论应用和前瞻发展，打造一支政治立场坚定、理论功底深厚、熟悉中国国情的高水平法学专家队伍；加强律师、公证、司法鉴定、仲裁、调解等法律服务队伍建设，引导法律服务工作者坚持正确政治方向，依法依规诚信执业，认真履行社会责任，在法治国家建设中充分发挥法律服务工作队伍保障当事人合法权益、维护社会公平正义、开展法制宣传教育、化解社会矛盾纠纷、促进社会和谐稳定的重要作用。五是重视法制人才培养。习近平同志高度重视法治人才培养问题，指出："全面依法治国是一个系统工程，法治人才培养是其重要组成部分……法治人才培养上不去，法治领域不能人才辈出，全面依法治国就不可能做好。"要"研究谋划新时代法治人才培养和法治队伍建设长远规划，创新法治人才培养机制"。建设和发展多渠道、多形式、多层次的人才教育体系，坚持立德树人、德法兼修、明法笃行的法治人才培养原则，在课程体系、实践教学、教育与实践双向交流等方面推进高等法学教育改革，注重加快培育涉外法治人才，贯彻落实党和国家关于对外工作战略布局的重要举措，通过创新培育，为中国法制发展和全面依法治国充实后备力量。

第十一节　坚持抓住领导干部这个“关键少数”

领导干部这个少数群体，是全面依法治国的关键，在具体行使党的执政权和国家立法权、行政权、监察权、司法权的过程中，发挥了法治建设组织、推动和实践的重要作用。习近平法治思想深刻论述了领导干部在全面依法治国中肩负的重要责任，明确提出领导干部要做尊法学法守法用法的模范，提高运用法治思维和法治方式深化改革、推动发展、化解矛盾、维护稳定、应对风险的能力，强调健全党政主要负责人履行推进法治建设第一责任人的职责，把法治素养和依法履职情况纳入考核评价干部的重要内容，为更好发挥领导干部在法治建设中的“关键少数”作用明确了政治要求、确立了行为准则。

左右江革命根据地的法制建设实践，为我们当前从领导干部“关键少数”着手推动全面依法治国提供了重要参考。在特定的历史背景下，党的政治和军事力量直接主导建立了左右江地区的民主革命政权，邓小平等中央领导同志在建立政权过程中发挥了重要作用，为区域民主政权的法制实践奠定了与中央苏区一脉相承的红色基础；同时，雷经天、韦拔群等根据地“土生”领导干部在民主政权的建立发展中充分发挥了动员和巩固的关键作用，使马克思主义理念与左右江地区实际情况进一步有机结合，切实推动了包括法制建设在内的各项党和人民事业在左右江地区的发展；在根据地民主政权具体的运行过程中，革命委员会、工农兵代表大会和裁判肃反委员会等各具体行政机构均重视领导干部的选任和培养，在干部政治性、干部队伍构成、干部业务能力方面提出了明确具体的要求，进一步巩固了民主政权的红色属性和执政根基，为土地革命、反帝反封建斗争、新文化传播等重要事业建设切实贡献人才力量。在全面依法治国的基本方略下，赓续红色法制精神血脉，推动左右江地区法制发展，必须坚持抓住领导干部这个“关键少数”。

领导干部要做尊法学法守法用法的模范。领导干部带头尊法学法守法用法，对全社会具有重要的示范带头作用，“其身正，不令而行；其身不正，虽令不从”。领导干部要增强法治意识、提高法治素养，充分尊崇法治，敬畏法律，掌握法律，牢记法律红线不可逾越、法律底线不可触碰，带头遵守法律，执行法律，带头厉行法治，不断提高依法执政执法能力和水平，在关键岗位上以身作则，不断推进各项治国理政活动的制度化、法律化向纵深发展。

领导干部要提高运用法治思维和法治方式的能力。坚持宪法法律至上，对宪法法律始终保持敬畏之心，带头在宪法法律范围内活动，思想和行动上把依法办事作为重要准绳，做到法律面前不为私心所动，不为人情所困，不为关系所累，不为利益所惑；强化规则思维，带头完善决策制度和程序，让公众参与、专家论证、风险评估、合法性审查、集体讨论、法律顾问和公职律师参与决策过程、提出法律意见作为重大行政决策重要程序，坚持合法性审查，防控决策风险，确保决策制度科学、程序正当、过程公开、责任明确；牢记人人平等，强化公平思维，坚决反对特权思想和特权现象，坚持平等保护原则，以促进社会公平正义、增进人民福祉为出发点和落脚点，保护人民权益，强化人权保障思维，奉行以人民为中心的人权理念，切实做到以为人民服务为履职做人的宗旨和准则。

用制度保证领导干部发挥“关键少数”作用。推进和落实党政主要负责人履行推进法制建设的第一责任人职责，从领导干部职责着眼着手，坚持做依法治国的组织者、推动者和建设者，对法治建设重要工作坚持部署、过问、协调、督办，以领导责任制保证党的全面依法治国方略在各部门工作开展过程中得到严格实施。强化法治能力在干部考察过程中的指标作用，以法治观念和素养作为干部德才考察的重要内容，将干部能不能守法、能不能依法办事用法办事作为考察干部的重要指标，通过健全完善干部考察制度，明确法治能力在领导干部选任过程中的导向作用；坚定加强领导干部监督制度机制建设，习近平同志深刻指出，法治之下，没有“丹书铁券”，没有“铁帽子王”，领导干部责任重大、岗位重要，对权力的监督必须坚持不断强化，党风廉政建设和反腐败斗争永远在路上，而法治正是反腐倡廉的重要指导理念和制度保障，在党的思想政治理论和法治理念下依法严格履职，敬畏组织和人民，敬畏法律，是在全面依法治国方略下保障领导干部正确发挥作用、推动经济社会良性发展的必然要求。

附　　录

广西东兰县革命委员会最低政纲草案

（1929 年 10 月）

（甲）关于工人方面：

1、废除包工制。

2、确定雇佣工人工作时间每日不得超过八小时以上。

3、免收工人子弟一切教育费用。

4、没收地主土地，分给工人耕作。

5、确定工人每日最低工资二毫。

（乙）关于农民方面：

1、废除钱粮清赋。

2、实行焚烧契约债券。

3、实行不交租、不还债。

4、没收地主、豪绅的土地，分给贫农。

5、免收佃雇农子弟的一切教育用费。

6、严禁虐待雇农。

（丙）关于瑶民方面：

1、提高瑶民的智识教育。

2、瑶民经济、政治、教育、工资上与其他人民一律平等。

3、严禁虐待瑶民。

4、没收山主的山场、土地、森林，分给瑶民。

（丁）关于士兵方面：

1、废除肉刑制度。

2、官兵待遇平等。

3、军队财政公开。

4、决定士兵服役时的待遇，担负家庭的生活（伤亡兵待遇）。

5、决定士兵退伍时的待遇，要有田耕有屋住。

6、提高士兵智识教育。

（戊）关于妇女方面：

1、废除娼妓制度。

2、废除多妻制度。

3、废除使女制度。

4、废除童养媳。

5、男女教育、经济、政治、工资一律平等。

6、婚姻绝对自由。

7、严禁男子虐待妇女。

8、废除结婚费用。

（已）关于青年方面：

1、提高劳动青年的智识。

2、免收劳动青年的一切教育费用。

3、青年工资与成年工资一律平等。

4、确定雇佣青年的童工、女工每日工作时间（不得超过六小时）。

（庚）关于商人方面：

1、保护小商人的利益。

2、严禁大商人剥削小商人。

3、取消关卡厘金。

4、废除一切苛捐杂税。

（辛）关于文化方面：

1、教育劳动化。

2、创设劳动人民通俗阅报室。

3、创设劳动人民通俗图书室。

4、创设劳动人民文化讲习所。

5、创设劳动人民夜课学校。

6、提高劳动儿童教育（设立幼稚院）。

7、创设劳动人民免费学校。

8、实行男女共同教育。

（壬）关于地方一般的设施：

1、修整道路。

2、改良交通。

3、整理乡区县政。

4、创设贫民救济所。

5、废除一切不良风俗习惯（迷信、拜跪及封建式的称呼）。

6、严禁早婚（男子十八、女子十六以上始得结婚）。

7、改良种植。

8、决定度量衡。

9、决定物价。

10、严禁烟赌。

11、严禁贩卖人口。

12、废除一切诉讼手续费。

13、废除呈状公文格式（告状用口诉或面述）。

14、废除肉刑（反革命例外）。

15、革命的工农兵、瑶民及劳动妇女有居住、行动、集会、结社、言论、出版之自由。

（癸）附记：

1、本政纲于东兰县革命委员会执行委员正式通过而实行之。

2、本政纲尚有未妥处，得由民从集会酌量增补之。

中国红军第七军目前实施政纲

（1929 年 12 月）

1、扩大反帝运动，用民众革命力量驱逐帝国主义出华、取消帝国主义在华一切特权！

2、推翻军阀国民党政府，建立工农兵代表会议苏维埃政府！

3、推翻乡村豪绅地主的统治，乡村政权交乡村苏维埃！

4、扩大红军割据区域，迅速与朱毛汇合，实现割据两广！

5、实行减少工人工作时间，增加工资，并制定劳动保护法！

6、没收一切地主阶级土地归乡苏维埃，分给农民，凡没收之土地不准买卖！

7、人民有言论、集会、结社、出版、罢免之自由！

8、男女平等！

9、改良士兵生活，官兵待遇平等！

10、取消一切政府军阀的捐税！

11、实行累进税，并由苏维埃政府制定标准！

12、没收反革命的财产，交苏维埃政府处理！

13、保护交通和商人营业！

14、取消一切债务！

15、实行平民教育，发展识字运动！

16、准备武装保护苏联，反抗帝国主义及军阀国民党政府进攻苏联！

中国红军第七军政治部印

右江苏维埃各级政府组织与职责

（1929 年 12 月）

一、县苏维埃政府组织与职责

（一）党务委员：

1、定行委员计划；

2、监督各部工作；

3、接纳各方报告；

4、召集开执委会；

5、应付临时事故；

6、训练工作人员。

（二）调查委员：

1、调查各方情形；

2、调查敌人情况；

3、调查各部工作；

4、调查群众的行动；

5、调查事件发生；

6、调查群众心理；

7、调查队伍工作。

（三）宣传委员：

1、组织宣传队；

2、训练宣传员；

3、宣传敌人罪状；

4、宣传共产主义；

5、向本军宣传；

6、向敌军宣传；

7、向民众宣传；

8、发传单；

9、贴标语；

10、制画报；

11、放空气；

12、编山歌；

13、呼口号。

（四）组织委员：

1、吸收同志入会；

2、训练同志工作；

3、组织小组工作；

4、组织赤卫军；

5、组织各团体；

6、组织交通队；

7、组织建设队。

（五）财政委员：

1、预算决算经费；

2、经理财政收支；

3、收入会金及月费；

4、向同志捐要；

5、向富农借要；

6、工作三分要；

7、没收公款要；

8、罚反动者要。

（六）军事委员：

1、侦探敌情；

2、计划进攻防守；

3、联络友军；

4、扩大部队；

5、训练工作；

6、收买枪弹；

7、规定符号。

（七）交际委员：

1、调和同志争端；

2、调和内外事件；

3、交涉款项；

4、维持中立；

5、保险投降；

6、交涉事件；

7、分裂敌人；

8、运动反戈；

9、拉拢势力；

（八）文书股：

1、收发文件；

2、答复文件；

3、起草宣传大纲；

4、起草标语传单及宣传口号；

5、报告各级机关；

6、报告上级机关；

7、保管会印文件及宣传品。

二、区苏政府组织与职责

（一）行政委员：

1、确定全区的〈一〉切方针；

2、领导全区群众参加革命运动；

3、计划全区的经济建设求务；

4、对外代表区苏政府及区群众；

5、解决各乡苏政府不能解〈决〉的纠纷；

6、解决群众的纠纷；

7、指导各乡苏府的临时工作。

（二）土地委员：

1、调查各乡苏府所没收的一切土地；

2、没收全区公有的土地及农业企业；

3、统计全区的土地及人口的数量；

4、调查各乡苏府分配土地情形；

5、解决各乡苏府因土地问题所发生的困难；

6、统计全区所收获的谷物数量；

7、帮助各乡苏府改良耕作方法，增加农产品生产。

（三）财政委员：

1、管理全区公有收入的财政；

2、支配区苏府一切费用；

3、管理已经没收反革命者的财产；

4、征收全区的土地统一累进税；

5、造区苏府的预算和决算。

（四）文化委员：

1、统计全区学〈龄〉儿童及失学的群众；

2、编辑工农运动及政治消息的壁报；

3、组织并训练宣传队；

4、指导白话戏社及一切游艺团体。

（五）肃反委员：

1、侦查一切反革命派及其走狗的住处及行动，随时捕交各区苏府处理；

2、侦查一切反革命的财产，即行没收交区苏府支配；

3、区苏府的区域绝对不许窝藏一切反革命派及其走狗；

4、审判一切反革命派的罪犯，决定处理方法；

5、负责管理一切罪犯；

6、制止反革命的宣传；

7、联络各乡苏府的密切关系。

（六）粮食委员：

1、调查全区人口粮食的差比；

2、集中贮藏全区多余的粮食；

3、灾荒时全区粮食的分配；

4、军事时全区粮食的征发；

5、设法平衡粮食的价值〔格〕。

（七）赤卫委员：

1、统计各乡苏府赤卫队预备队组织；

2、区苏府在财政的预算有余或能给养时，应调选各乡赤卫队，组织赤卫常备队一小队，以便随时指挥；

3、为保障苏府的政权及肃清一切反革命势力。负责领导赤卫队参加战争或作战；

4、负责赤卫队政治及军事的教育和训练。

（八）青年委员：

1、负责全区青年运动，领导青年群众参加一切革命斗争；

2、教育青年群众的革命理论和行动；

3、提出青年的迫切要求，但必须要先注意〈阶级的要求〉；

4、组织童子团及少年先锋队工作；

5、教育训练童子团及少年先锋队工作。

（九）妇女委员：

1、负责全区妇女运动；领导妇女参加一切革命斗争；

2、指导妇女参加阶级组织外，亦可组织妇女独立团体；

3、提出妇女切身的迫切〈要求〉，先注意阶级的〈要〉求；

4、解决妇女的一切问题。

（十）工人委员：

1、与区内各工会发生密切的关系；

2、帮助工会的宣传组织工作；

3、提出工人最迫切的要求；

4、确定工人运动的计划；

5、参加工人的一切会议。

三、乡苏维埃政府组织与职责

（一）行政委员：

1、确定全乡的一切工作方针；

2、领导全乡群众参加革命运动；

3、计划全乡经济建设事务；

4、对外代表乡政府及全乡群众；

5、执行上级苏府关于一切工作任务的决定指示；

6、解决群众的纠纷；

7、处理一切日常事务。

（二）土地委员：

1、调查全乡的土地。分为：（1）地主豪绅及反革命者的土地，（2）自耕农的土地，（3）佃农领的土地，（4）全乡公有的土地四类；

2、调查确定地主豪绅及反革命者的土地，即由乡苏维埃政府没收；

3、全乡的土地经过调查后，即由一土地委员分别编号签订；

4、调查土地时，同时要调查全乡的人口，以便于统计分配；

5、经编号签订的土地，即定全归乡土地委员管理；

6、按照全乡贫苦无土地的农民人数。由土地委员决定分配的标准；

7、发给全乡贫苦无土地的农民使用证，农民即依照使用证签订的号数耕作；

8、自耕农的土地，经土委编号签订后，应向土地委员依照签订号数，领使用证，同时缴出以前一切契据焚毁；

9、农民耕作所收获的谷物，数量应切实向土地委员报告；

10、设法改良耕作方法，增加农产品的生产量。

（三）财政委员：

1、管理全乡公有收入的财〈政〉；

2、支配乡苏府的一切费用；

3、管理已经没收反革命者的财产；

4、征收全乡的土地累进税；

5、造乡苏府的预算和决算。

（四）文化委员：

1、调查学令〔龄〕儿童及失学的群众；

2、办理群众学校强制儿童教育；

3、实行识字运动；

4、设立群众书报社，讲演所，体育场及俱乐部；

5、制止反革命的宣传；

6、编辑壁报，分发上级苏府的宣传品；

7、写画墙壁标语；

8、组织宣传队；

9、帮助青年教育童子团及少年先锋队；

10、组织白话剧及一切革命团体；

11、打破封建社会迷信，毁弃偶像。

（五）肃反委员：

1、侦查一切反革命派及其走狗的地〈址〉住处及行动．随时捕交我苏府处理；

2、侦查一切反革命派的财产，即行没收，交乡苏府支配；

3、乡苏府的区域绝对不准窝〈藏〉一切反革命派及其走狗；

4、审判一切反革命派的罪犯。处决处理方法；

5、负责管理一切罪犯。

（六）粮食委员：

1、调查全乡人口与粮食的差比；

2、集中贮藏全乡多余的粮食；

3、灾荒时全乡粮食的分配；

4、军事时全乡粮食的征发。

（七）赤卫委员：

1、调查全乡所有的武装及青年；

2、调查全乡的青年及武装，组织乡苏府的赤卫〈队〉；

3、为保障苏府及政权，肃清一切反革命势力，负责领导赤卫队参加斗争或作战；

4、负责赤卫队政治及军事的教育和训话〔练〕；

5、联合各乡赤卫队，集中组织为一中队，加强赤卫队的组织。

（八）青年委员：

1、负责全乡青年运动，领导青年群众参加一切革命斗争；

2、教育青年群众的革命〈理〉论和行动；

3、提出青年切身的迫切要求，但必要先注意阶级的要求；

4、组织童子团及少年先锋队；

5、解决青年的一切问题。

（九）妇女委员：

1、负责全乡妇女运动，领导妇女群〈众参〉加一切革命斗争；

2、指导妇女参加阶级组织外，亦可组织妇女独立的团体；

3、提出妇女切身的迫切要求，但必先注意阶级的要求；

4、解决妇女的问题。

四、赤卫军组织

（一）赤卫军组织原则

1、地方性的组织；

2、阶级性的组织；

3、不离生产；

4、转变红军。

（二）右江现行组织

1、集中各县好枪编四个特务营，为右江苏维埃政府指挥；

2、各县常备队最少〔多〕不超过一营；

3、扩大各乡预备队；

4、预备队平日回家各务所业，由县苏维埃规定期间训练；

5、指挥系统：（各县一营）

（1）但在必要时，右江苏维埃直接指挥各县赤卫队；（2）在红军驻在地及随红军行动，并须受红军指挥。

（三）赤卫军过去的错误

A、组织上的错误：

1、各路组织的错误；

2、成份复杂；

3、换班的制度；

4、枪枝私有。

B、行动上的错误：

1、烧杀政策；

2、单纯军事行动；

3、侵犯群众利益；

4、民团化；

5、自由行动；

6、缺乏进攻精神；

7、收买红军枪单〔弹〕，收容红军逃兵；

8、诳报敌情。

（四）今后工作方针

1、严禁烧杀政策，绝对禁止侵犯群众利益；

2、一切行动要发动群众参加，绝对避免单纯军事行动；

3、肃清内部一切动摇腐化及剥削人的分子；

4、规定当兵年限，严禁自由退伍；

5、加强军政训练；

6、严禁〔格〕军纪风纪；

7、提高进攻精神；

8、绝对禁止收容红军逃兵，收买红军枪弹；

9、发展党的组织；

10、加紧转变红军工作。

奉议县临时苏维埃政府成立宣言

（1929 年 12 月 18 日）

我们奉议现在红旗招展下，已经把工农兵的代表会议苏维埃政权建立起来了，这个苏维埃政权，是我们革命群众自谋解放与镇压一切反革命的政治组织，也就是革命群众保障自己与应付反动的有力武器，我们很坚决相信这个武器，是我们开路的先锋，是保障我们自己的营垒！

我们要认清旧社会制度的一切罪恶，尤其是要认清旧社会制度所遗留残余封建势力□□军阀官僚豪绅地主的政府。对于劳苦群众所施的罪恶，他们除了用反动武力来残杀革命群众而外，还要造谣以欺骗一般不识苏维埃真面目的民众，减少民众对于革命的同情，但是，造谣终不能遮掩事实，苏维埃的任务是什么样，一般民众到于今总该明白了！

现在苏维埃的主面〔要〕任务也就是解决政治经济问题：废除旧政府所有恶规例恶制度，取消苛捐杂税，处理反革命的财产，保卫地方治安，发展农村教育、整理地方财政，保护交通及商业贸易，是受了全奉议工农兵群众意志和要求，决定目前迫切实施的政纲，我们誓以十二万分的热烈和奋斗，于最短期间实现之。

（一）对于工人，提高工人生活程度，禁止雇主虐待，保护工人职业，帮助工人组织。

（二）对于农民，肃清豪绅，农村政权归乡村苏维埃，取销〔消〕剥削性质之债务，没收地方〔主〕土地，分配给予贫苦农民，增进普及农村教育，取销〔消〕剥削农民机关（如团局甲牌长等）、帮助农民铲除地主，帮助农民开辟荒地，帮助农民兴水利，设立农民银行，组织乡村苏维埃，领导农民创立消费合作社，扶助农民组织。

（三）对于兵士，改普〔善〕士兵生活，抚恤阵亡士兵，增进士兵知识，分给退伍士兵土地，改良士兵待遇，禁止官长肉刑处罚，士兵得于苏维埃政府起诉不良官长。

（四）对于商人，疏通水陆以利行商，维持商场金融，保护商人贸易，禁止各机关无故没收商店，严防大资本〈家〉操纵商场。

（五）对于妇女，妇女教育与男子一律平等待遇，女子应有承继财产权，扶助妇女组织，禁止早婚（男女在十八岁以上方可结婚），禁止买卖婚姻，严禁女巫长斋，离婚结婚绝对自由，禁止重婚。

总之，帝国主义社会里的资本集中，千万万劳苦群众的呼声，反动国民党军阀循环混战，苛捐杂税，层出不穷，劳苦群众的肉尽见骨的呼声。□都□□□□□日送终，压迫阶级的死亡，起来罢！努力奋斗！以十二万□□□□拥护自己苏维埃政权，保障自己苏维埃政府，使□民主化。□□□□□□政府永存万岁！

一九二九、十二、十八、刊

奉议县各乡苏维埃政府布告

（1930 年）

为布告事：

查得我乡前被豪匪屡次焚掠，我政府有见于此，故凡家中所有粟帛衣服及要用器物者，必须预为深藏，以免豪匪重来焚掠。但以上所藏各物件，并非在坚固城池中有武装备守，乃置在郊外深谷之处，易于偷窃，恐有贪得之徒，乘空盗取，此而不惩，何以保同志而维善后？为此，特邀本会各会员到会决议。规定各条罚款于下：希望本乡各同志共遵毋违！此布。

一、凡我乡内群众，有谁去勾结豪匪，引线来搜掠我们群众的财物者，枪毙！

二、如外村各同志远来投我本乡者，务要患难相顾，一视同体，勿得见财起意，暗行谋夺，查出亦处枪毙之条。

三、物各有主，凡我乡内什物不论粟帛，或藏在家中，或搬出郊外，不准汝偷我盗，如犯照原物赔补外，加倍罚款！

四、我乡群众们，各要切实报告，不得枉加诬害，借〈机〉报复致于反坐！

五、以上各条议案，事在实行，不得借情包庇，查知以罪同等。

中国红军第八军目前实施政纲

（1930 年 2 月）

1. 扩大反帝运动：用群众革命力量，驱除帝国主义出华；没收帝国主义在华一切资本企业；取消帝国主义在华一切特权；不准基督教在华活动。

2. 工农兵联合起来，以阶级战争消灭国民党军阀混战。

3. 反抗帝国主义及军阀国民党进攻苏联，准备武装拥护苏联。

4. 与安南革命群众及革命政党取亲密联系，帮助安南民族革命运动。

5. 扩大红军割据区域，迅速汇合红军第七军夺取南宁，汇合朱毛红军及广东革命工农夺取两广政权。

6. 扩大红军组织：吸收革命工农，自动到红军来；游击队农军健全者，即转变为红军。

7. 推翻军阀国民党政〈府〉，建立工农兵代表会议政府——苏维埃政府，建立乡村苏维埃，彻底推翻豪绅地主统治。

8. 实行减少工人工作时间，增加工资，制定劳动保护法：注意失业救济。

9. 没收一切地主阶级土地归乡村苏维埃处理，发给土地使用证，分配农民，凡没收之土地不〈准〉买卖。

10. 官兵待遇一律平等：优待俘掳的敌军士兵，退伍兵士应分给土地耕种：在军士兵亦分配土地给其家属。

11. 人民有言论、集会、结社、出版、罢工之自由。

12. 男女平等：女工在产前后，规定休息时期，工资照给。

13. 保护交通及商人营业：严禁奸商垄断操纵；由苏维埃评定物价。

14. 实行平民教育发展识字运动。

15. 取消一切政府军团捐税，实行统一累进税，并由苏维埃制定标准。

16. 保护童工；青年不做夜工，注意青年教育、娱乐等问题。

17. 没收反革命的财产，交苏维埃处理。

18. 取消一切债务，严禁重利盘剥。

工农群众们！上面的政纲是目前革命民众最低限度要求；本军是民众的武力，负有解除民众的痛苦，图谋民众利益的使命。作豫、世昌誓率本军全体革命战士，以牺牲精神，奋斗决心，努力此政纲之实现；尚希革命群众，加紧组织，帮助本军，深信红军与工农劳苦群众努力，中国革命，定可迅速完成的。

中国红军第八军政治部为法帝国主义驻龙州领事馆无理照会告全国民众书

（1930 年 2 月）

全国的工人们、农人们、士兵们、学生们、小商人、一切被压迫的民众们！数十年来，我们中国人民，在残酷无情的帝国主义侵略压迫下，无理的给帝国主义订下一个枷锁一不平等条约，什么领事裁判权、外人居留地、内河航运权等种种吃亏的事从此开始，由是而帝国主义过剩的商品得以来到中国销流，缺乏的原料又得在中国搜取，中国人民在各帝国主义军事政治经济压榨底下，痛苦的地方，实在不堪言状了！

同时各帝国主义为想达到一已统治我们全国的野心，故各帝国主义都通通拚命的去找寻其在中〈国〉的工具——军阀，各就指使各工具——军阀为抢夺他中国反革命的领导权的战争，远的如奉直战争、江浙战争，近的如国民党军阀蒋桂系战争，蒋冯、蒋唐、一直而至蒋阎等战争；这些战争的目的都是为帝国主义想着完全统治中国，使我们中国人民永远做牛马。民众们！我们中国被压迫的人民，不是冷血的动物而甘受帝国主义国民党军阀的压迫和摧残，而是一个有勇气打不平为争自由求平等谋自身和全人类解放而奋斗有为的人，如过去的二七运动、五四运动、五卅运动、六三运动，一直而到现在全国各地工农革命运动，便是一个例证。所以我们勇敢有为的革命民众就自动团结起来，实行反对帝国主义军阀和推翻国民党反动的统治，建立自己政权的革命运动。

我们知道革命的胜利便是反革命的灭亡，正因为这样，所以各帝国主义军阀和一般反动派见着目下中国革命风起云涌，都表示无限的恐慌，便拚命的施行其挑拨离间威迫利诱手段，作最后的挣扎，以图维持其少数人的权利。

请看啊！现在法帝国主义驻龙州领事官眼见我们中国广西左江被压迫的民众团结起来，实行推翻国民党军阀的统治，谋全国人民解放，争回中国固有的利权的革命运动，便下无理的哀的美敦书似的照会。他的照会里说：“近日龙州治安情形混乱，情势严重，倘使时局不再安定，为保护敝领事职权及领署安全需要起见，越南总督拟派武装卫队十五名及机关炮车一辆暂驻敝署以资卫护。现今龙州地方全陷股匪握中，专事种种出轨行为，加以实行共产，公然于城市散布激烈传单，鼓动民众作过激行为。”又说：“敝领事亦觉自危，诚以暴民宣传否认一切治权一切秩序，祸乱之来，可立而行……，倘使共产主义仍听其蔓延龙州，敝领事唯有立请越南政府派遣指定之武装卫队来署卫护，……”民众们，现在龙州不是我们中国革命的红军第八军和龙州数十万革命人民所居住的吗？然而法驻龙州领事官竟说现今龙州地方全陷股匪握中……等的狂吠，这不是明显的表现了法帝国主义毁谤威迫，想我们中国人民如安南的人民恭顺的永久做他们牛马奴隶吗？民众们！我们要知道，我们久受帝国主义军阀压迫摧残的中国人民，为要解除痛苦和争应有的自由平等，必要团结起来，以热烈的革命手段去推翻压迫阶级的统治，建立民众自己的政权，只有这样，我们的痛苦才能解除，也只有这样才是我们久受压迫的中国民众的唯一出路。这次法帝国主义驻龙〈州〉领事官见我们中国境内革命运动兴起。这样无理的照会，实想达其挑战和割据中国的迷梦罢了，所以我们中国革命的民众有如下声明：

1. 中国人民在中国境内谋解放运动不受任何帝国主义干涉。

2. 中国广西左江民众为彻底解除痛苦和无压迫，必要实行自卫！并且要坚决的执行革命的外交。（1）收回海关。（2）没收法人基督教堂。（3）取消赴越护照费。（4）收回领馆，驱逐领事出境。（5）没收法在龙〈州〉资本企业。

3. 如法越南政府真派兵进中国广西左江爆发战争，责任应由法越南政府负责。

4. 反对法越南政府勾结或买□中国反动政府压迫工农群众解放运动。

全国的工人们、农人们、士兵们、学生们及商人、一切被压迫的人们！时机迫切了，我们不要徘徊观望，我们唯有赶快团结起来，为解除我们的痛苦，和□中国权利，必须准备同一切反动派奋斗，最后〈胜〉利必属归于我们啊！

龙州全市工人第三次代表大会宣言

（1930年2月12日）

全世界无产阶级工友们！

农友们！

兵友们！及一切被压迫劳苦群众们！

现在世界有产与无产两阶级的营垒已各自筑得坚固高紧，白刃相接的时候了。

我们知道帝国主义，不仅在殖民地半殖民地的国家内，压迫、剥削无产阶级的工人，对本国内的无产阶级工人也是一样的尽量压迫和剥削的！尤其处在半殖民地、产业落后的中国工人，外受帝国主义的压迫、剥削，内受帝国主义走狗军阀、资本家、地主、豪绅、贪官、污吏层层压迫和剥削！试看全世界近数十年来的历史，简直是一部争斗的历史，一天天的剧烈：以致于短兵相接。帝国主义、军阀、资本家、豪绅、地主、贪官、污吏无日不在我们身上加紧榨取，压迫我们的反抗，各地工厂的增加时间，减低工资，用合理化的生产方法，使大多数工人失业〈以〉致于饿毙！禁止工人集会，封闭工人工会，拘捕努力工人，枪杀罢工工友，国内大多数手工业早已破产，陷全国工人于绝境。

然而在另一方面，为脱离牛马的生活，要求解放，是不断的继续斗争，全世界的工人总同盟罢工，以及各地工人的严密组织，在中国过去的香港罢工、广州工人的暴动，上海工人自动的起来，接触反革命军阀的武装，帮助一九二五，二七年的大革命，京汉铁路工人反抗吴佩孚、萧耀南，津浦铁路、唐山工人的罢工援助，最近北平的手车工人的捣毁电车，上海工人驱逐黄色工会的工贼，作经济、政治上的要求，同时船业工人的总罢工，反抗国民党军阀的苛捐，形势是如何的严重啊！龙州各工会，一九二七年被军阀黄绍竑及一般资本家和豪绅、地主进攻、压迫解散后，致与革命的战线、失了联络，各工友蛰处在十八层地狱下，日日在白色恐怖之中，渡着生活。现在我们又取得革命联合战线了。在中国共产党的红军旗帜之下起来了——各种工会，不满一月内，完全恢复，并帮助红军扩大反帝国主义、军阀、地主、资本家、豪绅的斗争，更进一步武装保护世界无产阶级革命大本营的苏联，变世界战争为阶级战争，变军阀战争为革命战争。国民党军阀打倒了，帝国主义在华的势力也消灭了，资本家、豪绅、地主、贪官、污吏无所凭借也就不敢作恶了。我们认清了敌人，一致团结，坚决的帮助我们的先锋队杀向前去。

我们召集第三次代表会议，是为着应付我们环境——消灭反革命势力——扩大我们的战线，进而与世界无产者携手，达到无产阶级专政——迅速建立工农兵苏维埃政府。同时与国内各处工人阶级，联合农民群众，一致总暴动，推翻国民党的反动政权，解除国民党军阀的武装，完成中国革命成功。我们的口号是：

1、工友们武装起来！

2、工农兵大联合！

3、推翻国民党统治！

4、推翻帝国主义统治！

5、反对军阀混战！

6、帮助农民土地革命！

7、增加工资减少工作时间！

8、官兵待遇一律平等！

9、实行共产主义！

10、工农兵建设苏维埃政府！

11、武装拥护苏联！

12、拥护左江革命委员会！

13、拥护中国红军第八军！

14、拥护中国共产党！

15、拥护龙州总工会！

16、世界革命成功万岁！

中国红军第七军司令部、政治部布告

（1930 年）

为布告事。溯自帝国主义势力侵入以来，中国一切政治经济文化等权利，被夺殆尽。而国民党军阀，竟不惜为帝国主义掠夺之工具，加紧剥削群众，屠杀工农。加之连年以来，各派军阀互争地盘，混乱局面，日益扩大，苛捐杂税，无微不至，各地贪官污吏、豪绅地主，更借国民党为护符，穷凶恶极，横行无忌，人民处于水火之中，惨状实不堪言。本军应革命之要求而产生，其目的在驱逐帝国主义出华，推翻国民党统治，肃清贪官污吏、豪绅地主等反动势力，建设工农兵代表会议（苏维埃）政权，以解除民众痛苦为职志。现游击到此，已将反动驱逐，我劳苦民众，应各安生业，幸毋误听谣言，自相惊扰，兹特郑重将本军对各界民众态度，申明如左：

一、对工人：组织工会，夺取政权，增加工资，减少时间，待遇得改良，失业有保险；

二、对农民：组织农协，土地革命，打倒地主，消灭豪绅，租税尽取消，土地归农民；

三、对士兵：改良待遇，废除肉刑，提高生活，官兵平等，既得参政权，又有土地分；

四、对商民：废除苛捐，取消杂税，保护贸易，买卖公平，严守我军纪，绝不扰商民；

五、对敌军：只打军阀，不打士兵，优待俘虏，不究团丁，愿来当红军，本军最欢迎；

六、对教育：提高文化，普及教育，劳动儿童，免费入学，推翻旧礼教，创造好风俗；

七、对社会：抚恤老弱，救济赤贫，严禁烧杀，保卫安宁，努力来生产，社会得太平。

甚望各界民众，明了主张，共同努力，完成上叙之目的，本军有厚望焉。

切切此布。

政治委员　　邓　斌
军　　长　　张云逸
政治部主任　陈豪人
一九三〇年

土地法暂行条例

（1930 年 5 月 1 日）

苏维埃政府之主要任务，在推翻一切压迫工农劳苦群众之特殊阶级与解决群众之需要。目前中国革命任务之一是深入土地革命。而土地之取得，更为乡村农民之实际要求，故特颁布下列《土地〈法〉暂行条例》，仰各县、区、乡苏维埃切实执行为要。

（一）农村阶级成分的分析

一、凡将自己土地全部或一部分佃给农民，而以佃租制度来剥削农民者，皆谓之为地主阶级。

二、凡利用政治的、经济的、军事的势力，剥削群众，压迫群众者，谓之豪绅阶级。

三、凡农民：（甲）除了自给外，还有剩余者；（乙）非豪绅地主阶级之放高利贷者；（丙）自己土地较多，须雇雇农耕种者；（丁）还有一种将自己剩余财产埋藏，而在乡村中有个人之经济地位者。以上数种，皆谓之为富农，仍是站在剥削穷苦农民之地位。

四、凡农民每年〈所〉得，仅能勉强自给，不剥削人，亦不被人剥削者，谓之中农。

五、凡农民每年所得，不足维持最低之生活，而必须为人作短工、借高利贷，或用其他方法以维持其困难生活者，谓之贫农。

六、凡自己没有土地，亦未佃地主土地，而以帮地主或富农种田者，谓之雇农。

七、凡在乡村不种田地，而专以其他职业维持其生活者，谓之乡村手工人。

八、“自耕农”、“佃农”均不能成为代表一种成分的标准，因自耕农或佃农之中，均有均有富农、中农、贫农之分，应按上面标准以确定之。

（二）应没收之土地财产及处理原则

一、立即无代价的没收地主豪绅阶级之土地财产。

二、没收一切反革命的财产、土地，及反革命之标准如下：

（甲）勾结一切苏维埃之敌人（即一切反革命派）或与之作侦探，或在经济上帮助敌人者；

（乙）阴谋企图倾覆苏维埃政府者；

（丙）反抗苏维埃政府之法令者；

（丁）进行反苏维埃政府之小组织。

三、没收一切祠堂、庙宇地产，及其他公产、官荒或产生的荒地、沙田。

四、没收之土地财产，均归农民代表会议（苏维埃）处理，分配无土地或其他的农民佃用。

五、凡没收的土地财产之所有权，属苏维埃政府（即所属民众），绝对禁止自由买卖。

六、原属自耕农之土地，其管理权归苏维埃政府，其〈使〉用权仍归原有土地之农民。

七、县苏维埃得于本县，酌量提出一部分土地作为该县移民垦殖之用。

八、销毁豪绅、地主、政府的一切田契及其他剥削农民的契约书其口头的完全在内。

九、凡不分配之地产则不必分给各人，由苏维埃直接经营之。

（三）分配办法

一、分配土地应以乡为单位，由乡苏维埃召集大会或代表会议讨论执行，由县、区苏维埃切实指导之。

二、如甲乡与乙乡之土地与人口之比例，相差太远时，可由县区苏维埃用移民等办法解决之。

三、凡没收之土地在甲乡者，由甲乡苏维埃处理之；在乙乡苏府者，由乙乡苏维埃处理之。

四、凡没收之土地，完全分给无地或地少的农民使用。

五、农民所耕种之土地，必须领苏维埃颁发之土地使用证。

六、分配土地应以人口为标准，以出产之多寡，平均分配之。暂用每一劳动单位分全份，非劳动单位分半份之办法处理之。

七、出外当红军者，亦得分一份土地给其家属，并得请雇农耕种之。

八、凡贫农、中农因地域关系，出租他人之一部分土地被没收者，亦得于其本村，按分配原则〈享〉受分配土地之权。

九、凡地主之孤寡，其土地被没收后，不得再分给土地，生活另由乡苏维埃解决之。

十、雇农及手工工人如自愿不分土地，得按另行颁布之劳动法，解决其问题。

（四）税　收

一、取消一切军阀政府及地方衙门所颁布的捐税，取消包办税则制，取消厘金。

二、宣布一切高利贷的借约无效，并即刻焚毁。

三、实行单纯的农产累进税。

四、单一的农业累进税之标准，暂定按照各人出产，缴纳百分之五。

五、剩余较多之农民，得于征收单一税百分之五外，以累进税为原则，由乡、区苏维埃决议征收之，其标准如下：

（一）有余谷五十斤至一百斤者，征收百分之四十；

（二）有余谷一百斤至三百斤者，征收百分之五十；

（三）有余谷三百斤至五百斤者，征收百分之六十；

（四）有余谷五百斤至一千斤者，征收百分之七十；

（五）有余谷一千斤以上者，即特别征收之。征收累进税以一家为经济计算单位。

六、苏维埃收得之税项，完全作为政费、红军及赤卫队用费、社会保险、改良农业经济，办理教育、建设之用。

（五）工　具

一、没收豪绅地主、反革命之耕田工具，如耕牛等，均分给无工具或少工具之农民借用。

二、如不够分配时，则由苏维埃政府向耕具多之农民借出，发给无工具之农民使用。

三、如在一处工具无法普遍分配或缺乏时，得由各该乡苏维埃计划共同使用耕具之办法。

（六）其　他

一、苏维埃在尽可能的范围内，帮助下列各项发展农业经济之事业：

（甲）办理土地分配；

（乙）改良扩充水利；

（丙）办理移民事业；

（丁）防御天灾；

（戊）办理农业银行及信用合作社，经手办理低利借贷；

（己）统一币制，统一度量衡；

（庚）一切森林、河道归苏维埃政府经营管理。

二、如在某种军事困难时期，乏人耕种土地时，可由苏维埃指定应用共耕的办法以解决之。

三、苏维埃政府应随〈时〉按照改良劳苦群众生活之原则，确定其一种或几种□□之□格。

（七）附　则

一、本暂行条例，自右江苏维埃政府颁布之日实行。修改之权，属于右江苏维埃代表会议。

二、不遵守本暂行条例之规定者，以反革命论罪。

右江苏维埃政府颁布

一九三〇年五月一日颁发

共耕条例

（1930 年 5 月 15 日）

一、总　则

（一）苏维埃政府为解除工农劳苦群众的痛苦，与保障工农劳苦群众的利益，执行目前中国革命的主要任务，深入土地革命。

（二）遵照右江苏维埃政〈府〉土地问题决议案及土地法暂行条例，没收地主阶级及反革命之土地，分给无地及少地的贫苦农民。

（三）土地的没收与分配，以一乡为单位，一切没收及分配方法，均要经过全乡群众大会或代表会议决定。

（四）兹各乡群众大会有决定将全乡所有土地共同耕作者，右江苏维埃政府站在领导地〈位〉，使不致发生不好结果起见，特颁布"共耕条例"，以资执行。

二、土地的管理

（五）全乡的土地，如田产、畲地、池塘、果园、森林、坟山桐场等，完全归苏维埃政府管理，由土地委员协同经济委员负责。

（六）全乡土地有在同一平面者，即铲除过去田界合等为整，以便划一。

（七）全乡土地由乡苏维埃政府编导签订，并计算土地的面积及生产量。

（八）全乡所有的土地，绝对不准任何人自由买卖。

（九）全乡的土地如有过剩，应准别乡、区移园共同斯作。移民数量由区、县苏维埃政府决定。移来之民，与原乡民众享有同等之权利。

三、耕　作

（十）全乡群众自十六岁至六十岁之男女，均要负责全乡所有土地内生产工作，但乡苏维埃政府应的量各人之年龄与体力，分配以适当之工作。

（十一）全乡劳动童子团，由乡团部分班编组，轮流教育并轮流牧牛。

（十二）全乡群众耕作时间，由乡苏维埃政府按农作之需要，随时规定之。

（十三）每日开工及收工，由乡苏维埃政府传析通知或由各组自定。

（十四）负责耕作之群众，由乡苏维埃政府编十人为组，公选组长一人，负责领导一组的工作，组长之人选，以有农事经验且能得该组民众之信仰为标准。

（十五）各组之工作任务，由乡苏维埃政府决定分配。

（十六）乡苏维埃政府应随时注意农事之考察，并经常纠正耕作户之各种缺点，与防止坏现象之发生。

（十七）凡群众中有残废疾病，或有特殊情形不能耕作时，应向所属组长报告请假，由组长转报告乡苏维埃政府。

四、工　具

（十八）全乡所有耕作工具，如犁耙耕牛等，完全归乡苏维埃政府管理。

（十九）耕作工具缺乏时，由乡苏维埃政府得按照各组工作的需要，分发各组使用。

（二十）排作工具缺乏时，由乡苏维埃政府负责购置。

（二十一）全乡群众应尽各人能力，改良耕作、工具，使增加工作效力。

（二十二）如乡苏维埃政府经济充裕，可能购置新式耕具时，也应购置。

五、□　□

（二十三）在共耕初期，粮食仍以由各人负责为原则，但在困难时，乡苏维埃政府亦可向本乡富格农民征发其盈余之几分之几，作为耕作者火〔伙〕食之用。

（二十四）炊□任务可由各家自己负责。

（二十五）乡苏维埃政府审查各乡情形，有可能公膳时，由乡苏维埃政府负责办理。

六、肥　料

（二十六）由乡苏维埃政府建造肥料贮蓄处及公厕。

（二十七）凡牲畜粪料及农业副产物，可能作为肥料者，除留小部作为自己种菜园之用外，余均送到肥料贮蓄处贮积。

（二十八）如肥料不足，由乡苏维埃政府出外购置使用，或设其他办法解决之。

七、农产物的分配

（二十九）乡苏维埃政府负责计算全乡土地生产的农产品及副产品的数量，及统计人口，按照平分的原则分配。

（三十）凡一岁以上之男女均得分一份。（因婴孩必须有较好的营养故）

（三十一）每年生产不足时，得由乡苏维埃计划用改农事，增加生产量，及各自经营其他副业，如养牲畜、经商等工作以补助之。

（三十二）分配剩余的农产品，完全归苏维埃政〈府〉贮积管〈理〉，以备不时之需，或作苏维埃政费及建设公共事业之事用。

（三十三）每年分配之方法、时间，由乡苏维埃政府召集民众大会决定之。

八、建　设

（三十四）乡苏维埃政府应负责计划全乡的建设事业：

1. 救济机关；2. 卫生机关；3. 教育机关；4. 经济机关，办理开垦及合作社等事业；5. 娱乐场所；6. 交通及住宅；7. 其他。

（三十五）一切建设事业由全乡群众共同负责，乡苏维埃政府管理。

九、纪　律

（三十六）共耕系极有组织之行动，故须有严密之纪律，以维持整个之利益与行动。

（三十七）凡经乡苏维埃及群众大会或代表大会议之决定，全乡民众必须共守，不得破坏，如有异议，亦须经过合法手续，在群众大会或代表会议，从新讨论解决之，但在未经复议之前，仍应执行原有之决定。

（三十八）在乡苏维埃规定召集之群众大会或代表会议期以外之时间，民众如有急迫解决之问题，得由乡苏维埃政府自动召集大会或代表会议解决之，否则经过全乡五分之一的小组之请求时，亦须立即召集。

十、附　则

（三十九）参加共耕之民众，必须按照规定工作，绝对禁止怠工。

（四十）如发生有破坏行动，妨碍公共利益及怠工之分子，得由乡苏维埃政府裁判，按罪之轻重惩罚之，并在大会中宣布。

（四十一）本条例自右江苏维埃政府颁布之日，各乡得按照实际情形执行。

（四十二）本条例之修改由右江苏维埃代表会议决〈定〉之。

右江苏维埃政府颁布
一九三〇年五月十五日

前委通告（第六号）——目前政治形势和右江党的策略

（1930年9月9日）

一、帝国主义在中国的统治力量日益强固

1、近百余年来中国的政治经济，整个的在帝国主义的支配下，所有历史上的大小事变，莫不是间接的或直接的以帝国主义为主要动力。

2、帝国主义为要苟延其垂死的命运，不能不加紧殖民地的夺取，世界上的殖民地差不多已经被几个帝国主义国家瓜分完了。中国变成了最后瓜分的一块肥肉。

3、帝国主义没有一天不在更积极的向中国劳动群众施行其压榨政策。中国一切权利已经大半落在帝国主义手中，农村中普遍呈现破产的现象，民众的生活日益痛苦。同时中国资产阶级决没有独立发展的可能，外国工厂的势力压倒中国的资产阶级，不但不能扩大发展，且日趋倒闭，或为外国资本家所吞并。就是政治上的权力，也一天天落在帝国主义的手中，帝国主义在中国日益横行无忌。

4、总起全国的事实，充分的表现帝国主义在中国的统治力量日益强大而巩固，帝国主义的企图是要瓜分中国，现在帝国主义正积极施行其瓜分中国的政策，整个的中国一天天逼近殖民地化的悲惨境地。中国现在很显明的只有两条道路：一是殖民地化；一是苏维埃政权的胜利，决无第三条道路的可能。

二、军阀混战的局面只有延长与扩大

5、帝国主义在瓜分中国的问题上，发生了极剧烈的冲突，特别是第二次世界大战即将爆发的时期，帝国主义（主要是英、日、美）更要加紧特种之收买和势力范围的夺取，作为第二次大战之□。

6、在帝国主义这样的政策之下，其实行的方式便是各自收买一部分军阀作为实现自己的政策的工具，所以历年来中国军阀间混战的动力，莫不是帝国主义。当然军阀本身抢地盘的欲望和资产阶级反封建阶级的斗争，亦是促成军阀混战的一个主要动力。

7、此次军阀混战，是从去年春季开始，直到现在已有一年半之久。这一长期的混战，表现出英、日、美帝国主义在中国的策略和瓜分中国的冲突。日本帝国主义的企图是复兴北洋系来制据整个的北方，组织北京政府。英国是要两广、长江上游为根据地。美国则积极的抓住南京政府来扩大其势力范围。所以这次混战的背景，很明显的是日本帝国主义的阎、冯、张学良与英帝国主义的桂系和改组派来对抗美国的蒋介石。这正是表现世界帝国主义冲突的缩影：英、日在中国问题□相当的联合，对抗美国的形势。

8、从一年半的混战局面看来，总是一次比一次要剧烈、要扩大，直到现在已经是没有一省不卷入混战的漩涡，为从前所未有。现在战争的形势是在久战相持中，双方都没有大进展。在实力的比较上看，反蒋的力量为大，但因内部不一致，（阎冯之间、阎冯与改组派之间、改组派与西山会议派之间、改组派与桂系之间、张学良与各派之间，都已经表现出冲突来）。由于政治、经济地位均不及蒋派之优越，故只能形成个相等的局面。兼之双方后面都有极强大的帝国主义作后台老板，这些后台老板都是决心在这次混战中取得一个胜利的地位，所以这次混战决不是一个短期所能解决，他的前途更延长、更扩大，且更残酷，即使很快的分出一个胜负来，紧接着必又爆发第二次、第三次以至于无数次新形式的混战，我们可以肯定的说一句：中国革命没有胜利之前，军阀混战是没有停止的希望的。

9、军阀混战给于全国民众的只是痛苦，在混战中我们只能看到田地荒芜和灾荒的迭起，工商业的凋零，生活程度的提高，人民负担的加重，数十万士兵群众的死亡，工农劳苦群众所受压迫的加剧。此外一点好处都没有多大关系，我们决不能幻〈想〉那一派胜利之后能够给我们民众一点好处。我们更不能幻想那一派胜利之后就可以停止战争。我们只能用革命群众暴动的手段来打倒帝国主义和国民党军阀，只有这样才能真正地消灭军阀混战。

三、中国革命高潮日益逼近

10、自从前年济南惨案后，中国革命开始复兴，近数月来更是突飞猛进的发展。就从报纸中我们都可以看出这种现象。最近南宁报载的湖南红军占据了岳洲与帝国主义的军舰发生战争。湖北的红军向汉口进攻与日本帝国主义直接接触。长江上游的城市几次为红军所占领。朱毛到了广东，各地农民大暴动。江西的赤色区域与红军日益发展而扩大，使国民党军阀政府无法维持（省政府主席鲁涤平辞职通电是如此说的），广州工人有暴动的消息，各地罢工运动与农民暴动风起云涌，全国士兵觉悟一天天提高。兵变的事实日有所闻。各地的发展和赤色区域的扩大，其进步是非常迅速的。群众革命的情绪异常的提高，这些事实告诉我们革命高潮的象征，已经是日益充分地具备。只要我们加紧的工作，革命高潮的到来决不是很远的前途。

11、同时军阀混战的结果，必然是增加群众与更迫切地要求革命。军阀混战愈长久、愈扩大，愈是要削弱统治阶级的力量，国民党军阀政府必愈加动摇。统治阶级的动摇是革命条件之一，所以在目前军阀混战日益延长而扩大的局面中，革命的斗争必然是更猛烈的，更尖锐的，革命高潮的到来，亦必是增加其速度的。

12、现在的事实，打击了一切失败主义的根据。假使不是丧心病狂的人，一定不会再说出中国革命遥遥无期的话来。但另一方面也要防止过分的估量，以为已经开始了革命的高潮，这样的估量，必然要使党的策略走向左倾，而忽视了基本的工作和艰苦斗争的精神，甚至在短期内革命高潮还未到来时，又会发生失败主义的观念。

13、现在中国革命的高潮虽日益逼近，革命高潮的到来决不是远的前途，但决不是已经到了革命的高物，最主要的是党的领导和群众的力量还嫌薄弱。目前我们正要深刻的认识这一点，很艰苦的来打破这些弱点，促进革命高潮之到来。

四、目前党的总任务和右江党的工作

14、在这样政治形势之下，党的任务当然是发展组织，加强党的领导力量，扩大党的政治影响，加紧党的政纲的宣传，加紧反帝国主义和军阀混战的工作，用发动群众组织暴动的行动来消灭军阀混战，驱逐帝国主义，加紧群众斗争和组织的力量，加紧深入土地革命与彻底肃清封建势力的斗争，扩大红军的组织和苏维埃的区域，加速地会合全国红军的力量。一句话，就是要会合全国红军的力量，集聚广大的群众在党的政治影响之下，来促进革命高潮。我们党在目前革命中所负但的任务是极严重而伟大的。

15、在任务之下红军第七军和右江的党应集力量注意于下列几个工作之执行：

第一，扩大党的政纲、反军阀混战的宣传，要在一切机会、一切集会中，有计划的来实现这一工作。

第二，加紧纠正过去许多的错误，正确的执行深入土地革命、改造苏维埃、赤卫军的工作，要使群众和苏维埃赤卫军发生密切的联系。

第三，加紧秘密党的创造，加强党在苏维埃、赤卫军和群众中的领导，同时要加强群众的组织工作，〈特别〉要注意雇农工会、秘密的农民协会（或旁农会）、赤色救济会（即人道救济会）的组织。

第四，加紧红军的改造与扩大的工作，这一工作要红军的党和地方党部用极大的努力来作。红军第七军在目前政治形势之下，无疑的是要很快的向中心区域发展，实现其促进全国革命高潮之主要任务。

第五，关于上面几点工作已另有通告发出，各地党部必须切实执行该通告之指示。

在全国革命极大发展，党的任务更加重大之际，各级党部和每个同志都〈要〉加紧我们的工作，纠正过去的一切错误。各级党部得到此通告后，必须立刻召集会议详细讨论，并决定执行通告的工作计划，报告前委、右委为要。

前　委

一九三〇年九月九日

中共右江特委通告——反对富农的策略路线

（1930 年 9 月 14 日）

一、反富农斗争的意义

中国农村的土地革命，一定要在反富农路线之下，才能得到胜利，这是我们很早就指出的。最近各地斗争之深入，处处证明对富农问题之严重，在斗争中的事实表现出来，富农继续的在革命队伍里叛变或怠工，如凤山赐福区、百色一都区的富农枪害苏维埃主席即是证明。许多地方富农的反革命事实一天一天的多起来（如反对土地革命或阻碍土地革命，为敌人当侦探，组织反对苏维埃的小组织等）。同时贫苦的贫农、雇农亦猛勇的起来反对富农的反动、欺骗与压迫，巩固苏维埃的斗争，日趋普遍而严重。这些斗争是目前土地革命深入当中，不能避免的要发生的严重问题，党要下十二万分的决心与尽一切力量领导此斗争，注意此问题。惟在目前各地党部对富农的问题，多不注意，或执行反富农策略中，发生许多错误，故特此通告，望各地党切实讨论执行至要。

二、富农在乡村中之地位分析

1、富农之经济地位——凡农民：（甲）除自给外，还有不少剩余者；（乙）非豪绅地主之放高利贷者；（丙）自已土地较多，须雇工耕种者；（丁）还有一种将自己剩余财产埋藏者，在乡村中因个人之经济地位较好，而具有一种特权，常用此特权以压迫、欺骗贫苦农民者。以上数种皆谓之为富农。富农之特点仍是他站在剥削贫苦农民之地位。

2、富农之反动性——中国农村土地之关系，在剥削上完全是封建的地租方式。但在土地所有权上则是资本主义的自由买卖土地的方式。因此，富农常有变成地主的可能。富农可以其剩余之资本收买土地，有变为地主之希望与可能，故富农不愿消灭地主阶级的斗争。不过以历年军阀混战之战祸与官吏豪绅之压迫，障碍了富农经济之发展且逐渐破产。因此，每在革命之初期，富农还能相当的参加，主要的动机是打倒使他破产之军阀、官吏、豪绅，开展自己可以成为地主之道路。所以土地革命进行没收地主阶级土地、财产之阶段，富农就要动摇起来，及至斗争深入，贫农、雇农广大起来，领导斗争，反对富农之剥削、压迫，与富农利益冲突时，富农更加动摇，开始反动，宁与豪绅妥协而向贫雇倒戈。更聪明一点的，就侵入潜伏到苏维埃里来，分裂或和缓革命之前进，其破坏性更大。换言之，富农在农村之经济地位，同样与地主处在剥削贫苦农民的地位（如压迫雇农放高利贷等……所以土地革命一深入，必然要进到反富农斗争，彻底的解决土地问题）。

三、反富农之策略路线

1、领导日常斗争——反富农斗争一定要运用在群众斗争形式上面，绝对禁止和纠正由苏维埃派几个赤卫军把富农就捉来的方式，或者简单的提出凡是富农就打倒的口号。各级党部绝对要注意这点，应切实指导各级苏维埃党团发生作用，纠正这些错误的观念，应该扩大雇农工会之组织，切实的在右江苏维埃颁布之劳动法、土地法、苏维埃组织法的决定之下去行动，切实发动贫农、雇农对富农之日常经济斗争，视各〈地〉的实际情形，提出具体的中心口号，从加资减时、改良待遇、抗高利贷、反对富农的欺骗压迫等口号中去启发雇农、贫农对富农的斗争，即如很细小的事体，都可以拿来发动群众，到富农不能执行苏维埃政府的法令时，违背贫农、雇农群众利益而反动时，党就号召群众起来打倒富农。这一任务之执行，主要是注意建立贫农、雇农的群众工作，使成为苏维埃之基础。

2、反富农压迫口号的正确运用——在斗争时，富农既从动摇而反动（除了少数觉悟为无产阶级奋斗，牺牲自己的利益者外）：应以"打倒一切反革命派，没收反革命派的土地财产"来打倒他们，这是反富农斗争的正确口号。人要反动，不执行苏维埃的决议，所以打倒他。这样的向群众，尤其是向中农群众解释，谁都得。并不是说"谁是富农要被打倒"，我们是站在富农反革命上来打倒富农。假使我们不了解这一点，"凡是富农都杀都打倒"，结果必会引起中农（革命的巩固同盟军）的动摇。因中农与富农之经济地位接距不远，假使我们说："谁多一块田，多一只牛，谁就是富农□□打倒"，蛮干的打倒富农，那不但使中农发生恐怖而致离开革命，断送了大批中农群众，减弱革命之力量，甚至因中农离开而使革命遭受失败，同时并必使群众及党内同志的观念不会正确。

四、巩固对中农之同盟战线

雇农、贫农是土地革命之主要动力，中农是巩固的同盟者。在经济地位上之分析，中农定义是自给者，不被人剥削亦不剥削人。但是在目前中国的中农同样受政治经济的压迫，穷困的生活，只要党发动群众的方式的正确，领导群众之路线、口号运用得好，中农终于是土地革命的巩固同盟者。

现在乡村的阶级斗争，最主要的问题是贫农、雇农与富农争取领导权。哪个能够抓住中农，哪个就得胜利。如富农夺取了中农，革命一定失败。只有贫苦的贫农、雇农〈夺〉取了中农，才能巩固革命的战线，保障苏维埃的胜利。故我们党的一切策略和口号，必须根据此原则来确定。在各级苏维埃中，必不丝毫侵犯中农的利益，要巩固对中农之同盟战线。在反富农的工作中，不能使中农恐慌而动摇，并且还要在反对剥削、参加苏维埃政权，及消灭一切反革命的口号之下，吸取中农参加反富〈农〉的斗争。现在已有一些地方因机械的反富农杀富农，以致引起中农的不安现象，非常危险，即须严厉的纠正过来。

五、防止富农在苏维埃政权中间起坏的影响

引起群众参加反富农□□□，特别要注意到组织上的问题。目前富农在各地组织上占了极重要的位置，或是苏维埃负责，或是赤卫队负责，这是各地斗争不能□□□主要的原因，这是十分危险的现象。所以各地党部在执行此任务时，必须要有很多的方法和周密的布置，在组织对富农以相当的监视。应坚决的号召群众□□拥护苏维埃组织法，不许剥削人的人（富农是剥削压迫人的）在苏维埃有选举权与被选举权。武装须〔需〕要交到贫农、雇农手上，这样来□□富农在苏维埃中的影响。总之，在某问题发生时，党在事前必□□□□准备作用，万勿疏虞，致临事时使富农□□□□而受损失，因为富农欺骗群众、阻碍革命的方法是很多很巧妙的。我们必须认识反富农斗争是一极艰苦的工作。我们的党一定要用很多的方法去发动群众，起来反富农，才能得到胜利。各级党部接到此通告后，必须详细讨论执行方法，并切实纠正过去对富农态度或策略之错误，至要。

右 委

一九三〇年九月十四日翻印

前委通告（第七号）——目前右江党的工作方针

（1930年9月19日）

全国政治形势之发展，是革命高潮日趋逼近，党在这一时期中工作，加重了夺取群众准备武装暴动的任务。右江现在红军与当地群众力量割据之下，形成了广大的苏维埃区域。可是党在群众中的基础仍是非常的薄弱，特别是因为各县党部的策略之不坚决的执行，及不正确的运用，以致在群众工作中形成绝大的危机。建立党在群众中之力量，巩固苏维埃，创造群众的基础，是右江党在目前的主要任务。但群众基础的建立要有正确的策略，〈否则〉，不但不能挽救目前群众工作的危机，且将使这一危机扩大，使党在群众中的力量与影响日益缩小而至塌台。对目前右江情况，党的群众工作策略有三种不同的形式：赤色区域、白色区域及半白半赤的区域，应各有不同的策略，兹根据每一个区域中的环境分别规定目前工作方法如下：

一、赤色区域中工作方针

1、深入土地革命。目前在赤色区域中土地革命的斗争主要是分配土地问题。坚决地执行分配土地，以深入土地革命斗争，是各县党部的主要任务。过去这一工作中，各县发生了许多危险的现象，主要的有以下几点：第一，因为各县苏维埃政权多半操于富农及动摇知识分子之手，对于深入土地革命策略，他们向来是犹豫的态度，或且简直故意的阻碍或延缓而不执行。这些分子戴着革命假面具，操纵苏维埃政权，常利用其地位，不召集苏维埃政府的会议或群众大会，暗改决议等办法，及以进行调查土地关系之后再行分配等等理由来阻碍〈延〉缓这一工作。恩隆、果德等县至今尚未分配土地，就是这种现象。第二，新豪绅及富农包办了分配土地的工作，有许多地方的苏维埃委员成份，小地主占了过半，他们也利用其地位或者保存着其原来私有之土地，或者分配水田、肥田给自己及自己的朋友亲戚，而将瘦田、旱田分给贫农、雇农，这是站在新豪绅、小地主、富农方面，违反了贫农、雇农利益的分配方法，思林就是如此。第三，各县党和苏维埃不去发动广大群众的行动，而只是站在群众之上，去命令群众分配土地，他们并不考察各地实际的情况、土地的关系、农民的成分、群众的要求与情绪，也不管群众对于分配土地办法的意见怎样，只是很简单的由自己头脑中想出一种分配的办法，好像命令一样去向群众宣传一下，就完成了这样重大的事件。这里［种］分配的办法当然未必适合群众的意见，而且对于没收和分配土地的策略的运用未必正确，必然的要引起群众的怀疑与不满。恩隆及许多地方都患了这一毛病。各县党部只有坚决的领导群众与这些倾向斗争，纠正这些错误，土地革命的斗争才能够深入。现在各县党部及苏维埃党团对于分配土地问题必须注意下列几点的工作：

（1）审查过去分配之实际的状况，随时纠正一切错误。

（2）如发现某处分配土地不当，则应召集群众大会讨论解决办法，必要时可举行重新分配。

（3）分配土地应以乡为单位，开乡苏维埃大会解决之。

（4）分配土地时应鼓动群众，提高其情绪，了解其意义，要有群众的行动，分配土地的各种办法，应向群众作详细的解释，根据群众大多数意见决定之。

2、改造苏维埃。改造各县苏维埃，以挽救苏维埃在群众中信仰，亦是极重〈要〉之问题。现在各县改造苏维埃情形只是表面上的工作，形式上提拔了几个贫农、雇农分子委员，实际上不发生一点作用，改造苏维埃仍然在一二动摇的知识分子操纵之下，他们并不站在贫农、雇农利益方面，政治上仍然是富农、新豪绅领导之下。这一现象若不加紧纠正，则群众对于苏维埃不满的情绪将不能消灭，苏维埃永不能在群众中建立起信仰来。因此，各县党部关于苏维埃工作问题要进行下列工作：

（1）集中力量整顿乡苏维埃的工作，必要的由下而上的改造来。

（2）检查县苏维埃如有组织成分不好时，右江苏维埃应该停止其职权，派员代行该县苏维埃政府职权，或号召群众改组之。如各县苏维埃中有一二不良分子〈混入〉苏〈维埃〉，该县苏维埃要即时撤换之。各级苏维埃□□对□□剥削者（小地主、富农等）□□。

（3）苏维埃组织成分应以贫农、雇农□□□中农可参加，但不是组织的中心，参加苏维埃的贫农、雇农分子，必须是斗争中表现勇敢坚决的积极分子，必要识字的，不一定能力很强，但党应该设法在苏维埃中教育他们，使他们学习［会］工作。

（4）肃清苏维埃中官僚化的现象，如讨小老婆，乱用公款，怠工，不接近群众等，推动苏维埃委员到群众中去接近群众，做群众工作。

（5）各级苏维埃要开始进行各种斗争的组织，如交通队、运输队、侦探队、破坏队、少年先锋队等等，使苏维埃下每一个群众都参加工作，与苏维埃发生密切关系。

（6）苏维埃对于文化运动、识字运动、娱乐机关及赤色救济会等工作要积极进行，以提高群众的革命情绪。

3、发展雇农工会的组织。土地问题只有在农村无产阶级——雇农领导之下，才能得到解决，才能深入。因此，组织雇农工会为苏维埃的核心，最为重要。党应即刻在各县开始组织雇农工会的工作，各区组织雇农分会，各乡小组，每乡有三个雇农即可成立小组，雇农小组在各乡中必然的将起着重大的作用。各地实际的经验，有雇农工会的地□□斗争就马上发动起来。党必须加紧雇农工会的工作，以雇农工会的力量，在苏维埃中起领导作用。只有如此，目前改造苏维埃及深入土地革命才有办法。

4、改造赤卫军。彻底改造赤卫军，赤卫军的（成分必须是）贫农、雇农的斗争分子，防富农加入进来。赤卫军的各级干部必须是对于革命坚决的分子，要肃清新豪绅、富农及不坚决斗争的动摇分子。过去赤卫军（多半）在动摇的甚至反革命的分子把持之下，收捐收税，压迫农民，强奸妇女，任意烧杀，无恶不为，致引起一般群众之强烈的不满，将苏维埃、赤卫军的信仰破坏净尽。过去赤卫军组织不好，就是发出（生）此种现象的主要原因之一。因此对于赤卫军组织问题，目前应根〈据〉赤卫军建立……如下：

第一，取消各县组织的系统□□□□枪支□□□个时□□归□□苏维埃直接指挥。

第二，各县编赤卫军一营，由各该县苏维埃直接指挥。各县赤卫军应经常的集中训练。赤卫军的士兵当兵应有一定的年限（一年或两年），不能随时回家；任意叫人代替。□□□军队组织形式。

第三，编余赤卫军之士兵及枪支遣散回乡，强壮者送红军当兵。

第四，各乡应有赤卫队的组织，作为赤卫军的预备队，每二日或□日出操训练一次，平时在家种田或做工，有事时马上集中起来，如此才可以避免不参加生产人太多而引起经济恐慌的危险。

第五，建立秘密党的基础，目前各县党部应由半公开的状态转变入秘密的组织，这是极重〈要〉问题，假使党在此时不能建立起秘密工作，则政治变动或红军出外游击时，反动力量一到，一切工作必定□蹶乏。过去各县党部丝毫没有注意到秘密工作，一切负责同志都兼作苏维埃工作，一切同志都是挂红带的，党的各种会议在苏维埃机关内公开开会□□快现象，这些现象必须很快的纠正过来。目前党要开始注意秘密工作，党要秘密机关，秘密交通路线的建设。党的干部要有一部份专做秘密工作，不参加苏府及群众的组织，只有秘密党的组织建立起来，将来白色势力到来时，党才能继续着活动。目前党的工作除秘密工作之外，还有应注意的几点：（一）提拔从斗争中出来的贫雇农□□□训练成为干部；（二）严格执行党的纪律，肃清反动腐化的份子，改造党的基础。同时发展贫雇农、工人同志创造新的基础；（三）建立党的生活，每个同志应参加党的会议，做工作，交党费，讨论党的策略，阅读党的文件，介绍同志，发动群众斗争，领导群众斗争，自我批评等。

二、白色区域中工作方针

在白色区域中工作主要是扩大党及苏府的政治影响。于群众中及建立秘密工作的线索，但□秘密农协，目前红军及赤卫队应该派队伍往白色区域中作扩大的宣传，夺取群□□□设法分化豪绅欺骗之群众，公开宣传他们即刻回家，复业及缴枪回来，不究既往。同时应在与群众接近的机会，找出好的贫雇农、工人分子或暗中派遣没有色采的同志到白色区域中工作，为秘密工作的线索，发展秘密农会的组织。假如在白色区域中，以红军或赤卫队之力量，能有相当时期占领，则肃清豪绅地主，发动群众斗争及组织公开农会亦是非常重要。只有公开农会组织，才能号召广大群众参加进来。但公开农会中，必须有秘密的候补员的存在。要以最好的分子组织委员会，以备红军及赤卫军退出时农会可转为完全秘密的机关，还能够在群众中活动。秘密农会在政治上仍然是要公开的发动群众，领导群众斗争，仍然是要以农会的名义去号召，只有如此，才能扩大农会的影响，才能扩大群众团结在农会之内，否则农会将缩小到党的范围里来，而失其群众组织的作用。利用一切旧的名义来组织接近群众的机会。团结广大群众也是在白色区域中群众工作的重要策略。平民学校、拳术团、游□□社、俱乐部等都是最好形式。

三、半红半白区域中工作方针

半红半白区域就是已挂出苏维埃的招牌，但毫无群众基础，工作极不深入的地方，在这样的区域中工作，改选苏维埃、赤卫军、深入土地革命的任务与在赤色区域中同样的重要。但是要组织的农会，以建立群众组织的基础，同时发展党的同志，建立秘密的组织更为重要。

目前右江党的工作，应有以上三种区域中不同的方针的确定，此外，尚有两种危险倾向，必须严加纠正。特别是在赤色区域中，××地患了这两种危险倾向更为重要。第一□□□烧杀政策是驱逐群众投降敌人，压迫群众加入豪绅的队伍的方法。现在赤□□□□白色区域，就实行无目的烧杀，一烧数十百家，也不管是豪绅或者农民的房屋，见人拉到就杀，并不管他是农民或是豪绅地主，这是各的普遍现象。××地特别严重。这样无目的烧杀，不懂执行分化敌人夺取群众的策略，只有吓退群众，使党在白色区域中工作无法建立起来。因此反对烧杀政策，禁止无目的烧杀，是目前夺取群众的重要政策。党应以革命的意义及实际的经验教育群众，纠正其错误观念。第二机械的执行反富农策略，对于富农无条件的加以烧杀，以致引起农村中恐慌的现象。全数富农都联络反动起来，中农离开贫农雇农而与富农联络，这一现象若不即加纠正，则土地革命必然的要走入失败的道路。我们对于富农的策略，是要贫农雇农与富农争取农村中的领导权，富农反革命时，才可以取对待豪绅地主的办法对待他们；绝不是要杀尽一切富农。因为杀尽富农的政策，必然会使中农由动摇恐□□□为富农的领导。如此则贫农雇农的力量孤立起来，土地革命终归失败。因此以后对于富农中已经在行动上表现反革命的分子，我们要以反革命的罪名杀之，并不是因为他是富农而杀他。凡尚未有反革命行动的富农，除排除他参加苏维埃政权（当苏维埃委员）及赤卫军之，则一切得应与苏维埃下一切群众一样。党应坚决的与这种危险倾向斗争，否则，这种现象不□□下去，土地革命将走进失败的道路。

过去右委曾发出关于反富农问题之通告，对于反富农策略有详细之说明，但各地应用错误，应重新提出讨论至要。

□□对右江党的工作方针已如上之规定，各县党部接到此通知后，要详细加以详细讨论，并遵照这工作方针定出各地计划来报知为要。

十二条法令

（1931年3月）

第一条，要坚持与敌人斗争，把革命进行到底；

第二条，偷取情报给与敌人者杀；

第三条，漏党机密报与敌人者杀；

第四条，秘密与敌人通讯，谋害革命领导者杀；

第五条，意志动摇，叛变投敌者杀；

第六条，凡是公家收藏的物资、枪弹、粮食等，如有偷取者，不分轻重，概行枪决；

第七条，凡在山洞避匪的人民群众，均应互相爱护，如有乱行非为，乱搞男女关系，调戏妇女者杀；

第八条，如有出山洞外面与反动分子会面，图谋不轨者杀；

第九条，带引匪军进山洞者杀；

第十条，为首煽惑群众归敌者杀；

第十一条，进山洞内侦探者杀；

第十二条，作反动派宣传，造谣惑众者杀。

革命青年会目前组织简章

（1936 年）

（一）宗旨：

团结革命力量在中国共产党正确领导下，实行阶级斗争，实行土地革命，实行中国共产党一切政治主张，推翻帝国主义、法西斯蒂、资产阶级豪绅地主、国民党军阀的反动统治，建立苏维埃政权，实现工农民主独裁政治。

（二）名称：

以当地农村原名为该革命青年会名称为：某县某区某村革命青年会（简称村青会）。

（三）组织系统：

本会为劳动青年群众团结的过渡机关，虽独立组织系统，以村青年会为单一组织式，直属上级指导机关，为当地之县、区革命委员会，（下游各县属于下游革命委员会），各革命青年会，概归革命委员会指导之下，进行工作。

（四）会员入会及中心成分：

1. 资格：凡是劳苦农民工人及一切被压迫剥削分子，志愿加入革命，而具合下列条件，依照入会手续均得〔为〕本会会员。

（1）有革命决心与耐苦勇敢的精神；

（2）能绝对受团体分配工作，并受监督、批评，纠正错误及处分；

（3）严守本会所交代的各种应守秘密事件；

（4）与豪绅地主等反革命派无密切关系；

（5）无恶劣嗜好；

（6）年龄在十六岁以上（四十岁左右具有热烈勇敢斗争性可加入）。

2. 入会手续：由会员一人以上介绍，经会员大会或执〔行〕委员会讨论的许可，填写入会表，然后听候召集开会，但凡富农分子入会，除全具合第四条件外，须经半年或一年候补期的严格审查与经过实际斗争，始收为正式会员。

3. 会员中心成份，本会在农村以贫雇农（雇农会员另有雇革农工会组织特权）在市镇以工人为中心主要成份，因他们受压迫剥削较重之故。

（五）会员任务及权利：

1. 努力执行团体所分配工作。

2. 按期参加各种会议，执行决议案。

3. 监督执委会与同志中的工作，行动如有不正确处即在之会议上报告，大家讨论，批评纠正或处分之。

4. 时常贡献工作意见于团体——本会或上级机关。

5. 对同志互相教育，及宣传教育群众。

6. 探查各地状况与敌情报告本会青会。

7. 注意与有革命性青年谈话，介绍新会员入会。

8. 按月缴纳会费。

9. 尽力在物质上帮助革命，如供给武装，接济活动费等。

10. 接受中国共产党正确指导与教育，并得到同志中交换智识之益，养成很好的革命青年。

11. 阅读上级发下通告，及其他各种书报。

12. 实际参加政治，参加反债租、反苛捐杂税、反军阀抽丁等斗争。

13. 得到大众团结互助的力量，一致反抗共同的敌人——地主豪绅、资产阶级、国民党、帝国主义的剥削压迫，脱离反动统治，首先解除一部分痛苦，逐渐改善生活状况。

14. 得到团体的保护。

15. 有被选举出席革命的各种会议之权，并得受委托掌握革命方面的各种职权。

（六）执行委员会的产生及小组：

1. 由会员大会直接选举会员中之比较忠实勇敢的贫苦分子三人，为执行委员，组织执委会，为本会经常指导机关。

2. 执委会内分常务、组织、宣传，三职务由执委互推分任之。

3. 选出之执委如经多数会员或上级机关审认为不合当选或不称职者，即随时撤回其职权，由上级派员指导，另召开大会补选或改选之。

4. 委员任期半年改选一次——万一政治环境迫紧不在此例。

5. 如若经济财政纷繁，则在执委会之下，另组织一财政委员会专理之，以执委会员一人兼任主席职责。

6. 青会人数务要分小组，视会住地距离关系，以三人以上，七人以下，结为一组，设组长一人，负该组全责。

（七）执委会的职责：

1. 接到上级通告或指示信，或在当地发生与本会有关系的事件，马上分别召集会议——委员会议，会员大会，组长联席会议，活动分子会议等来讨论决〔定〕办法，分工去执行，同时须将讨论结果报告上级，若事变厉〔害〕重要，则须先飞报上级请示。

2. 按期召集会议，报告、讨论工作及政治问题，并负责每个会议所领导方法。

3. 经常检查同志工作与行动中有无放任与错误，而在讨论上来说服并批评纠正，或处分之。

4. 日常工作要注意发动或领导反债反租反苛捐杂税，反对一切剥削斗争。

5. 经常派人参加小组会议，下发小组会议讨论问题大纲。

6. 分配及督促同志工作。

7. 教育会员教育劳动大众。

8. 农民群众接受宣传认识革命时，即发动他们组织劳农会。

9. 经常领导发动起来斗争。

10. 加紧吸收新会员，尚未有组织或有组织而被破坏的四邻，去发展青会的组织。

11. 实行武装会员、武装群众。

12. 秘密派员到敌人武装、军队、民团、商团兵内部去活动□□敌人部队，夺敌兵为革命武装。

13. 鼓动会员及群众采用有效的方法，杀绝反革命分子，特别先灭内地反动。

14. 征收会员月费。

15. 会员大会或委员议决案，在执行中发觉不完妥时，应即召集会议讨论更正，未经复议更正之前，个人不得擅自变改。

（八）会员月费：

会〔员〕每人每月缴纳铜仙三枚以上，促进会员对会密切关系，贫亦无力缴纳免收，但须到〔会〕陈明。青会受收会员的月费，须按期收一半缴上直属上级机关（如县、区或右革委会）以供检查统计，一半存作会内日常费用。

（九）经费：

本会经费由会员出力担任，除月费收入维持外，在不侵害工农、贫民利益原则上，设法向剥削者筹取经济当革命活动费，急要时，即向欢喜帮助革命充裕农友、商人乐捐，但须事前报告得到上级机关的许可，征发及乐捐所得的经济，应听由上级随时斟酌情形与视工作之需要适当分配之。

（十）纪律：

1. 连续三次无故不到会者；

2. 三个月不缴纳月费或〔无〕力缴纳而不报到者；

3. 抎〔擅〕与他人乱谈到工作关系者；

4. 接收亲友的信书有谈及工作上，而不交到团体者；

5. 接敌人的信（无论说什么）有不交到团体阅者；

6. 不受团体分配工作或放弃革命工作任务者；

7. 不受团体批评纠正及处分者；

8. 泄漏会中一切秘密，及向人说出自己是会员者；

9. 不得团体许可私降敌人者；

10. 团体发下的秘密文件书籍为人看见或失掉者；

11. 无故与团体断绝关系到一个月者；

12. 有枪枝不受团体调动者：有犯以上一条者经再次纠正及惊〔警〕告，而不力改错误者，执行革除会籍；

13. 勾结敌人，包庇敌人即认为反革命；

14. 有压迫剥削大众行为，乱烧乱杀，奸淫劫掠事实者，认为反革命；

15. 领敌掌〔赏〕红残害革命同志者，认为反革命；

16. 吞瞒公款，除仰照数填偿外，而视吞瞒之数大小决定处分。

（十一）各种会议日期：

1. 会员大会每月开会一次，若会员人数少无分小组，每十天一二次。

2. 小组会议每三〔天〕开会一次。

3. 组长联席会议每十天开会一次。

4. 委员会议每三天开会一次。

5. 临时会议则临时决定之。

（十二）附则：

1. 本简章如有未尽善处得由本会全体会议修改之。

2. 本简章自分发日施行发生效力。附列各种会议程序及讨论例题如下：

一、会员大会：

（a）宣布开会

（b）公推主席

（c）主席宣布开会理由

（d）报告：1. 政治报告；2. 执委工作经过情形报告；3. 会员工作报告；4. 各种消息及特别报告；5. 其他问题。

（e）讨论问题：1. 目前工作策略；2. 对付敌人与内奸问题；3. 怎样去反国民党军阀抽丁；4. 怎样去反债反捐反苛捐杂税；5. 怎样去联络四邻农村青年分子。

（f）结论

（g）散会

二、小组会议：

1. 组长报告本组本周工作经过情形；

2. 组员报告。

讨论例题：

1. 怎样去吸收新会员？

2. 怎样执行本会工作指示？

3. 怎样去侦探敌人？

4. 怎样去探查本会各同志行动思想？

5. 本会对本会上级有何建议？

6. 分工；

7. 其他。

批评：

1. 对本组批评；

2. 组员互相批评；

3. 怎样去发动斗争及领导方法；

4. 怎样决定各组下周工作问题；

5. 财政如何计划？

其他　分工　结论　散会

三、各组长联席会议：

（a）宣布开会；（b）公推主席；（c）主席宣布开会理由；（d）最近政治报告；（e）各组长工作经过情形报告；（f）各种报告；（g）讨论例题：

1. 怎样严密本会的组织？

2. 怎样去新区域活动？

3. 怎样去鼓励大家买枪？

4. 怎样去领导大众斗争？

5. 怎样劝告大众乐捐助团体活〔动〕费？

（h）其他；（i）分工；（j）批评：

甲、各组互相批评；

乙、执委对各组批评；

丙、各组对执委会批评。

（k）结论；（l）散会。

四、执委会议：

（a）宣布开会；（b）公推主席；（c）主席宣布开会理由；（d）各执委工作经过情形报告；（e）常务处工作报告；（f）各种情形报告；（g）讨论例题：

1. 最近政治分析与姑〔估〕量？

2. 工作发展计划与执行。

3. 怎样去执行上级通告与指示？

怎样去教育同志教育群众等方法？

怎样去扩大武装力量？

本会财政如何筹划？

（h）批评：

1. 对执委批评；

2. 会员互相批评。

五、常务处会议：

1. 宣布开会；

2. 公推主席；

3. 主席宣布开会理由；

4. 报告；

5. 讨论例题：

①怎样去布〔部〕署秘密各处交通特别侦探？②活动同志的评判与活动？③派谁人去到敌人武装内部活动及去活动方法？④怎样去杀敌人？⑤常务处日常工作与整理？⑥某种会议的召集手续？日期地点与指导问题？⑦其他；⑧分工；⑨结论；⑩散会。

（青年会员登记表）

姓名 年龄 籍贯 性别 结婚未？

读过几年书及学校毕业？职业□家庭生活状况？曾加入什么组织？负何种工作？家庭经济地位？过去在反动方面有无任何职务？现愿加入本会有何意见？及愿干何种工作？有何特长？何人介绍入会？

少年先锋队暂行组织法

（1936 年 5 月 1 日）

（一）意义——在国际战争一天一天的紧张中照一般失业工人的斗争及一般青年学生反帝〈斗〉争正猛烈着的开展，中国革命的新发展蓬勃比以前不同了，暴动而扩大基本组织，发展失业工人及被惨害的青年学生的自卫组织，建立少年先锋队以保护一般失业工人及青年学生的斗争，又在政治上及群众中帮助一种工作的斗争，是目前特别重要的工作中的一部分。

（二）成分——在工农群众中，凡属无产阶级子弟及有无产阶级意识品性，态度好的，没有坏的嗜好，有积极性革命斗争，信仰共产主义诚受教育的，均有加入队的资格。

（三）年龄——十六岁以上二十三岁以下。

（四）编制——三三制，三人为一组（设组指挥一人），三组为一分队（设分队指挥一人），三分队为一小队（设小队指挥一人），三小队为一中队（设中队指挥一人），三中队为一大队（设大队指挥一人），但田小学十大队可以添设副指挥一人，助理队里的事务。

（五）队员的任务和工作

1. 要有纪律而诚实的受革命教育，养成为个红色战斗员，在部队中要与不受纪律的行动和观念奋斗，与群众发生密切联系。

2. 参加各种公开会议。

3. 在群众中进行政治教育工作，将中国共产党的政治和口号，向他们通俗的解释。

4. 参加群众各种娱乐及一切体育游戏的组织。

5. 参加各种群众性的广大政治宣传。

6. 听和讨论组队指挥的工作报告及个别工作报告。

7. 经常向指挥员将日常中的一切消息及群众中的表现如何，报告。

（六）组队指挥的工作

1. 制定本组队的具体工作计划。

2. 经常注意并督促队员执行团体分配任务。

3. 按期召开全组全队队员大会，并加以教育训练问题。

4. 收集本组队员的队费。

5. 检阅一般工作和生活的问题。

（七）组队的本身纪律和青年会的关系

1. 组和队的指挥可以联席会议，但组和队的队员不许互相认。

2. 凡加入队队员绝对要守秘密，至亲如父母兄弟不许说出自己有这作为，如违，照下列执行处分之：

（一）警告；（二）记过察看；（三）开除。

3. 组队指挥和青会执委互有连〔联〕系商量工作，但队员和会员绝避互相知道。

（八）开会时间——小组至少五天开一次，分队至大队至少一个礼拜开会一次（有特别情况可以随时拟定之）。

（九）开会秩序——临时由该组队提出讨论通过进行。

（十）讨论问题

1. 怎样吸收新同志入队？

2. 队费怎样筹划及规定抽收？

3. 怎样宣传鼓动？

4. 怎样教化群众？

5. 怎样发动日常斗争？

6. 怎样揭破反动阴谋及其行为？

7. 计划一周的工作方针；

8. 其他。

（十一）各该组队员大会通过其任务期为三个月或六个月，如该组队有不健全发现时，不以任期的规定为限，全体或大半数队员认为改组必要时，即行改组之。

（十二）本组织法是暂行规定施行的，如有不妥善的地方，凡队员二十人或指挥员十人提出修改之。

广西右江下游革命委员会颁布
一九三六年五月一日

左右江革命根据地法制建设大事记

1925 年

4 月　韦拔群在第三届广州农民运动讲习所学习后，以国民党中央农民部特派员职回到广西东兰，开展农民运动。

9 月 15 日　韦拔群在东兰县武篆区善学乡北帝岩（后改名“列宁岩”）开办广西最早的农民运动讲习所。

1926 年

2 月 5 日　原东兰县知事黄守先联合杜瑶甫等土豪劣绅和桂系军队龚寿仪团镇压东兰农民运动，制造“东兰惨案”。

4 月　奉议县农民运动讲习所开学，黄治峰任所长。

8 月　恩隆县农民协会成立，陆学光任主席。中共恩（隆）奉（议）特别支部成立，余少杰任书记。这是中国共产党右江地区设立的第一个支部。

10 月　恩隆县农民运动讲习所开学，韦义光任主任。

中共党员陈洪涛从梧州的广西宣传员养成所毕业，回到东兰开展农民运动。

中共党员陈霁、易挽澜到龙州领导左江地区农民运动。

11 月 5 日　东兰县农民代表大会在县城召开，大会决议成立东兰县农民协会，选举韦拔群为主任兼军事部长，陈洪涛等为委员。

11 月 28 日　国民党广西省政府被迫发出处理“东兰惨案”的通电，承认东兰农民运动的合法地位，将黄守先等人交司法机关讯办。

12 月　凤山县农民协会办事处在央峒乡成立，廖源芳任主任。

1927 年

1 月 20 日　广西省农民部镇南道办事处在龙州县成立，陈霁任主任。

2 月 1 日　广西省农民部田南道办事处在恩隆县平马镇成立，陆玑彰任主任。

2 月　奉议县农民协会成立，黄治峰任主任。

果德县农民协会成立，李善堂任主席。

4 月 12 日　蒋介石发动反革命政变。国民党广西当局大肆镇压共产党和革命左派，陆玑彰、陈霁等牺牲。

6 月　余少杰、严敏、韦拔群等在恩隆县仑圩召开右江各县代表会议，成立以中共恩奉特支为领导核心的广西临时军政委员会（又称“三南总部”），推选余少杰、严敏、韦拔群等人为常委，将各县农民军编为右江农民自卫军，对右江地区武装斗争实行统一领导。

8 月 9 日　黄治峰率农民自卫军在奉议县仑圩举行武装暴动，审判并处决黄锦升、黄子贞、黄静山等土豪。

1928 年

2 月　中共广东省委派雷经天回广西工作。

1929 年

1 月　凌云县农民协会成立，黄伯尧任主席。

3 月　蒋桂战争。

6 月　蒋介石任命李明瑞为广西编遣特派员，俞作柏为广西省政府主席。李明瑞、俞作柏邀请中共派干部到广西工作。

7 月　中共中央代表邓小平到达南宁，领导中共广西党组织工作，并开展统战工作。张云逸等中共党员干部先后到达南宁，张云逸担任广西教导总队副主任和广西警备第四大队长，中共党员俞作豫担任广西警备第五大队长，这些部队成为中共领导的革命武装。

8 月　广西第一次农民代表大会在南宁召开，会议决定成立广西省农民协会筹备处，选举雷经天、韦拔群、陈洪涛等人为委员，雷经天为主任委员，韦拔群为副主任委员。

经中共广西党组织推荐，俞作柏委任了一批中共党员和进步人士担任左右江地区各县县长。其中，黄书祥任果德县县长，黄大权任恩隆县县长，陈伯民任河池县县长，林柏任向都县县长，甘湛泽任凭祥县县长，陈可夫任养利县县长，莫俊峰任左县县长，黄肖彭任龙州县县长，赵子美任思乐县县长。

9月10日　中共广西省第一次代表大会在南宁市津头村召开，大会传达了中共第六次全国代表大会及六届二中全会确定的路线，通过《广西党政治任务决议案》等九个问题的草案大纲。大会选举产生新的中共广西特委，雷经天等当选特委委员，何晳达任书记。

9月中旬　俞作柏、李明瑞不听中共党组织劝告，与汪精卫、张发奎联合反蒋。邓小平等经过研究，决定把工作重心由南宁转移到左右江地区，建立革命根据地，并派龚饮冰赴上海向党中央汇报请示。

10月10日　中共广西特委任命雷经天为中共右江特委书记，到恩隆县平马镇建立广西省农民协会右江办事处。

10月13日　俞作柏、李明瑞反蒋失败，俞作豫按计划率广西警备第五大队1500多人离开南宁前往龙州。俞作柏、李明瑞随同前往，到达龙州后，俞作柏取道越南前往香港。

10月中旬　邓小平、张云逸率广西教导总队、广西警备第四大队以及地方干部2000多人，撤离南宁，分水陆两路向右江地区进发。

10月20日　邓小平、张云逸等人到达恩隆县平马镇。

10月22日　邓小平、张云逸等人到达百色，召开会议决定公开宣传中国共产党的政治主张，发动、武装群众，整训、改造部队，创办《右江日报》。

10月24日　李宗仁、白崇禧、黄绍竑回到南宁。

10月30日　中共广东省委发出通知，决定建立中共广西前敌委员会（后改为红七军前敌委员会），邓小平担任书记。

10月下旬　韦拔群等指挥农民军攻占东兰县城。东兰县革命委员会迁入县城，发布《广西东兰县革命委员会最低政纲草案》。

11月初　龚饮冰从上海回到百色，带回党中央批准举行武装起义、建立红军、创建左右江革命根据地的指示。

12月初　百色召开工会代表大会，成立百色总工会。

12月上旬　邓小平到达龙州，召开党员干部会议，布置龙州起义工作。两天后，邓小平取道越南前往上海向党中央汇报工作。

12月10日　百色工人代表大会和广西警备第四大队士兵代表大会召开，讨论通过了广西警备第四大队举行起义转变为红军和建立苏维埃政府等决议案。

12月11日　百色起义，成立中国红军第七军，邓小平任政治委员，张云逸任军长，陈豪人任政治部主任，龚鹤村（后叛变）任参谋长。红七军下辖三个纵队，分别由李谦、胡斌、韦拔群担任纵队长，沈静斋、袁任远、李朴任纵队政治部主任，全军约5000人。当日，各界群众在百色县东门广场举行庆祝大会。

红七军颁布《中国红军第七军目前实施政纲》。

右江第一届工农兵代表大会在恩隆县平马镇举行。大会决议成立右江苏维埃政府，选举雷经天为政府主席，韦拔群、陈洪涛、李南山、黄大权等为政府委员。

右江苏维埃政府颁布《右江苏维埃各级政府组织与职责》。

百色县苏维埃政府成立，关仲甫任主席。

东兰县苏维埃政府成立，韦命周（后叛变）任主席。

12月12日　恩隆县苏维埃政府成立，滕德甫任主席。

12月15日　奉议县苏维埃政府成立，潘宪甫任主席。

思林县苏维埃政府成立，阮殿煊任主席。

中共龙州县委成立，王逸任书记。

12月16日　奉议县苏维埃政府发布《告民众书》，揭露国民党反动派的罪行，宣传苏维埃政权的革命政策。

12月中旬　李明瑞、俞作豫在龙州将广西警备第五大队整编为“讨蒋南路军”第一军第二旅，李明瑞任总指挥，俞作豫任旅长。同时，将左江农民运动指导委员会改为镇南全属农民协会办事处，何健南任主任。

果德县苏维埃政府成立，黄永祥任主席。

恩阳县苏维埃政府成立，农夫任主席。

12月18日　《右江日报》发表题为《目前主要的任务》的评论员文章，动员广大农民群众起来参加党领导的土地革命战争。

12月20日　中共红七军前敌委员会发布第二号通告《关于党的组织工作》。

12 月 21 日　红七军政治部出版《土地革命》（工农小丛书第三种），宣传中国共产党的土地革命政策。

1930 年

1 月上旬　向都县苏维埃政府成立，林柏任主席。

凤山县苏维埃政府成立，黄松坚任主席。

1 月中旬　红七军前敌委员会决定，会同即将成立的红八军，进攻南宁。

1 月 21 日　红七军第一纵队攻占隆安县城。

隆安县苏维埃政府成立，李干任主席。

1 月 22 日　红七军第三纵队攻占那地县城。

那地县苏维埃政府成立，韦国英任主席。

1 月 30 日　左江《群众报》更名为《工农兵报》（龙州起义后改为红八军机关报）。创办《左江红旗》理论期刊。

1 月　凌云县苏维埃政府成立，黄伯尧任主席。

2 月 1 日　龙州起义，成立中国红军第八军，邓小平任政治委员，李明瑞任红七军、红八军总指挥，俞作豫任红八军军长，何世昌任政治部主任，宛旦平任参谋长。红八军下辖两个纵队，何家荣任第一纵队长，宛旦平兼任第二纵队长。此外，收编的冯飞龙、黄飞虎、黄廷儒、钟显章（后均叛变）等武装分别为四路游击支队。当日，各界群众在龙州城新填地广场举行庆祝大会。

中共左江军事委员会改组为中共红八军军事委员会，何世昌任书记，俞作豫、宛旦平、袁振武、何畏为委员。

中共龙州县委改组为中共左江特委，王逸任书记，林礼、何建南、涂镜吾、麦锦汉为委员。

左江革命委员会成立，王逸任主席，杨志坤、周和平、何建南、麦锦汉为常委，俞作豫、张兆梅、吴式南、邓生、姜科、黄飞虎、冯飞龙、杨春秀为委员。

2 月 3 日　镇结县苏维埃政府成立，黄雄任主席。

2 月 4 日　国民党桂系军阀部队（以下简称桂军）袭击隆安。

2 月 5 日　红八军全军士兵代表大会在龙州召开。

2月7日　邓小平回到龙州，带回中央指示，电令红七军、红八军停止进攻南宁的行动。红七军撤离隆安县城。

中共左江特委、红八军军委联署发出《为“二·七”七周年纪念告左江工农兵劳苦群众书》。

2月8日　龙州全市工人第三次代表大会召开。邓小平在大会上作政治报告。

2月9日　邓小平在龙州召集特委、军委联席会议，传达中央指示，决定改组中共红八军军事委员会为中共红八军临时前敌委员会，邓小平任书记，何世昌、俞作豫、宛旦平、涂镜吾为委员。涂镜吾兼任中共左江特委书记。

2月上旬　桂军攻占百色，红七军撤往凌云，转移至东兰。

龙州县革命委员会成立，何建南任主席。

上金县革命委员会成立，张兆梅任主席。

凭祥县革命委员会成立，韦炫任主席。

龙茗县革命委员会成立，马镇武任主席。

养利县革命委员会成立，苏文灿任主席。

2月12日　红八军颁布《中国红军第八军目前实施政纲》。

龙州《工农兵报》发表《中国红军第八军政治部为法帝国主义驻龙州领事馆无理照会告全国民众书》《龙州全市工人第三次代表大会宣言》。

崇善县革命委员会成立，陈锡镇任主席。

2月19日　左江革命委员会在龙州召开1万多人参加的群众大会，声讨和揭露法帝国主义罪行，并将大会情况以英、法两种文字通电全世界。会后，群众举行反帝示威游行，没收法帝国主义在龙州非法掠夺的财产。

2月20日　左江革命委员会把造谣诬蔑红军、破坏左江革命的法国领事、武官、传教士、税务司等人员驱逐出境。

2月中下旬　左江革命委员会在龙州召开群众宣判大会，处决了闭文俊、闭钰达等七名罪大恶极的反动分子和投敌分子，没收其家产。

法帝国主义派两架飞机侵入左江地区，红军开枪射击，一架飞机坠落明江县境内。

2月28日　邓小平率红八军第一纵队攻打靖西县。红八军临时前委书记由何世昌代理。

2 月下旬　中共凤山县委成立，黄松坚任书记。

3 月 2 日　中共中央发出《给广东省委转七军前委信——关于政治形势与党的任务对右江苏维埃工作路线与策略的指示》。

3 月初　邓小平为传达中央指示，离开靖西经天保、向都县境前往右江地区。

3 月 20 日　桂军突袭龙州，俞作豫率红八军军部和第二纵队撤往凭祥。

3 月 22 日　中共中央刊物《红旗》第 86 期发表李立三撰写的社论《赤色的龙州》，高度赞扬龙州人民的反帝革命行动。

3 月下旬　俞作豫率红八军第二纵队到达邕宁县。第二纵队长刘桂廷与广东军阀黄明堂勾结，胁迫俞作豫交权。俞作豫被迫交出部队，接受黄明堂改编。红八军第二纵队解体。

4 月初　邓小平到达东兰县，与雷经天、韦拔群、陈洪涛一起进行土地革命试点工作，开办党政干部训练班，试办共耕社。

4 月　右江苏维埃政府颁布《土地问题决议案大纲》。

4 月　中共百色临时县委在三都区坡月乡成立，黄焕民任书记。

5 月 1 日　右江苏维埃政府颁布《土地法暂行条例》。

那马县临时革命委员会改组为那马县苏维埃政府，李凤彰任主席。

5 月初　中原大战爆发，桂军主力北上出广西作战。

5 月 15 日　右江苏维埃政府颁布《共耕条例》。

5 月中旬　邓小平、张云逸、李明瑞率红七军第一纵队、第二纵队到东兰县，召开红七军和右江特委干部会议，决定收复百色和右江沿岸各县，开展土地革命。

6 月初　红七军陆续收复百色、奉议、恩隆、思林、果德等右江沿岸各县县城。

红七军司令部、政治部发布《布告》，宣传中国共产党关于工人、农民、士兵、商民、敌军、教育、社会的政治主张。

7 月 25 日　奉议县苏维埃政府发布第一号通令《目前工作的任务》，对下辖各区、乡苏维埃政府指示改造政府组织、建立群众组织等工作任务。

8 月 1 日　东兰县苏维埃政府发布《目前宣传标语》。

8 月 2 日　中共东兰县委发布《土地革命问题》，宣传中国共产党关于土地革命的意义、总路线和策略。

9月9日　中共红七军前委发布第六号通告《目前政治形势与右江党的策略》。

9月14日　中共右江特委发布通告《反对富农的策略路线》。

9月19日　中共红七军前委发布第七号通告《目前右江党的工作方针》。

10月2日　中共红七军前委在恩隆县平马镇召开扩大会议，中共中央南方局代表邓拔奇传达中央政治局决议和要求红七军攻打柳州、桂林、广州等大城市的指令及整编部队等决定。会议决定陈洪涛任中共右江特委书记兼右江苏维埃政府主席。

10月4日　红七军第一纵队、第二纵队、第四纵队从平马、田州等地出发，绕道凌云，向河池集结。

10月6日　邓小平从平马前往东兰，在东兰县燕垌村召开百色、奉议、恩隆、果德等县负责干部会议，布置红七军离开根据地后的工作。会后，邓小平与韦拔群率第三纵队前往河池。

10月23日　红八军第一纵队300余人在袁振武率领下，在凌云县讲肥村岗里屯（今乐业县同乐镇上岗村）与红七军第一纵队第一营会合，开往河池。

10月下旬　白崇禧指挥桂军攻占右江沿岸各县县城。

11月7日　红七军第一次党代表大会在河池召开。会议接受立三"左"倾冒险主义的错误指令，动员全军攻打柳州、桂林、广州等大城市，完成南方革命。大会改选红七军前委，邓小平任前委书记，邓小平、陈豪人、张云逸、李谦、袁振武、许卓、李朝纲、黄一平等为委员，龚鹤村、胡鹤林、汤英为候补委员。前委在中央南方局代表邓拔奇领导下工作。

11月8日　红七军第一纵队、第二纵队、第三纵队、第四纵队和红八军第二纵队整编为红七军第十九师、第二十师、第二十一师。龚鹤村任第十九师师长，李谦任第二十师师长，韦拔群任第二十一师师长（二十一师兵员不足，只有番号，待重新组建）。整编后举行了阅兵式。

11月9日　红七军第十九师、第二十师约7000人从河池出发。韦拔群率特务连返回东兰，筹建二十一师，坚持根据地斗争。

11月18日　红七军第二十师在罗城县四把圩遭敌截击，受到重创。

12月初　韦拔群派黄大权、黄书祥在恩隆、果德一带组建第二十一师六十二团和独立团。

12 月 5 日　红七军撤往桂黔边。

12 月 12 日　红七军转战湘桂边。

1931 年

1 月 2 日　红七军攻占全县（今全州县）县城。红七军前委在全县召开会议，总结离开根据地以来的经验教训，决定放弃攻打柳州、桂林等大城市的计划，转向湘粤边，将第十九师、第二十师整编为三个团。会后，邓拔奇、陈豪人前往上海向党中央汇报工作。

1 月上旬　红七军第二十一师正式组建，韦拔群任师长，陈洪涛任政治委员，黄松坚任副师长，黄大权任参谋长，陆浩仁任政治部主任。第二十一师下辖第六十一团、第六十二团、第六十三团和独立团共四个团。同时成立师党委，陈洪涛任书记，韦拔群、黄松坚为常委。

1 月 14 日　红七军转至广西贺县桂岭圩，将部队整编为第五十五团、第五十八团两个团，龚鹤村、李明瑞分别兼任团长。

1 月 16 日　红七军离开桂岭，向广东省连县进发。

2 月 1 日　红七军到达广东省乳源县梅花村（今属乐昌县），与湘南特委取得联系，前委决定以梅花村为中心，建立粤北革命根据地。

2 月初　韦拔群、陈洪涛在东兰县那平村举办军政训练班，培养壮、汉、瑶等各民族干部。

2 月 5 日　红七军放弃建立粤北革命根据地的计划，向江西前进。

2 月 14 日　邓小平、李明瑞率红七军五十五团到达江西崇义县，前委决定以崇义为中心建立革命根据地，深入开展土地革命。决定取消前委，组建团委，邓小平任书记。

2 月底　红七军团委派邓小平前往上海向党中央汇报工作，团委书记由余惠担任。

3 月中旬　桂系军阀开始全面“围剿”右江革命根据地。

中共右江特委、右江苏维埃政府和第二十一师师部转移至东兰县和凤山县交界的西山，在弄垌召开紧急会议，研究反“围剿”计划。

在韦拔群领导下，右江苏维埃政府制定《十二条法令》。

3月21日　桂军廖磊部攻占东兰县城。

4月17日　红七军第二十一师第六十三团攻占凤山县城。

4月底　红七军在永新县召开第二次党代表大会，总结从广西到江西的经验教训，批判了立三“左”倾冒险主义路线。

5月14日　中共中央给红七军前委发出《中共中央给七军前委信》，指示今后工作，决定将红二十军合编到红七军，任命李明瑞为红七军军长，葛耀山为政委。

7月13日　红七军到达兴国县城。

7月22日　红七军与红三军团在于都县桥头镇会师，红七军归属红三军团建制。

8月初　中共两广省委派陈道生到东兰县西山，传达中央关于纠正立三“左”倾冒险主义错误和整顿红军、改组地方革命政权等指示。

中共右江特委、红七军第二十一师党委在东兰县泗孟乡丘拔屯召开会议，将红七军第二十一师改编为中国红军独立第三师（也称右江独立师），保留原有三个团的番号。右江苏维埃政府改为右江革命委员会，黄举平任主席。会议还决定整顿队伍，开展反“围剿”斗争。

10月中旬　李明瑞在江西省于都县被王明“左”倾路线迫害牺牲。

11月7日　中华苏维埃第一次全国代表大会在江西瑞金召开。张云逸、韦拔群（未出席）当选为中华苏维埃共和国临时中央政府执行委员。

11月中旬　红军独立第三师党委在东兰县西山弄索屯出版《红旗报》创刊号。

12月下旬　红军独立第三师第六十二团与独立团合并，重组为第六十二团，滕国栋任团长，黄书祥任政委。

红军独立第三师党委在东兰县西山朝马垌召开会议，决定缩编部队，取消团营连编制，化整为零，集中收藏枪支，将东兰的红军骨干分子组成杀奸团分散活动。

1932年

4月17日　国民党广西省政府悬赏一万元通缉韦拔群。韦拔群将计就计，捉拿并处决了叛徒陈守先。

4 月 18 日　韦拔群在东兰县西山组织瑶族群众，成立西山独立营，约 300 人，罗桂发（后叛变）任营长。

6 月 1 日　中共右江特委发布《中国共产党右江特委为时局告群众书》，号召各族群众坚持革命斗争。

6 月中旬　黄松坚、黄书祥等在思林县、果德县交界的古芬村成立中共右江下游临时党委，黄松坚任书记，滕国栋、陆浩仁为常委。

黄举平等在凌云县林友屯（今属天峨县）组织成立中共黔桂边委和黔桂边革命委员会，黄举平任边委书记兼革委会主席，韦国英、黄伯尧为边委委员和革委会委员。

8 月　桂军廖磊部对东兰、凤山革命根据地进行第三次“围剿”。

10 月 6 日　白崇禧巡视右江沿岸各县。

10 月 19 日　红军独立第三师师长韦拔群在东兰县武篆区那烈乡东里屯后山的赏茶洞，被叛徒韦昂杀害。

11 月 22 日　红军独立第三师政委、师党委书记陈洪涛因叛徒出卖被捕，在百色英勇就义。

1933 年

1 月上旬　中共右江下游临时党委改为中共右江下游党委，负责领导整个右江地区革命斗争的任务，黄松坚任书记，陆浩仁、滕国栋、黄书祥、黄大权等为委员。

6 月 4 日　红军独立第三师参谋长、中共右江下游党委委员黄大权因叛徒出卖被捕，在天保县（今德保县）英勇就义。

1934 年

春季　黄举平从黔桂边来到东兰县西山，重新组织革命队伍，在弄京恢复建立党支部。

12 月　黄松坚到滇桂边的九陇（今云南省富宁县）建立中共滇黔桂边区委员会和滇黔桂边区革命委员会，分别由黄松坚、黄庆金担任书记、主席，以七村九弄为中心，开辟新的革命根据地。

1935 年

5 月　中共东兰中心县委在东兰县弄京成立，黄举平任书记，下辖东兰、万岗、凤山、都安、河池、南丹、凌云、天峨、乐业等县党组织。

1936 年

2 月　右江上游革命委员会在东兰县西山成立，黄举平任主席。

5 月 1 日　右江下游革命委员会颁布《革命青年会目前组织简章》《少年先锋队暂行组织法》。

1937 年

春季　中共桂西区特委成立，黄桂南（后叛变）任书记。中共桂西区特委的成立，使右江地区及滇黔桂边区党组织实现了统一领导，促进革命斗争和抗日救亡运动高涨。

右江地区的党组织，坚持革命斗争，经过国内革命战争、抗日战争、解放战争，始终高举红旗，直到全国解放。

主要参考文献

《马克思恩格斯全集》，人民出版社 2014 年版。

《列宁选集》，人民出版社 2012 年版。

《毛泽东选集》，人民出版社 1991 年版。

《邓小平文选》，人民出版社 1994 年版。

习近平：《论坚持全面依法治国》，中央文献出版社 2020 年版。

《习近平法治思想概论》编写组编：《习近平法治思想概论》，高等教育出版社 2021 年版。

张文显主编：《法理学》，高等教育出版社 2018 年版。

高铭暄、马克昌主编：《刑法学》（第 7 版），北京大学出版社 2016 年版。

杨泽伟：《宏观国际法史》，武汉大学出版社 2001 年版。

王虎华主编：《国际公法学》，北京大学出版社 2015 年版。

宋功德、张文显主编：《党内法规学》，高等教育出版社 2020 年版。

张晋藩主编：《中国法制史》，群众出版社 1991 年版。

曾维东、曾维才主编：《中华苏维埃共和国审判史》，人民法院出版社 2004 年版。

浦兴祖主编：《中华人民共和国政治制度》，上海人民出版社 2005 年版。

黄建明主编，广西壮族自治区地方志编纂委员会编：《广西通志·审判志》，广西人民出版社 2000 年版。

《中国人民解放军军史》编写组：《中国人民解放军军史》，军事科学出版社 2010 年版。

江西省档案馆、中央江西省委党校党史教研室编：《中央革命根据地史料选编》，江西人民出版社 1982 年版。

韩延龙、常兆儒编：《革命根据地法制文献选编》，中国社会科学出版社2013年版。

张希坡编著：《革命根据地法律文献选辑（第二辑）：第二次国内革命战争时期中华苏维埃共和国的法律文献（1927－1937）》，中国人民大学出版社2017年版。

张希坡主编：《革命根据地法制史》，法律出版社1994年版。

中共中央党史研究室、中央档案馆编：《中国共产党第六次全国代表大会档案文献选编》，中共党史出版社2015年版。

全国人大图书馆编：《中华苏维埃代表大会重要文献选编》，中国民主法制出版社2019年版。

广西壮族自治区革命历史编辑委员会编：《广西革命斗争回忆录》（第1辑），广西人民出版社1981年版。

中共广西区委党史资料征集委员会《左右江革命根据地》编辑组：《左右江革命根据地》，中共党史资料出版社1989年版。

陆仰渊：《百色起义与龙州起义》，上海人民出版社1989年版。

中共东兰县委员会组织部：《中国共产党广西壮族自治区东兰县组织史资料》，广西人民出版社1993年版。

中共南宁地委组织部：《中国共产党广西壮族自治区南宁地区组织史资料》，广西人民出版社1994年版。

陈遵诚主编：《田东人民革命史》，广西人民出版社1993年版。

凌绍崇等编著：《百色起义与根据地制度建设》，广西人民出版社2014年版。

郝智慧：《邓小平军事生涯》，解放军出版社1996年版。

凌绍崇主编：《百色起义·红色记忆》，广西人民出版社2009年版。

中共广西壮族自治区委员会宣传部等编：《百色红旗》，中共党史出版社2001年版。

吴忠才、黄远征、陈欣德主编，中共广西壮族自治区委员会党史研究室、中共百色市委员会党史办公室编著：《百色起义史稿》，广西师范大学出版社2004年版。

黄植勉主编，中共百色市委党史办公室编：《右江风雷——邓小平与百色起义》，广西人民出版社 2004 年版。

《邓小平与百色起义》课题组编：《邓小平与百色起义》，广西人民出版社 2004 年版。

莫亚人主编，中共百色市委党史办公室编著：《中国共产党百色市历史》，广西人民出版社 2011 年版。

徐魁峰主编：《百色起义精神》，中共党史出版社 2019 年版。

梁文化主编：《左右江革命根据地红色歌谣》，广西美术出版社 2009 年版。

周艳娥等编著：《百色起义与财政工作》，广西人民出版社 2014 年版。

周叮波等编著：《百色起义与经济工作》，广西人民出版社 2014 年版。

黄现璠、甘文杰、甘文豪：《韦拔群评传》，广西师范大学出版社 2008 年版。

黄相主编，东兰县志编纂委员会编：《东兰县志》，广西人民出版社 1994 年版。

平果县志编纂委员会编：《平果县志》，广西人民出版社 1996 年版。

莫文骅：《百色风暴》，辽宁人民出版社 1985 年版。

上海社会科学院院史办公室编著：《重拾历史的记忆——走近雷经天》，上海社会科学院出版社 2015 年版。

刘全娥：《陕甘宁边区司法改革与“政法传统”的形成》，人民出版社 2016 年版。

牙远波：《代表农民利益的〈土地法暂行条例〉和〈共耕条例〉——右江革命根据地土地立法述评》，载《河池学院学报（哲学社会科学版）》2005 年第 6 期。

吴西：《回忆龙州起义和红八军建立的前后》，载《学术论坛》1978 年第 1 期。

吴西：《回忆去香港的前前后后》，载《广西党史》1997 年第 3 期。

王笠夫：《战斗的号角——论 1929 年冬红七军创办的〈右江日报〉》，载《广西右江民族师专学报》1998 年第 1 期。

何成学：《左右江革命根据地的民族工作》，载《广西民族研究》2000 年第 2 期。

陈欣德：《邓小平与左右江革命根据地》，载《岭南文史》2004 年第 4 期。

梁玉珍、陈文静：《浅谈百色起义中灵活多样的宣传方式》，载《百色学院学报》2009 年第 3 期。

赵连跃：《邓小平在左右江革命根据地时期的群众路线概述》，载《人民论坛》2013 年第 33 期。

胡耀南：《略述右江苏维埃政府土地革命的成绩和经验教训》，载《百色学院学报》2012 年第 2 期。

田光灿：《论韦拔群的民生观》，载《商业文化（学术版）》2009 年第 8 期。

杨四维：《右江革命根据地婚姻家庭法律制度研究》，西南政法大学 2010 年硕士学位论文。

覃勇：《右江革命根据地土地法制初探》，西南政法大学 2010 年硕士学位论文。

晁春宝：《右江革命根据地刑事法初探》，西南政法大学 2011 年硕士学位论文。

秦海燕：《试论韦拔群与右江根据地土地革命运动》，载《百色学院学报》2012 年第 1 期。

黄修卓、简华春：《韦拔群对广西农民运动的贡献》，载《兰台世界》2013 年第 1 期。

简华春：《右江农民运动对右江革命根据地嫁娶习俗变迁的积极影响》，载《百色学院学报》2008 年第 5 期。

简华春：《左右江革命根据地的反腐倡廉实践》，载《传承》2015 年第 12 期。

赵金康：《试论雷经天的司法思想》，载《史学月刊》2008 年第 10 期。

刘全娥：《雷经天新民主主义司法思想论》，载《法学研究》2011 年第 3 期。

陈其钦：《雷经天的法治人生》，载《世纪》2015 年第 1 期。

韦英思：《红八军打下首架外国入侵敌机》，载《传承》2021 年第 1 期。

罗殿龙：《龙州起义反帝斗争的再认识》，载《文史春秋》2021 年第 12 期。